汽车检修技能提高教程丛书

汽车电气设备构造 与检修技术 第3版

主　编　王盛良

副主编　黄标华　谌刚华

机 械 工 业 出 版 社

本书介绍了汽车的常用电气设备系统,如蓄电池、交流发电机及调节器、起动机、点火系统、汽车照明、信号系统及报警装置、汽车仪表、汽车空调系统和辅助电器等总成及各部件的功用、位置、结构、工作原理、工作流程、拆装方法和检修技术,并着重介绍了汽车电气设备的特征及线路分析。本书第3版增加了目前汽车电气设备新技术检修方面的内容,紧贴维修实际,便于读者学习。

本书在编写时重点以电的流动路线为准绳,把各电气设备的工作原理和工作流程系统地联系在一起。本书采用"积木法"的原理进行编写,章节编排合理,内容系统连贯,图文并茂,实际操作内容多,具有较强的实用性。

本书可作为中、高职类汽车专业教材,也可供汽车从业人员、汽车驾驶人员以及汽车运行管理人员学习参考。

图书在版编目(CIP)数据

汽车电气设备构造与检修技术/王盛良主编 . —3 版 . —北京:机械工业出版社,2017.4(2025.1重印)
(汽车检修技能提高教程丛书)
ISBN 978-7-111-56311-2

Ⅰ.①汽… Ⅱ.①王… Ⅲ.①汽车 – 电气设备 – 构造②汽车 – 电气设备 – 车辆检修 Ⅳ.①U472.41

中国版本图书馆 CIP 数据核字(2017)第 050424 号

机械工业出版社(北京市百万庄大街 22 号 邮政编码 100037)
策划编辑:连景岩 杜凡如 责任编辑:连景岩 杜凡如 李 然
责任校对:陈 越 肖 琳 封面设计:鞠 杨
责任印制:邻 敏
中煤(北京)印务有限公司印刷
2025 年 1 月第 3 版第 8 次印刷
184mm×260mm ·16 印张·384 千字
标准书号:ISBN 978-7-111-56311-2
定价:49.00 元

丛书序

我国的汽车工业发展为什么远不如高铁工业、工程机械快？在我国汽车产销量均出现井喷式增长的黄金时期，自主品牌汽车为什么没有处于主导地位？与美、日等汽车强国相比，为什么总是形似而神非？这些是值得我们所有汽车行业从业者深思的问题。作为近 30 年我国汽车工业发展的参与者，笔者一直在反思、总结。从 20 世纪 80 年代末至 90 年代中期的手工单台生产，到现在的工业化流水线批量生产；从拥有几千家汽车制造企业和上千个品牌，到现在只剩下几个自主品牌和数十个汽车制造企业；自主品牌的国内市场占有率从 95% 以上，到现在的不足 10%。我们缺技术吗？缺资源吗？缺市场吗？除了上层建筑的问题，面对汽车保有量以每年 10% ~ 20% 的速度递增的庞大市场，作为汽车人，我们还应该思考怎样实现弯道超车。

笔者在编写汽车专业教材时采用了"积木法"，中国的汽车工业要脱颖而出也要走"积木法"路线，这样既能降低研发、生产成本，避免造成资源分散与浪费，又能提高产品品质和市场竞争力。而要走"积木法"路线，就必须以教育为手段，因为汽车上的每一个小"积木"都能成就一番大事业。作为汽车专业人士，作为想进入汽车行业的有志之士，在万众创新、全民创业的大好形势下，成就自我，成就中国汽车产业，已经迎来最好的契机。如何把汽车"积木"变成产业项目，把项目变成特色，把特色变成效果，把效果变成效益。这是我们要不断思考的问题。

在本套教材编写再版时，笔者留下大量空间，供汽车专业的教育者、学习者、读者来补充、完善，也期待与高、中等院校汽车专业老师、学生及汽车从业人士，就专业、就业、创业及汽车企业孵化器等问题开展专题讲座与探讨，解决学与用的问题；与汽车制造企业及汽车售后企业，就项目运营、节能减排、创新发展、特色服务及操作进行面对面的交流，解决提高品牌、企业竞争力的问题。

笔者一直在摸索、一直在努力、一直在开拓，尽管培养了一大批优秀汽车行业从业者，指导了一大批汽车售后企业，也拥有一些投入生产的新项目、新技术、新工艺、新方法，但终归力量有限，中国汽车产业的发展，仍然任重道远，需要大家共同努力。本套教材仍存在许多不足，期待同行与读者批评指正，以惠及更多汽车同仁！

参与本套丛书编写的有王盛良、陈亮明、王正红、冯建源、黄标华、谌刚华。

王盛良

目　　录

第1章

绪 论

基本思路:

　　对现代汽车电气系统学习和研究的关键是自始至终把握三点,即一个原则、三种状态、五大要素。一个原则就是回路原则,即根据电的流动路线找出回路;三种状态即电流动的路线是通路、开路(断路)还是短路;五大要素是形成汽车电路的关键,即电源、保护装置、控制装置、用电设备、导线与导线插接器。

　　汽车自发明以来经历了一百多年的发展演化,技术日益进步,功能和外形也趋向于多样化。汽车电气设备是汽车的重要组成部分,随着汽车技术的进步和电子工业的飞速发展,汽车电气设备在汽车上的应用比例越来越大,汽车电气设备的结构和性能也在不断地发展和提高。特别是随着电子技术和计算机技术在汽车上的广泛应用,汽车电子化的程度已被看成是衡量现代汽车水平的重要标志。汽车电气设备在解决能源问题、提高行驶安全性和减少污染排放等方面起着越来越重要的作用。

▶▶▶ 1.1 汽车电气设备的特点

汽车电气设备与普通电气设备相比具有以下特点。

1. 直流电

汽车电源包括了蓄电池和发电机,其中蓄电池为直流电源,其放电后必须由直流电源对其充电,因此发电机也必须输出直流电。现代汽车到目前为止都是采用直流电。

2. 低压

汽车电路的额定电压有 12V 和 24V 两种。大型柴油车大都采用 24V 直流供电,汽油车大都采用 12V 直流供电。

3. 单线制

从节约导线和安装方便的角度出发,汽车电路一般采用单线制,即蓄电池正极直接与各用电设备正极连接，蓄电池及用电设备的负极线都就近搭在车架金属零件上，利用发动机和汽车底盘金属体的导电性作为公共导线。

4. 负极搭铁

这种蓄电池的负极线和用电设备的负极线与车体相连接的方式称为负极搭铁。对于汽车电系，正极和负极均可作为搭铁极，由于负极搭铁具有对电子元件干扰少，对车架、车身电化学腐蚀小等优点，到目前为止世界上的汽车都采用负极搭铁。

5. 用电设备并联

用电设备并联是指汽车上的各种用电设备都采用并联方式与电源连接，每个用电设备都由各自串联在其支路中的专用开关控制，互不产生干扰。

▷▷▷ 1.2　汽车电气设备电路组成

汽车电气系统主要由五大要素组成：电源、保护装置、控制装置、用电设备和连接导线。

☞ 1.2.1　汽车电源

汽车上有两个电源，分别是蓄电池和发电机。

1. 蓄电池

蓄电池将化学能转化为电能，其主要作用是在起动时向起动机提供 200～600A（汽油机）或500～1000A（柴油机）的起动电流以起动发动机，或单独向用电设备供电；当发电机供电量不足时，协助发电机向用电设备供电；存储发电机多余电量，从而稳定发电机电压。

2. 发电机

发电机是将汽车发动机产生的机械能转化为电能的装置，由汽车发动机驱动，在发动机正常工作时，发电机对除起动机以外的所有用电设备供电，并向蓄电池充电以补充蓄电池在使用中所消耗的电能。

☞ 1.2.2　汽车线束

汽车上的全车线路（除高压线以外），为了不零乱、安装方便和保护导线的绝缘，一般都将同路的不同规格的导线用棉纱编织或用薄聚氯乙烯带缠绕包扎成束，称为线束。一辆汽车可以有多个线束。汽车线束在汽车电器中占有重要位置，尤其是近年来，随着汽车电器与电子设备的增多，线束总成的结构与电路也越来越复杂，因此对线束的结构、功能、适用性、可靠性都提出了更高的要求。

现代汽车的线束总成由导线、端子、插接器、护套等组成。

端子一般由黄铜、纯铜、铅材料制成，它与导线的连接采用冷铆压合的方法。

线路间的连接采用插接器。现代汽车线束总成中有多个插接器，为了保证插接器的可靠连接，其上都有一次锁紧、二次锁紧装置，极孔内都有对端子的限位和止退装置。插接器的种类有很多，可供几条到数十条导线使用，有长方体、多边体等不同形状。为了避免装配和安装中出现差错，插接器还可制成不同的规格型号、不同的形体和颜色，这样既拆装方便又不易出现插接差错。

安装汽车线束，一般都先将仪表板和车灯总开关、点火开关等连接好，然后再安装到汽车上。安装线束的主要注意事项如下：

1）线束应用卡簧或绑钉固定，以免松动磨坏。

2）线束不可拉得过紧，尤其是在拐弯处。在绕过锐角或穿过金属孔时，可用橡皮或套管保护，否则容易磨损线束而发生短路、搭铁，并有烧毁全车线束、酿成火灾的危险。

3）连接电器时，应根据插接器的规格以及导线的颜色或接头处套管的颜色，分别接于电器上，若不易辨别导线的头尾时，一般可用试灯区分。

1.2.3 保护装置

汽车上的电路保护装置主要有熔丝、断路器、可熔断连接导线等。

1. 熔丝

熔丝是最常用的汽车线路保护元件。只要流经电路的电流过大，易熔元件就会熔断并形成断路。熔丝属于"一次性"保护装置，每次过载都需要更换。如果想确定熔丝是否熔断，则拆卸怀疑的熔丝并检查熔丝中的元件是否断路。如果未断路，还要用数字式万用表或断路检测仪检查连续性。如果断路或怀疑它的连续性，则需查明原因后更换一个额定电流相同的熔丝。

2. 断路器

断路器是当电流负荷超过断路器额定容量时将电路断开的一种保护装置，如果电路中存在短路或其他类型的过载条件，强大的电流将使断路器端子之间的线路断路。

断路器有两种。一种断路器是当通过电流过大并达到一定的时间时断开，几秒后又闭合，如果导致大电流的原因仍然存在，断路器将再次断开，只要形成电流过高的条件未消除，断路器就将循环断开和闭合。另一种断路器为正温度系数断路器，当通过它的电流过大时，这种断路器的电阻将迅速增加，过大的电流将正温度系数装置加热，随着该装置受热，其电阻增大，电阻最终升高到将电路有效断开。与普通断路器不同的是，只要电路不是断开或解除端子上的电压，正温度系数装置就不会复位。电压解除后，该断路器将在一两秒内重新闭合。

3. 可熔断连接导线

可熔断连接导线是为在电流过大时熔化和断开电路而设计的导线。可熔断连接导线一般位于蓄电池、起动机或电器中心之间或附近。在含有可熔断连接导线的两端，利用断路检测仪或数字式万用表可确定它是否断开。如果断开，必须更换规格相同的可熔断连接导线。维修可熔断连接导线时应注意：长度超过225mm的可熔断连接导线，无法提供足够的保护作用。

1.2.4 控制装置

汽车电路的控制装置主要是开关、继电器和控制单元。

1. 汽车开关

汽车电路开关简称汽车开关，其作用是控制电路接通和断开。汽车开关的种类较多，可以从功能性与结构性两方面来介绍。

（1）按功能性分类

1）驾驶操作功能类：有点火起动、恒速、超速、后视镜控制等开关，控制的负载有电动机、继电器、灯、电路等。

2）报警信号功能类：有转向喇叭、停车灯、警告灯、制动灯等开关，控制的负载有灯、继电器、电磁阀等。

3）灯光系统功能类：有前照灯、雾灯、仪表灯等开关，控制的负载主要是灯。

4）刮水器系统功能类：有刮水器、洗涤器、风窗加热等开关，控制的负载有电动机、继电器、电阻、泵等。

5）空调冷却系统功能类：有风扇、空调、温控等开关，控制的负载有电动机、电磁阀等。

6）门窗、锁系统功能类：有门锁、电动摇窗机、油箱盖、行李箱、天窗等开关，控制的负载有电动机、电磁阀等。

（2）**按结构性分类** 汽车开关按照结构进行分类，主要有7种类型：推拉式、旋转式、顶杆式、翘板式、按钮式、板柄式、电子型。其中，最常见的是推拉式、旋转式、顶杆式这3种。

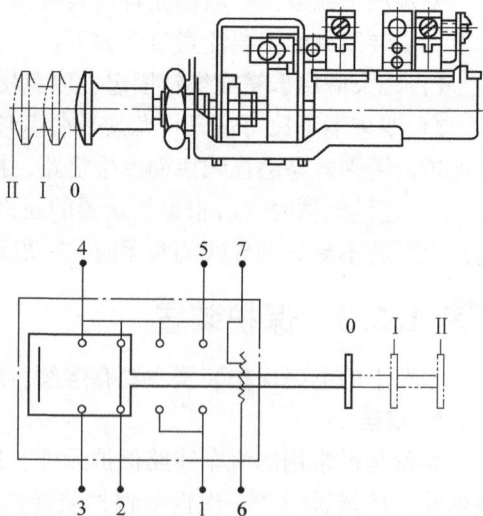

图1-1 推拉式开关

1、2、3、4、5—接线柱 6、7—双金属片安全器
0、Ⅰ、Ⅱ—开关档位

1）推拉式开关。该类开关创于20世纪40年代，发展于50年代，广泛应用于轿车、货车，主要依靠推拉力的作用来完成接通与断开电路，个别品种还具有双金属片安全器与灯光调节电阻，如图1-1所示。其特点是结构简单、价格便宜，不足之处是体积大、操作力大，在车辆行驶时调节档位不方便，目前仅在国内公交车、货车上使用。

2）旋转式开关。主要依靠主轴旋转来改变档位，以达到电路通与断的目的。该类开关品种较多，一种是以钥匙操作的点火开关，由锁匙机构和开关两部分组合而成，开关用安装螺母来固定，其外形如图1-2所示。另外一种是有不同形状旋钮的开关，如用圆形旋钮来控制后视镜角度的开关。

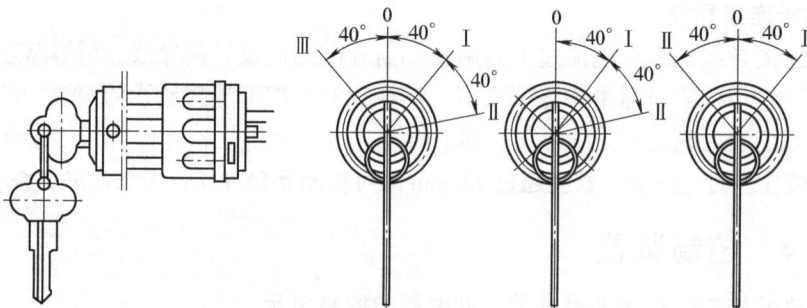

图1-2 旋转式开关的外形

Ⅰ、Ⅱ、Ⅲ—开关档位

3）顶杆式开关。该类开关的动作原理比较简单，主要是在规定外力作用下，顶杆在一定范围内做直线运动，以推动触点闭合（或打开），一旦外力消失，依靠自身反力弹簧自动复位，使触点保持原始状态。这是一种用于车门和制动灯的信号开关。目前制动系统中对于

制动灯开关的配合有两种类型：一种是制动灯开关与制动系统的油（气）路结合在一起，目前在货车上所使用的配合基本属于此类型；另一种是制动灯开关与制动系统分离，此种结构主要应用在轿车上，该类开关是依靠机械结构与制动踏板相连，如桑塔纳轿车用的顶杆式制动灯开关。

顶杆式开关有下列特点：

① 顶杆伸出的距离可在一定范围内进行尺寸上的调整，以满足制动时工作行程的需要。

② 采用两对并联触点，以确保信号灯接通时的可靠性。

③ 在结构与材料上采取了特殊措施，以确保产品的可靠性与耐久性，确保寿命可达到25万次以上。

4）翘板式开关。该类开关的主要特点是工作支点在中央而工作点在支点两旁，当按下一个工作面，另一工作面则向上，形如跷跷板。

5）无钥匙起动系统。即起动车辆不用掏拧钥匙，把钥匙放在包内或口袋里，按下车内按键或拧动导板即可使发动机点火。该系统按照使用方法可分为两类：①按钮式，即点火按钮位于中控台伸手可及之处，因此也称为"一键起动按钮"，如宝马、奔驰等汽车；②旋钮式，一般就位于原始的钥匙插口处，但是无需插车钥匙，直接拧动旋钮即可起动，如日产、马自达等汽车。

2. 继电器

继电器是一种电子控制元件，它包括控制系统（又称为输入回路）和被控制系统（又称为输出回路），通常应用于自动控制电路。它实际上是用较小的电流去控制较大电流的一种"自动开关"，故在电路中起着自动调节、安全保护、转换电路等作用。常用继电器类型有电磁继电器、热敏干簧式继电器、固态继电器。其中汽车上普遍采用电磁继电器。

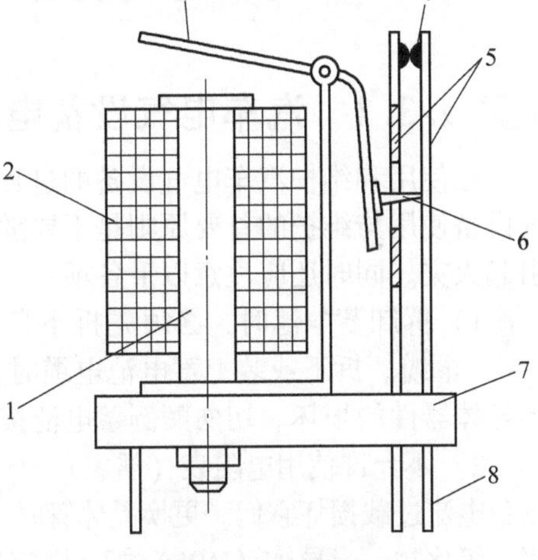

（1）电磁继电器的工作原理和特性 电磁继电器一般由铁心、线圈、衔铁、触点簧片等组成，如图1-3所示。只要在线圈两端加上一定的电压，线圈中就会流过一定的电流，从而产生电磁效应，衔铁就会在电磁力吸引的作用下克服复位弹簧的拉力吸向铁心，从而带动衔铁的动触点与静触点（常开触点）吸合。当线圈失

图1-3 电磁继电器

1—铁心 2—线圈 3—衔铁
4—触点 5—板簧 6—支杆
7—支座 8—引脚

电后，电磁的吸力也随之消失，衔铁就会在复位弹簧的作用下返回原来的位置，使动触点与静触点（常开触点）分离。这样吸合、释放，从而达到在电路中的导通、切断的目的。对于继电器的"常开""常闭"触点，可以这样来区分：继电器线圈未通电时触点处于断开状态，称为"常开触点"，触点处于接通状态称为"常闭触点"。

（2）热敏干簧式继电器的工作原理和特性 热敏干簧式继电器是一种利用热敏磁性材料检测和控制温度的新型热敏开关。它由感温磁环、恒磁环、干簧管、导热安装片、塑料衬底及其他一些附件组成。热敏干簧式继电器不用线圈励磁，而由恒磁环产生的磁力驱动开关动作。恒磁环能否向干簧管提供磁力是由感温磁环的温控特性决定的。

（3）固态继电器（SSR）的工作原理和特性　固态继电器是一种两个接线端为输入端，另两个接线端为输出端的四端器件，中间采用隔离器件实现输入、输出的电隔离。

固态继电器按负载电源类型可分为交流型和直流型；按开关形式可分为常开型和常闭型；按隔离形式可分为混合型、变压器隔离型和光电隔离型，其中以光电隔离型为最多。

3. 控制单元

控制单元在现代汽车上的应用越来越广泛，是自动控制和集中控制的发展趋势，在相关控制系统都有详细介绍。

1.2.5　用电设备

汽车上的用电设备是指汽车常规电气设备、发动机辅助电气设备、底盘辅助电气设备、车身辅助电气设备等。

1）常规电气设备：如起动系统、充电系统、照明装置等。

2）发动机辅助电气设备：如电喷系统、电控点火系统等。

3）底盘辅助电气设备：如电控悬架、防抱死制动系统（ABS）等。

4）车身辅助电气设备：如安全气囊、汽车音响等。

▶▶▶ 1.3　汽车电气设备电路使用与维护

1.3.1　汽车电气设备电路使用与维护的注意事项

在使用和维护汽车电气设备的过程中，不正当的操作容易导致电气设备的损坏，因此电气设备使用与维护的首要原则是不要随意更换电缆或电器，这种操作有可能因短路、过载而引起火灾。同时还应注意以下各项：

1）拆卸蓄电池时，必须先拆下负极（－）电缆；装上蓄电池时，必须最后连接负极（－）电缆。拆下或装上蓄电池电缆时，应确保点火开关或其他开关都已断开，否则会导致半导体器件的损坏。切勿颠倒蓄电池接线柱极性。

2）不允许使用电阻表（摇表）及低阻抗万用表的 R×100 以下低阻档检测小功率晶体管，以免电流过载损坏它们。更换晶体管时，应首先接入基极，拆卸时则应最后拆卸基极。对于金属－氧化物－半导体（MOS）管，则应当心静电击穿，焊接时应从电源上拔下烙铁插头。

3）拆卸和安装元器件时，应切断电源。如无特殊说明，元器件引脚距焊点应在 10mm 以上，以免烙铁烫坏元器件，且宜使用恒温或功率小于 75W 的电烙铁。

4）更换烧坏的熔断器时，应使用相同规格的熔断器。使用比规定容量大的熔断器会导致电气损坏或产生火灾。

5）靠近振动部件（如发动机）的线束部分应用卡子固定，将松弛部分拉紧，以免由于振动造成线束与其他部件接触、磨损。

6）不要粗暴地对待电器，也不能随意乱扔。无论好坏器件，都应轻拿轻放，以免使其承受过大冲击。

7）与尖锐边缘磨碰的线束部分应用胶带缠起来，以免损坏。安装固定零件时，应确保线束不要被夹住或被破坏，同时应确保插头接插牢固。

8）进行保养时，若温度超过80℃（如进行焊接时），应先拆下对温度敏感的零件（如电控单元）。

1.3.2 汽车电气设备电路检修的基本方法

1. 电气设备诊断的一般步骤

电气设备的一般诊断流程初学者应按部就班地学习,这对培养良好的故障诊断与检修思路大有裨益。对于具备相当的理论知识和工作经验的维修人员,实际工作中不必过分拘泥于流程步骤,可以视实际情况或凭经验略过一些步骤,直达故障点进行检修,可提高工作效率。电气设备的一般诊断步骤如图1-4所示。

另外,现代汽车上计算机控制系统越来越多,利用故障诊断仪读取故障码和数据流进行故障诊断,能有效地缩小故障范围,甚至能直接完成故障定位。因此,对计算机控制系统故障或相关故障的诊断,应优先采用故障诊断仪。

2. 汽车电路故障诊断的常用方法

(1) **直观法** 当汽车电系的某个部分发生故障时,会出现冒烟、火花、异响、焦臭、高温等异常现象,通过人体的感觉器官,听、摸、闻、看等对汽车电器进行直观检查,进而判断出故障的所在部位,从而可以大大提高检修速度。

(2) **检查熔断器法** 当汽车电系出现故障时,首先应查看熔断器是否完好。如汽车在行驶中,若某个电器突然停止工作,同时该支路上的熔断器熔断,说明该支路有搭铁故障存在。某个系统的熔断器反复烧断,则表明该系统一定有类似搭铁的故障存在,不应只更换熔断器了事。

图1-4 电气设备的一般诊断步骤

(3) **试灯法** 用一个汽车小功率灯泡(或发光二极管串联一个300Ω电阻)作为临时试灯,检查线束是否开路或短路,电器或电路有无故障等。此方法特别适合于检查不允许直接短路的带有电子元器件的电器。

使用临时试灯法应注意试灯的功率不要太大,在测试电子控制器的控制(输出)端子是否有输出及是否有足够的输出时尤其要慎重,防止控制器超载损坏。

(4) **短路法** 短路法又称为跨接法,即用一根导线将某段导线或某一电器跨接后观察电器的变化。

(5) **替换法** 替换法常用于故障原因比较复杂的情况,对可能的故障部位逐一进行排除。具体做法是,用一个已知是完好的零部件来替换被认为或怀疑有故障的零部件,这样做可以试探出怀疑是否正确。若替换后故障消除,说明怀疑成立,否则,装回原件,进行新的

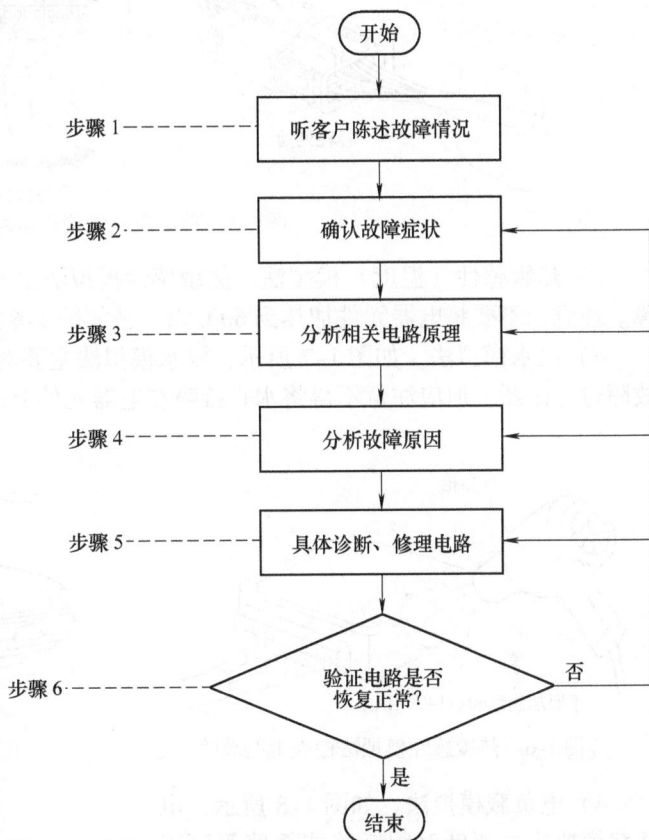

替换，直至找到真正的故障部位。

（6）**模拟法** 进行发生条件模拟验证后诊断故障，主要包括以下5种方法。

1）振动模拟法。如图1-5所示，该方法主要对某些因为接触不良、部件松动、连接不可靠的线路短路或断路故障检测效果明显。

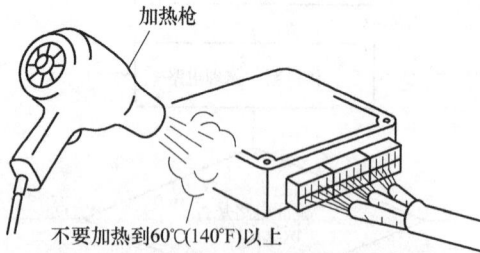

轻轻晃动　　　　轻轻弯曲　　　轻轻敲打

图1-5　振动模拟法检查电路故障

2）热敏感性（温度）模拟法。热敏感性模拟法主要可以检测因为温度变化而引起的故障。注意：不要将电器元件加热到60℃以上，如图1-6所示。

3）浸水模拟法。如图1-7所示，浸水模拟法主要对某些因湿度条件变化而产生的电路故障进行诊断，但应注意不得将水直接喷在电器元件上。

加热枪

不要加热到60℃(140°F)以上

图1-6　热敏感性模拟法检查电路故障

图1-7　浸水模拟法检查电路故障

4）电负载模拟法。如图1-8所示，电负载模拟法主要针对因断路或短路等原因造成的负荷过大而无法正常工作的现象进行模拟。

5）冷起动或热起动模拟。在某些情况下，电气故障只有当车辆冷起动时才会发生，或是在车辆短暂熄火后热起动时发生。

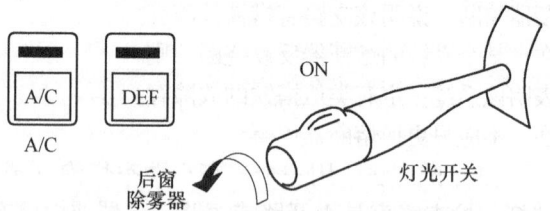

A/C　DEF　ON　A/C　后窗除雾器　灯光开关

图1-8　电负载模拟法检查电路故障

☞ 1.3.3　汽车电气设备电路检修的常用量具

1. 汽车专用万用表

（1）**概述** 万用表可用于电工电子电路中的电量、电量的变化及元器件的测量。常用的万用表可分为数字式万用表（DMM）和指针式万用表（模拟指示仪表）两种。

对汽车电气设备进行故障诊断和检测时，万用表是必不可少的。对于传统发动机来讲，要检测电路中的电压、电流、电阻等参数，使用普通指针式万用表即可。但现代汽车普遍采用了电子控制技术，使用低阻抗指针式万用表容易对车载计算机及传感器造成损坏，因此，最好采用高阻抗的数字式万用表。数字式万用表具有精确度高、测量速度快、输入阻抗高、量程范围宽、过载能力强、抗干扰能力强、功耗小、高分辨率的特点。

一般的数字式万用表只能测量直流和交流电压、直流和交流电流、电阻、二极管、晶体管和电路的通断等，但汽车专用万用表有许多拓展功能。

（2）汽车专用万用表的功能

1）测量交、直流电压。

2）测量电阻。

3）测量交流电流、直流电流。

4）测量温度。

5）测量二极管的性能。

6）测量传感器输出的电信号频率。

7）测量闭合角、占空比。

8）测量转速。

9）模拟条显示测量转速。

10）峰值保持、读数保持（数据锁定）。

11）测量电容、压力、时间、半导体元器件等。

12）输出脉冲信号。

13）进行故障码读取。

14）检测传感器。

以上是汽车专用万用表的基本功能，另外汽车万用表还具有自动断电、自动变换量程、电池测试（低电压提示）功能。

（3）汽车专用万用表的种类　汽车专用万用表虽然面板形式不同，但功能相近，常用的有笛威 TWAY 9206A 和 TWAY 9406A、胜利—98、美国艾克强（Actron）MODEL 2882 和 MODEL 3002、萨美特（Summit）SDM586 和 SDM786、OTC 系列以及 EDA（中国台湾）系列汽车专用万用表等。

有的数字式万用表还增加了示波器、运行记录器、发动机分析仪的功能，DA—230 型汽车万用表在配用真空/压力转换器（附件）时，可测量压力和真空度。这些数字式万用表在其外形尺寸不变的情况下实现了多功能、多用途。

（4）汽车专用万用表面板介绍　下面以萨美特汽车专用万用表为例进行汽车专用万用表面板的介绍。

1）选择开关，如图 1-9 所示，以下为具体功能介绍。

RPM DUTY　FREQ　DWELL：使用表笔进行转速、占空比、脉宽和频率测量。

RPM INDUCTIVE：感应式转速测量。

Hz：频率测量。量程为 200Hz、2kHz、20kHz、200kHz。

$\tilde{\mathrm{V}}$：交流电压测量。量程为 4V、40V、400V、1000V。

$\overline{\mathrm{V}}$：直流电压测量。量程为 4V、40V、400V、1000V。

mV：直流电压毫伏测量。量程为 400mV。

Ω：电阻与连续性测量。量程为 400Ω、4kΩ、40kΩ、400kΩ、4MΩ、40MΩ。

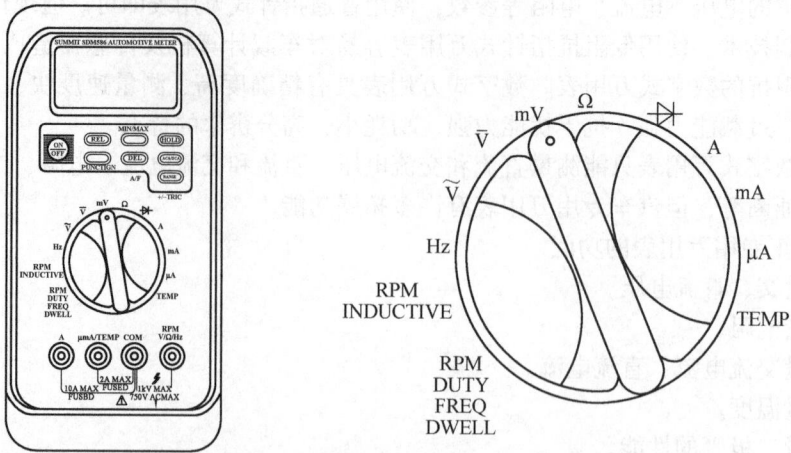

图 1-9　萨美特汽车专用万用表的面板和选择开关

⎍⊦：二极管测量。量程为 3V。

A：交、直流电流测量。量程为 4A、10A。

mA：交、直流电流毫安测量。量程为 40mA、400mA。

μA：交、直流电流微安测量。量程为 40μA、400μA。

TEMP：温度测量。量程为（摄氏温度）－40～＋1370℃；（华氏温度）－40～＋2498℉。

2）功能按键，如图 1-10 所示。

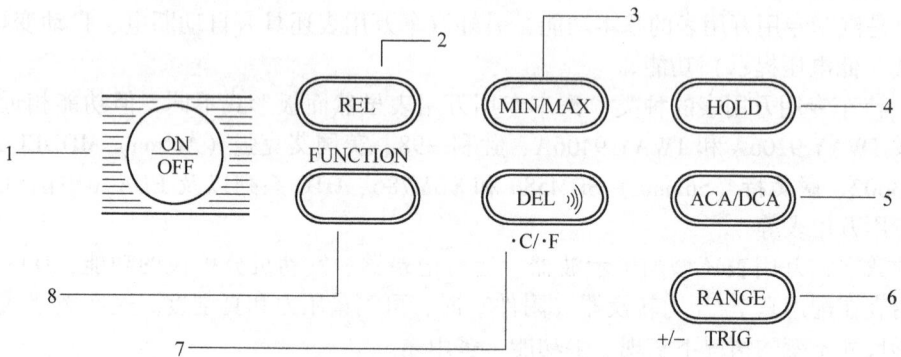

图 1-10　萨美特汽车专用万用表的功能按键

图中数字指代含义如下：

1—仪表开关。

2—选择相对读数功能，再次按下该按键退出该功能。

3—选择记录功能，按下该按键依次显示最大值、最小值、平均值和目前读数，按下并保持 3s 退出该功能。

4—保持目前读数功能，再次按下退出该功能。

5—交流、直流电流选择键。

6—自动、手动转换。在自动测量范围下，按下选择手动范围。按下并保持 3s，返回自动测量范围。在进行脉宽、占空比和频率测量时,按下可选择触发相位的 + 或 – 。在进行感应式转速测量时,可选择发动机的冲程数。在使用表笔进行转速测量时,可选择发动机的气缸数。

7—闭合角、连续性、温度选择开关。在 RPM DUTY FREQ DWELL 档时,可选择闭合角测量;在电阻档时,可选择连续性测量;在进行温度测量时,可选择摄氏或华氏温度。

8—转速、占空比、脉宽和频率选择开关。在 RPM DUTY FREQ DWELL 档时,按下该按键可依次选择转速、占空比、脉宽和频率的测量。

3)液晶显示器,如图 1-11 所示。

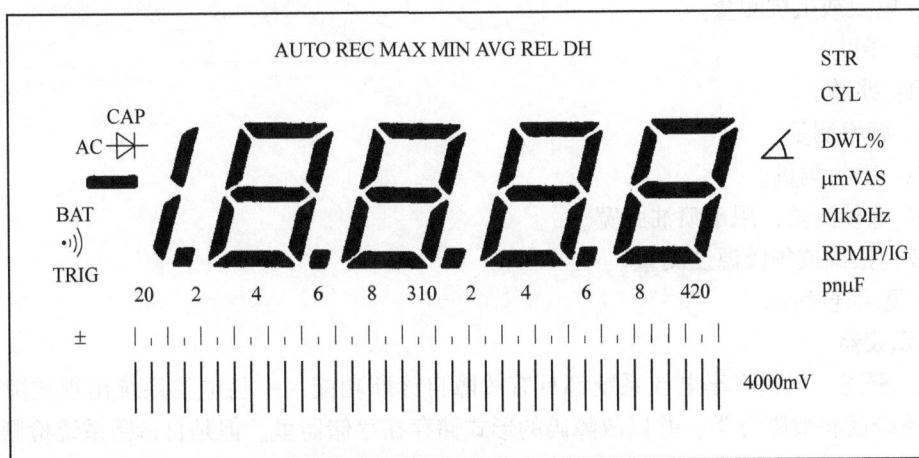

图 1-11 萨美特汽车专用万用表的液晶显示器

萨美特汽车专用万用表涉及的字符及符号的含义如下。

AUTO:自动选择最佳测量范围。

REC:记录功能。

MAX:记录功能所记录的最大值。

MIN:记录功能所记录的最小值。

AVG:记录功能所记录的平均值。

REL:相对读数。

DH:数值保持功能。

CAP:电容测量。

AC:交流电流或电压测量。

BAT:仪表或电池低电压显示。

TRIG: + 、 – 触发器。

STR:发动机冲程数选择,2 或 4。

CYL:发动机气缸数选择,最多至 8 缸。

◁DWL%:闭合角。

μmVAS:电压、电流、脉宽测量项目后面的单位。

MkΩHz:电阻、频率测量项目后面的单位。

RPM IP:使用感应式夹钳测量转速,将夹钳夹在一缸高压线上。

RPM IG：使用表笔测量转速，将表笔接在点火线圈低压接线柱上。

pnμF：电容里程（皮法、纳法、微法）。

V：电压档。

mV：毫伏电压档。

A：电流档。

mA：毫安电流档。

μA：微安电流档。

%：占空比测量。

Ω：电阻或阻抗测量。

kΩ：千欧。

MΩ：兆欧。

Hz：频率测量。

kHz：千赫测量。

ms：毫秒测量，用于喷油脉宽。

C/F：摄氏或华氏温度测量。

·))：显示连续性。

2. 示波器

（1）**概述** 现代汽车电控系统都具有故障自诊断功能，一旦电控系统出现故障，故障自诊断系统就将故障分类，并以故障码的形式储存在存储器里。但是自诊断系统检测故障时有一定局限性。首先，它只能检测出传感器和执行器的工作好坏、电控单元输出信号是否在适当的范围内以及电路是否断路或短路，对于油路、气路及点火系统的高压电路故障，它是无能为力的，仍需人工诊断；其次，故障自诊断系统只能缩小故障检测范围，很难准确判断具体的故障部位；第三，一旦自诊断系统出现问题，也必须使用其他手段来检测故障部位。

汽车示波器的扫描速度大大高于故障信号速度，因此它可以快速捕捉故障电信号，甚至许多间歇故障的信号间歇，并且可用较慢的速度显示这些信号波形，以便让维修人员一边观察、一边分析。示波器还可以以储存的方式记录信号波形。在电控系统中，无论是快速信号，还是慢速信号都可用示波器来观察被测部件的工作状况，并且可以通过观察波形知道故障是否已经排除。

（2）**电控系统部件输入与输出信号的种类** 电控系统部件输入与输出信号的种类基本上可分为模拟信号和数字信号两种。这些模拟信号和数字信号可分为直流信号、交流信号、频率调制信号、脉宽调制信号和串行数据信号。

1）直流信号波形。它是一种模拟信号，汽车上产生直流信号的装置有发动机冷却液温度传感器、燃油温度传感器、进气温度传感器、节气门位置传感器、废气再循环（EGR）压力传感器、翼片式和热线式空气流量传感器、真空开关和节气门开关、进气压力传感器等。

2）交流信号波形。交流信号波形也是模拟信号，在汽车上产生交流信号的装置有车速传感器、轮速传感器、磁感应式曲轴位置与凸轮轴位置传感器、爆燃传感器以及从模拟压力传感器信号得到的发动机真空平衡波形。

3）频率调制信号波形。汽车电控系统中产生可变频率信号的装置有数字式空气流量传感器、光电式车速传感器、霍尔式车速传感器、光电式曲轴位置和凸轮轴位置传感器、霍尔式曲轴位置和凸轮轴位置传感器。

4）脉宽调制信号波形。汽车电控系统中产生脉宽调制信号的电路和装置有初级点火线圈、电子点火正时电路、EGR 控制和清污电磁阀、涡轮增压和控制电磁阀、喷油器、怠速控制电动机和怠速控制电磁阀。

5）串行数据信号波形。发动机控制计算机、车身控制计算机、ABS 与 ASR（驱动防滑系统）（TRC，牵引力控制系统）和其他控制模块会产生串行数据信号波形。

（3）波形分析的 5 个参数 对于任意一个传感器或执行器以及电路，所有的汽车电子信号都具有以下可度量的 5 个参数指标中的一个或几个。

1）幅值。幅值是指电子信号在一定点上的瞬时电压最大、最小值之差。

2）频率。频率是指电子信号 1s 的循环次数（单位为 Hz）。

3）形状。波形的形状是指电子信号的外形特征，表明它的曲线、轮廓、上升沿、下降沿等。

4）脉冲宽度。脉冲宽度是指电子信号所占的时间或占空比。

5）阵列。波形的阵列是指组成信息信号的重复方式。

（4）波形的识别

1）波形的峰值。波形的峰值（即峰-峰值）表示波形的最低和最高的差值，如图 1-12 所示。

2）波形的频率。波形的频率表示信号每秒的周期数，如图 1-13 所示。若信号周期 = 20ms = 0.02s，则频率 = 1/0.02s = 50Hz。

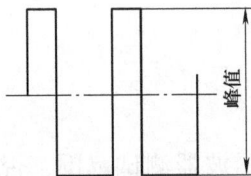

图 1-12 波形的峰值

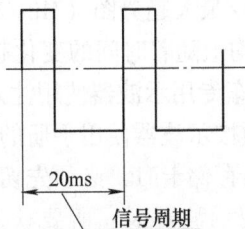

图 1-13 波形的频率

3）波形的脉冲宽度。波形的脉冲宽度表示信号负电压部分的宽度，通常以 ms 表示，如图 1-14 所示。

4）波形的占空比。波形的占空比表示信号的脉冲宽度与信号周期的比值，用百分数表示。如图 1-15 所示，占空比 = 15ms ÷ 20ms × 100% = 75%，脉冲宽度 = 15ms。

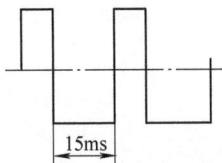

图 1-14 波形的脉冲宽度

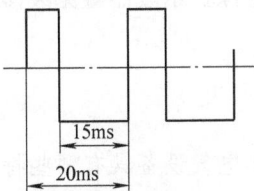

图 1-15 波形的占空比

（5）汽车专用示波器的基本功能 汽车专用示波器的功能分为基本功能和附加功能。基本功能是对汽车电控系统中的模拟信号和数字信号进行波形显示；附加功能包括万用表功能和发动机性能测试功能。

汽车示波器多为双通道显示，甚至为四通道显示。示波器有多个通道接口，能够同时显示多个波形，把示波器连接到4个不同传感器与执行器，即可以把4种信号波形同时显示出来，便于分析判断。

示波器的万用表功能可以很直接地显示出一些简单特定的信号，为使用者提供了方便。示波器备有一些附加测试探头用于与车辆连接，可以测试发动机的起动电流、交流发电机二极管等。

（6）**汽车专用示波器简介**　不同品牌的汽车专用示波器的功能和使用方法大体相同。常用的 FLUKE 98 型汽车示波器具有下列主要功能：

1）菜单功能选项操作，易学易用。

2）连续自动量程可在任何情况下自动地以最佳方式显示测量的信号。

3）可读取次级点火波形。点火系统的分析功能可轻而易举地判断点火系统的故障所在。

4）气缸相对压力的分析功能可找出压力低的气缸。

5）可单独显示某一缸的次级点火波形，同时显示点火电压、转速、燃烧时间及电压。

6）信号连续记录功能，可记录最大至 128 个屏幕的信号，利用此功能可轻易找出间歇性故障。

7）运行记录功能，可以记录从每格 200ms 时基至最大时基。

8）读数绘图功能，可在一次连接中显示某一信号的4种参数变化趋势图。

9）最小/最大趋势图（Min/Max Trend Plot）功能，可连续显示某一信号的最大值、最小值及其平均值随着时间的变化趋势。

（7）**汽车专用示波器使用注意事项**

1）必须按示波器使用手册的方法和注意事项进行操作。

2）移换存储卡时，必须先切断电源。

3）使用示波器时，所要检测的信号范围不能超出示波器测试范围，否则会损坏示波器。

4）确定被测试车辆变速杆置于 P 位并且已拉上驻车制动器拉杆。

5）确定车轮在地面上被锁止。

6）车辆在通风顺畅的地方。

7）在切断测试接头之前，应先断开搭铁线接头。

8）注意保护示波器避免液体浸入。

练习与思考题

简答题

1）汽车电气设备具有哪些特点？

2）汽车电气设备电路主要由哪几部分组成？各有何特征？

3）汽车电气设备电路使用与维护时应注意哪些事项？

4）汽车电路故障诊断的常用方法有哪些？

第2章

蓄 电 池

基本思路：

　　蓄电池既是汽车电气系统中电的流动路线的"源头"，又是汽车电气系统中电的流动路线的"终点"，是分析和检修汽车电气系统的五大要素之一，其性能的好坏是汽车能否正常工作的关键。本章学习和研究的重点是蓄电池的结构、特征、性能及保养与维护方法。

▷▷▷ 2.1 概述

📚 2.1.1 蓄电池的分类

　　蓄电池（俗称"电瓶"）是一种将化学能转换成电能的装置，是可逆的低压直流电源，主要有铅酸蓄电池和镍碱蓄电池。

　　汽车上一般采用铅酸蓄电池，主要用途是起动发动机。车用蓄电池可分为以下 4 种：

　　1）湿式荷电蓄电池。在极板成形后，将极板浸入相对密度为 1.35 的硫酸钠和稀硫酸混合溶液中 10min，然后离心沥酸，不经干燥就组装成蓄电池。6 个月内使用无需充电，加入规定的电解液即可，如储存时间长需补充充电。

　　2）干式荷电蓄电池。在负极板的铅膏中加入松香、油酸等防氧化剂，在干燥状态下储存时间长，加入规定的电解液 10min 后就能使用。

　　3）少维护蓄电池。这种蓄电池极板栅架材料含锑量较低，在工作及充电合适的情况下一年（或每行驶 80000km）只需检查一次。

　　4）免维护蓄电池。这种蓄电池在材料和结构上有较大差异，在使用中只要保持外表清洁，不需做其他维护工作。

　　目前我国轿车上使用最多的是免维护蓄电池。

2.1.2 蓄电池的功用

1. 起动前

1）汽车起动前可以向车上的用电设备供电。

2）汽车起动时，向起动机和点火装置供电，在短时间内（5~10s）为起动机提供200~600A（汽油发动机）或500~1000A（柴油发动机）的强大起动电流。

2. 起动后

1）当发电机电压低于用电设备所需的电压时，向点火系统及其他的设备供电。

2）当同时接入的设备过多，发电机超载时，协助发电机供电。

3）当发电机负载较少时，将发电机多余的电能转变为化学能存储起来。

4）稳定电压。由于蓄电池与其他负载是并联的，相当于一个大的电容器，其上的电压不易改变，保护了汽车用电设备。

▶▶▶ 2.2 铅蓄电池的结构与型号

2.2.1 铅蓄电池的结构

铅蓄电池（简称蓄电池）由极板、隔板、壳体、连条、接线柱等结构组成，如图2-1所示。

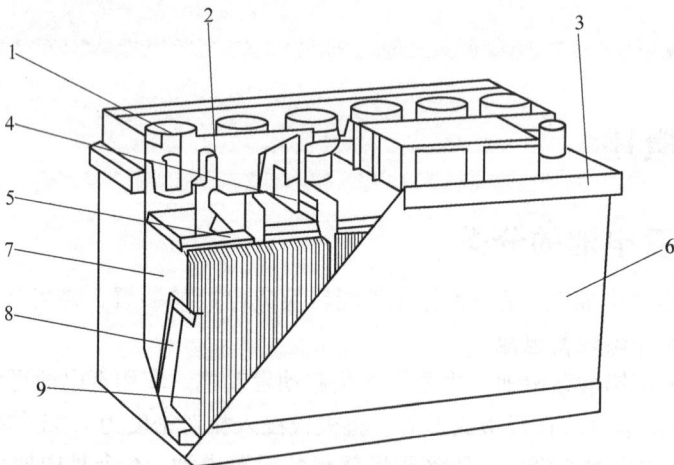

图 2-1 铅蓄电池的结构

1—排气孔 2—负接线柱 3—电池盖 4—连条 5—汇流条 6—壳体 7—负极板 8—隔板 9—正极板

1. 极板

极板分为正极板和负极板两种，均由栅架和填充在其上的活性物质构成，如图2-2所示。正极板上的活性物质是二氧化铅（PbO_2），呈深棕色；负极板上的活性物质是海绵状纯铅（Pb），呈青灰色。栅架的作用是容纳活性物质并使极板成形。蓄电池充、放电过程中，电能和化学能的相互转换，就是依靠极板上活性物质和电解液中硫酸的化学反应来实现的。为增大蓄电池的容量，通常将多片正、负极板分别相互嵌合并联焊接，组成正、负极板组，其中极板组中负极板的数量总比正极板多一片。每个极板组构成一个单体电池，每个单体电池的额定电压为2V。蓄电池一般都由3个或6个单体电池串联而成，额定电压分别为6V或12V。单体电池的串接方式一般有传统外露式、穿壁式和跨越式3种。

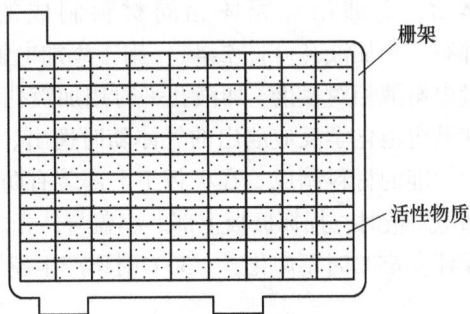

图 2-2　极板

2. 隔板

为了减小蓄电池的内阻和尺寸，蓄电池内部正、负极板应尽可能地靠近。又为了避免正、负极板彼此接触而短路，它们之间要用隔板隔开。隔板材料应具有多孔性和渗透性，且化学性能要稳定，即具有良好的耐酸性和抗氧化性。常用的隔板材料有木质隔板、微孔橡胶、微孔塑料、玻璃纤维和纸板等。安装时隔板上带沟槽的一面应朝向正极板。

3. 电解液

通过电解液与极板上活性物质发生化学反应，实现电能与化学能的互相转换。电解液的密度、温度和纯度是影响蓄电池性能、寿命和还原系数的重要因素。标准的电解液密度为 $1.24 \sim 1.30 g/cm^3$，在气温高的地区和季节，应采用较低密度的电解液，而在气温低的地区和季节，应采用较高密度的电解液。不同地区、不同季节时电解液的相对密度是不同的，见表2-1。

表 2-1　不同地区和不同季节的电解液相对密度

气候条件	完全充足电的蓄电池在25℃时的电解液相对密度	
	冬　季	夏　季
冬季温度低于 −40℃ 的地区	1.30	1.26
冬季温度在 −40℃ 以上的地区	1.28	1.24
冬季温度在 −30℃ 以上的地区	1.27	1.24
冬季温度在 −20℃ 以上的地区	1.26	1.23
冬季温度在 0℃ 以上的地区	1.23	1.23

4. 连条

连条的作用是将单体电池串联起来，提高整个铅蓄电池的端电压。普通电池连条由铅锑合金浇铸而成，形状如图2-3所示。硬橡胶外壳蓄电池的连条位于电池小盖上方，塑料外壳蓄电池则采用穿壁式连条。

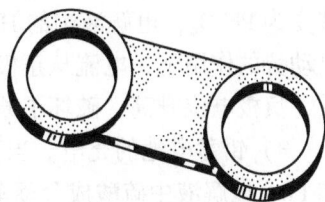

图 2-3　连条的形状

5. 壳体

壳体是用来盛放电解液和极板组的容器，使铅蓄电池构成一个整体。外壳材料有硬橡胶和塑料两种。壳体为整体式结构，壳体内部由间壁分隔成3个或6个互不相通的单格，底部有突起的肋条以搁置极板组。肋条之间的空间用来积存脱落下来的活性物质，以防止在极板间造成短路。极板装入壳体后，上部用与壳体相同材料制成的电池盖密封。在电池盖上对应于每个单格的顶部都有一个加液孔（图 2-4），用于添加电解液和蒸馏水，也可用于检查电解液液面高度和测量电解液相对密度。加液孔平时用加液孔盖拧紧。加液孔盖中心的通气孔应经常保持畅通，使蓄电池化学反应放出的气体随时逸出。壳体由耐酸、耐热、耐振、绝缘性好并且有一定力学性能的材料制成。在极板组上部装有防护板，以防止测量电解液相对密度、液面高度或添加电解液时，损坏极板上部。小盖与外壳之间的缝隙用封口胶密封，如图 2-5 所示。封口胶应保证在 65℃时不熔化，−30℃时不产生裂纹。

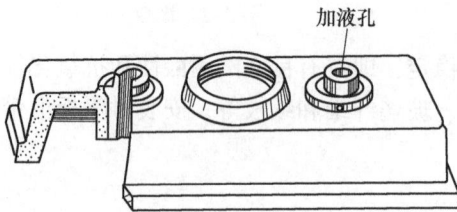

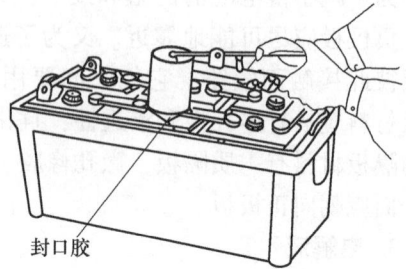

图 2-4　加液孔　　　　　　　　　　　　　　　图 2-5　封口胶

2.2.2　铅蓄电池的工作原理

1. 工作原理

当铅蓄电池和负载接通放电时，正、负极板间产生电流，正极板上的 PbO_2 和负极板上的 Pb 均与 H_2SO_4 发生化学反应，生成 $PbSO_4$，电解液中的 H_2SO_4 减少，电解液相对密度下降。当铅蓄电池充电时，按相反的方向变化，正、负极板上的 $PbSO_4$ 分别恢复成原来的 PbO_2 和 Pb，电解液中的硫酸增加，电解液相对密度变大。上述可逆化学反应可用下式表示：

$$PbO_2 + Pb + 2H_2SO_4 \rightleftharpoons 2PbSO_4 + 2H_2O \tag{2-1}$$

1）电势的建立。极板与电解液发生化学反应，当化学反应达到平衡时，负极板具有负电位，约为 −0.1V；正极板具有正电位，约为 +2.0V。因此，当外电路未接通，反应达到相对平衡状态时，铅蓄电池的静止电动势约为

$$E_0 = 2.0V - (-0.1V) = 2.1(V)$$

2）铅蓄电池的放电。当蓄电池接上负载后，正极板上的 PbO_2 和负极板上的 Pb 都逐渐转变为 $PbSO_4$，电解液中的 H_2SO_4 逐渐减少而水和 $PbSO_4$ 增多，故电解液相对密度下降。在电动势的作用下，电流从正极经过负载流往负极（即电子从负极到正极），使正极电位降低，负极电位升高，破坏了原有的平衡。铅蓄电池放电时的化学反应过程如图 2-6 所示。

3）铅蓄电池的充电。当蓄电池接直流电源后，正、负极板上的 $PbSO_4$ 逐渐恢复为 PbO_2 和 Pb，电解液中硫酸成分逐渐增多，水逐渐减少。电源电压高于蓄电池电动势，在直流电源电压作用下，电流从蓄电池正极流入，负极流出（即驱使电子从正极经外电路流入负极）。这时正、负极板发生的反应正好与放电过程相反，其化学反应过程如图 2-7 所示。

2. 工作特性

铅蓄电池的工作特性主要包括蓄电池的电动势、内阻及充、放电特性。

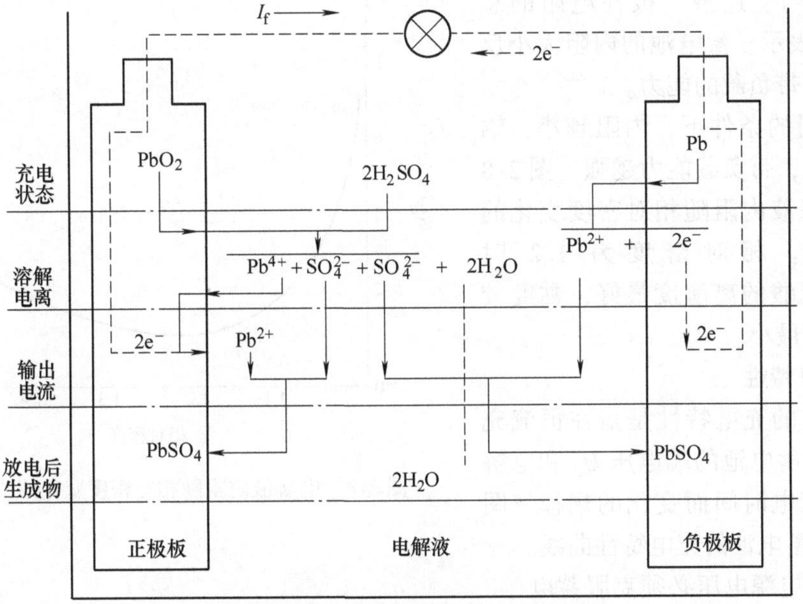

图 2-6 铅蓄电池放电时的化学反应过程

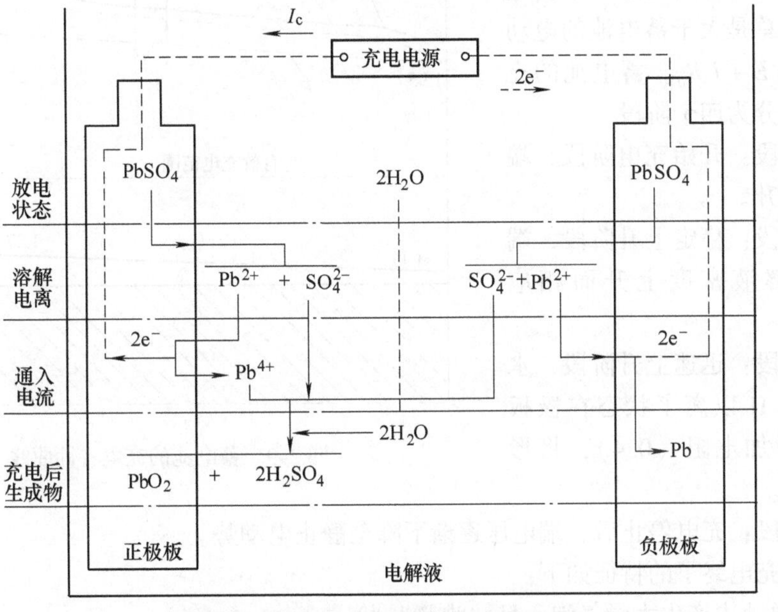

图 2-7 铅蓄电池充电时的化学反应过程

1）静止电动势。静止电动势是指蓄电池在静止状态（不充电也不放电）下正、负极板之间的电位差（即开路电压），其值取决于电解液的密度和温度。当相对密度在 1.050～1.300 的范围内时，可由下述公式计算其近似值：$E_0 = 0.85 + \rho_{25℃}$（25℃时的电解液密度）。汽车用蓄电池的电解液相对密度在充电时增高，放电时下降，一般在 1.12～1.30 之间波动，因此，蓄电池的静止电动势也相应地变化在 1.97～2.15V 之间（静止电动势不等于电源电动势）。

2）内阻。蓄电池的内阻是包括了极板电阻、电解液电阻、隔板电阻（隔板电阻因所用的材料而异)、连条和极柱电阻的总和,用 R_0 表示。蓄电池的内阻大小反映了蓄电池带负载的能力。

在相同的条件下,内阻越小,输出电流越大,带负载能力越强。图2-8 所示为电解液内阻随相对密度变化的关系曲线。相对密度为 1.2 时 (15℃),硫酸的离解度最好,黏度较小,电阻也最小。

3. 充电特性

蓄电池的充电特性是指在恒流充电过程中,蓄电池的端电压 U_c 和电解液密度随充电时间而变化的规律。图 2-9 所示为蓄电池的充电特性曲线。

充电时电源电压必须克服蓄电池的电动势和蓄电池内阻产生的电压降 I_cR_0,因此,充电过程中蓄电池的端电压总是大于蓄电池的电动势,即 $U_c = E + I_cR_0$。蓄电池的充电过程大致分为四个阶段。

第一阶段:开始充电阶段,端电压迅速上升。

第二阶段:稳定上升阶段,端电压随电解液密度上升而相应提高。

第三阶段:迅速上升阶段,水电解产生的 H 以离子状态在极板之间产生附加电阻 (0.4),将形成沸腾现象。

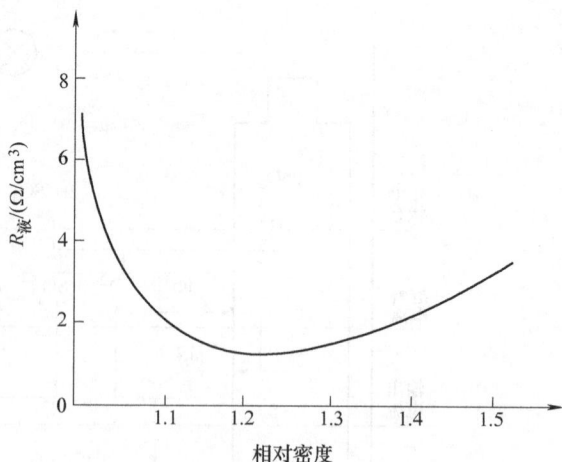

图 2-8 电解液内阻随相对密度变化的关系曲线

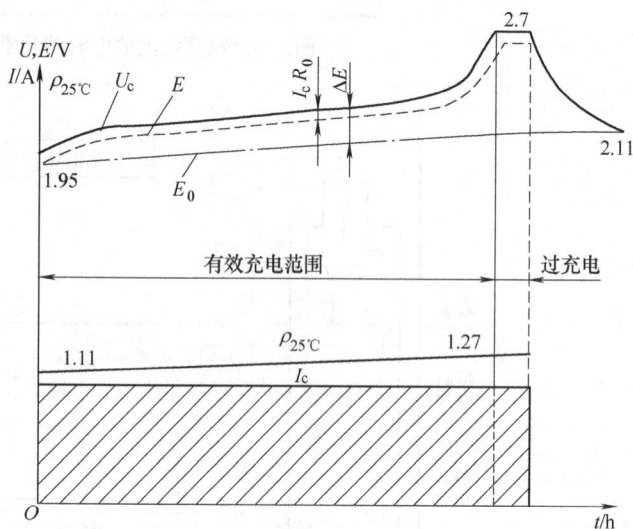

图 2-9 蓄电池的充电特性曲线

第四阶段:充电停止后,端电压逐渐下降至静止电动势。

蓄电池充电终了的特征如下:

1) 蓄电池内产生大量气泡,呈"沸腾"状。

2) 端电压和电解液相对密度均上升至最大值,且 2~3h 内不再增加。

4. 放电特性

蓄电池的放电特性是指在恒流放电过程中,蓄电池的端电压 U_f 和电解液相对密度随时间而变化的规律。图2-10 所示为蓄电池的放电特性曲线。

放电过程中,由于蓄电池内阻 R_0 上有压降,所以,蓄电池的端电压总是小于其电动势 E,即 $U_f = E - I_fR_0$。式中,U_f 是放电时蓄电池的端电压;E 是放电时蓄电池的电动势;I_f 是放电电流;R_0 是蓄电池的内阻。

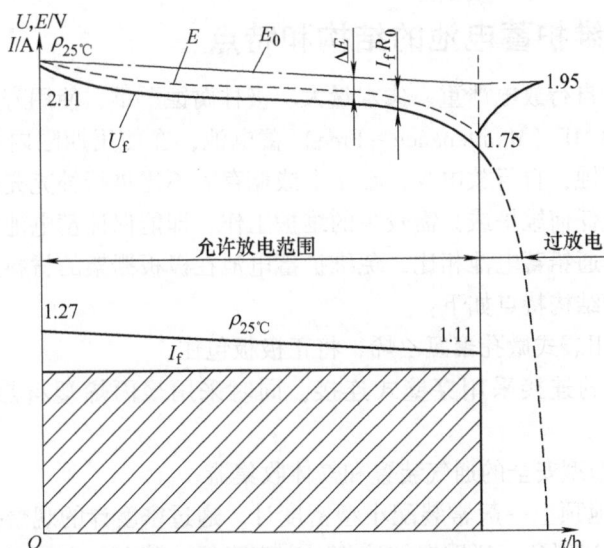

图 2-10　蓄电池的放电特性曲线

第一阶段：开始放电阶段，电压下降较快。

第二阶段：相对稳定阶段，电压缓慢下降。

第三阶段：迅速下降阶段，放电终了，密度迅速下降，端电压也急剧下降。

蓄电池放电终了的特征如下：

1）电解液相对密度下降到最小许可值。

2）单体电池的端电压降至放电终止电压。

2.2.3　铅蓄电池的型号

铅蓄电池的型号按 JB/T 2599—2012 规定，其产品型号的编制和含义见表 2-2。

表 2-2　铅蓄电池标准

串联的单体蓄电池数	蓄电池的用途、结构特征代号	标准规定的额定容量
1	2	3

表中数字含义如下：

1——串联的单体电池数用阿拉伯数字表示。

2——蓄电池的类型是根据其主要用途来划分的。起动用蓄电池代号为 Q，摩托车用蓄电池代号为 M。蓄电池的特征仅在同类用途的产品中具有某种特征而在型号中又必须加以区别时采用。如干式荷电蓄电池用 A 表示，湿式荷电蓄电池用 H 表示，免维护蓄电池用 W 表示。

3——额定容量是指 20h 率额定容量，单位为 A·h，用阿拉伯数字表示。

例如：3—QA—75 表示由 3 个单体电池串联而成，额定电压为 6V，额定容量为 75A·h 的起动用干式荷电蓄电池。

👉 2.2.4　免维护蓄电池的结构和特点

普通铅蓄电池有自行放电严重、失水量大、极柱腐蚀严重、使用寿命较短等缺点。而免维护蓄电池，又称为 MF（Maintenance – Free）蓄电池，在使用期限内不需添加蒸馏水，极柱腐蚀较轻或没有腐蚀，自行放电少，在车上或储存时不需进行补充充电。一般在免维护蓄电池使用过程中不做任何维护或只需较少的维护工作，即能保证蓄电池的技术状况良好和一定的使用寿命。与普通铅蓄电池相比，免维护蓄电池在极板栅架的材料上做了重大的改进。

免维护蓄电池的结构特点如下：

1）隔板材料采用袋式微孔聚氯乙烯，将正极板包住。

2）单体电池间的连接采用穿壁式连接，同时采用聚丙烯塑料热压外壳和整体式电池盖。

3）通气孔采用新型安全的通气装置和气体收集器。

4）免维护蓄电池顶上一般常装配小型密度计。通过密度计的观察孔看到绿点，表示蓄电池工作情况良好；淡绿色，说明电解液相对密度降低，蓄电池充电不足，应及时充电；浅黄色（或无色），说明蓄电池已无法正常工作，必须更换。

免维护蓄电池在使用过程中的注意事项如下：

1）注意技术状况的检查。

① 观察电量指示器，判断蓄电池的充电状况。对于液面过低的蓄电池，应查明原因，如外壳裂纹、严重过充电（检查充电系统）等。

② 蓄电池的负载试验。检验负载能力。

2）免维护蓄电池的充电。免维护蓄电池的充电方法与普通蓄电池的充电方法相同，补充充电采用定流充电。在充电过程中，注意电解液的温度不能超过45℃。

免维护蓄电池的优点如下：

1）使用中不需加注蒸馏水。

2）自行放电少，容量保持时间长。

3）使用寿命长。

4）内阻小、起动性能好。

但免维护蓄电池极板制造工艺复杂，价格偏高。

👉 2.2.5　蓄电池的固定装置和连接电缆

安装电缆端子时，应先用细砂纸或专用清洁器清洁接线柱及电缆端子。连接接线柱夹头时，应先在螺栓螺母的螺纹上涂抹凡士林或润滑脂，以防其氧化生锈，且便于以后拆卸。安装蓄电池时务必注意，中央通气孔处的软管（图2-11中的箭头指向处）不可取下，只有这样蓄电池才能通过"Filter"（滤网）和软管排气。对于无该软管的蓄电池，注意电池盖上的排气孔不能堵塞。蓄电池的安装可按与拆卸相反的顺序进行。安装完毕应检查蓄电池是否装牢，如未装牢，蓄电池振动会影响其

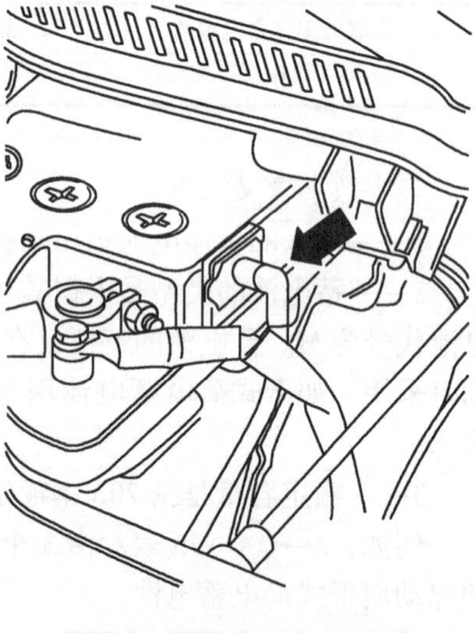

图2-11　蓄电池通气孔软管

使用寿命，如固定不当，会损坏蓄电池栅板，固定件会压坏蓄电池壳体（硫酸可能流出，造成巨大损失）；另外撞车时易引发其他事故。

▶▶▶ 2.3 蓄电池的容量及其影响因素

☞ 2.3.1 蓄电池的容量

蓄电池的容量是指在规定的放电条件下，完全充足电的蓄电池所能放出的电量，用"C"表示，单位为 A·h。容量标志着蓄电池的对外放电能力，是衡量蓄电池质量优劣以及选用蓄电池的最重要指标。蓄电池的容量用下式表示：

$$C = I_f t_f \tag{2-2}$$

式中，C 为蓄电池容量，即电荷［量］（A·h）；I_f 为放电电流（A）；t_f 为放电持续时间（h）。

蓄电池的容量与放电电流、放电持续时间及电解液温度有关。

☞ 2.3.2 影响蓄电池容量的因素

影响蓄电池容量的因素有放电电流、电解液温度、电解液密度、电解液纯度和极板构造等。

1. 放电电流的影响

放电电流越大，单位时间生成的 $PbSO_4$ 越多，则孔隙易堵塞，活性物质利用率低，因而容量越小。图 2-12 所示为 6—Q—135 型蓄电池在不同放电电流情况下的放电特性。

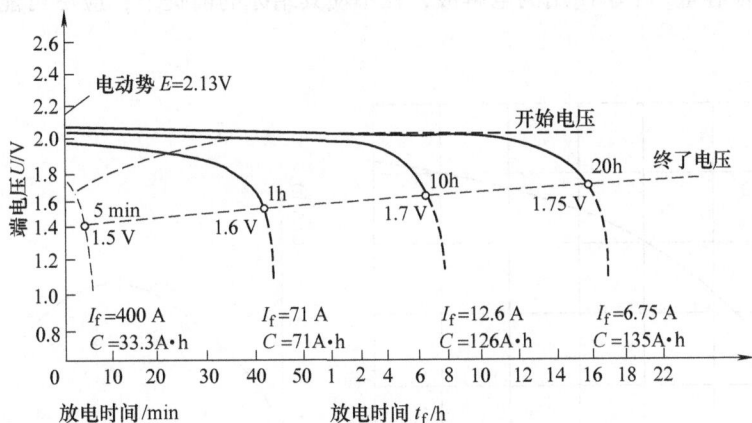

图 2-12 蓄电池的放电特性

图 2-13 所示为蓄电池在不同放电电流时输出容量的变化。

2. 电解液温度的影响

温度降低，电解液的黏度增加，渗入极板内部困难，活性物质利用率低，蓄电池容量减小。同时电解液黏度的增加会使电解液内阻增加，内阻上的压降增大，蓄电池端电压降低，容量同样会减小。图 2-14 所示为 3—Q—75 型蓄电池以 225A 的电流放电，当电解液温度为

+30℃和-18℃时，蓄电池端电压与放电时间的关系曲线。

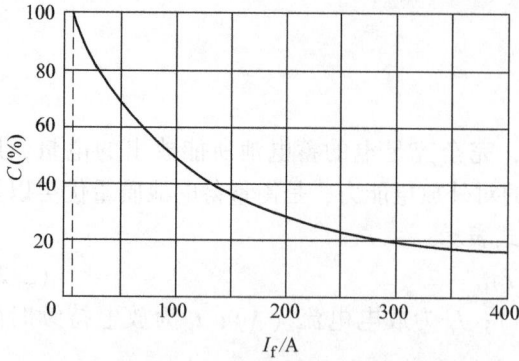

图2-13 蓄电池在不同放电电流时输出容量的变化

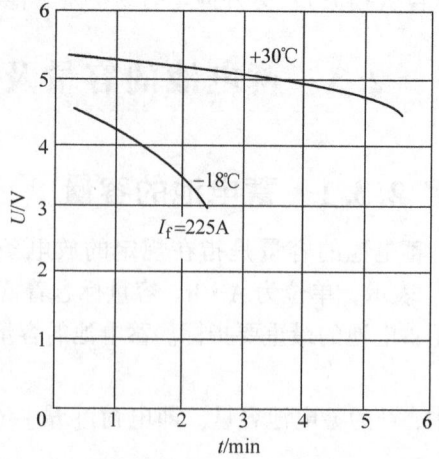

图2-14 蓄电池端电压与放电时间的关系曲线

图2-15所示为蓄电池在温度与输出容量的关系曲线。

在寒冷地区应特别注意蓄电池的保温。

3. 电解液密度的影响

电解液密度和蓄电池容量的关系如图2-16所示。

适当增加电解液的相对密度，可以提高电解液的渗透速度和蓄电池的电动势，并减小内阻，使蓄电池的容量增大。但密度超过某一数值时，由于电解液黏度增大使渗透速度减低，内阻和极板硫化增加，又会使蓄电池的容量减小。实践证明：电解液密度偏低有利于提高放电电流和蓄电池容量。冬季使用的电解液，在不使其结冰的前提下，应尽可能采用稍低的电解液密度。

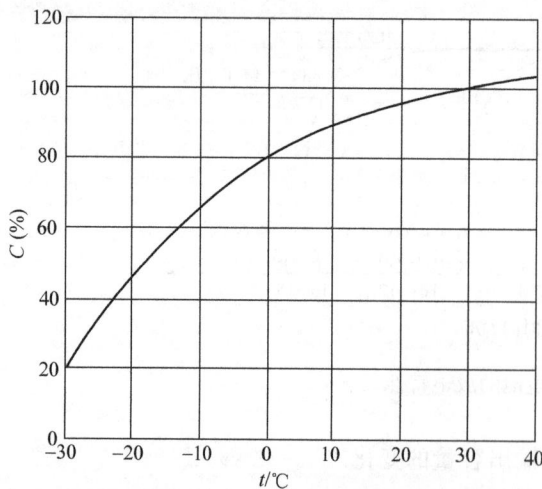

图2-15 蓄电池的温度与输出容量的关系曲线

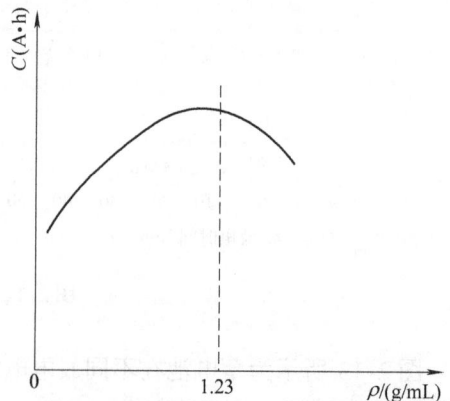

图2-16 电解液密度和蓄电池容量的关系

4. 电解液纯度的影响

纯度不好的电解液明显减少蓄电池的容量。若电解液中含有1%的铁杂质，则蓄电池在一夜内就会放完电。

5. 极板构造的影响

极板厚度越薄，活性物质的利用率越高，蓄电池容量越大。极板面积越大，同时参与反应的物质越多，容量越大。同性极板中心距越小，蓄电池内阻越小，则容量越大。

▷▷▷ 2.4 蓄电池的充电

蓄电池充电室内不能有明火，不得吸烟，保持通风，室内禁止存放精密仪器。

☞ 2.4.1 充电设备

充电设备由交流电源和整流器构成。蓄电池的专用充电设备有晶闸管整流充电机、脉冲快速充电机、智能充电机。

☞ 2.4.2 充电方法

蓄电池的充电方法有定电流充电、定电压充电和脉冲快速充电。

1. 定电流充电

在充电过程中，充电电流恒定不变（通过调整电压，保证电流不变）的方法称为定电流充电。其充电电流可任意选择和调整，可用于初充电、补充充电和去硫化充电。但这种方法充电时间长，需要经常调整充电电流。

2. 定电压充电

在充电过程中，电源电压 U 始终保持恒定不变的方法称为定电压充电。定电压充电较定电流充电速度快，充电时间短，随着电动势 E 的上升，充电电流 I_c 逐渐减小到零，使充电自动停止，不必人工调整。但这种方法要选择好充电电压大小，若电压过高，不但会使充电初期的充电电流过大，且会发生过充电现象，导致极板弯曲、活性物质大量脱落，蓄电池温度过高；若充电电压过低，则会使蓄电池不能充电。这种充电方法一般不用于初充电和去硫化充电。

3. 脉冲快速充电

脉冲快速充电是以脉冲大电流充电来实现快速充电的方法。这种充电方法可极大地克服充电过程中产生的极化现象，增加蓄电池的容量，并有效地提高充电效率。一般初充电充电时间不多于 5h，补充充电不多于 1h。但脉冲充电机控制电路复杂，价格高于普通充电机。充电电流的波形如图 2-17 所示。图中，C_{20} 是额定容量，指完全充足电的蓄电池，在电解液温度为 25℃ 时，以 20h 放电率（$I_f = 0.05C$）连续放电到单体电池电压降至 1.75V，即 12V 蓄电池端电压下降至

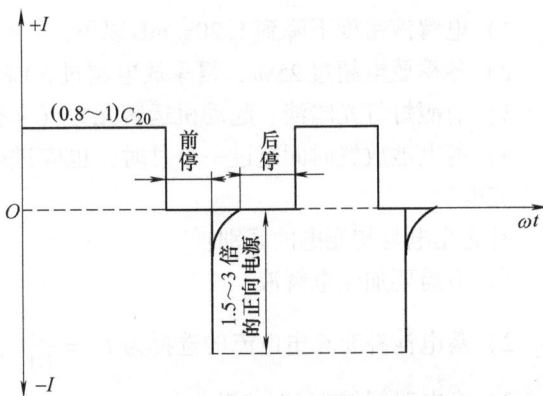

图 2-17 充电电流的波形图

（10.50±0.05）V；6V 蓄电池下降至（5.25±0.02）V，蓄电池所输出的电量参见 GB/T 5008.1—2013《起动用铅酸蓄电池 第1部分：技术条件和试验方法》。

☞ 2.4.3 充电种类

根据充电目的的不同，蓄电池的充电种类可分为初充电、补充充电、去硫化充电等。

1. 初充电

初充电是指对新蓄电池或更换极板后的蓄电池进行的首次充电。初充电可以恢复蓄电池在存放期间因极板上部分活性物质缓慢硫化和自放电而失去的电量，对蓄电池的使用性能极为重要。初充电的充电电流要小、充电时间要长，必须彻底充足。

初充电步骤如下：

（1）**加注电解液** 先按蓄电池制造厂的规定，配置一定相对密度的电解液。配置电解液时须先将蒸馏水放入容器，然后将硫酸缓慢地加入水中，并不断搅拌，严禁将蒸馏水倒入浓硫酸中，以免发生爆溅，伤害人体、腐蚀设备。加注电解液（电解液加入前温度不得超过30℃），静置6~8h，再将液面调整到高于极板10~15mm。电解液温度低于25℃时才能进行充电。

（2）**连接蓄电池、选择充电电流** 接通充电电路，为避免过热，第一阶段应选 $Q_e/15A$ 的电流，充电到电解液中开始冒气泡，单体电压达到2.4V为止。第二阶段将充电电流减半，继续充电到电解液剧烈放出气泡（沸腾），单体电压达到2.7V，相对密度和单体电压连续2~3h稳定不变为止。全部充电时间约为60~70h。

（3）**调整电解液密度** 按规定调整电解液密度。

充电过程中的注意事项：

1）观察充电电流，及时调整。

2）应每隔2~3h测量一次电压和密度，根据电压大小进行第二步操作。经常测量温度，使其不高于45℃。

2. 补充充电

一般每月对蓄电池进行补充充电一次。在车辆行驶中蓄电池常有电量不足的现象，尤其在短途行驶时，应根据需要随时进行补充充电。当遇到下述情况之一，说明蓄电池需要补充充电：

1）电解液密度下降到1.20g/mL以下。

2）冬季放电超过25%，夏季放电超过50%。

3）前照灯灯光暗淡、起动机运转无力（非机械故障），表明电力不足时。

4）蓄电池放置时间超过一个月时，也应进行补充充电。在大量补充蒸馏水后也应进行补充充电。

补充充电与初充电的区别：

1）不需要加注电解液。

2）蓄电池补充充电电流的选择为 $I_{c1}=\dfrac{C_{20}}{10}$（A），$I_{c2}=\dfrac{C_{20}}{20}$（A）。

3）充电时间约为13~16h。

3. 预防硫化充电

为避免蓄电池在使用中极板硫化，一般应每隔 3 个月进行一次间歇过充电。充电方法是先按补充充电方式充足电，停歇 1h 后，再以减半的充电电流进行过充电，直至充足电为止。

2.4.4 蓄电池充电注意事项

1）严格遵守各种充电方法的操作规范。

2）充电过程中，每隔 2 ~ 3h 检查单体电池电解液的密度和端电压。

3）充电过程中，每隔 2 ~ 3h 检查单体电池电解液的温度。

4）初充电工作应连续进行，不可长时间间断。

5）配制和灌注电解液时，必须严格遵守操作规范和器皿使用规则。

6）室内充电时，应旋下加液孔盖。

7）充电车间要安装通风设备。

8）充电车间要严禁烟火。

9）充电设备和被充电蓄电池不应放置在同一房间。充电时，先连接好蓄电池再闭合电源开关；停止充电时，先切断电源开关再断开蓄电池的连接线。

2.5 蓄电池的使用、维护与检测

2.5.1 蓄电池的选用

1. 按需选择的原则

根据自己的需要，计算出需要的电池容量与数量。

2. 安全的选择原则

出于安全的考虑，应该选择有一定品牌的蓄电池厂家，选择有技术力量以及服务好的经销代理商，否则会影响汽车的正常行驶。

3. 性价比选择的原则

不同产品的质量不同，有的蓄电池寿命只有 2 年，有的蓄电池寿命长达 10 年，但价格相差也很大。通过比较选择最适合的蓄电池。

2.5.2 蓄电池的使用与维护

1. 蓄电池的正确使用

（1）新蓄电池投入使用的注意事项

1）做好蓄电池的初充电工作。

2）蓄电池电解液的密度必须符合规定。

3）电解液的温度在加注时不能过高。

4）通气孔要保持畅通。

（2）及时补充充电

1）放完电的蓄电池应在 24h 内送到充电室充电。

2）车辆上使用的蓄电池，每两个月应补充充电一次；带电解液存放的蓄电池，每月应补充充电一次。

3）蓄电池冬季放电不超过 25%，夏季不超过 50%。

（3）**正确使用与操作**

1）正确使用起动机。

2）安装、搬运蓄电池时应轻搬轻放，切不可随便敲打或在地上拖拽。

（4）**清洁保养工作**　及时清除蓄电池表面的酸液，经常疏通通气孔，定期进行清洁和检查。

（5）**做到"五防"**

1）防止过充电或充电电流过大，充电电压不能过高。

2）防止过度放电，大电流放电时间不宜过长。

3）防止电解液液面过低。

4）防止电解液密度过高。

5）防止电解液内部混入杂质。

（6）**冬季使用蓄电池注意事项**

1）必须保持充足电状态，以免电解液密度过低而结冰。

2）冬季补充蒸馏水应在充电时进行，以使蒸馏水尽快与电解液混合均匀不致结冰。

3）起动冷态发动机前应预热，以便减小起动阻力。

4）温度低时充电较困难，冬季可适当升高调节器的调节电压。

2. 蓄电池的维护

1）观察蓄电池外壳表面有无电解液溢出，并擦去电池盖上的电解液。

2）检查蓄电池在车上安装是否牢固，导线接头与极柱的连接是否紧固。

3）清除蓄电池盖上的灰尘泥土及极柱和导线接头上的氧化物，疏通加液孔盖上的通气孔。

4）定期检查电解液的相对密度。

5）定期检查电解液的液面高度。

6）及时检查蓄电池放电程度，超过规定时立即充电。

7）正确使用起动机，每次起动时间不超过 5s，起动间隔时间 15s，最多连续起动 3 次。

3. 关于铅酸蓄电池的警告说明和安全规程

如图 2-18 所示，铅酸蓄电池的警示标签标注意义如下：

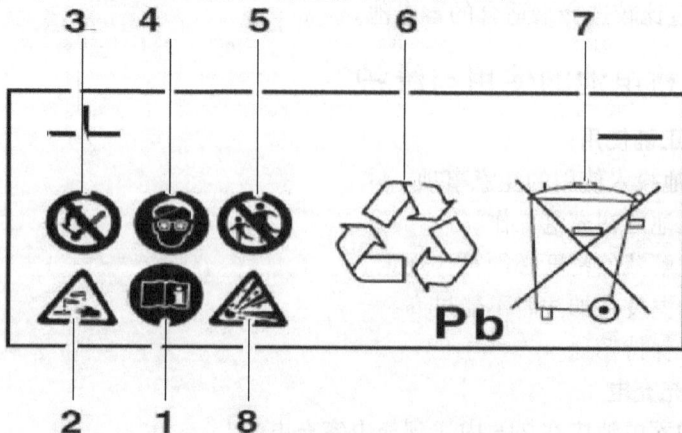

图 2-18　铅酸蓄电池的警示标签

1—请遵守电气装置维修手册和使用说明书中有关蓄电池的说明。

2—腐蚀危险：蓄电池酸液有强腐蚀性，因此应戴上防护手套和护目镜；不可翻倒蓄电池，否则电解液会从排气孔流出。

3—禁止火、火花、明火和吸烟，要避免使用电缆和电器时产生电火花。避免短路。

4—戴上防护眼镜。

5—令儿童远离酸和蓄电池。

6—清除、处理：将旧蓄电池交给收集单位。

7—绝对不能将旧蓄电池作为生活垃圾进行处理！

8—有爆炸危险：蓄电池充电时，会产生具有强烈爆炸性的混合气体。

如奥迪 A8 等汽车上具有中央排气装置的蓄电池：注意排气软管必须一直固定在蓄电池上；对于带有中央排气软管的蓄电池，不要夹住软管。只有这样，蓄电池才能自由排气。新一代蓄电池装备了中央排气装置和被称为"玻璃板"的回火保护装置，主要功能是：充电时产生的气体会集中通过上部盖面上的开口排出。同一位置上还安装了一个回火保护装置，可以防止点燃蓄电池中的可燃性气体。玻璃板是一个小的圆形玻璃纤维垫，直径约为 15 mm，厚度为 2 mm。它的工作方式与阀门相似，即通过排气口将产生的气体从蓄电池中排出。

2.5.3 蓄电池的技术状态检测

1. 电解液液面高度的检查

电解液液面高度可用玻璃管测量，如图 2-19 所示。

电解液液面应高出极板 10 ~ 15mm，在最小值与最大值之间。电解液不足时应加注蒸馏水，一般不允许加入硫酸溶液，除非电解液面降低是由电解液溅出所致。

2. 蓄电池放电程度的检查

（1）用密度计测量电解液相对密度　如图 2-20 所示，先吸入电解液，使密度计浮子浮起，电解液液面所在的刻度即为相对密度值。应同时测出电解液温度，以将测得的密度值换算到 25℃时的电解液密度，换算公式如下：

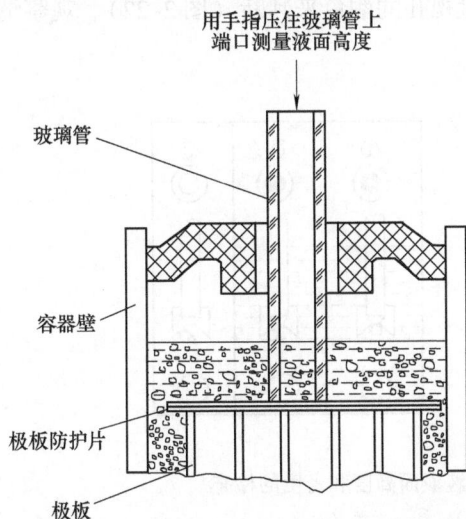

图 2-19　电解液液面高度的测量　　　　　图 2-20　密度计

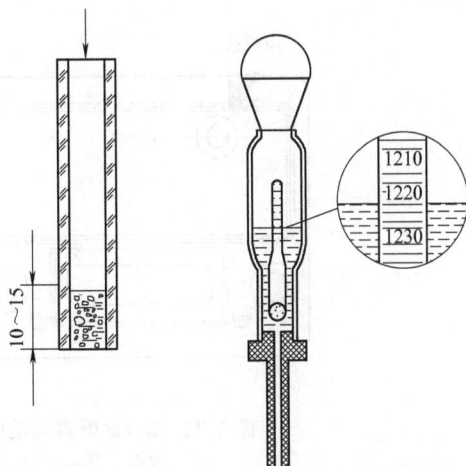

$$\rho_{25℃} = \rho_t + \rho_{(t-25℃)} \qquad\qquad (2-3)$$

由试验得出的电解液相对密度每减少 0.01，相当于蓄电池放电 6%，故可估算出放电程度。

(2) 用高率放电计测量放电电压　如图 2-21 所示，高率放电计可以使蓄电池模拟接入起动机负荷，测量蓄电池在大电流（接近起动机起动电流）放电时的端电压，根据电压判断蓄电池的放电程度和起动能力。例如检测 12V 电池，蓄电池充满电，密度为 1.24g/mL，接入时间为 10 ~ 15s，则：

1）电压在 10.5V 以上，说明存电量为充足。

2）电压在 9.6 ~ 10.5V 间，说明存电量为不足。

3）电压降到 9.6V 以下，说明存电量严重不足或蓄电池有故障。

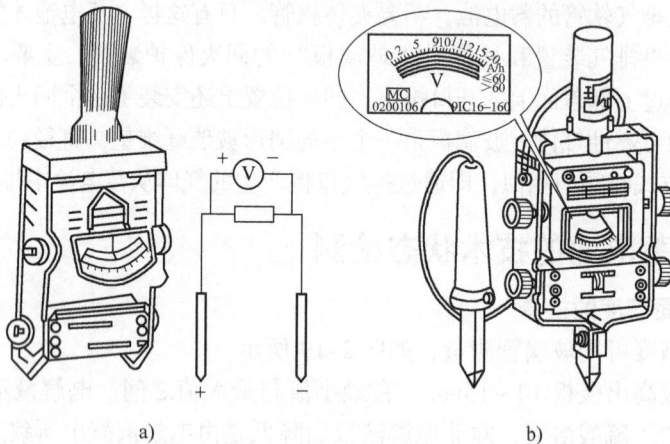

图 2-21　高率放电计

a）单体式电池高率放电计　b）12V 整体式电池高率放电计

(3) 免维护蓄电池的检查　一个完全封闭的免维护蓄电池，无需用上述常规的方法检查其电解液的液面高度和密度，可通过检查其检视孔的颜色来判断（图 2-22）。观察情况与判断如下：

图 2-22　Delco 牌蓄电池电解液液面高度和密度的检查

①—绿色　②—黑色（暗区）　③—无色（亮区）

1）绿色，表示蓄电池状况良好，可继续使用。

2）黑色，表示电解液密度偏低，应对蓄电池进行补充充电。

3）无色，表示电解液液面过低，蓄电池已不能继续使用。

2.5.4 蓄电池常见的故障

蓄电池的内部故障有极板硫化、自放电、极板短路和活性物质脱落等。

1. 极板硫化

（1）**现象** 极板上生成白色粗晶粒 $PbSO_4$，在正常充电时不能转化为 PbO_2 和海绵状铅，这种现象称为"硫酸铅硬化"，简称"硫化"，主要发生在负极板上。这种粗而坚硬的 $PbSO_4$ 晶体导电性差、体积大，会堵塞活性物质的细孔，阻碍电解液的渗透和扩散，使蓄电池的内阻增加。放电时蓄电池容量明显下降，用高率放电计检查时，单体电压急剧降低；充电时单体电压上升快，电解液温度迅速升高，但密度增加很慢且达不到规定的值，并过早出现"沸腾"现象。

（2）**主要原因**

1）蓄电池长期充电不足或放电后不及时充电，温度变化时 $PbSO_4$ 发生再结晶。这种再结晶过程形成难溶的粗晶体即为极板硫化。

2）电解液液面太低，使极板上部被氧化（主要是负极板），汽车行驶颠簸时，会使电解液不时地与极板上部已氧化了的部分接触而产生再结晶，形成硫化。

3）深度放电。深度放电是指小电流长时间过放电，使极板深层的活性物质转变为 $PbSO_4$，而依靠汽车发电机向蓄电池充电，不可能使这部分 $PbSO_4$ 复原，久而久之就会变为粗晶体 $PbSO_4$。

4）电解液相对密度过高、不纯、外部温度变化剧烈等都会造成极板的硫化。

（3）**处理方法** 蓄电池应经常处于充足电状态；放完电的蓄电池应及时补充充电；电解液相对密度要恰当；液面高度应符合规定。对于已硫化的蓄电池，较轻者可按过充电方法进行处理，较严重者可用小电流长时间过充电法或去硫化充电法消除硫化。

蓄电池轻度硫化，可用充电的方法予以消除，步骤如下：

1）倒出蓄电池电解液，并用蒸馏水冲洗两次，然后加注足量的蒸馏水。

2）接通电源，按额定容量值 $1/30A$ 的电流进行充电。当密度上升至 $1.15g/mL$ 时，倒出电解液，加注蒸馏水，再进行充电。如此反复，直至密度不再上升为止。

3）以额定容量值 $1/10A$ 的电流进行放电，当单体电池电压下降到 $1.7V$ 时，停止放电，然后以额定容量值 $1/10A$ 的电流进行充电，接着再放电、再充电，直到容量达到额定容量的 80% 为止。

4）将电解液密度调整至规定值。

2. 自放电

（1）**现象** 在未接通外电路时，蓄电池的电能自行消耗即称为自放电。正常情况下，自放电是不可避免的，但如果每昼夜蓄电池自行放电量大于 $2\%Q$（即蓄电池容量 C），则属于自放电故障。蓄电池有自放电故障的表现如下：充足电的蓄电池停放几天或几小时后就呈现电量不足的现象。

（2）主要原因

1）蓄电池盖表面有油污、尘土、电解液等而造成漏电。

2）壳体底部沉积物过多而造成正、负极板间短路。

3）隔板破裂，造成正、负极板间短路。

4）电解液不纯，含有过多的金属杂质。

（3）**自放电故障的排除**　不同原因引起的自放电，其故障排除的方法不同，具体如下：

1）检查蓄电池盖表面，若有不洁予以清洁。

2）注意观察蓄电池在充电时电解液是否呈现褐色，若是，则为壳体底部沉积物太多而造成自放电，需倒出全部电解液，并用蒸馏水将壳体内部冲洗干净，然后重新加注电解液，并充足电。

3）如果检查均正常或将其他造成自放电的故障原因排除后，自放电故障仍明显，则可能是电解液不纯。可先将蓄电池全放电或过度放电，以使杂质全部进入电解液，然后将电解液全部倾出，用蒸馏水冲洗壳体内部后，再加注电解液并将其充足电。

（4）**注意事项**　用电设备开关未关或电路有短路、漏电故障时，会出现与蓄电池自放电故障相同的现象。因此，在检查和排除蓄电池自放电故障时，应先检查有无蓄电池外接电路的问题。

由于数字石英钟、电子调谐（电台记忆）式收放机及电喷发动机计算机记忆内存等在点火开关关断时仍处于通电状态，因此，在点火开关关断及所有用电设备开关关断的状态下，检测到蓄电池的输出电流不为0或用电设备的电路电阻不为开路（电阻$\neq\infty$）是正常的，但电流不应大于1A，电阻应不小于100Ω。否则，说明电路或开关存在短路或漏电故障。

3. 极板短路

（1）**现象**　开路电压较低，大电流放电时端电压迅速下降，无法起动。充电过程中，电压与电解液密度保持很低的数值就不再上升了或上升缓慢，充电后期很快沸腾但气泡很少，电解液温度迅速升高。

（2）**主要原因**　隔板损坏使正、负极板相接触而短路；活性物质大量脱落在蓄电池底部沉积过多、金属导电物落入正、负极板之间造成蓄电池内部极板短路。

处理方法：对于短路的蓄电池必须拆开，查明原因然后排除。

4. 极板活性物质大量脱落

（1）**现象**　蓄电池充电时电解液会成为混浊褐色溶液，充电电压上升过快，电解液过早出现"沸腾"现象，而其密度达不到规定的最大值；放电时电压下降过快，容量明显不足。

（2）**活性物质脱落的故障原因**　正常使用期内蓄电池极板上活性物质脱落是有限的，造成极板上的活性物质早期脱落的原因如下：

1）充电电流过大或长时间过充电，使大量的水电解，产生的气体在极板孔隙内产生压力，造成活性物质脱落。大电流充电还易使电解液温度过高，造成极板变形而使活性物质脱落，而过量的充电，还会使栅架过分氧化，造成活性物质与栅架松散剥离。

2）蓄电池长时间大电流放电，尤其是蓄电池低温长时间大电流放电，生成的$PbSO_4$容易形成致密层，在充电时，PbO_2会以树状的晶体生长，这种树状晶体很容易脱落。

3）过度放电，极板上$PbSO_4$太多，体积膨胀而造成挤压，使活性物质脱落。

4）蓄电池极板组安装不良而松旷或蓄电池在车上安装不牢固，使极板组颠簸振动加剧，造成活性物质脱落。

5）冬季蓄电池放电后未及时充电，使电解液密度过低而结冰，导致活性物质脱落。

（3）**故障处理措施**　活性物质脱落较少时，可以倒出全部电解液，用蒸馏水冲洗后重新加注电解液，充电后继续使用。如果活性物质脱落过多，则需更换极板组或蓄电池。

5. 极板拱曲

（1）**现象**　极板拱曲会造成内部短路等故障，多发生于正极板。

（2）**主要原因**

1）极板充放电时各部分所引起的电化学反应强弱不匀，致使极板膨胀和收缩不一致。

2）经常大电流放电，使极板表面各部分电流密度不同而造成弯曲。过量放电后，PbO_4充电时得不到恢复造成内部膨胀而导致极板拱曲。

3）电解液中含有杂质，整个极板的活性物质体积变化不一致造成极板拱曲。

处理方法：极板轻度拱曲时，可用木夹板夹紧校正，如极板拱曲严重，则应更换新极板。

6. 富康轿车蓄电池的拆卸与安装

（1）**蓄电池的拆卸**　富康轿车蓄电池及相关附件的拆卸与分解如图2-23所示。

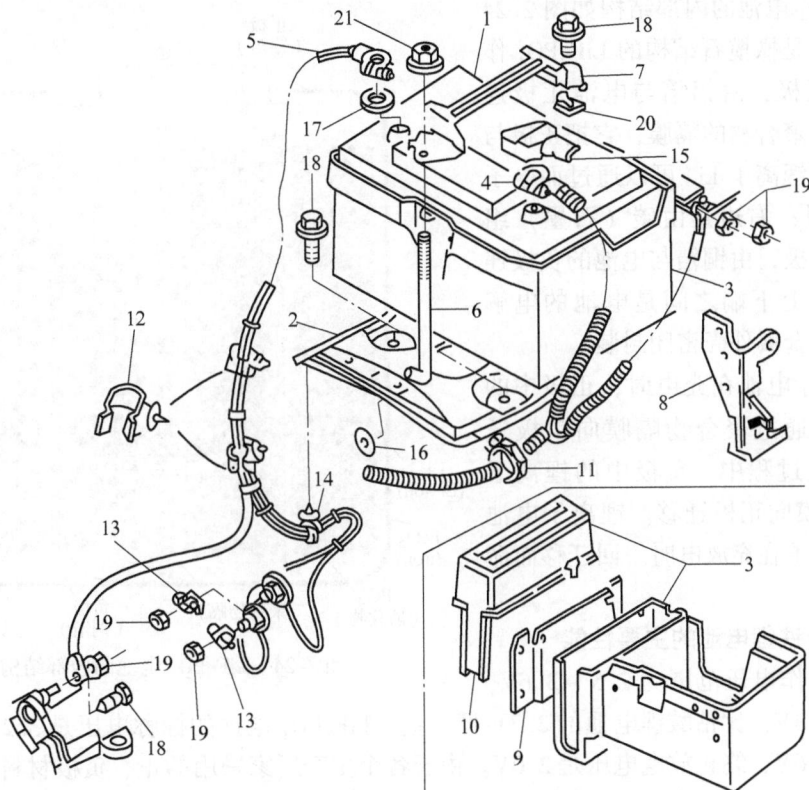

图 2-23　蓄电池及相关附件的拆卸与分解

1—蓄电池　2—蓄电池支架　3—蓄电池盒　4—正极电缆　5—负极电缆　6—蓄电池压板拉杆
7—蓄电池压板　8—线束支架　9—电控盒支架　10—电控盒盖　11、12、13、14—电缆支承夹
15—蓄电池正极护套　16—垫圈　17—毛毡垫圈　18—螺栓　19—凸缘螺母　20—簧片螺母　21—螺母

注意：在拆卸蓄电池电缆时，应先拆负极电缆，再拆正极电缆。

（2）蓄电池的安装　按与拆卸相反的顺序安装蓄电池及附件。在安装蓄电池电缆时，应先接正极电缆，再接负极电缆。

▶▶▶ 2.6　汽车其他新型电池

☞ 2.6.1　锂铁电池

锂铁电池的全名是磷酸铁锂电池，由于其性能特别适合动力方面的应用，因而又称为"锂铁动力电池"（以下简称"锂铁电池"）。磷酸铁锂电池是用磷酸铁锂作为正极材料的锂离子电池。锂离子电池的正极材料有多种，主要有钴酸锂、锰酸锂、镍酸锂、三元材料、磷酸铁锂等。其中钴酸锂是目前绝大多数锂离子电池使用的正极材料，而其他正极材料由于多种原因，目前在市场上还没有大量生产。磷酸铁锂也是锂离子电池的一种。从原理上讲，磷酸铁锂也是一种嵌入/脱嵌过程，这一原理与钴酸锂、锰酸锂完全相同。

1. 磷酸铁锂电池的工作原理

$LiFePO_4$ 电池的内部结构如图 2-24 所示。左边是橄榄石结构的 $LiFePO_4$ 作为电池的正极，由铝箔与电池正极连接；中间是聚合物的隔膜，它把正极与负极隔开，锂离子 Li^+ 可以通过而电子 e^- 不能通过；右边是由碳（石墨）组成的电池负极，由铜箔与电池的负极连接。电池的上下端之间是电池的电解质，电池由金属外壳密闭封装。

$LiFePO_4$ 电池在充电时，正极中的锂离子 Li^+ 通过聚合物隔膜向负极迁移；在放电过程中，负极中的锂离子 Li^+ 通过隔膜向正极迁移。锂离子电池就是因锂离子在充放电时来回迁移而命名的。

2. 磷酸铁锂电池的主要性能

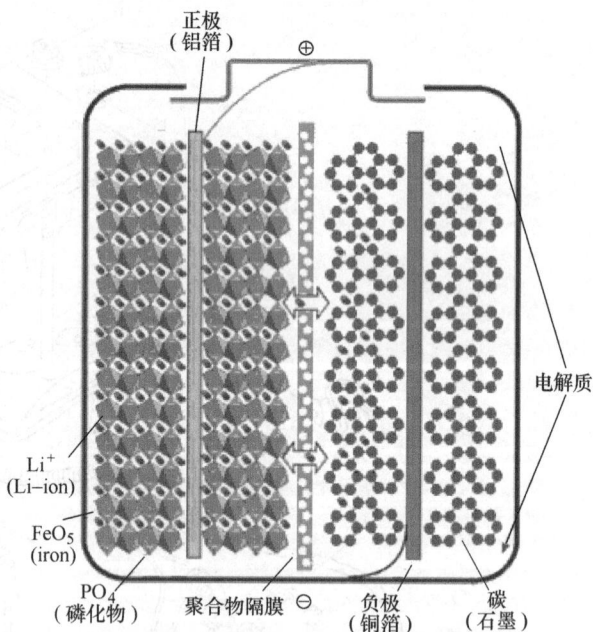

图 2-24　$LiFePO_4$ 电池的内部结构

电池工作电压范围为 $2.5 \sim 3.6V$，平台约为 $3.3V$，比钴酸锂电池的 $3.7V$ 低一些。$LiFePO_4$ 电池的标称电压是 $3.2V$，终止充电电压是 $3.6V$，终止放电电压是 $2.0V$。由于各个生产厂家采用的正、负极材料、电解质材料的质量及工艺不同，其性能上会有些差异。例如同一种型号（同一种封装的标准电池），其电池的容量有较大差别（$10\% \sim 20\%$）。

3. 磷酸铁锂电池的特点

（1）磷酸铁锂的优点

1）安全。磷酸铁锂的安全性能是目前所有材料中最好的，当然它和其他磷酸盐的安全性能也基本一样。用磷酸铁锂做电池，不用担心爆炸问题的存在。

2）稳定性高。包括高温充电的容量稳定性好、储存性能好等。在所有已知的材料中，磷酸铁锂的稳定性是最好的。

3）环保。整个生产过程清洁无毒，所有原料都无毒，不像钴是有毒的物质。

4）价格便宜。磷酸盐采用磷酸源和锂源以及铁源为材料，这些材料都十分便宜，无战略资源及稀有资源。

（2）**磷酸铁锂的缺点**

1）导电性差。磷酸铁锂电池之所以还没有大范围的应用，这是一个主要的问题。但是，这个问题目前已经可以很好地解决，就是添加导电剂。有实验室报道可以达到 $160mA \cdot h/g$ 以上的比容量。

2）相对密度较低，一般只能达到 $1.3 \sim 1.5$。这一缺点决定了它在小型电池如手机电池等方面没有优势，即使它的成本低，安全性能好，稳定性好，循环次数高，但如果体积太大，也只能少量地取代钴酸锂。但另一方面这一缺点在动力电池方面不突出，因此，磷酸铁锂主要用来制作动力电池。

3）当前研究开发还不深入。目前以磷酸铁锂作为正极材料的产业化情况并不乐观。因为它是最近两年发展起来的，所以各方面的研究还需要继续深入。

2.6.2　燃料电池

燃料电池是一种把燃料和电池两种概念结合在一起的装置。它是一种电池，不需用昂贵的金属而只用便宜的燃料来进行化学反应。这些燃料的化学能通过一个步骤就转化为电能。燃料电池十分复杂，涉及化学热力学、电化学、电催化、材料科学、电力系统及自动控制等学科的有关理论，但具有发电效率高、环境污染少等优点。总地来说，燃料电池具有以下特点：

1）能量转化效率高。它直接将燃料的化学能转化为电能，中间不经过燃烧过程。目前燃料电池的燃料 – 电能转化效率为 $45\% \sim 60\%$，而火力发电和核电的效率为 $30\% \sim 40\%$。

2）有害气体 SO_x、NO_x 及噪声排放都很低，CO_2 排放量因能量转化效率高而大幅度降低，无机械振动。

3）燃料适用范围广。

4）负荷响应快，运行质量高。燃料电池在数秒内就可以从最低功率变换到额定功率。

经过多年的探索，最有望用于汽车的是质子交换膜燃料电池。它的工作原理如下：将氢气送到负极，经过催化剂（铂）的作用，氢原子中两个电子被分离出来，这两个电子在正极的吸引下，经外部电路产生电流，失去电子的氢离子（质子）可穿过质子交换膜，在正极与氧原子和电子重新结合为水。由于氧可以从空气中获得，只要不断给负极供应氢，并及时把水（蒸气）带走，燃料电池就可以不断地提供电能。这种燃料电池可以在不消耗电的情况下发电，它由 4 部分组成。上层是储水池，下层是一个装有金属氢化物的燃料室，中间以一层薄膜隔开，在金属氢化物的燃料室下方，还有一组电极。薄膜上有许多小孔，使得储水池中的水分子可以以水蒸气的形式进入燃料室。水分子进入燃料室后，与金属氢化物发生化学反应并产生氢气。氢气随之会充满整个燃料室，并向上冲击薄膜。阻止水流继续流入，然后氢气会在燃料室下层的电极处发生化学反应，形成电流。

燃料电池按不同的方法可大致分类如下：

1）按燃料电池的运行机理，分为酸性燃料电池和碱性燃料电池。

2）按电解质的种类不同，有酸性、碱性、熔融盐类或固体电解质。因此，燃料电池可分为碱性燃料电池（AFC）、磷酸燃料电池（PAFC）、熔融碳酸盐燃料电池（MCFC）、固体氧化物燃料电池（SOFC）、质子交换膜燃料电池（PEMFC）等。在燃料电池中，磷酸燃料电池、质子交换膜燃料电池可以冷起动和快起动，可以作为移动电源，适应混合动力汽车（FCEV）使用的要求，更加具有竞争力。

3）按燃料类型分，有氢气、甲醇、甲烷、乙烷、甲苯、丁烯、丁烷等有机燃料，汽油、柴油和天然气等气体燃料，有机燃料和气体燃料必须经过重整器"重整"为氢气后，才能成为燃料电池的燃料。

4）按燃料电池工作温度分，有低温型，温度低于200℃；中温型，温度为200~750℃；高温型，温度高于750℃。

在常温下工作的燃料电池，如质子交换膜燃料电池，需要采用贵金属作为催化剂。燃料的化学能绝大部分都能转化为电能，只产生少量的废热和水，不产生污染大气环境的氮氧化物，不需要废热能量回收装置，体积较小，重量较轻。但催化剂铂（Pt）会与工作介质中的一氧化碳（CO）发生作用产生"中毒"现象而失效，使燃料电池效率降低或完全损坏，而且铂（Pt）的价格很高，增加了燃料电池的成本。

另一类是在高温（600~1000℃）下工作的燃料电池，如熔融碳酸盐燃料电池和固体氧化物燃料电池，则不需要采用贵金属作为催化剂。但由于工作温度高，需要采用复合废热回收装置来利用废热，体积大，质量大，只适用于大功率的发电厂中。

最实用的燃料电池是以氢或含富氢的气体为燃料的，但是在自然界是不能直接获得氢的。燃料电池氢的来源通常是从石油燃料、甲醇、乙醇、沼气、天然气、石脑油和煤气中，经过重整、裂解等化学处理后来制取含富氢的气体燃料。氧化剂则采用氧气或空气，最常见的是用空气作为氧化剂。

我国在20世纪50年代就开展了燃料电池方面的研究，在燃料电池关键材料、关键技术的创新方面取得了许多突破。我国十分注重燃料电池的研究开发，陆续开发出百瓦级、30kW级氢氧燃料电极、燃料电池电动汽车等。燃料电池技术特别是质子交换膜燃料电池技术也得到了迅速发展，已开发了60kW、75kW等多种规格的质子交换膜燃料电池组，还开发了电动轿车用净输出40kW、城市客车用净输出100kW燃料电池发动机，使中国的燃料电池技术跨入世界先进国家行列。

在当今全球能源紧张、环保要求日趋严格的时代，寻找新能源作为化石燃料的替代品是当务之急。因为氢能的优势明显，清洁、高效，因此得到各国政府的大力支持，加上各种能源动力企业对燃料电池的发展信心十足，所以燃料电池未来市场将有巨大的上升空间。

☞ 2.6.3 电动汽车电池

镍氢电池是主流，锂离子电池是中长期发展方向。凭借安全性、低成本等优势，镍氢电池成为混合动力汽车动力电池的主流，但镍氢电池的能量密度、效率等都较低，不适合作为重度混合动力汽车或纯电动汽车的电池，而锂离子电池已经在电子领域中充分证明了它在能量密度、效率及潜在成本下降空间方面的优越。锂离子电池的种类包括钴酸锂、镍钴锰、锰酸锂和磷酸铁锂等，其中，磷酸铁锂的能量密度更高、寿命更长、安全性能更好，是迄今为止发明的最理想的动力电池，也代表了电池正极材料的中短期发展方向，是各大锂离子电池厂商竞相发展的对象。

电动汽车电池组由多个电池串联叠置组成。一个典型的电池组大约有 96 个电池，对于充电到 4.2V 的锂离子电池而言，这样的电池组可产生超过 400V 的总电压。将电池组看成是单个高压电池，每次都对整个电池组进行充电和放电，但电池控制系统必须独立考虑每个电池的情况。如果电池组中的某个电池容量稍微低于其他电池，那么经过多个充/放电周期后，其充电状态将逐渐偏离其他电池；如果这个电池的充电状态没有周期性地与其他电池平衡，那么它最终将进入深度放电状态，从而导致损坏，并最终形成电池组故障。为防止这种情况发生，每个电池的电压都必须监视，以确定充电状态。此外，必须有一个装置让电池单独充电或放电，以平衡这些电池的充电状态。在电池监视系统架构之间作抉择时，至少有 5个因素被考虑，它们的相对重要性取决于最终客户的需求和期望。

（1）**准确性** 为了利用可能的最大电池容量，电池监视器需要准确。不过，汽车是一种噪声系统，在很大的频率范围内存在电磁干扰。任何准确性的降低都会对电池组寿命和性能造成有害影响。

（2）**可靠性** 高能量、容量以及有些电池技术潜在的不稳定本性是人们担心的主要安全问题。相对于严重的电池故障，在保守性条件下执行关断操作的故障安全系统更加可取，尽管它有可能使乘客不幸滞留。因此，必须仔细监视和控制电池系统，以在系统中确保对整个电池寿命期进行全面控制。为了最大限度减少假的和真的故障，一个良好设计的电池组系统必须有良好的通信，最大限度减少故障模式以及故障检测。

（3）**可制造性** 现在的汽车已大量采用复杂布线的电子产品，就汽车制造而言，增加复杂的电子电路和配线以支持电动汽车/混合动力电动汽车电池系统会使复杂性更高。总的组件和连接数量必须尽量少，以满足严格的尺寸和重量限制，并确保大批量生产是切实可行的。

（4）**成本** 复杂的电子控制系统可能很昂贵，最大限度减少如微控制器、接口控制器、电流隔离器和晶振等成本相对高昂的元件数量可大大降低系统的总成本。

（5）**功率** 电池监视器本身也是电池的负载，其较低的工作电流可提高系统效率，较低的备用电流可在汽车熄火后防止电池过度放电。

电动汽车对电池组有大量需求。现在有不少相关企业和机构针对电池的容量、使用寿命和成本在不断地开发和研究。

☞ 2.6.4 宝马汽车用蓄电池新技术

在宝马汽车（E46/E60 等）上，现在配装铅 - 钙合金栅架免维护蓄电池（Absorbed Glass Mat，AGM，即采用可吸收玻璃纤维网袋式隔板的免维护蓄电池），安装在行李箱右侧，如图 2-25 所示。

在宝马汽车（E46/E60 等）上，安装有智能蓄电池传感器（Intelligent Battery Sensor，IBS），它是一个自身带有微型控制器 μC 的传感器。IBS 持续测量蓄电池端电压、蓄电池充/放电电流和蓄电池电解液温度，监控蓄电池的工作状态和健康状态。

IBS 直接安装在蓄电池的负极上，其结构如图 2-26 所示。IBS 的电源通过一根单独的导线供应。IBS 通过串行数据接口（BSD）与宝马车载计算机，即数字式发动机电控单元

图 2-25　免维护蓄电池及其安装位置

1—连接起动机的导线　2—导线（连接智能蓄电池传感器）　3—正极导线（给发动机和变速器电控系统供电）　4—B＋导线（连接智能蓄电池传感器 IBS 电子装置）　5— B＋导线（连接辅助加热器）　6—B＋导线（连接电器接线盒）　7—蓄电池负极线（搭铁）

（DME）或数字式柴油发动机电控单元（DDE）进行通信，通报蓄电池的工作状态和健康状态。

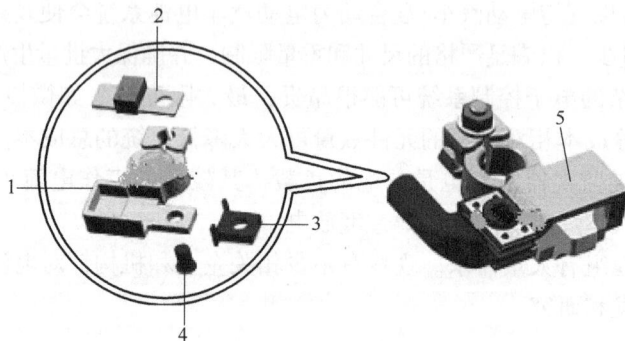

图 2-26　IBS 的结构

1—蓄电池接线柱　2—分流器　3—间隔垫圈　4—螺栓　5—搭铁线

　　在宝马汽车上，蓄电池正极上连接有安全蓄电池端子，如图 2-27 所示，用于紧急状态（如剧烈撞车时燃油泄漏可能导致的爆炸）下的断电防护。

　　如图 2-28 所示，在正常情况下，蓄电池导线与正极端子保持连接状态。当发生紧急情况时（如剧烈撞车、安全气囊引爆时），控制单元会在极短的时间（约 0.22ms）内发出起爆指令，使装在安全蓄电池端子内部的推进剂点火爆炸，炸开安全蓄电池端子，并使蓄电池导线与正极端子保持在断开状态，以确保安全。

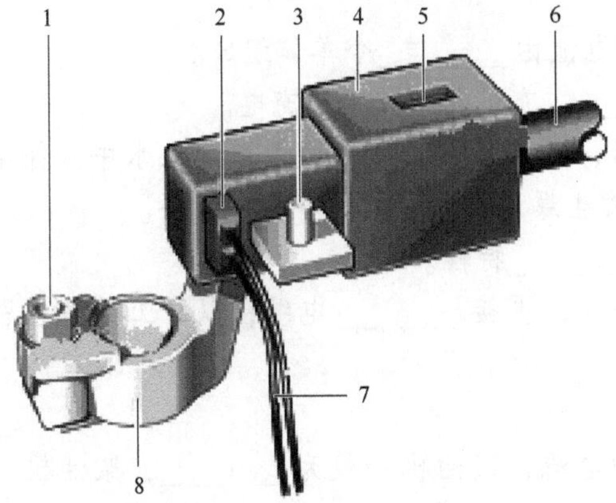

图 2-27　安全蓄电池端子

1—紧固螺钉　2—导线接头　3—B＋端子
4—保护罩　5—锁止爪　6—蓄电池导线
7—控制导线　8—蓄电池端子

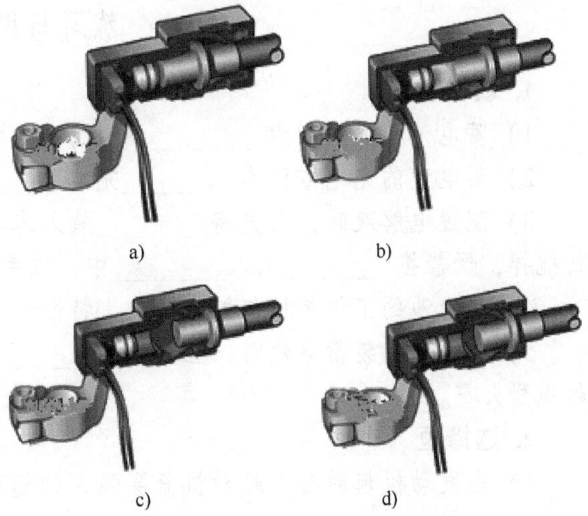

图 2-28　安全端子的工作过程

a）安全蓄电池端子处于初始状态
b）受控制单元触发，推进剂点火　c）安全蓄电池
端子被断开　d）蓄电池导线与正极端子保持在断开状态

▷▷▷ 2.7　蓄电池故障案例分析

案例 1

（1）故障现象　一辆捷达王 AT，停车后起动有时要多次起动才能着车。

（2）故障诊断　用 1551 检测仪检测，发现防盗系统有偶然故障记忆，清除后未能排除。当时怀疑是防盗系统出现问题，经过检查及更换有关备件，故障依旧。在多次起动蓄电池无电时多并联一个蓄电池后，故障没再出现。

（3）故障排除　更换蓄电池，故障排除。

案例 2

（1）故障现象　一辆柴油版吉奥汽车，发动机冷车无法起动，油轨压力可以达到25MPa 以上，无故障码显示，推车或外接蓄电池均能正常起动，温度上升后起动顺利。

（2）故障诊断

1）将点火开关置于"ON"时，预热灯亮，待预热灯灭后，着车，无法起动。

2）使用检测仪检测，无故障码。起动时读取数据流，发现油轨压力可以达到 25MPa 以上，蓄电池电压在起动时低于 9V（正常情况下起动时蓄电池电压应在 10V 以上）。

3）外接蓄电池，着车，顺利起动，熄火后再次着车无异常。

4）检查发电机、发电机线路未发现异常，初步判定为蓄电池漏电导致。

（3）故障排除　更换蓄电池，故障排除。

关于汽车不能起动的故障，与蓄电池有关的不在少数，特别是汽车蓄电池使用在两年以上的，出现发动机不能起动，或起动发动机时有"咔咔"响声的现象，大部分更换蓄电池就能解决。

练习与思考题

1. 填空题

1）蓄电池单体电压为_____V，12V 的蓄电池由_____个单体组成。

2）蓄电池的充电方法有_____充电、_____充电及_____充电。

3）配置电解液时，须先将_____放入容器，然后将_____缓慢地加入水中，并不断搅拌，严禁将_____倒入_____中，以免发生爆溅，伤害人体和腐蚀设备。

4）蓄电池的工作特性包括_____特性和_____特性。

5）当往车上装蓄电池时，应先接_____电缆，再接_____电缆，以防工具搭铁引起强烈火花。

2. 选择题

1）当发动机起动时，起动机需要强大的起动电流，汽油机一般为_____，柴油机一般为_____。

A. 100～300A B. 200～600A C. 400～600A D. 500～1000A

2）对蓄电池进行充电，如果选择的是定电压充电，12V 电池需要的充电电压应为_____V。

A. 7.5 B. 10 C. 12.5 D. 15

3）蓄电池提高极板活性物质表面积的方法有_____。

A. 增加极板片数 B. 提高活性物质的多孔率 C. 加稀硫酸 D. 加蒸馏水

4）冬季，在不结冰的前提下，应尽可能采用相对密度_____的电解液。

A. 稍高 B. 较高 C. 较低 D. 稍低

3. 简答题

1）简述定电流充电与定电压充电两者的区别。

2）简述蓄电池产生硫化的原因。

3）衡量蓄电池性能的指标有哪些？

4）冬季时，使用铅蓄电池应注意什么？

5）如何辨别蓄电池的正、负极接线柱？

第 3 章
交流发电机及调节器

基本思路:

　　发电机是汽车运行时的主要电源。关于本章的学习和研究,重点是要把握发电机及调节器等"积木"的种类、基本结构、工作流程及工作特征,以电的流动路线为基础,根据一个原则(回路原则)、三种状态(通路、短路和断路)、五大要素(电源、保护装置、控制装置、导线和用电设备)进行分析和检测,问题就迎刃而解。

▷▷▷ 3.1 交流发电机的结构

☞ 3.1.1 发电机的功用

　　发电机是汽车电器的主要电源,由汽车发动机驱动。在发动机正常工作时,发电机对除起动机以外的所有用电设备供电,并向蓄电池充电以补充蓄电池在使用中所消耗的电能。汽车用发电机可分为直流发电机和交流发电机,由于交流发电机的性能在许多方面优于直流发电机,因此直流发电机已被淘汰。目前汽车采用的三相交流发电机,内部带有二极管整流电路,可以将交流电整流为直流电,所以,汽车交流发电机输出的是直流电。

　　交流发电机必须配装电压调节器。电压调节器对发电机的输出电压进行控制,使其保持基本恒定,以满足汽车用电设备的需求。

☞ 3.1.2 普通交流发电机的结构

　　普通交流发电机的结构如图 3-1 所示,它主要由转子、定子、电刷、前、后端盖、风扇、带轮等组成。

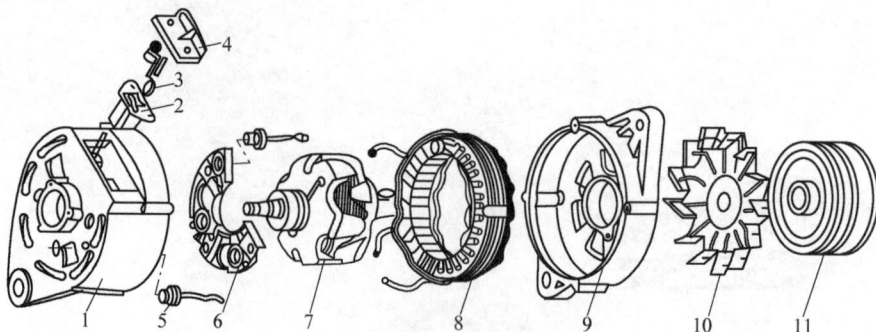

图 3-1　普通交流发电机的结构

1—后端盖　2—电刷架　3—电刷　4—电刷弹簧压盖　5—硅二极管
6—元件板　7—转子　8—定子　9—前端盖　10—风扇　11—带轮

1. 转子

转子的作用是产生旋转的磁场。转子总成由爪极、铁心、励磁绕组、集电环、转子轴等组成，如图3-2和图3-3所示。

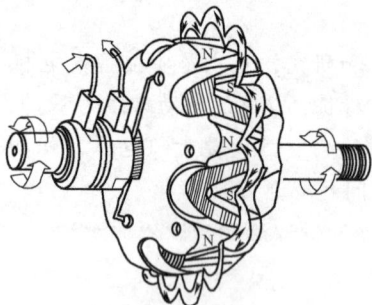

图 3-2　转子总成

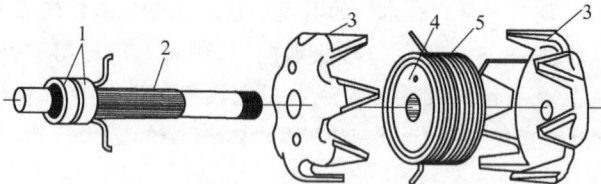

图 3-3　转子总成分解图

1—集电环　2—转子轴　3—爪极　4—铁心　5—励磁绕组

转子轴上压装着两块爪极，两块爪极各有6个被加工成鸟嘴形状的磁极，爪极空腔内装有励磁绕组和铁心。集电环由两个彼此绝缘的铜环组成，压装在转子轴上并与轴绝缘，两个集电环分别与励磁绕组的两端相连。当给两集电环通入直流电时，励磁绕组中就有电流通过，并产生轴向磁通，使爪极一块被磁化为N极，另一块被磁化为S极，从而形成相互交错的磁极。当转子转动时，就形成了旋转的磁场。

2. 定子

定子的作用是产生三相交流电。定子由定子铁心和定子绕组组成，如图3-4所示。定子铁心由内圈带槽、互相绝缘的硅钢片叠成，定子绕组有三组线圈，对称地嵌放在定子铁心的槽中。三相绕组的连接有星形联结和三角形联结两种，如图3-4所示，汽车上一般使用的是星形联结。定子安装在转子的外面，和发电机的前、后端盖固定在一起，当转子在其内部产生旋转的磁场时，定子绕组中的磁通发生变化，定子绕组感应出交变的电动势。绕组引线端子共有4个，三相绕组各引一个，中性点引出一个。为了保证三相定子绕组能够产生频率和幅值相同、相位相差120°电位角的三相交流电，定子绕组线圈的绕制和在定子铁心槽中的嵌入应符合一定规律。

3. 整流器

整流器的作用是将定子绕组产生的三相交流电转变为直流电。整流器由整流板和整流二极管组成。整流二极管有正极管和负极管之分，引出电极为正极的称为正极管，引出电极为负极的称为负极管。6管交流发电机的整流器是由 6 个硅整流二极管分别压装（或焊装）在相互绝缘的两块板上，3 个正极管装在同一块板上，称为正极板（带有输出端螺栓），3 个负极管装在同一块板上，称为负极板，和发电机外壳直接相连（搭铁），也可以将发电机的后盖直接作为负极板。交流发电机整流二极管的安装示意图如图 3-5 所示。

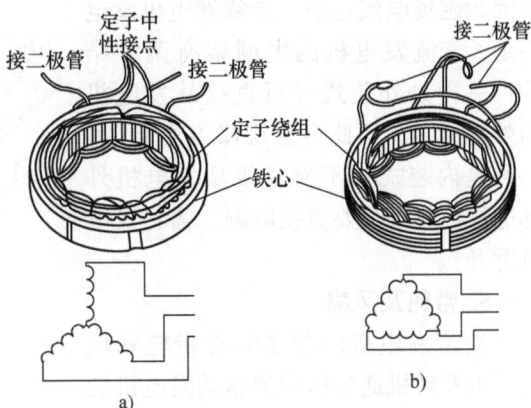

图 3-4　定子总成

a）星形联结　b）三角形联结

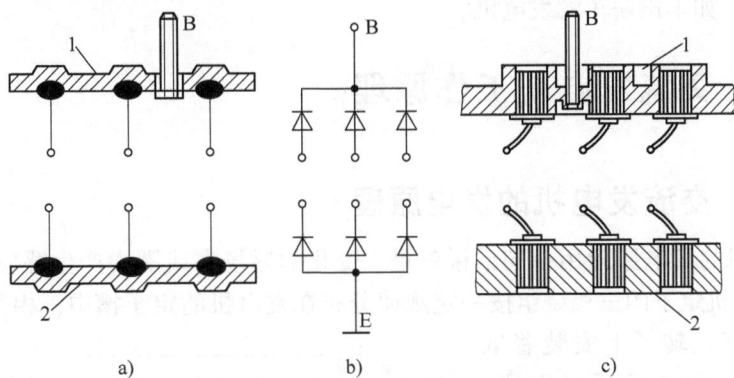

图 3-5　交流发电机整流二极管的安装示意图

a）焊接式　b）电路图　c）压装式

1—正整流板　2—负整流板

汽车专用的硅整流二极管的特点如下：

1）允许的工作电流大，如 ZQ50 型二极管的正向平均电流为 50A，浪涌电流为 600A。

2）承受反向电压的能力高，可承受的反向重复峰值电压在 270V 左右，反向不重复峰值电压在 300V 左右。

3）只有一根引线（引出电极）。

4）根据引出电极的不同分为正二极管和负二极管。

4. 端盖及电刷组件

端盖一般分为两部分（前端盖和后端盖），起支撑转子、定子、整流器和电刷组件的作用。交流发电机的前、后端盖均由铝合金压铸或用砂模铸造而成，用铝合金铸造是因为铝合金为非导磁性材料，可减少漏磁并具有轻便、散热性能良好的优点。后端盖上装有电刷组件。电刷总成由两个电刷、电刷弹簧和电刷架组成，如图 3-6 所示。电刷的作用是将电流通过集电环引入励磁绕组。两个电刷分别装在电刷架的孔内，借助弹簧压力与集电环保持接触。电刷和集电环的接触应良好，否则会因为磁场电流过小，导致发电机发电不足。交流发电机的电刷架有两种结构：一种是外装式（可直接从发电机的外部拆装，因此拆装维修方便）；另一种是内装式（不能直接从发电机外部进行拆装，如要更换电刷，需将发电机拆开）。

图 3-6　电刷和电刷架
a）外装式　b）内装式

5. 带轮及风扇

交流发电机的前端装有带轮和风扇，由发动机通过传动带驱动发电机的转子轴和风扇一起旋转。发电机工作时，定子绕组和励磁绕组中都会有热量产生，温度过高会烧坏导线的绝缘层，导致发电机不能正常工作，所以为发电机散热是必须的。为了提高散热能力，有的发电机装有两个风扇（前后各一个），如丰田轿车的发电机。

▶▶▶ 3.2　交流发电机工作原理

☞ 3.2.1　交流发电机的发电原理

交流发电机的发电原理用一句话说就是，变化的磁场在线圈中产生感应电动势。如图3-7所示，发电机定子的三相绕组按一定规律分布在发电机的定子槽中，相差120°电位角，

内部有一个转子，转子上安装着爪极和励磁绕组。当电源通过电刷、集电环使励磁绕组通电时，励磁绕组周围便产生磁场，使爪极被磁化为 N 极和 S 极。当转子旋转时，定子绕组与磁力线有相对的切割运动，磁通交替地在定子绕组中变化。根据电磁感应原理可知，定子的三相绕组中会产生频率相同、幅值相等、相位互差 120° 电位角的正弦感应电动势 e_U、e_V 和 e_W，这些电动势是交变的电动势。这就是交流发电机的发电原理。

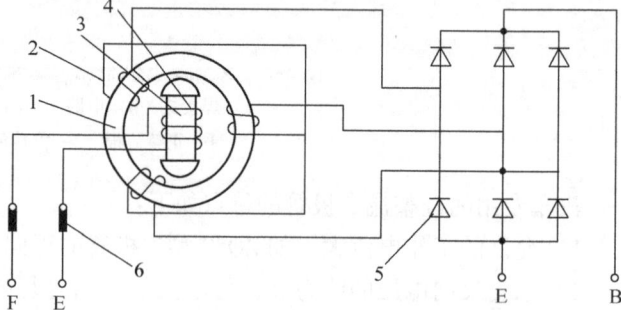

图 3-7　交流发电机发电原理示意图
1—定子铁心　2—定子绕组　3—转子
4—励磁绕组　5—整流二极管　6—电刷

在交流发电机中，由于转子磁极呈鸟嘴形，其磁场的分布近似正弦规律，所以交流电动势的波形也近似正弦规律。如果发电机定子的三相绕组是对称绕制的，则产生的三相电动势也是对称的。

交流发电机的磁路：转子爪极的磁力线从转子的 N 极出发，穿过转子与定子之间很小

的气隙进入定子铁心，最后又经过空气隙回到相邻的 S 极，并通过磁轭构成磁回路。转子磁极呈鸟嘴形，可使定子绕组感应的交流电动势的波形近似于正弦曲线的波形。

1）交流电动势的变化频率 f 和转速、磁极对数成正比，即

$$f = \frac{pn}{60}(\text{Hz}) \tag{3-1}$$

式中　p——磁极对数；

　　　n——发电机转速，单位为 r/min。

2）三相交流发电机的感应电动势瞬时值表达式：

$$e_U = E_m \sin\omega t = \sqrt{2}E_\phi \sin\omega t$$

$$e_V = E_m \sin\left(\omega t - \frac{2}{3}\pi\right) = \sqrt{2}E_\phi \sin\left(\omega t - \frac{2}{3}\pi\right) \tag{3-2}$$

$$e_W = E_m \sin\left(\omega t - \frac{4}{3}\pi\right) = \sqrt{2}E_\phi \sin\left(\omega t - \frac{4}{3}\pi\right)$$

式中　E_m——每相电动势的最大值；

　　　E_ϕ——每相电动势的有效值；

　　　ω——电角速度。

3）定子每相电动势有效值的表示式：

$$E_\phi = 4.44KfN\Phi = C_e\Phi n \tag{3-3}$$

式中　K——绕组系数（和发电机定子绕组的绕线方式有关）；

　　　N——每相绕组的匝数，单位为匝；

　　　f——频率，单位为 Hz；

　　　Φ——每极磁通，单位为 Wb；

　　　C_e——发电机结构常数，$C_e = 4.44KN_p/60$；

　　　E_ϕ——相电动势。

交流发电机的工作特点是转速变化范围大，对于一般汽油发动机来说，其转速变化约为 1:8，柴油机约为 1:5，因此分析汽车用交流发电机的特性必须以转速的变化为基础。交流发电机的特性有输出特性、空载特性和外特性，其中以输出特性最为重要。

1. 输出特性

输出特性是指在发电机端电压 U 不变（对 12V 系列的交流发电机规定为 14V，对 24V 系列的交流发电机规定为 27V）时输出电流与转速之间的关系，即 U 为常数时，$I = f(n)$ 的函数关系，如图 3-8 所示。

（1）**空载转速 n_1**　发电机转速小于一定值 n_1 时，对外输出电流为零。当发电机达到额定电压并能对外输出电流时的最小转速为 n_1，称 n_1 为空载转速。空载转速常用来作为测试发电机性能的参数之一。

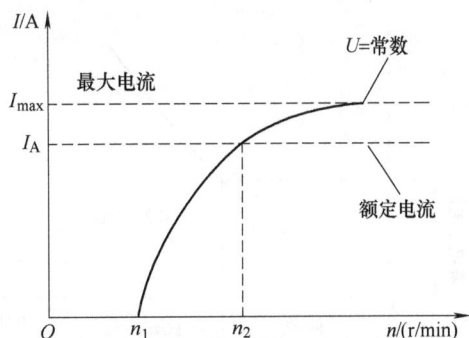

图 3-8　交流发电机的输出特性曲线

（2）**最大电流 I_{max}**　发电机输出电流的能力随转速的升高而增大，但曲线越来越平坦，当转速达到一定值时，无论转速增加多少，电流都不再增加，即一定结构的发电机的最大输出电流 I_{max} 有一定限制。由此可见，交流发电机自身具有限制输出电流防止过载的能力，又称为自我保护能力。交流发电机定子绕组具有一定的阻抗 Z，它由绕组的电阻 R 及感抗 X_L 两部分组成，由于 X_L 与 n 成正比，故发电机定子绕组的阻抗 Z 随发电机的转速升高而增加。高速时，由于 R 与 X_L 相比可忽略不计，故阻抗 Z 约等于 X_L，定子阻抗 Z 与转速 n 成正比，其值越大，就产生越大的内压降；定子电流增加时，由于电枢反应的增强，也会使感应电动势下降。两者共同作用的结果是，当发电机的转速升高且负载电流达到最大值时，输出电流几乎不随负载电阻的减小或转速的增加而增大。

结论：发电机电压（输出）一定时，发电机电流存在最大值（无论转速多高），即发电机功率存在最大值。限制发电机输出功率，只要限制发电机输出电压即可。限制输出电压后，即使发电机转速增加，也不会出现由于电流过高，烧坏发电机的情况；如果发电机电压过高通常会损坏用电设备。

输出特性：指额定转速 n_2 和额定电流 I_A 这两项指标。发电机出厂时，通过试验，规定了空载转速 n_1 与额定转速 n_2 的值。在使用过程中，可通过检测这两个数据来判断发电机性能的好坏。发电机达到额定电流 I_A 时的转速定为额定转速，图中用 n_2 表示，额定电流一般定为最大输出电流的 2/3。

2. 空载特性

空载特性是研究发电机在空载运行时，其端电压随转速变化的关系，即 $I=0$ 时，$U=f(n)$ 的曲线，如图 3-9 所示。

3. 外特性

外特性是研究当发电机转速一定时，其端电压与输出电流的关系，即 n 为常数时，$U=f(I)$ 的曲线，如图 3-10 所示。从外特性曲线可以看出发电机电压受负载影响的程度：如果发电机在高速运转时，突然失去负载，发电机电压会突然升高，致使发电机及调节器等内部电子元件有被击穿的危险。

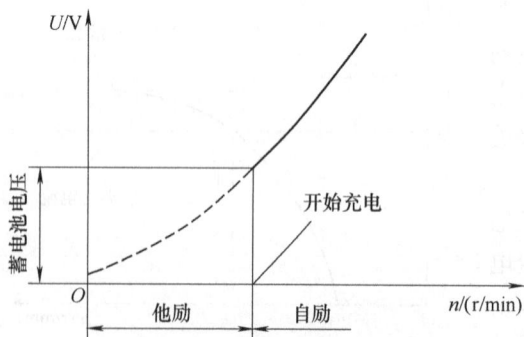

图 3-9　交流发电机的空载特性曲线

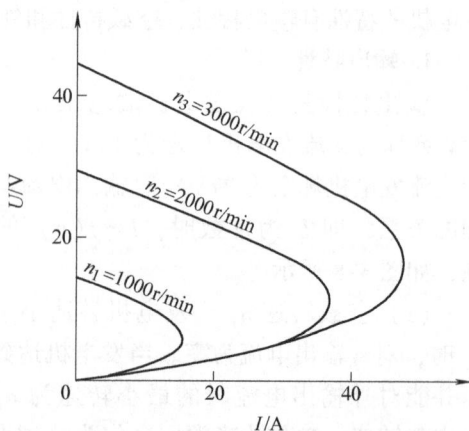

图 3-10　交流发电机的外特性曲线

3.2.2　交流发电机的励磁

将电流引入到励磁绕组使之产生磁场称为发电机的励磁。除了永磁式交流发电机不需要励磁以外，其他形式的交流发电机都需要励磁，因为它们的磁场都是电磁场，必须给励磁绕组通电才会有磁场产生而发电，否则发电机将不能工作。交流发电机的励磁方式有自励和他励两种。

1. 他励

在发电机转速较低时（发动机未达到怠速转速），发电机自身不能发电，需要蓄电池供给发电机励磁绕组电流，使励磁绕组产生磁场来发电。这种由蓄电池供给磁场电流发电的方式称为他励发电。

2. 自励

随着转速的提高（一般在发动机达到怠速时），发电机定子绕组的电动势逐渐升高并能使整流器二极管导通，当发电机的输出电压 U_B 大于蓄电池电压，一般高出蓄电池电压 $1 \sim 2V$ 时，就能对外供电了。当发电机能对外供电时，就可以把自身所发的电供给励磁绕组，这种自身供给磁场电

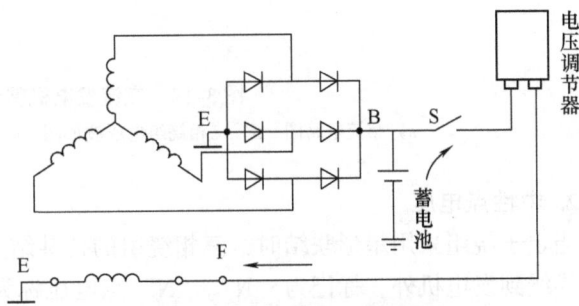

图 3-11　交流发电机励磁电路

流发电的方式称为自励发电。交流发电机的励磁过程是先他励后自励。当发动机达到正常怠速转速时，由发电机自励发电。

不同汽车的励磁电路各不相同，但有一个共同特点是，励磁电路都必须由点火开关控制，如图 3-11 所示。

3.2.3　交流发电机的整流原理及种类

1. 整流原理

在发电机中，整流器是利用硅二极管的单向导电性能进行整流的。当给二极管加上正向电压时二极管导通，当给二极管加上反向电压时二极管截止。在三相桥式全波整流电路中，3 个正二极管的正极引出线分别同三相绕组的首端相连，3 个负二极管的引出线也同三相绕组的首端相连。

（1）二极管的导通原则　当 3 个正二极管负极端连接在一起时，在某一瞬间只与和电位最高的一相绕组相连的正二极管导通，如图 3-12 所示。当 3 个负二极管正极端连接在一起时，在某一瞬间只与和电位最低的一相绕组相连的负二极管导通，如图 3-12 所示。

（2）整流过程　按照二极管的导通

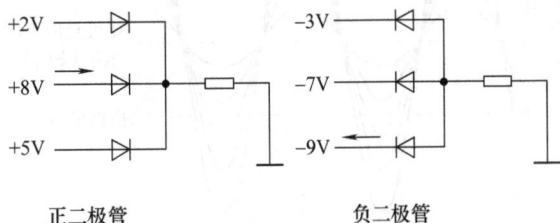

图 3-12　整流二极管

原则，每个时刻都有两个二极管，即正、负二极管各一个同时导通。这样反复循环，6个二极管轮流导通，使得负载 R_L 两端得到一个比较平稳的脉冲直流电压，如图3-13所示。

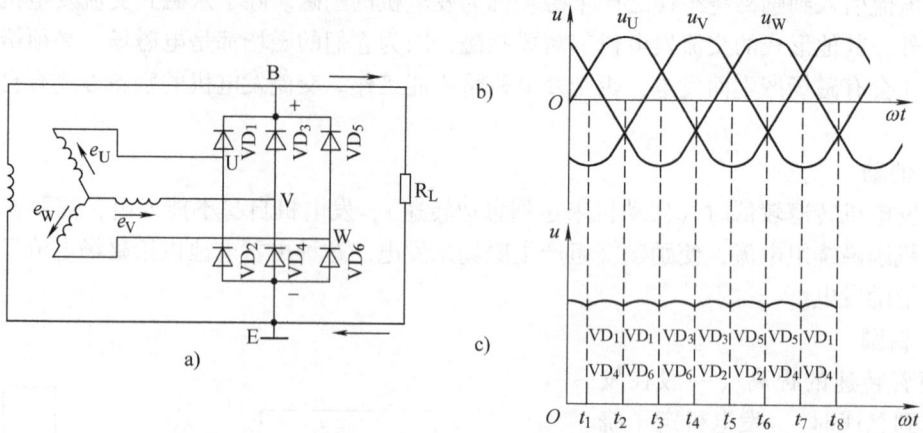

图3-13　交流发电机整流原理
a）整流电路图　b）三相绕组电压波形图　c）整流后发电机波形输出图

2. 中性点电压

当定子绕组采用星形联结时，三相绕组的公共结点称为中性点。从三相绕组的中性点引一根导线到发电机外，标记为"N"。"N"点电压称为中性点电压。中性点电压的瞬时值是一个三次谐波电压，如图3-14所示，中性点电压的平均值为发电机输出电压（平均值）的一半。该中性点电压可用来控制各种用途的继电器，也可用来提高发电机功率。例如夏利发电机的整流器有8个整流管，其中两个中性点整流管接在中性点处（分别为一个正极管和一个负极管），如图3-15所示。中性点电压其波峰在有些时候可能大于三相绕组的最高值，此时，中性点正极管 VD_7 导通，其他3个正极管截止，由 VD_7 供给外电路高电压。同理，波谷也可能小于三相绕组的最低值，此时，中性点负极管 VD_8 导通，和三相绕组的6个整流二极管并联输出，这样就提高了发电机的对外输出能力，提高了发电机的输出功率。实践证明这样可将发电机的功率提高10%～15%。

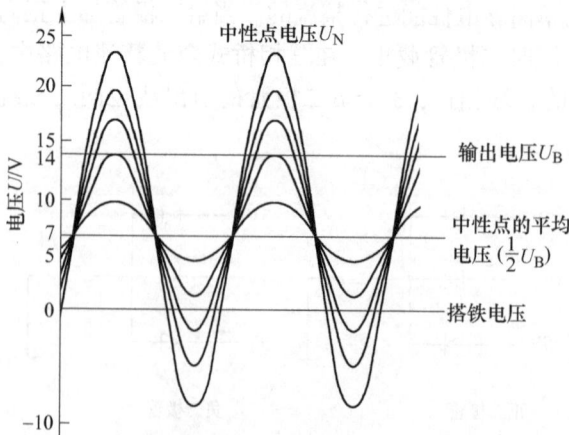

图3-14　交流发电机中性点电压波形图

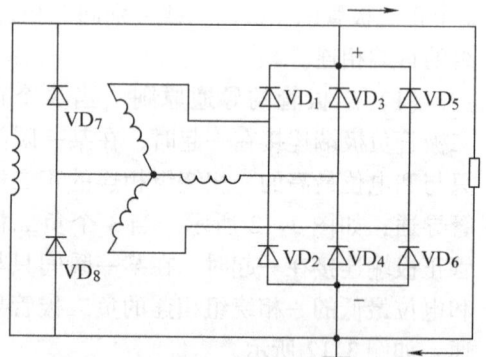

图3-15　具有中性点二极管的整流电路

3.3　常见交流发电机的结构

3.3.1　交流发电机的分类

1. 按总体结构分类

（1）普通交流发电机　这种发电机既无特殊装置，也无特殊功能特点，使用时需要配装电压调节器。

（2）整体式交流发电机　发电机和调节器制成一个整体的发电机。

（3）带泵的交流发电机　发电机和汽车制动系统用真空助力泵安装在一起。

（4）无刷交流发电机　不需要电刷的发电机。

（5）永磁交流发电机　转子磁极为永磁铁制成的发电机。

不同形式的交流发电机的结构外形如图 3-16 所示。

图 3-16　不同形式的交流发电机的结构外形

a）JF1522A 型普通交流发电机　b）JFZ1813 型整体式交流发电机

c）JFB1712 型带泵的交流发电机

2. 按整流器结构分类

（1）6 管交流发电机　整流器由 6 个整流二极管组成三相全波桥式整流电路，如图3-13 所示。

（2）8 管交流发电机　8 管交流发电机的基本结构和 6 管交流发电机相同，如图 3-17 所示，所不同的是整流器。8 管交流发电机的整流器由 6 个大功率整流二极管和 2 个中性点二极管组成。其工作原理前面已介绍。

（3）9 管交流发电机　9 管交流发电机的基本结构和 6 管交流发电机相同，如图 3-18 所示，所不同的是整流器。9 管交流发电机的整流器由 6 个大功率整流二极管和 3 个小功率励磁二极管组成。

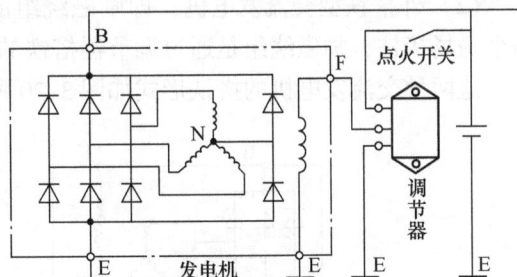

图 3-17　8 管交流发电机

其中 6 个大功率整流二极管组成三相全波桥式整流电路，对外负载供电，3 个小功率管二极管与 3 个大功率负极管也组成三相全波桥式整流电路专门为发电机磁场供电，所以称 3 个小功率管为励磁二极管。

（4）11 管交流发电机　11 管交流发电机的整流器由 8 个大功率整流二极管（其中 2 个中性点二极管）和 3 个励磁二极管组成，其他结构和 6 管交流发电机相同，如图 3-19 所示。

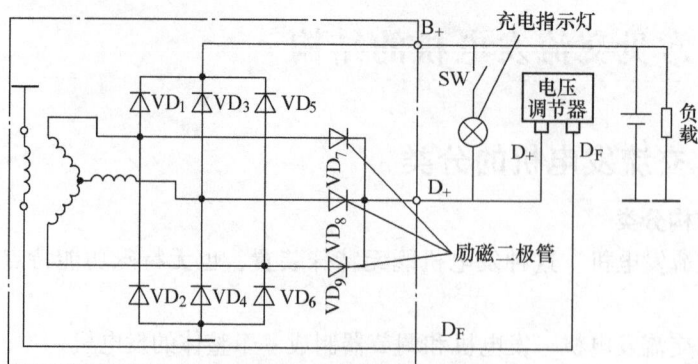

图 3-18　9 管交流发电机

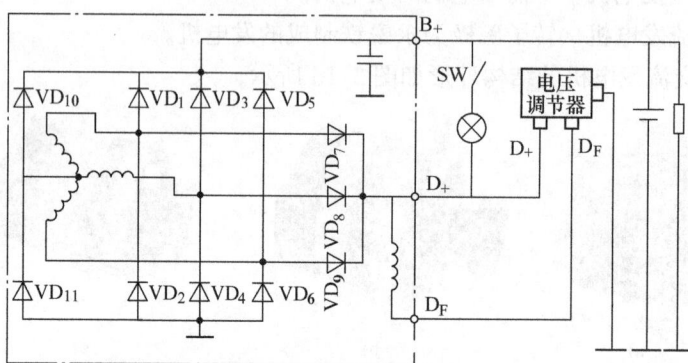

图 3-19　11 管交流发电机

3. 按励磁绕组搭铁形式分类

（1）内搭铁型交流发电机　即励磁绕组的一端引出来形成磁场接柱，而另一端与发电机外壳相连接。

（2）外搭铁型交流发电机　即励磁绕组的两个端子都和发电机外壳绝缘，引出来形成两个磁场接柱，励磁绕组是通过调节器搭铁的。

这两种交流发电机的搭铁形式如图 3-20 所示。

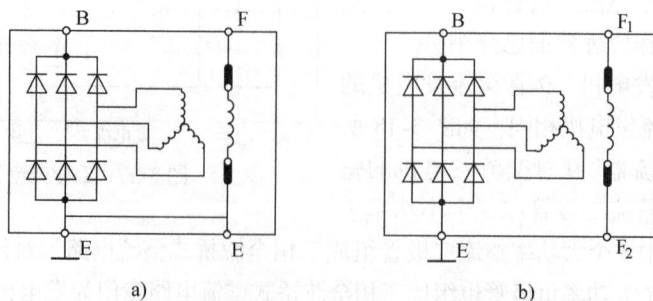

图 3-20　交流发电机的搭铁形式

a）内搭铁型交流发电机　b）外搭铁型交流发电机

☞ 3.3.2   常见发电机的结构形式

1. 整体式交流发电机与集成电路电压调节器

如图 3-21 所示，桑塔纳 2000 轿车整体式交流发电机与集成电路电压调节器的结构特点如下：

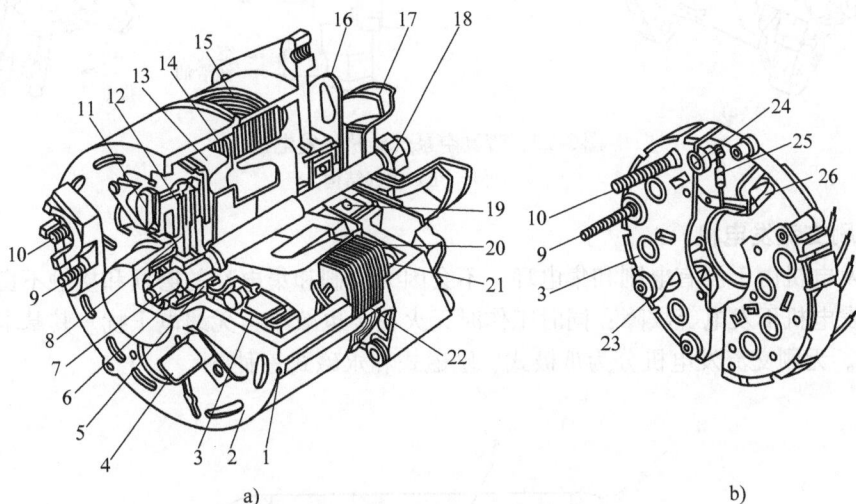

图 3-21   JFZ1913Z 发电机的结构

a）发电机总成   b）整流器总成

1—连接螺栓 2—后端盖 3—整流板 4—防干扰电容器 5—集电环 6、19—轴承
7—转子轴 8—电刷 9—"D＋"端子 10—"B＋"端子 11—IC调节器 12—电刷架
13—磁极 14—定子绕组 15—定子铁心 16—风扇叶轮 17—V带 18—紧固螺栓 20—励磁绕组
21—前端盖 22—定子槽楔子 23—电容器连接插片 24—输出整流二极管 25—磁场二极管 26—电刷架压紧弹簧

1）转子集电环在后端盖内，有利于防油污和水，使电刷的工作环境改善，拆装也方便，而且提高了工作可靠性。

2）转子采用双面密封轴承，增加了油封工作的可靠性和耐用性。

3）定子绕组采用波绕法，减小了发电机铁心端面电场的高次谐波，提高了定子的质量。

4）发电机输出端装有滤波电容器，减小了对无线电的干扰，从而使输出波形更为平稳。

5）转动件采用动平衡工艺，特别是爪形转子，每件都经过动平衡校正。

6）采用 11 管硅整流，在三相绕组的中性点和输出端以及搭铁之间分别接一个二极管，发电机的功率增加。

7）采用全集成电路电压调节器，并和发电机电刷架连成一个整体，提高了工作可靠性。

8）冷却风扇采用了不等分结构，可降低高速运转时的噪声。

2. 带真空泵式硅整流发电机结构

带真空泵式硅整流发电机如图 3-22 所示，发电机的轴与真空泵的轴连成一个整体。真空泵为叶片转子式，真空泵的吸气口通过软管连接到汽车液压制动系统的真空助力器上，其作用是吸出真空筒内的空气，使其变为真空。

图 3-22 带真空泵式硅整流发电机

a）外形 b）内部结构

3. 无刷交流发电机

这种发电机由于没有电刷和集电环，不会因为电刷和集电环的磨损和接触不良造成励磁不稳定或发电机不发电等故障；同时工作时无火花，也减小了无线电干扰。其基本结构如图3-23 所示。无刷交流发电机分为爪极式、励磁式和永磁式三种。

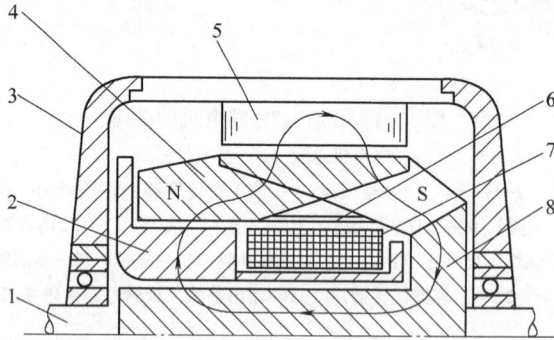

图 3-23 无刷交流发电机的基本结构

1—转子轴 2—磁轭托架 3—端盖 4—爪极

5—定子铁心 6—非导磁连接环 7—励磁绕组 8—转子磁轭

3.3.3 交流发电机的型号

根据 QC/T 73—1993《汽车电气设备产品型号编制方法》，汽车交流发电机的型号由产品代号、电压等级代号、电流等级代号、设计序号、变型代号五部分组成，如图3-24 所示。

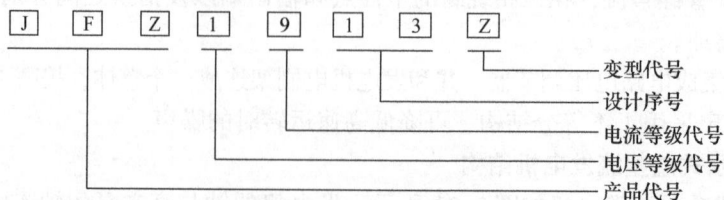

图 3-24 交流发电机型号

产品代号用中文字母表示，例如：

JF——普通交流发电机；

JFZ——整体式（调节器内置）交流发电机；

JFB——带泵的交流发电机；

JFW——无刷交流发电机。

电压等级代号用 1 位阿拉伯数字表示：

1 表示 12V 系统；

2 表示 24V 系统；

6 表示 6V 系统。

3.3.4　交流发电机的性能指标

交流发电机有关的性能参数有额定电压、额定电流、调节电压、额定输出功率、开始充电转速、搭铁形式等。桑塔纳汽车交流发电机的技术参数见表 3-1。

表 3-1　桑塔纳汽车交流发电机的技术参数

发电机型号	JFZ1913Z、JFZ1813Z	工作环境温度/℃	-40 ~ +90
额定电压/V	14	调节器形式	集成电路式
额定电流/A	90	调节电压/V	12.5 ~ 14.5
额定输出功率/W	1200	安装方式	单挂脚
零电流转速/(r/min)	≤1050	质量（无带轮）/kg	5.66
开始充电转速/(r/min)	≤1900	比功率/(W/kg)	223
常用工作转速/(r/min)	6000	新电刷高度/mm	10
最高工作转速/(r/min)	15000	电刷极限高度/mm	5
励磁绕组电阻/Ω（20℃）	2.8	搭铁形式	外搭铁

3.4　交流发电机的故障检测

3.4.1　交流发电机的测试

发电机空载试验接线方法如图 3-25 所示。试验时应先用蓄电池对发电机进行励磁，其方法是当发电机转速提高时，闭合一下开关 S_1，然后再打开。将发电机转速逐渐提高，当电压表的读数达到 12.4 ~ 14.5V 时，发电机的转速应不大于 1050r/min，如读数不符合要求，应检查调节器或发电机。

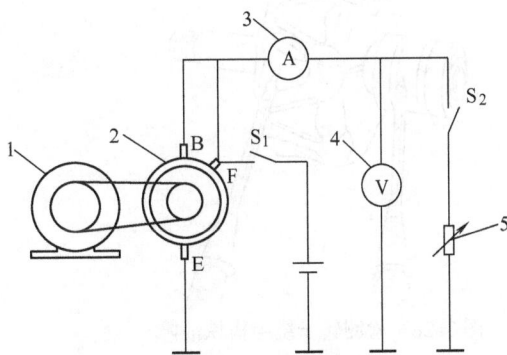

图 3-25　发电机空载试验接线方法

1—可调速电动机　2—发电机

3—万用表电流档　4—电压表　5—可变电阻器

3.4.2　交流发电机零部件的检修

1. 检查定子

1）检查定子表面不得有刮痕，导线表面不得有碰伤、绝缘漆剥落现象。

2）检测定子绕组是否断路。如图 3-26 所示，用万用表 R×1 档检查绕组引线之间应导通，否则应更换定子。

3）检测定子绕组是否搭铁。如图 3-27 所示，用万用表 R×1 档检查绕组引线和定子铁心之间应不导通，否则应更换定子。

2. 检查转子

1）转子表面不得有刮痕，否则表明轴承松旷，应更换前、后轴承。集电环表面应光洁平整，两集电环之间的槽内不得有油污和异物。

2）检测转子绕组是否搭铁。如图 3-28 所示，用万用表检查集电环与转子之间的电阻，其数值应为∞，否则为有搭铁故障。对于有故障的转子应更换，有条件的可对集电环或线圈进行修理。

3）检查转子绕组是否断路及短路。如图 3-29 所示，用万用表检查两集电环之间的电阻，其数值应为 3～4Ω。大于 4Ω，表明有断路故障；小于 3Ω，表明有短路故障。

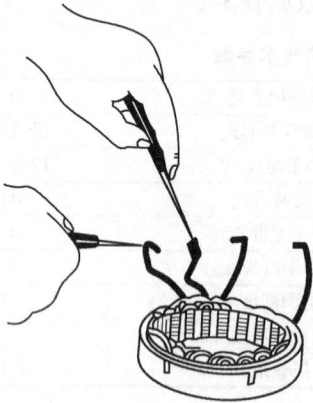

图 3-26 检测定子绕组断路故障

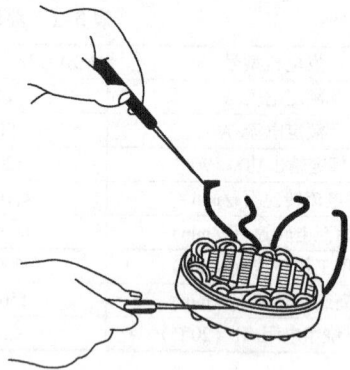

图 3-27 检测定子绕组搭铁故障

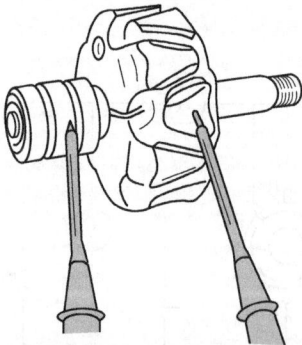

图 3-28 检测转子绕组搭铁故障

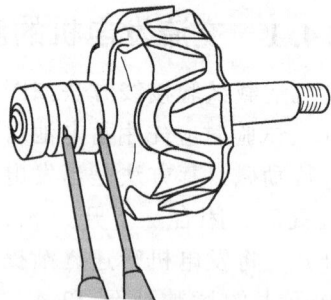

图 3-29 检测转子绕组断路、短路故障

4）转子轴与集电环的检修。转子轴的径向圆跳动可用百分表检测，如图 3-30 所示，其径向圆跳动不得超过 0.01mm，否则应予以校正。集电环表面如烧蚀严重或失圆，可用车床进行修整，其最大偏摆量应不超过 0.05mm，最后用细砂布抛光并吹净粉屑。

3. 检查二极管

1）检查正二极管电阻。将万用表的负表笔接二极管底板上的粗螺栓，正表笔依次接与定子绕组相接的各结合点，每次测量的电阻值均应为 50～80Ω。

2）检查负二极管电阻。将万用表正表笔接散热架（负极），负表笔依次与各结合点相接，每次测量的电阻值均应为 50～80Ω。

3）检查励磁二极管。将万用表负表笔接二极管底板上的细螺栓，正表笔依次接各结合点，每次测量的电阻值均应为 50～80Ω。

以上各测量值若与标准不符，必须更换二极管底板。

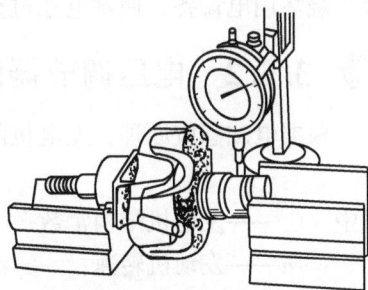

图 3-30　检测转子轴的径向圆跳动

4. 检查电刷及电刷架

1）电刷高度的检查。新电刷的长度为 13mm，允许磨损极限为 5mm，超过此极限值时应予更换。电刷表面如有油污应用布擦拭干净，电刷在电刷架内应滑动自如。电刷架不得有裂纹、弹簧折断或锈蚀现象，否则应更换。

2）电刷弹簧压力的检测。电刷弹簧压力的检测方法如图 3-31 所示，当电刷从电刷架中露出长度为 2mm 时，天平秤上指示的读数即为电刷弹簧压力，其值应为 2～3N。弹簧压力过小时，应更换新电刷。

3）电刷的更换。更换电刷可按图 3-32 所示进行，先将电刷弹簧和新电刷装入电刷架内，然后用钳子夹住电刷引线，使电刷露出高度符合规定数值（13mm），再用电烙铁将电刷引线与电刷架焊牢即可。

5. 其他部件的检修

发电机壳体不得有裂纹，若轴承内缺油应更换轴承，不宜加油后继续使用。V 带槽内不能有毛刺，以免损伤 V 带。V 带轴孔与轴的配合过盈量为 0.01～0.04mm，若松旷应加工修复。转子轴承的轴向和径向间隙不得大于 0.20mm，否则应更换。

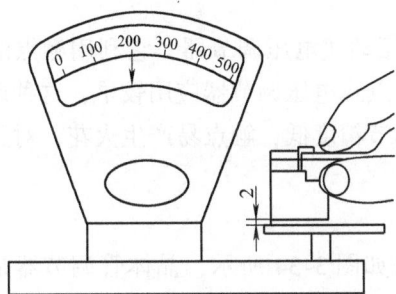

图 3-31　检测电刷弹簧压力

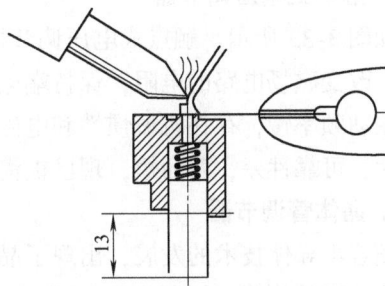

图 3-32　电刷的更换方法

▶▶▶　3.5　交流发电机的电压调节器

☞　3.5.1　电压调节器的功用

汽车工作过程中，发动机的转速是变化的，发电机的电压随着发动机转速的变化而变化，因此，发电机必须具有调节电压的装置。调压装置的作用是当发电机转速变化时，自动调节发电机的电压，使电压保持一定或保持在某一允许范围内，以防发电机电压过高或者过低，烧坏用电设备，使蓄电池过充电或者充电不足。

3.5.2　电压调节器的调压原理

根据电磁感应原理，发电机的感应电动势为

$$E = C_e \Phi n \tag{3-4}$$

式中　C_e——发电机结构常数；

　　　n——发动机转速；

　　　Φ——磁通。

交流发电机的端电压为

$$U \approx E - Ir = C_e \Phi n \left(\frac{R}{R+r}\right) \tag{3-5}$$

式中　I——发电机线圈电流；

　　　r——发电机线圈电阻；

　　　R——负载电阻。

在发电机转速变化时，要使电压保持一定，只有相应地改变磁极的磁通，即当 n 增高时减少磁通使电压保持一定。而磁通的大小取决于磁场电流，所以在转速变化时只要自动调节磁场电流就能使电压保持一定。电压调节器就是根据这一原理进行电压调节的。

3.5.3　电压调节器的分类

虽然都是通过调节励磁电流使磁场磁通改变来控制发电机的端电压，但是调节器存在如下几种分类。

1. 触点式电压调节器

如图 3-33 所示，触点式电压调节器是一种机械振动式电压调节器，它利用触点的开闭作用，改变磁场电路的电阻，保持端电压的恒定。触点式电压调节器应用较早，这种调节器触点振动频率慢，存在机械惯性和电磁惯性，电压调节精度低，触点易产生火花，对无线电干扰大，可靠性差，寿命短，现已被淘汰。

2. 晶体管调节器

随着半导体技术的发展，出现了晶体管调节器。如图 3-34 所示，晶体管调节器是利用晶体管的开关作用，控制发电机磁场电路的通、断，来调节磁场的强弱，使端电压保持不变。晶体管的开关频率高，且不产生火花，调节精度高，还具有质量小、体积小、寿命长、可靠性高、电波干扰小等优点，现广泛应用于东风、解放及多种中低档车型。

3. 集成电路调节器

集成电路调节器通过改变磁场电流的占空比，来改变发电机的输出电压。集成电路调节器除具有晶体管调节器的优点外，还具有超小型、安装于发电机的内部（又称为内装式调节器）、减少了外接线、冷却效果得到了改善等优点，现广泛应用于桑塔纳、奥迪、通用等多种轿车。图 3-35 所示为通用汽车集成电路调节器的线路图。

4. 计算机控制调节器

计算机控制调节器是现在轿车采用的一种新型调节器。其工作原理是由电负载检测仪测

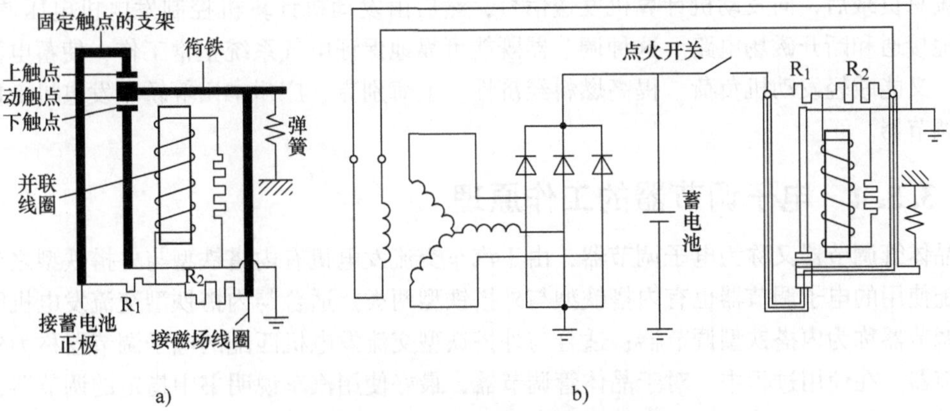

图 3-33　触点式电压调节器的结构及工作流程

a）触点式电压调节器的结构　b）触点式电压调节器的工作原理

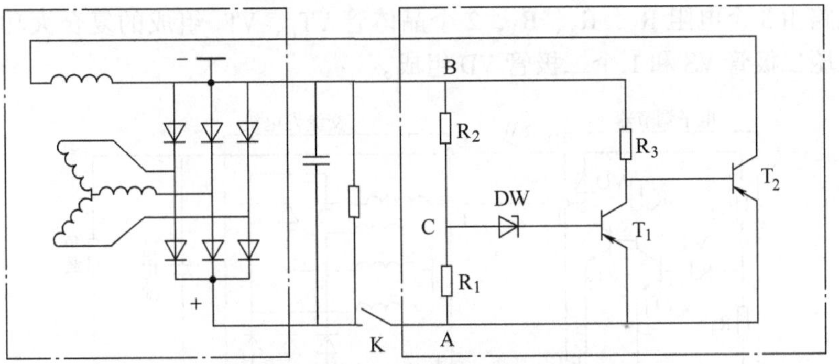

图 3-34　晶体管电压调节器的工作原理

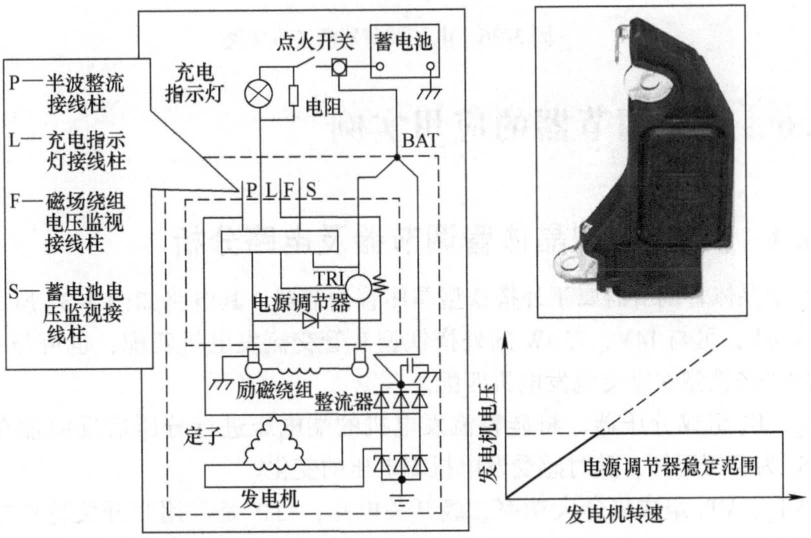

图 3-35　通用汽车集成电路调节器的线路图

量系统总负载后，向发动机计算机发送信号，然后由发动机计算机控制发电机电压调节器，适时地接通和断开磁场电路。这种调节器既能可靠地保证电气系统正常工作，使蓄电池充电充足，又能减轻发动机负荷，提高燃料经济性。上海别克、广州本田等轿车发电机上使用了这种调节器。

👉 3.5.4　电子调节器的工作原理

晶体管调节器又称为电子调节器，由于汽车交流发电机有内搭铁型与外搭铁型之分，与之匹配使用的电子调节器也有内搭铁型与外搭铁型两类。适合与内搭铁型交流发电机匹配的电子调节器称为内搭铁型调节器；适合与外搭铁型交流发电机匹配的电子调节器称为外搭铁型调节器。在使用过程中，对于晶体管调节器，最好使用汽车说明书中指定的调节器，如果采用其他型号替代，除标称电压等规定参数与原调节器相同外，代用调节器必须与原调节器的搭铁形式相同，否则，发电机可能由于励磁电路不通而不能正常工作。对于集成电路调节器，必须是专用的，是不能替代的。电子调节器的基本电路如图 3-36 所示。

基本电路由 3 个电阻 R_1、R_2、R_3，2 个晶体管 VT_1、VT_2 组成的复合大功率开关电路，以及 1 个稳压二极管 VS 和 1 个二极管 VD 组成。

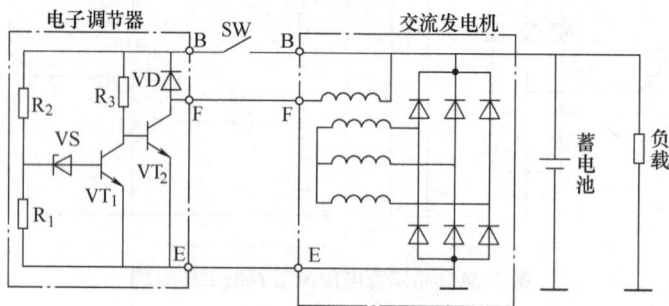

图 3-36　电子调节器的基本电路

▶▶▶ 3.6　电子调节器的应用实例

👉 3.6.1　JFT106 型晶体管调节器及电路分析

JFT106 型晶体管调节器属于外搭铁型晶体管调节器，其电路如图 3-37 所示。调节电压为 13.8～14.6V，可与 14V、750W 的外搭铁型 9 管交流发电机匹配，也可与 14V、功率小于 1000W 的外搭铁型 6 管交流发电机匹配。

R_1、R_2、R_3 组成分压器，将硅整流发电机的端电压进行分压后反向加在稳压二极管 VS_1 上。VS_1 为感压元件，随时感受发电机端电压的变化。

VT_1、VT_2、VT_3 组成复合大功率二级开关电路，目的是利用其开关特性控制励磁电路的接通和断开。

VD_3 的作用是防止 VT_3 截止时励磁绕组中的自感电动势损坏 VT_3。

R_6、R_7、R_8 是偏流电阻。

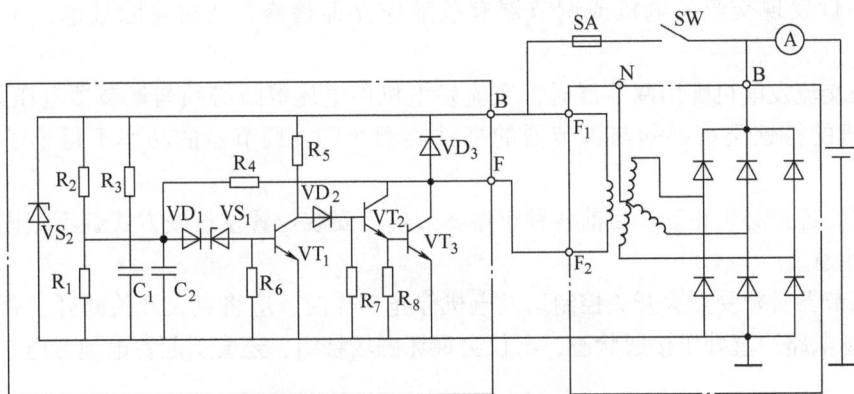

图 3-37　JFT106 型发电机的电路

R_4 是正反馈电阻，起提高晶体管开关速度、延长晶体管寿命的作用。

C_1、C_2 是降频电容，起降低晶体管开关频率、延长晶体管寿命的作用。

VD_1 用来保证 VS_1 安全可靠地工作。

VD_2 是分压二极管，防止 VT_2、VT_3 的误导通。

VS_2 起过电压保护作用，限定发电机的输出电压不超出某定值，保护汽车上的用电设备不因瞬时过电压而损坏。

3.6.2　集成电路调节器及电路分析

集成电路调节器也称为 IC 调节器，是根据使用要求，将电路中的若干元件集成在同一基片上，制成一个独立的电子芯片。集成电路调节器装于发电机内部，构成整体式交流发电机，发电机外部有 2 个或 3 个接线柱。集成电路调节器的工作原理与晶体管调节器的工作原理完全一样，都是通过单向击穿二极管感应发电机的输出电压信号，利用晶体管的开关特性控制发电机的励磁电流，使发电机的输出电压保持恒定。集成电路调节器通常与整体式发电机相配。

▶▶▶ 3.7　充电系统的使用和维护

3.7.1　充电系统使用注意事项

交流发电机与调节器的结构简单，维护方便，若正确使用，不仅故障少而且寿命长。但若使用不当，则会很快损坏。因此在使用和维护中应注意以下事项：

1）蓄电池的极性必须是负极搭铁，不能接反，否则会烧坏发电机或调节器的电子元器件。

2）发电机运转时，不能用试火的方法检查发电机是否发电，否则会烧坏二极管。

3）整流器和定子绕组连接时，禁止用绝缘电阻表（又称为兆欧表）或 220V 交流电源检查发电机的绝缘情况。

4）发电机与蓄电池之间的连接要牢固，如突然断开，会产生过电压损坏发电机或调节器的电子元器件。

5）一旦发现交流发电机或调节器有故障应立即检修，及时排除故障，不应再连续运转。

6）为交流发电机配用调节器时，交流发电机的电压等级必须与调节器电压等级相同，交流发电机的搭铁类型必须与调节器的搭铁类型相同，调节器的功率不得小于发电机的功率。

7）线路连接必须正确。目前各种车型调节器的安装位置及接线方式各不相同，故接线时要特别注意。

8）调节器必须受点火开关控制。发电机停止工作时，应将点火开关断开，否则会使发电机的磁场电路一直处于接通状态，不仅会烧坏磁场绕组，还会引起蓄电池亏电。

3.7.2 充电系统的拆装与调整

1. 富康轿车发电机的拆卸与分解

（1）发电机的拆卸 松开发电机前、后支架及张紧支架上的紧固螺栓，即可拆下发电机，如图3-38所示。

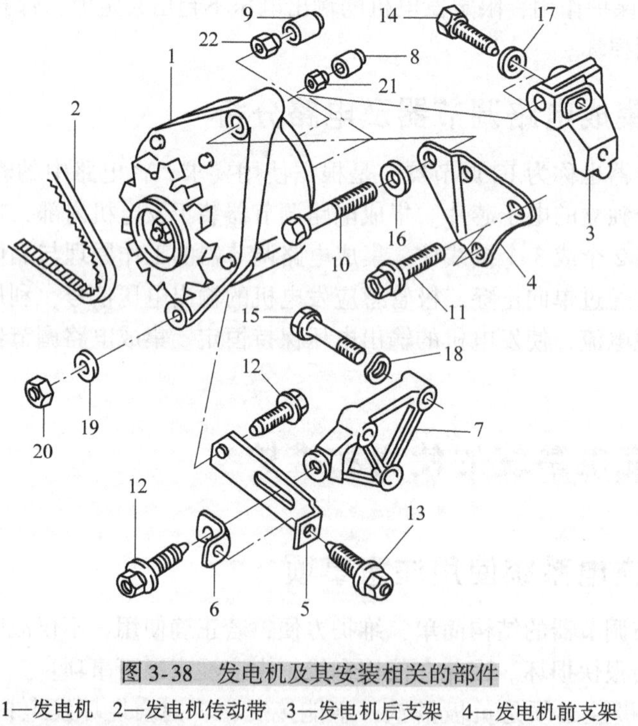

图3-38 发电机及其安装相关的部件

1—发电机 2—发电机传动带 3—发电机后支架 4—发电机前支架
5—发电机张紧支架 6—张紧支架组件 7—发电机支架 8、9—护套
10、11、12、15—螺栓 13、14—螺钉 16、17、19—垫圈 18—波形弹性垫圈 20、21、22—螺母

（2）发电机的分解 如图3-39所示，富康轿车发电机的分解方法如下：

1）拆下其前后端盖连接螺栓，将前后端盖及其连接部分分开。

2）拆下定子绕组连接端线接头，从后端盖上取出定子绕组。

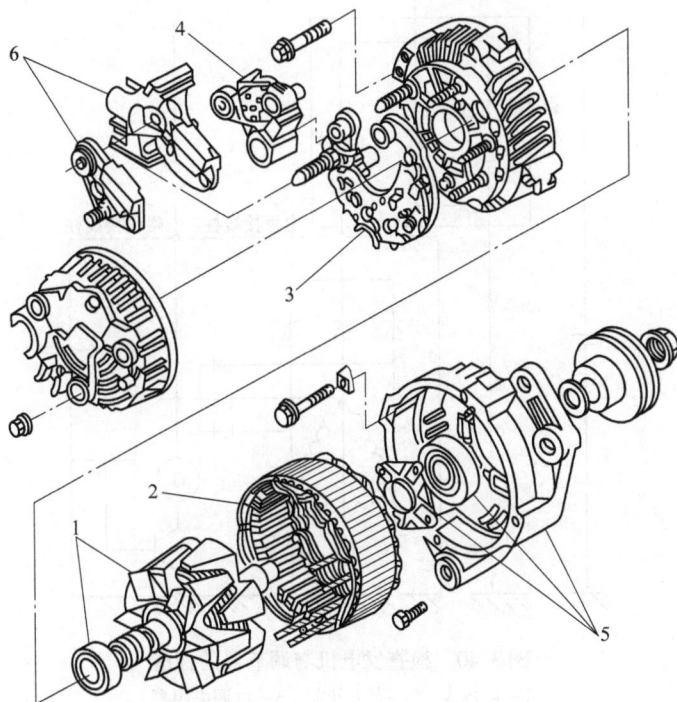

图 3-39　富康轿车发电机的分解示意图

1—转子　2—定子　3—硅整流器　4—调节器　5—轴承与端盖　6—电刷与电刷架

3）卸下电刷架固定螺母和螺钉，取下调节器与电刷架组件。

2. 富康轿车发电机的装复

发电机的装复按分解与拆卸相反的顺序进行，安装轴承时，应涂抹润滑油。

3. 富康轿车发电机与调节器的性能检查

（1）检查发电机输出电流

1）检查蓄电池是否充电，若充电不足，应予以补充充电，此项检查应在蓄电池充足电的状态下进行。

2）接通点火开关，充电指示灯亮，发动机起动后，充电指示灯灭，则可进行下一步发电机性能检查。否则，说明充电系统有故障，应予以排除。

3）在发电机输出电路中接入电压表、万用表电流档及可调电阻器，如图 3-40 所示。

4）在发动机处于正常工作温度的情况下，使发动机转速稳定在 2000r/min、3000r/min、4000r/min，在各发动机稳定转速下，调节电阻器，使发电机端电压为 13.5V，检查此时的输出电流。各发动机稳定转速下的发电机输出电流见表 3-2。

如果达不到表 3-2 所规定的值，则需检修发电机。

（2）调节器性能检查

1）按图 3-40 所示连接电压表和可调电阻器。

2）将可调电阻器调至零位（$R = \infty$），并断开所有的用电设备。

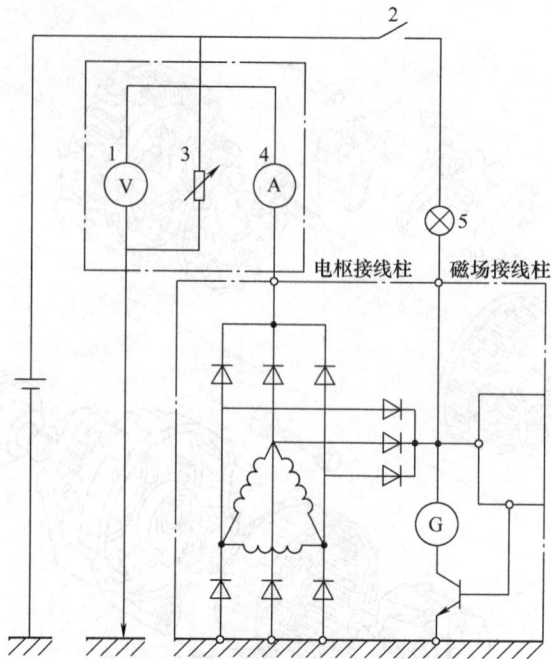

图 3-40 检查发电机与调节器的性能
1—电压表 2—点火开关 3—可调电阻器
4—万用表电流档 5—充电指示灯

表 3-2 各发动机稳定转速下的发电机输出电流

发动机转速/(r/min)		2000	3000	4000
发电机端电压/V		13.5	13.5	13.5
发电机输出电流/A	8 级	49	62	68
	9 级	62	76	83

3）在蓄电池充足电且发动机处于正常工作温度的情况下，使发动机的转速稳定在 5000r/min，读取电压表指示的电压。如果电压超过 14.7V，则说明调节器性能不良或完全损坏，应予以更换。

4. 富康轿车发电机检修中的注意事项

1）在发动机运转时，不能断开蓄电池电缆，以免造成过电压，烧坏发电机内的整流二极管以及汽车上其他的电子元器件。

2）在发动机运转时，不能以试火的方法来检查发电机是否发电，这也容易烧坏整流二极管。

3）如果用 220V 的交流试灯或绝缘电阻表来检查电枢绕组的绝缘性能，必须先断开整流二极管与电枢绕组的连接，否则会烧坏整流二极管。

4）在发动机不工作的状态下，不能长时间接通点火开关。因为在点火开关接通的情况下，蓄电池将持续向发电机励磁绕组放电，这不仅白白消耗了蓄电池的电能，时间长了还会烧坏发电机的励磁绕组。

3.7.3　充电系统电路分析

1. 发电机励磁电路的回路分析

充电系统的基本电路如图 3-41 所示。

当发电机不发电或其输出电压低于蓄电池电压时，励磁电流由蓄电池提供（即他励），发电机电压随转速的升高而升高。

蓄电池正极→万用表电流档→点火开关→调节器"S"→第Ⅰ对触点静触点臂→第Ⅰ对触点→活动触点臂→磁轭→调节器"F"→发电机"F"→励磁绕组→搭铁→蓄电池负极。

2. 调压线圈电路的回路分析

蓄电池正极→万用表电流档→点火开关→调节器"S"→加速电阻→调压线圈→温补电阻→搭铁→蓄电池负极。

3. 充电电路的回路分析

当发电机电压稍高于蓄电池电压（但尚低于调节电压上限值）时，发电机由他励变为自励，向蓄电池进行充电，向励磁绕组和调压线圈提供电流。

发电机正极→万用表电流档→蓄电池正极→蓄电池负极→搭铁→发电机负极。

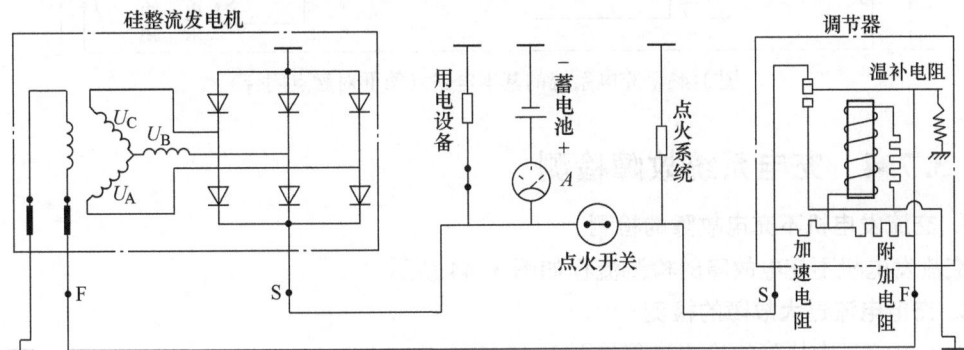

图 3-41　充电系统的基本电路（第Ⅰ对触点闭合）

4. 第Ⅰ对触点断开时励磁电路的分析（图 3-42）

发电机转速升高，当其输出电压达到低速触点控制的调节电压上限值时，第Ⅰ对触点断开。

发电机正极→点火开关→调节器"S"→加速电阻→附加电阻→调节器"F"→发电机"F"→励磁绕组→搭铁→发电机负极。

5. 第Ⅱ对触点闭合时励磁电路的分析（图 3-43）

发电机转速更高时，第Ⅱ对触点闭合开始工作。

发电机正极→点火开关→调节器"S"→加速电阻→附加电阻→第Ⅱ对触点→搭铁→发电机负极。

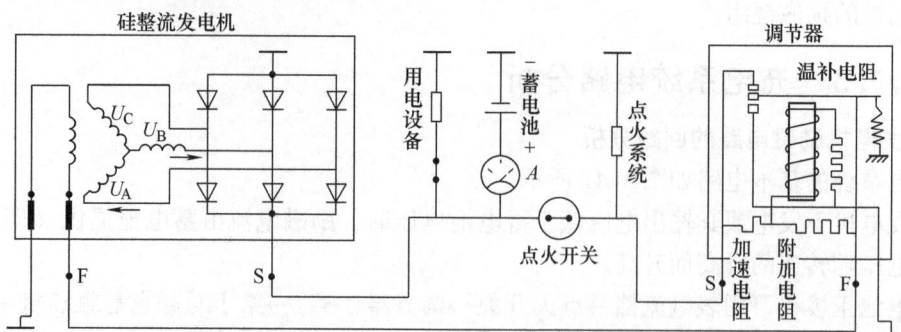

图 3-42 充电系统的基本电路（第 Ⅰ 对触点断开）

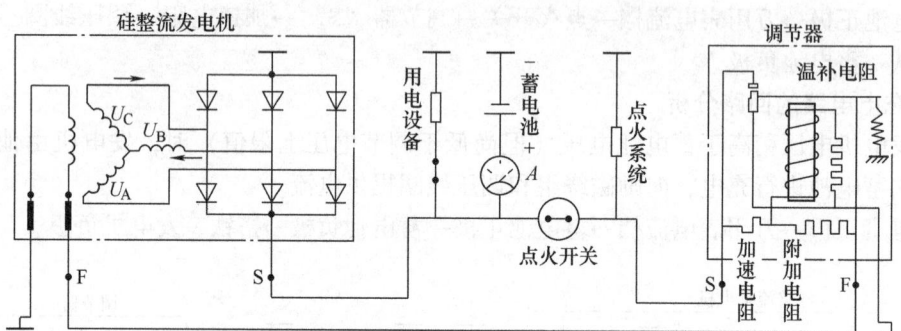

图 3-43 充电系统的基本电路（第 Ⅱ 对触点闭合）

☞ 3.7.4 充电系统故障检测

1. 交流发电机不充电故障的检测

交流发电机不充电故障的检测流程如图 3-44 所示。

2. 充电电流过大故障的检测

充电电流过大故障的检测流程如图 3-45 所示。

☞ 3.7.5 充电系统常见故障的排除

1. 充电指示灯不灭

发动机起动后，仪表板上的充电指示灯不灭，或是在发动机正常运转过程中，充电指示灯亮起，这都说明发电机出现了不充电故障。

（1）**故障原因** 充电指示灯不灭的可能故障原因如下：

1）发电机故障。如电枢绕组短路、断路或搭铁，或发电机励磁绕组短路或搭铁。

2）调节器故障。调节器内部电子元器件损坏而使大功率晶体管不能饱和导通。

3）发电机传动带松弛。由于传动带打滑，发电机不转或转速过低而不发电。

（2）**故障诊断** 首先检查发电机传动带是否打滑，若正常，则应拆检发电机及调节器。

2. 充电指示灯不亮

接通点火开关直到发动机正常运转，充电指示灯始终不亮，这说明充电系统有充电不良或不充电故障。

发电机在中等转速时，电流表指示放电或充电指示灯亮

外部检查：传动带是否过松，各部连接导线是否可靠

↓ 正常

试灯检查法：将发电机电枢接线柱上的导线拆下，让蓄电池给发电机励磁。试灯的一端接"电枢"接线柱，另一端接发电机外壳，发电机以中等转速运转

灯亮 →

发电机、调节器良好，电流表至发电机"电枢"接线柱间的电路断路

不亮 →

发电机或调节器有故障

灯很暗 →

定子绕组烧坏

将调节器的相线和磁场接线柱短接

试灯亮 →

调节器有故障

应检查Ⅰ级触点是否严重烧蚀，Ⅱ级触点是否烧结

不亮 →

发电机有故障

将发电机各导线拆下，用万用表 R×1 档测量磁场接线柱与"接地"接线柱间的电阻值

故障在定子绕组或整流元件板 ← 6～7Ω 内励磁电路正常

指针指示电阻值无限大为励磁电路不通

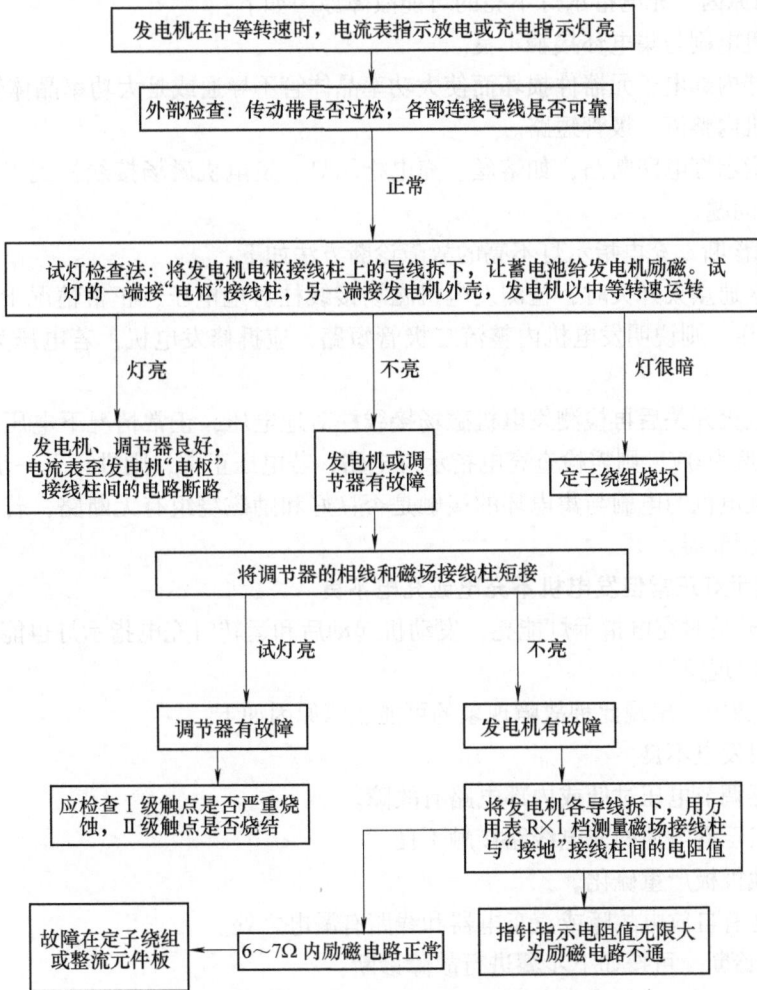

图 3-44　交流发电机不充电故障的检测流程

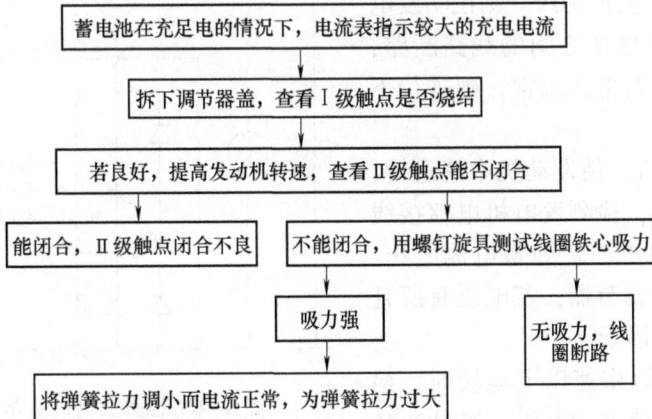

蓄电池在充足电的情况下，电流表指示较大的充电电流

拆下调节器盖，查看Ⅰ级触点是否烧结

若良好，提高发动机转速，查看Ⅱ级触点能否闭合

能闭合，Ⅱ级触点闭合不良

不能闭合，用螺钉旋具测试线圈铁心吸力

吸力强

无吸力，线圈断路

将弹簧拉力调小而电流正常，为弹簧拉力过大

图 3-45　充电电流过大故障的检测流程

（1）故障原因　充电指示灯不亮的可能故障原因如下：

1）发电机电刷与集电环接触不良。

2）调节器内部电子元器件损坏而使大功率晶体管不导通或是大功率晶体管本身断路。

3）发电机内整流二极管短路。

4）充电指示灯电路断路，如熔丝、充电指示灯、发电机磁场接线柱到点火开关之间的线路连接等有问题。

（2）故障诊断　充电指示灯不亮的故障诊断方法如下：

1）在不接通点火开关时，检测发电机磁场接线柱对地电压，正常情况下电压应为0V。若有蓄电池电压，则说明发电机内整流二极管短路，应拆修发电机；若电压为0V，则进行下一步诊断。

2）接通点火开关后再检测发电机磁场接线柱对地电压，正常情况下电压应为蓄电池电压。若电压仍然为0V，则需检查充电指示灯电路；若电压正常，则进行下一步诊断。

3）拆检发电机的电刷与集电环的接触是否良好和励磁绕组有无断路，若无问题，就需要检修或更换调节器。

3. 充电指示灯正常但发电机不充电或充电不良

接通点火开关时充电指示灯能亮，发动机起动后和运转时充电指示灯也能灭，但蓄电池会很快出现亏电现象。

（1）故障原因　出现此种故障现象的可能故障原因如下：

1）发电机发电不良。

2）调节器调节电压过低或内部电路有故障。

3）发电机至蓄电池的充电线路接触不良。

4）蓄电池极板严重硫化。

5）蓄电池有自放电故障或汽车电器和线路有漏电之处。

（2）故障诊断　可按如下步骤进行故障诊断：

1）用万用表直流电压档检查发电机电枢接线柱对地电压，正常情况下电压应为蓄电池电压。若电压为0V，则说明发电机电枢接线柱至蓄电池之间的线路断路，应对其进行检修；若电压正常，则进行下一步诊断。

2）起动发动机，使发动机中速运转，在充电指示灯灭时，检测发电机电枢接线柱对地电压。如果电压仍为蓄电池电压，则需检修发电机和调节器；若电压有所升高，则进行下一步诊断。

3）在发动机以中速以上运转时，检测发电机的输出电流和端电压，如图3-46所示。若电压在发动机转速升高时能达到13.8～14.5V，且万用表电流档指示有较

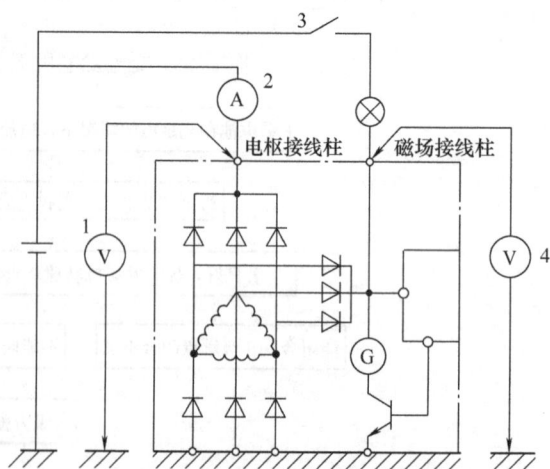

图3-46　检查发电机及充电线路故障

1—检查发电机电枢接线柱
对地电压　2—检查发电机充电电流
3—点火开关　4—检查发电机磁场接线柱对地电压

大的充电电流，则说明发电机及调节器正常，蓄电池很快亏电的原因可能是蓄电池本身的故障或汽车电气设备和线路有漏电故障，应对其进行检查。若电压能迅速达到 13.8 ~ 14.5V，但无充电电流或充电电流很小，则应检查发电机电枢接线柱至蓄电池之间的充电线路连接有无接触不良之处，若无，则可能是蓄电池极板硫化严重。

4. 发电机充电电流过大

汽车灯泡易烧、蓄电池温度过高且其电解液消耗过快，均说明发电机充电电流过大。

（1）故障原因　发电机充电电流过大的原因一般是调节器调节电压过高或调节器失效。

（2）故障诊断　在确认灯泡易烧、蓄电池温度高和电解液消耗过快无其他原因时，应拆解发电机，更换调节器。

5. 充电电流不稳定

在发动机稳定运转时，充电指示灯时明时暗，或夜间开灯后前照灯照明度不时变化，这说明充电系统的充电电流不稳定。

（1）故障原因　充电电流不稳定的故障原因如下：

1）发电机电刷与集电环接触不良。

2）发电机电压调节器不良。

3）发电机外接线路或内部线路连接松动而接触不良。

（2）故障诊断　用一前照灯灯泡直接接在发电机电枢接线柱与搭铁之间（图 3-47），并使发电机中速稳定运转，若灯泡仍明暗闪烁，则说明发电机内部线路、电刷与集电环接触或电压调节器不良，需拆检发电机。若灯泡亮度稳定，则有可能是发电机输出线路连接松动或接触表面锈蚀，应予以检修。

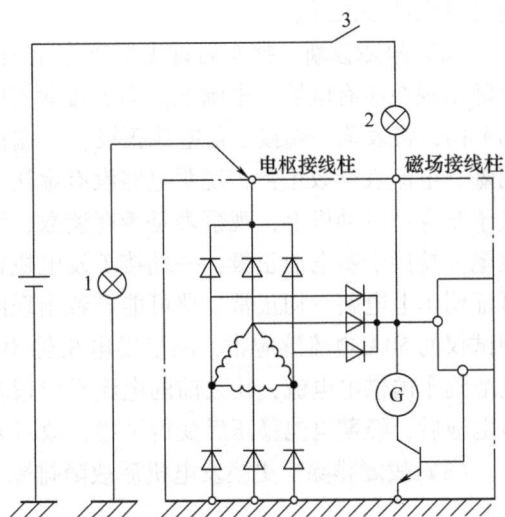

图 3-47　检查发电机发电稳定情况
1—检查用指示灯　2—发电机充电指示灯　3—点火开关

▷▷▷ 3.8　发电机故障案例分析

案例 1

（1）故障现象　一辆宝来 1.8L 乘用车，起动后熄火。可以再次起动。

（2）故障诊断　接车后，首先起动车辆，可以起动，但车辆起步或振动后又马上熄火。可再次起动（熄火过程中伴有其他电器断电现象）。

初步判断，发动机机械部分正常，点火及供油基本正常，可能是电源部分接触不良。将车拖回维修厂，此时转向灯已不能工作，点火开关转到打开位置时仪表板也没有显示。再转到起动位置，可以驱动起动机，起动机运转正常，说明蓄电池电压充足。但车辆没有起动的趋势。接着打开熔丝盒盖测量，整个熔丝盒都没有电压，测量点火开关处各个接线柱也没有电压（注：此时以驾驶室内车身作为搭铁点测量）。没有电却可以驱动起动机，用 X431 检测仪调取故障码，但无法与电控单元通信。

接下来，用万用表直接测量起动机的电压，电压正常。接着测量电风扇、发电机、节气门等处，电压也都正常。用试灯测量，其亮度正常（注：此时以发动机外壳作为搭铁点进行测量），无意中试灯的探针接触到了车身翼子板，试灯居然也亮了。又用试灯在车身的多处进行试验，试灯均亮，这说明车身带电了。而在正常情况下，车身与发动机外壳及蓄电池负极应属同一条线。而故障车的情况明显是车身与蓄电池负极不通。于是便对车身搭铁线进行排查，发现该车的车身搭铁线卡子由于长期颠簸已经断开。

（3）故障排除 将车身搭铁线卡子重新固定好，试车，一切用电设备及发动机工作正常，故障排除。

案例 2

（1）故障现象 一辆捷达 GIX 汽车，不起动时灯光一切正常，只要起动，仪表灯和室内灯灯光就会闪烁。

（2）故障诊断 接车后首先检查车上所有灯光设备，发现全部都有闪烁的现象，证明故障出现在所有电器的电源上。为了排除蓄电池到接线盒位置可能有的虚接故障，用万用表20A 档，将表笔一端接于蓄电池正极，一端接于前照灯开关电源上，打开前照灯，仪表灯仍闪烁，电流表读数正常，说明电路没有虚接。同理将表笔一端接于蓄电池负极，另一端分别接于车身与发动机上，观察表是否有读数，结果读数为 0，说明此处没有接触不良。继续将表笔一端接于蓄电池正极，一端接于发电机输出相线螺栓上看表读数，结果也非常小。到此可证明车上电路一切正常。那可能导致出现此问题的只有发电机与蓄电池了。连接 VAS5051测试仪的 50A 电流感应钳，测量发电机输出电流波形，发现电流极不稳定，进一步测量蓄电池到车内供电电流，比之前的电流平稳很多，依此可判断蓄电池没有问题，因为电流经过蓄电池后，经蓄电池稳压后变得平稳，故可判定故障出现在发电机。

（3）故障排除 更换发电机后故障排除。

练习与思考题

1. 填空题

1）汽车充电系统由_____、_____、_____及_____组成。

2）交流发电机的励磁方式有_____、_____两种。

3）硅二极管具有_____，其正反向电阻不同，可用万用表的 R×1 档检查二极管的好坏。

4）常见双级触点振动式调节器虽然结构不同，但均有两对触点，其中常闭触点为_____，常开触点为_____，电压调节分两级进行。

5）触点式电压调节器的调整间隙有_____间隙和_____间隙。

6）如果发现调压器的电压调整值与规定值不符，可通过调节器各部进行调整，调整有_____和_____两种。

2. 选择题

1）一般硅整流发电机都采用_____联结，即每相绕组的首端分别与整流器的硅二极管相接，每相绕组的尾端在一起，形成中性点（N）。

A. 星形　　　　　B. 串　　　　　C. 三角形　　　　　D. 并

2）整流器的作用是把三相同步交流发电机产生的_____电转换成_____电输出，

它一般用 6 个硅二极管接成三相桥式全波整流电路。

A. 交流　　　　B. 直流　　　　C. 低压　　　　　D. 高压

3) 14V 双级调节器，第一级调节电压为_____V，触点工作从第一级过渡到第二级时，失控区两级调节电压差值应不超过 0.5V。

A. 12 ~ 13　　　B. 13. 2 ~ 14. 2　　C. 13. 2 ~ 15. 2　　　D. 14 ~ 15

4) 当发电机低速运转，电压_____蓄电池电动势时，蓄电池向调压器磁化线圈供电，同时进行他励发电。

A. 低于　　　　B. 高于　　　　C. 等于

3. 简答题

1) 简述蓄电池不充电的故障原因。

2) 简述交流发电机的种类，并举例说明。

3) 交流发电机的输出特性是什么？它与发动机转速有何关系？

4) 简述触点式电压调节器的工作过程。

第 4 章

起 动 机

基本思路：

　　起动机是汽车每次正常运行最先工作且工作时间最短的一个系统，但它是关系汽车能否正常运行的关键因素之一。对本章的学习和研究，首先要掌握起动系统主要零部件的种类结构、工作流程和工作特征；其次，对其控制装置的分析重点在于把握电的流动路线，并始终以一个原则、三种状态、五大要素为基础进行。

▷▷▷ 4.1 概述

☞ 4.1.1 发动机起动原理

　　使发动机从静止状态过渡到自行运转状态的过程称为发动机的起动。发动机自身不能起动，必须借助外力带动曲轴旋转。起动机则是完成发动机起动的装置。

　　使发动机起动的方式有人力起动、辅助汽油机起动和电力起动三种。人力起动虽简单，但操作不便，劳动强度大，且不安全，目前在汽车上只作为备用起动方式；辅助汽油机起动主要用在大功率的柴油发动机上；电力起动操作方便，迅速可靠，具有重复起动能力，并且可以远距离控制，因而被现代汽车广泛应用。电力起动的基本结构如图4-1所示。

☞ 4.1.2 起动机构成

　　电力起动机一般由如下三部分构成：

　　1）直流电动机。其作用是将蓄电池的电能转换成机械能，即产生电磁转矩。

　　2）传动机构（啮合机构）。其作用是在发动机起动时，使起动机的驱动齿轮与发动机飞轮齿圈啮合，将起动机的转矩传给发动机曲轴。而发动机起动后，使驱动齿轮自动打滑，

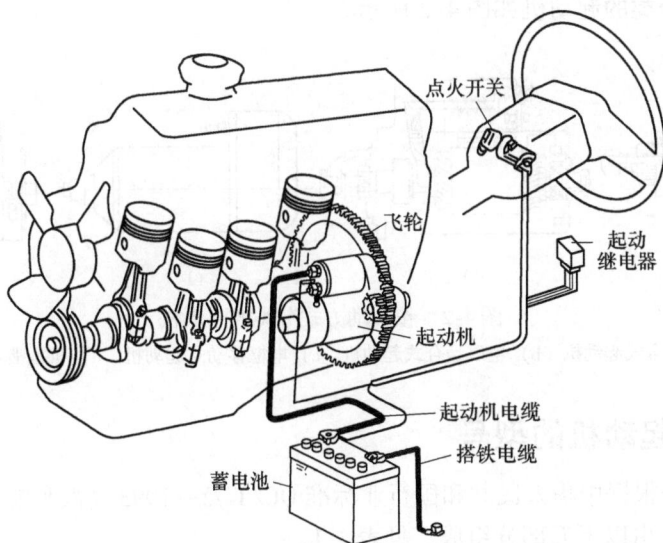

图 4-1　电力起动的基本结构

与飞轮齿圈脱离，切断动力传递，以防止电动机被发动机带动，超速旋转而损坏。

3）控制装置，即开关。其作用是控制驱动齿轮与飞轮齿圈的啮合与分离，以及控制电动机电路的接通与切断。

☞ 4.1.3　起动机的功用

直流电动机将蓄电池提供的电能，转换成机械能（旋转力矩），经传动机构的驱动齿轮将转矩传递给飞轮齿圈，带动发动机曲轴旋转，实现发动机的起动。当发动机起动后，驱动齿轮与飞轮齿圈自动打滑分离，以保证电动机不被损坏。

☞ 4.1.4　起动机的分类

1. 按控制方式分类

（1）机械控制式起动机　由驾驶人靠手拉杠杆或脚踏联动机构直接控制起动机主电路开关的接通或切断。因操作不便，现已很少使用。

（2）电磁控制式（电磁操纵式）起动机　由驾驶人控制点火起动开关，通过电磁开关接通和切断起动电路。

2. 按传动方式分类

（1）惯性啮合式起动机　驱动齿轮靠轴旋转时的惯性力啮入和退出飞轮齿圈，这种起动机工作可靠性差，现已很少使用。

（2）电磁啮合式起动机　靠人力或电磁力借助拨叉拨动驱动齿轮啮入和退出飞轮齿圈，由于其工作可靠性高，被现代汽车广泛使用。

（3）电枢移动式起动机　依靠电动机内辅助磁极电磁力的吸引，使电枢产生轴向移动，啮入和退出飞轮齿圈。电枢移动式起动机主要应用于大功率的柴油发动机上。

（4）机械啮合式起动机　靠电磁开关推动啮合杆，使驱动齿轮啮入和退出飞轮齿圈。

按传动方式分类的起动机如图4-2所示。

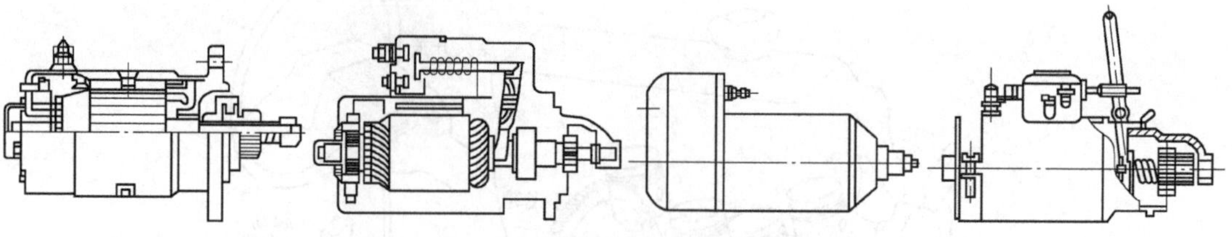

a)　　　　　　　　b)　　　　　　　　c)　　　　　　　　d)

图4-2　按传动方式分类的起动机
a）惯性啮合式起动机　b）电磁啮合式起动机　c）电枢移动式起动机　d）机械啮合式起动机

☞ 4.1.5　起动机的型号

起动机的型号根据中华人民共和国行业标准 QC/T 73—1993《汽车电气设备产品型号编制方法》的规定，由以下五部分组成，见表4-1。

表4-1　起动机的型号

1	2	3	4	5
产品代号	分类代号	分组代号	设计序号	变型代号

（1）产品代号　起动机的产品代号有 QD、QDJ、QDY 3 种，其中 QD 表示起动机，J 表示减速，Y 表示永磁。

（2）分类代号（电压等级代号）　1 表示电压等级为 12V，2 表示电压等级为 24V，6 表示电压等级为 6V。

（3）分组代号（功率等级代号）　由阿拉伯数字 1~9 表示，其含义见表4-2。

表4-2　功率等级代号

代　号	1	2	3	4	5	6	7	8	9
功率/kW	0~1	>1~2	>2~3	>3~4	>4~5	>5~6	>6~7	>7~8	>8

（4）设计序号　由 1 或 2 位阿拉伯数字表示产品设计的前后顺序。

（5）变型代号　桑塔纳 2000 系列轿车起动机为串励直流式，起动机型号为 QD1229（长沙汽车电器厂生产）和 QD1225（上海汽车电机厂生产），起动机的额定电压为 12V，额定功率为 0.95kW，制动时电流不大于 480A，最大输出转矩不小于 13N·m，最大起动电流为 110A。桑塔纳 2000 系列轿车起动机的主要技术参数见表4-3。

表4-3　桑塔纳 2000 系列轿车起动机的主要技术参数

型　号	QD1225、QD1229	最大输出转矩/N·m	≥13
额定电压/V	12	驱动齿轮齿数/个	9
额定功率/kW	0.95	压力角/(°)	12
制动电流/A	≤480	驱动齿轮模数/mm	2.1167
起动电流/A	110	质量/kg	4.7

▷▷▷ 4.2 直流电动机的工作原理与特性

☞ 4.2.1 直流电动机的工作原理

起动电动机均采用直流电动机。直流电动机是将电能转变为机械能的设备，是根据通电导体在磁场中切割磁感线产生运动这一原理为基础制成的。其工作原理如图 4-3 所示。

在磁场中放置一个线圈，线圈的两点分别与两片换向片连接，两个电刷分别与两片换向片接触，并与电源的正极或负极接通。

图 4-3a 所示电流方向：电源正极→电刷→换向片→线圈 abcd →电刷→电源负极。按照线圈中的电流方向，由左手定则可以确定线圈 ab 边受向左的作用力，cd 边受向右的作用力，整个电枢线圈受到逆时针方向的转矩作用而转动。当电枢转过半周后，换向

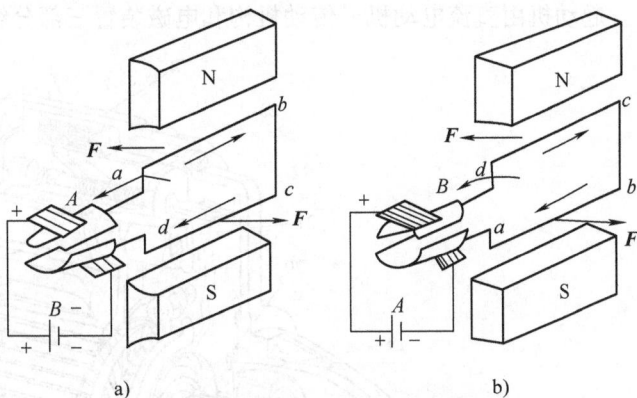

图 4-3 直流电动机的工作原理
a) 电流方向 a→d　b) 电流方向相反 d→a

片与正、负电刷接触位置正好换位，如图 4-3b 所示，电枢线圈因受转矩作用仍按逆时针方向转动。这样在电源连续对电动机供电时，其线圈就不停地按同一方向转动。

☞ 4.2.2 直流电动机的特性

直流电动机的转矩 M、转速 n 和输出功率 P 随电枢电流变化的规律称为直流电动机的特性，如图 4-4 所示。

1. 转矩特性

起动发动机的初始阶段，电枢转速为零，电枢电流达到最大值。因为转矩与电枢电流的平方成正比，所以转矩也达到最大值。该最大值转矩足以克服发动机的阻力矩，使发动机起动。

2. 转速特性

电枢电流较大时，因为转矩与电枢电流的平方成正比，所以输出转矩也较大，此时电动机转速随电流的增加而下降。电枢电流减小时，输出转矩也较小，电动机转速又随电流的减小而很快上升。

3. 功率特性

输出功率的最大值出现在电枢电流接近制动电流的一半时刻。电动机处于完全制动状

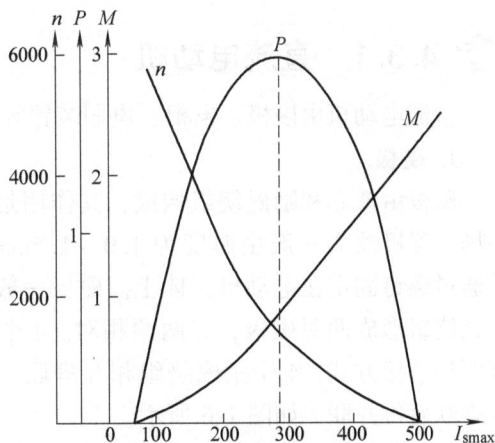

图 4-4 直流电动机的特性

态，转速和输出功率为零，转矩达到最大值。随着转矩和起动机转速的变化，处于空载状态时，电流最小，转速最大，输出功率也为零。

直流电动机输出功率 $P(\mathrm{W})$ 可由转矩 $M(\mathrm{N \cdot m})$ 和转速 $n(\mathrm{r/min})$ 表示为

$$P = Mn/9550 \tag{4-1}$$

▶▶▶ 4.3 起动机的组成与结构

起动机由直流电动机、传动机构和电磁装置三部分组成，如图4-5所示。

图4-5 起动机的结构

1、24—电磁开关 2—触点 3—蓄电池接线柱 4—动触点 5—前端盖 6—电刷弹簧 7—换向器
8—电刷 9—机壳 10—磁极 11—电枢 12—励磁绕组 13—导向环 14—止推环
15—单向离合器 16—电枢轴 17—驱动齿轮 18—传动机构 19—制动盘
20—啮合弹簧 21—拨叉 22—活动铁心 23—复位弹簧

☞ 4.3.1 直流电动机

直流电动机由磁极、电枢、电刷装置等组成。

1. 磁极

磁极由铁心和励磁绕组构成，其作用是在电动机中产生磁场。磁极铁心一般由厚度为 $1.0 \sim 1.5\mathrm{mm}$ 的低碳钢制成，并通过螺钉固定在电动机壳体上。磁极一般是4个，由4个励磁绕组形成两对磁极，并两两相对。4个磁极的励磁绕组有两种连接方式，4个励磁绕组相互串联，或每两个励磁绕组串联后再并联，如图4-6所示。

2. 电枢

电枢用来产生电磁转矩，它由铁心、电枢绕组、电枢轴

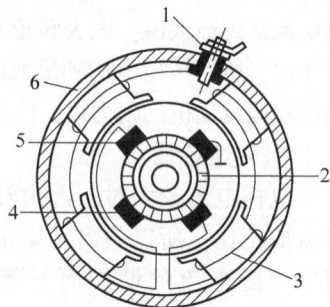

图4-6 定子总成

1—接线柱 2—换向器
3—磁极与励磁绕组
4—负电刷 5—正电刷
6—定子壳体

及换向器组成，如图 4-7 所示。电枢铁心由多片厚度为 0.5mm 互相绝缘的硅钢片叠成，其外圆带槽，用来嵌放电枢绕组。电枢绕组采用很粗的扁铜线用波绕法绕制而成。当电枢绕组通电后，电枢总成便开始转动。换向器的铜片较厚，相邻铜片之间用云母片绝缘。

波绕法：绕组一端线头接的换向器铜片与另一端线头接的换向器铜片相隔 90°或 180°（图 4-8）。采用此种绕法，当电枢转到某一位置时，因为某些绕组两端线头接到同极性电刷上，所以会造成一些绕组没有电流。又由于波绕法的绕组电阻较低，所以经常采用。

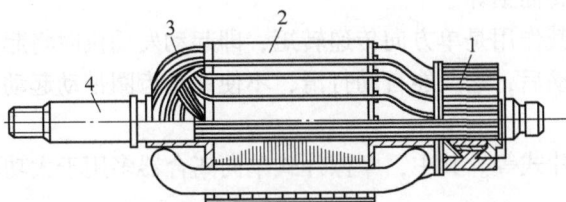

图 4-7 电枢的结构

1—换向器 2—铁心 3—电枢绕组 4—电枢轴

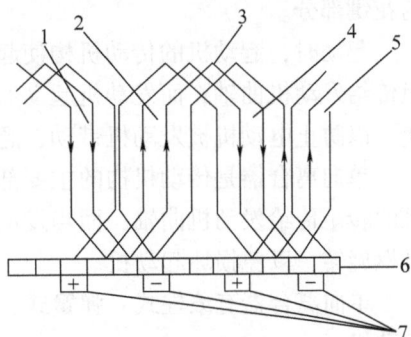

图 4-8 波绕法

1、4—N 极 2、5—S 极
3—绕组 6—换向器 7—电刷

按照电动机中的励磁绕组和电枢绕组的连接方式不同，直流电动机可以分为串励式、并励式和复励式三种。励磁绕组的连接方法如图 4-9 所示。大功率起动机多采用复励式，汽车起动机一般都采用串励式。

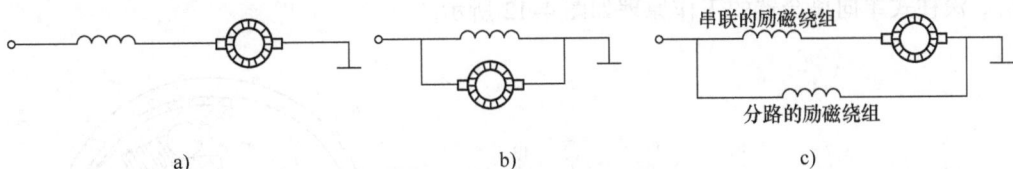

a)　　　　　　　b)　　　　　　　c)

图 4-9 励磁绕组的连接方法

a）串励式 b）并励式 c）复励式

3. 电刷

电刷与电刷架的作用是将电流引入电枢，使电枢产生连续转动。如图 4-10 所示，电刷一般用铜和石墨压制而成，呈棕红色，装在端盖上的电刷架中，借弹簧压力紧压在换向器上，有利于减小电阻及增加耐磨性。电刷一般有 4 个，与主磁极的个数相同，其中与外壳直接相连构成电路搭铁的电刷，称为搭铁电刷；与励磁绕组和电枢绕组相连，与外壳绝缘的电刷，称为绝缘电刷。

图 4-10 电刷及电刷架

4. 换向器

换向器的作用是保证电枢输出的转矩方向不变。换向器由许多换向片组成，换向片的内侧制成燕尾形，嵌装在轴套上，其外圆车成圆形。换向片与换向片之间均用云母绝缘。

👉 4.3.2 起动机传动机构

起动机的传动机构由驱动齿轮、单向离合器、拨叉、啮合弹簧等组成，安装在起动机轴的花键部分。

起动时，起动机的传动机构使起动机的驱动齿轮与发动机飞轮齿圈啮合，将起动机的转矩传给发动机曲轴；而发动机起动后，使驱动齿轮自动打滑，与飞轮齿圈脱离，切断动力传递，以防止电动机被发动机带动，超速旋转而损坏。

单向离合器是传动机构的主要部件，其作用是单方向传递转矩，即起动发动机时将起动机的转矩传给发动机曲轴，而当发动机起动后，它又能自动打滑，不使飞轮齿圈带动起动机电枢旋转，以免损坏起动机。

单向离合器有滚柱式、弹簧式、摩擦片式等。其中，摩擦片式单向离合器多用于大功率起动机。

1. 滚柱式单向离合器

滚柱式单向离合器的结构如图4-11所示。

发动机起动时，控制装置迫使拨叉将离合器总成沿电枢轴花键推出，驱动齿轮与发动机飞轮齿圈啮合，同时起动机通电，转矩由电枢轴传递到离合器。在摩擦力的作用下离合弹簧扭缩，直径缩小，抱紧两个套筒外圆表面，使其成一刚体滚柱，弹簧压迫滚柱滚向楔形滚道的窄端。这样，驱动齿轮和离合器锁定在一起，起动机转矩传递到发动机飞轮齿圈而起动发动机。滚柱式单向离合器的工作原理如图4-12所示。

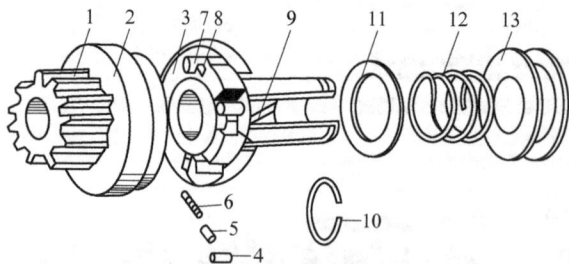

图4-11 滚柱式单向离合器的结构

1—起动齿轮 2—外座圈 3—十字头（内座圈）
4—滚柱 5—柱塞 6、12—弹簧 7—楔形槽
8—飞轮齿圈 9—内有螺旋槽的花键套筒
10—卡簧 11—挡圈 13—滑套（拨叉用）

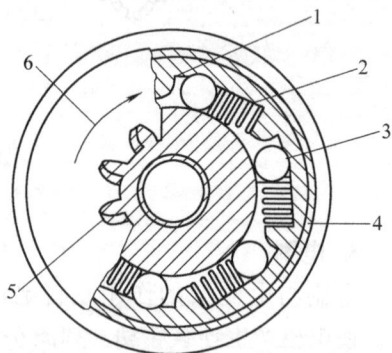

图4-12 滚柱式单向离合器的工作原理

1—逐渐收缩的豁口 2—滚柱
弹簧 3—滚柱 4—离合器
外环 5—驱动齿轮
6—电枢轴旋转方向

当发动机起动并以自身动力运转时，发动机飞轮齿圈将会带动驱动齿轮以高于电枢轴的速度旋转。在摩擦力的作用下，滚柱滚向楔形滚道的宽端，从而释放驱动齿轮，使驱动齿轮无法转动

电枢轴。这样转矩就不能从驱动齿轮传到电枢轴，从而避免了电枢超速飞散的危险。

2. 弹簧式单向离合器

弹簧式单向离合器是通过扭力弹簧的径向收缩和放松来实现离合的，其结构如图 4-13 所示。离合器的齿轮与花键套筒间采用浮动的圆弧键相连接。齿轮后端传力圆柱表面和花键套筒外圆柱面上包有扭力

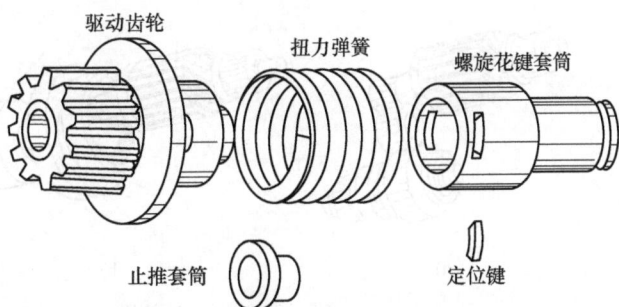

图 4-13　弹簧式单向离合器的结构

弹簧。扭力弹簧两端各有 1/4 圈内径较小，并分别箍紧在齿轮柄和套筒上，扭力弹簧外装有护套。

3. 摩擦片式单向离合器

摩擦片式单向离合器是通过主、从动摩擦片的压紧和放松来实现离合的，其结构如图 4-14 所示。离合器的花键套筒通过 4 条内螺纹与电枢花键轴相连接，花键套筒又通过 3 条外螺纹与内接合鼓连接。主动摩擦片装在内接合鼓的切槽中，组成了离合器主动部分。外接合鼓和驱动齿轮是一个整体，带凹坑的从动摩擦片装在外接合鼓的切槽中，形成了离合器的从动部分。主、从动摩擦片相错安装，并通过特殊螺母、弹性圈和压环进行限位，在压环和摩擦片间装有调整垫片。

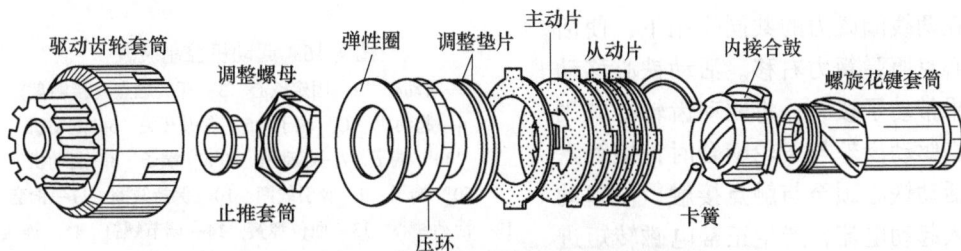

图 4-14　摩擦片式单向离合器的结构

在输出功率一定的情况下，设计转速越高，电动机体积就可以设计得越小。减速型起动机将转速高达 20000r/min 的小型高速电动机通过齿轮组减速增矩后传给飞轮。减速型起动机具有下列优点：

1）在输出功率相同的条件下，质量比普通起动机减少 20%～40%，体积约减少一半。

2）体积小便于安装，且电枢轴不易变形。

3）提高了起动转矩，有利于低温起动。

常见的起动机减速机构有外啮合式、内啮合式和行星齿轮式三种，其结构如图 4-15 所示。

☞ 4.3.3　起动机电磁操纵控制机构

电磁操作控制机构用来接通和断开电动机与蓄电池之间的电路，同时还能接入或切断点火线圈的附加电阻，结构如图 4-16 所示。电磁开关上有两个线圈，即吸引线圈和保持线圈，

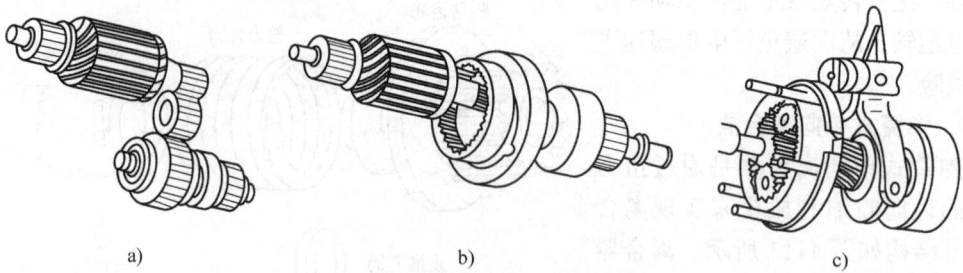

图 4-15 起动机减速机构的结构种类

a）外啮合式　b）内啮合式　c）行星齿轮式

两线圈的公共端接起动开关或起动机接线柱，吸引线圈的另一端接起动机开关主接线柱，保持线圈的另一端搭铁。活动铁心与拨叉通过调节螺钉相连，固定铁心的中心装有活动杆，其上套有接触盘。活动铁心、推杆及接触盘上均有回位弹簧。

电磁开关的组成与原理如图 4-17 所示。

接通起动开关后，电磁开关线圈得电，在两线圈磁力的共同作用下，使活动铁心克服弹簧力右移。活动铁心移动的结果带动了拨叉，将驱动齿轮推向飞轮，当驱动齿轮与飞轮啮合时，接触盘也被活动铁心顶至与触点接触，使起动机通入起动电流，产生正常电磁转矩进而带动发动机转动。接触盘接通触点

图 4-16 起动机控制装置

1—活动杆　2—固定铁心　3—开关触点（接触盘）　4—起动机"C"端子　5—点火开关　6—起动机"30"端子　7—起动机"50a"端子　8—起动机"50"端子　9—吸引线圈　10—保持线圈　11—铜套　12—活动铁心　13—回位弹簧　14—调节螺钉　15—连接销　16—拨叉　17—单向离合器　18—驱动齿轮　19—止推垫圈

时，吸引线圈被短路，活动铁心靠保持线圈的磁力保持其吸合的位置。

发动机起动后，断开起动开关，此时电磁开关线圈的电流依次流经蓄电池正极→接线柱→接触盘→接线柱→吸引线圈→保持线圈→搭铁→蓄电池负极。由于吸引线圈产生了与保持线圈相反方向的磁通，两线圈磁力互相抵消，活动铁心在弹簧力的作用下回位，使驱动齿轮退出，接触盘也回位，切断了起动机电路，起动机停止工作。

为了改善啮合特性，电磁操纵式起动机均采用螺旋花键轴与单向离合器配合的形式。螺旋花键的螺旋方向与电枢传递转矩方向相同，这样，当要把电枢齿轮拉回原位时，所需外力要比直花键大得多。因此当发动机起动不了时，即使电磁开关完全断电，拨叉扭簧的弹力也不能克服齿间摩擦力，将驱动齿轮与飞轮齿圈脱开啮合。这种情况下，是驱动齿轮摩擦力使铁心挤压主开关接触盘使其与两触点保持接通状态。这种起动机企图带动发动机，但因带不动造成脱不开啮合、断不了电的现象称为"发咬"。为了避免"发咬"现象产生，电磁操纵式起动机均设计有铁心断电行程机构，如图 4-18 所示。

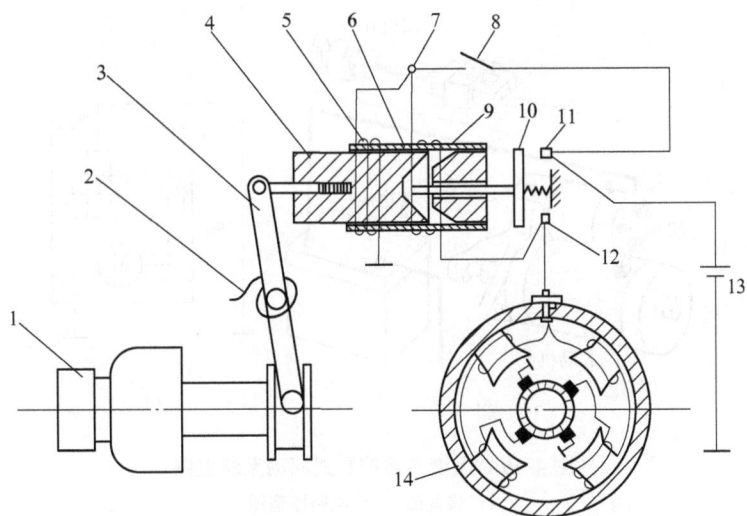

图 4-17 电磁开关的组成与原理

1—驱动齿轮 2—回位弹簧 3—拨叉 4—活动铁心 5—保持线圈 6—吸引线圈 7—电磁开关接线柱
8—起动开关 9—铁心套筒 10—接触盘 11、12—接线柱 13—蓄电池 14—电动机

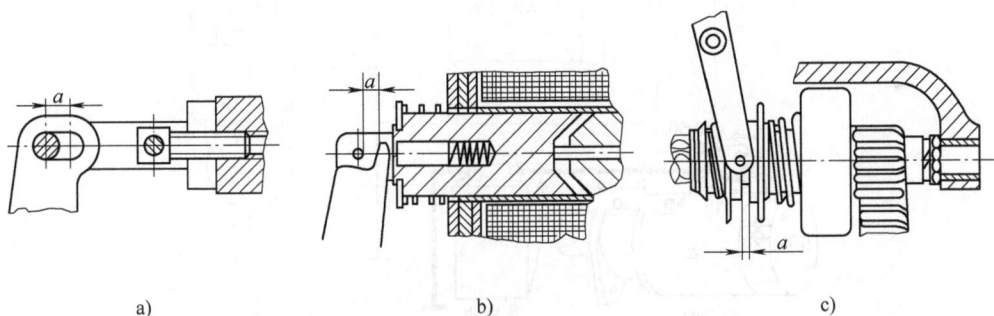

图 4-18 电磁操纵式起动机的铁心断电行程机构

a) 窗式 b) 钩式 c) 叉套式

1. 无继电器控制式起动系统电路

在装用较小功率起动机的微型车、轿车上，常用点火开关起动档（ST）直接控制起动机电磁开关，如图 4-19 所示。

2. 单继电器控制式起动系统电路

当装用较大功率起动机时，为减小通过点火开关的电流强度，避免点火开关烧蚀，常用起动继电器触点控制起动机电磁开关的大电流，而用点火开关起动档控制继电器线圈的小电流。起动继电器的作用就是以小电流控制大电流，保护点火开关，减少起动机电磁开关线路压降。单继电器控制式起动系统电路如图 4-20 所示。

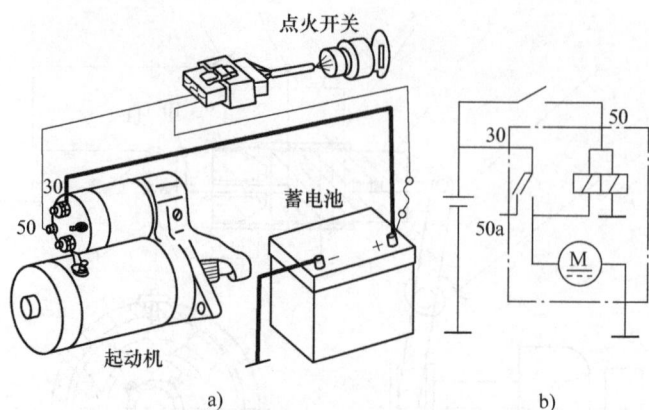

图 4-19 无继电器控制式起动系统电路

a）接线图 b）电路原理图

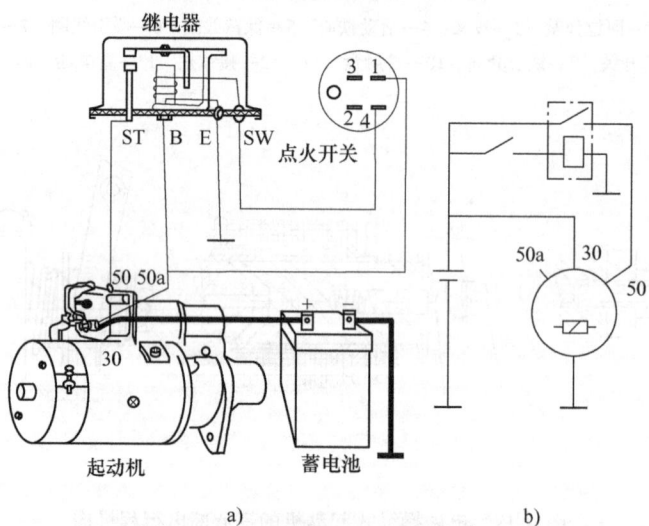

图 4-20 单继电器控制式起动系统电路

a）接线图 b）电路原理图

3. 带安全驱动保护继电器式起动系统电路

为确保发动机发动后，使起动机自动停转，从而保证发动机发动后不可能接通起动机电路，解放 CA1092 及东风 EQ1092 型汽车采用了安全驱动保护复合继电器电路。JD136、JD171 继电器实物的连线如图 4-21 所示。

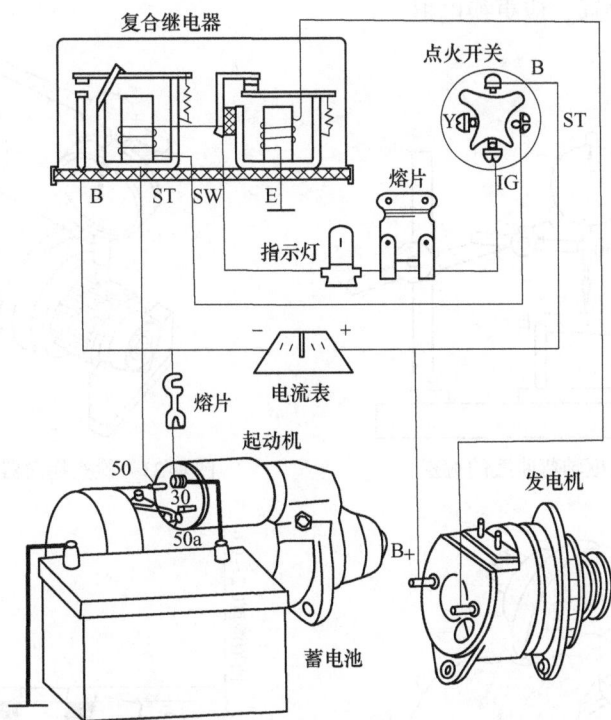

图 4-21　带安全驱动保护继电器式起动系统电路

▶▶▶ 4.4　起动机检修、试验及维护

☞ 4.4.1　起动机的检修

1. 电枢轴的检修

用千分表检查起动机电枢轴是否弯曲，如图 4-22 所示。若摆差超过 0.1mm，应进行校正。若电枢轴上的花键齿槽严重磨损或损坏，应进行修复或更换。

电枢轴轴颈与衬套的配合间隙，不得超过 0.15mm。间隙过大，应更换新套，进行铰配。

2. 换向器的检查

检查换向器有无脏污和表面烧蚀，若出现此情况，用 400 号砂纸或在车床上修整。

检查换向器的径向圆跳动量，如图 4-23 所示。将换向器放在 V 形铁上，用百分表测量圆周上径向圆跳动量，最大允许径向圆跳动量为 0.05mm。若径向圆跳动量大于规定值，应在车床上校正。

用游标卡尺测量换向器的直径，如图 4-24 所示。其标准值为 30.0mm，最小直径为29.0mm。若直径小于最小值，应更换电枢。

检查底部凹槽深度。凹槽内应清洁无异物，边缘光滑。测量凹槽深度如图 4-25 所示，标准凹槽深度为 0.6mm，最小凹槽深度为 0.2mm。若凹槽深度小于最小值，应用手锯条修正。

3. 电枢绕组的检修

检查换向器是否断路，如图 4-26 所示。用电阻表检查换向器片之间的导通性，应导通。

若换向器片之间不导通，应更换电枢。

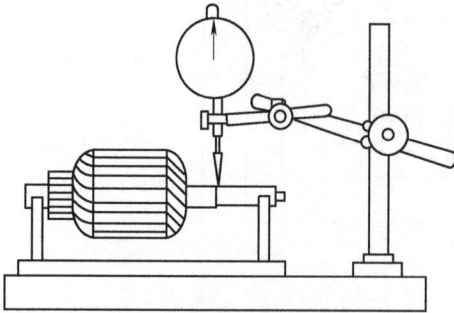

图4-22　电枢轴弯曲度的检查

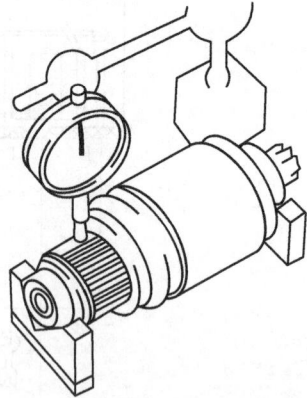

图4-23　检查换向器的径向圆跳动量

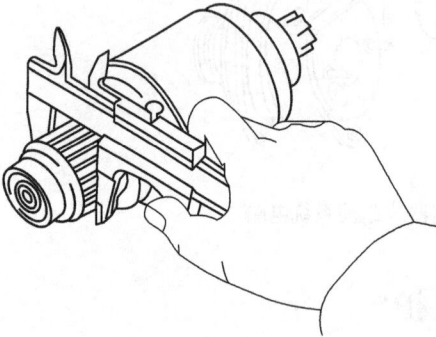

图4-24　检查换向器的直径

凹槽深度0.2～0.6

图4-25　检查换向器底部凹槽深度

检查换向器是否搭铁，如图4-27所示。用电阻表检查换向器与电枢绕组铁心之间的导通性，应不导通。若导通，应更换电枢。

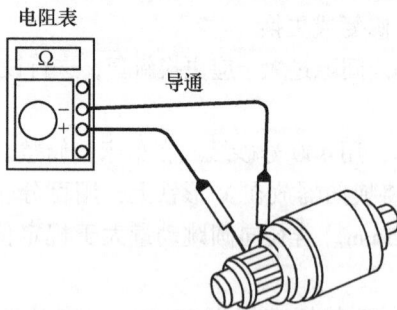

图4-26　检查换向器是否断路

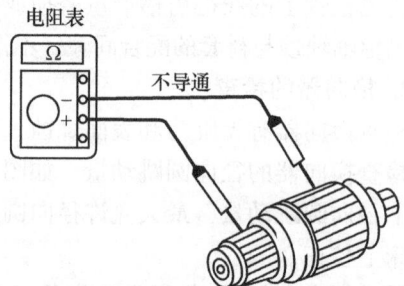

图4-27　检查换向器是否搭铁

4. 励磁绕组的检查

检查励磁绕组是否断路，如图4-28所示。用电阻表检查引线和励磁绕组电刷引线之间的导通性，应导通，否则更换磁极框架。

检查励磁绕组是否搭铁，如图 4-29 所示。用电阻表检查励磁绕组末端与磁极框架之间的导通性，应不导通。若导通，则应修理或更换磁极框架。

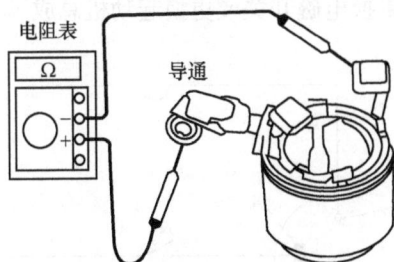

图 4-28　检查励磁绕组是否断路　　　　图 4-29　检查励磁绕组是否搭铁

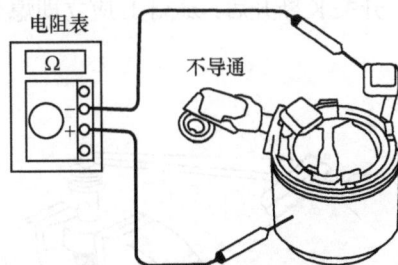

5. 电刷弹簧的检修

检修电刷弹簧，如图 4-30 所示，读取电刷弹簧从电刷分离瞬间的拉力计读数。标准弹簧安装载荷为 17 ~ 23N，最小安装载荷为 12N。若安装载荷小于规定值，应更换电刷弹簧。

6. 电刷及电刷架的检修

用电阻表检查电刷架正极（＋）与负极（－）之间的导通性，应不导通，如图 4-31 所示。若导通，则应修理或更换电刷架。为了减小电火花，电刷与换向器之间的接触面积应在 75% 以上，否则应进行磨修。电刷的高度，不应低于新电刷高度的 2/3，电刷在电刷架内应活动自如，无卡滞现象。

7. 离合器和驱动齿轮的检修

检查离合器和驱动齿轮是否严重损伤或磨损，如有损坏，应进行更换。

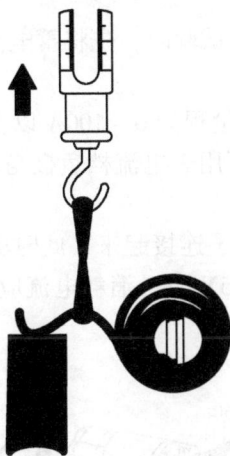

图 4-30　检查电刷弹簧载荷　　　　图 4-31　检查电刷架绝缘情况

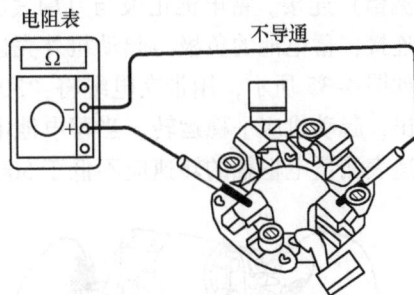

检查起动机离合器是否打滑或卡滞，如图 4-32 所示。将离合器驱动齿轮夹在台虎钳上，在花键套筒中套入花键轴，将扳手接在花键轴上，测得力矩应大于规定值 26N·m，否则说明离合器打滑。反向转动离合器应不卡滞，否则应修理或更换离合器总成。

8. 电磁开关的检修

检查电磁开关内部线圈断路、短路或搭铁故障，可用万用表测量线圈电阻后与标准值进行比较判断。

按照图 4-33 所示连接好线路，接通开关 K 后应能听到活动铁心动作的声音，同时试灯 L 应亮；开关 K 断开后，试灯 L 应立即熄灭。否则，应更换电磁开关或更换起动机总成。

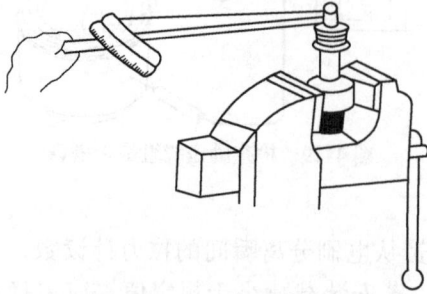

图 4-32　检查起动机离合器工作是否正常

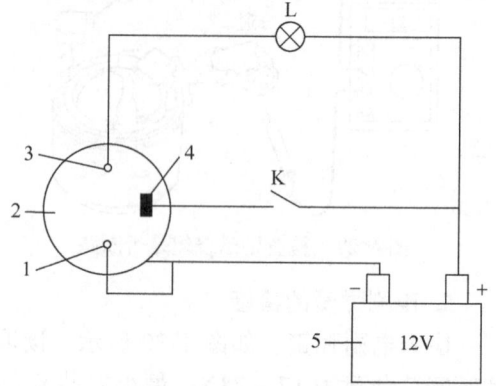

图 4-33　电磁开关的检修

1—磁场线圈接线柱　2—起动机开关
3—蓄电池接线柱　4—点火开关接线柱　5—蓄电池

9. 轴与轴承配合的检修

轴与轴承的配合间隙是否合适，直接关系到起动机的输出特性，是检修工作最重要的环节。

4.4.2　起动机的试验

1. 空载性能试验

修复后的起动机应对电磁开关和电动机进行性能试验。试验时，先将蓄电池充足电，每项试验应在 3~5s 内完成，以防线圈被烧坏。

如图 4-34 所示，将起动机与蓄电池和万用表电流档（量程为 0~100A 以上的直流万用表电流档）连接。蓄电池正极与万用表电流档正极连接，万用表电流档负极与起动机"30"端子连接，蓄电池的负极与起动机外壳连接。

如图 4-35 所示，用带夹电缆将"30"端子与"50"端子连接起来，此时驱动齿轮应向外伸出，起动机应平稳运转。当蓄电池电压等于或大于 11.5V 时，消耗电流应不超过 50A，用转速表测量电枢轴的转速应不低于 5000r/min。

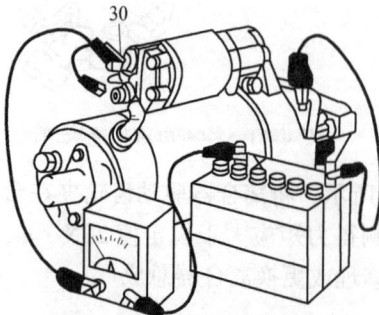

图 4-34　起动机的空载试验

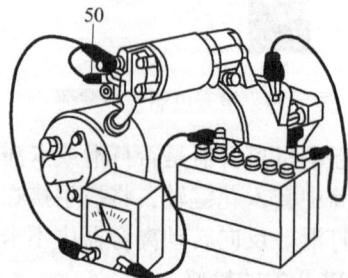

图 4-35　接通"50"端子进行试验

若电流大于 50A 或转速低于 5000r/min，说明起动机装配过紧或电枢绕组和励磁绕组有短路或搭铁故障；若电流和转速都低于标准值，说明电动机电路接触不良，可能是电刷与换向器接触不良或电刷弹簧弹力不足等。

2. 电磁开关试验

（1）**吸拉动作试验**　将起动机固定到台虎钳上，拆下起动机端子"C"上的励磁绕组电缆引线端子，用带夹电缆将起动机"C"端子和电磁开关壳体与蓄电池负极连接，如图 4-36 所示。用带夹电缆将起动机"50"端子与蓄电池正极连接，此时驱动齿轮应向外移动。若驱动齿轮不动，说明电磁开关有故障，应予修理或更换。

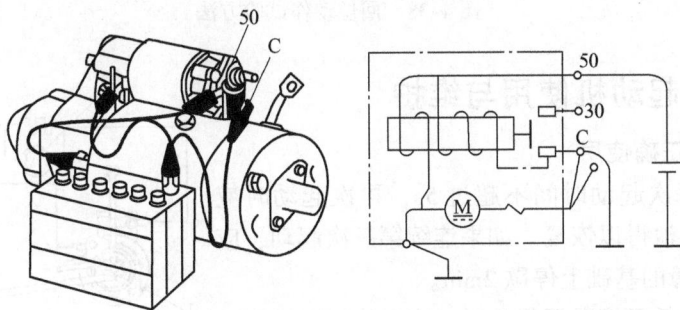

图 4-36　吸拉动作试验方法

（2）**保持动作试验**　在吸拉动作的基础上，当驱动齿轮保持在伸出位置时，拆下电磁开关"C"端子上的电缆夹，如图 4-37 所示，此时驱动齿轮应保持在伸出位置不动。若驱动齿轮回位，说明保持线圈断路，应予修理。

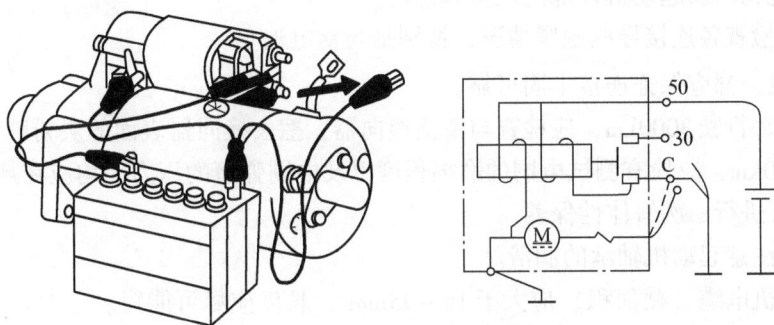

图 4-37　保持动作试验方法

（3）**回位动作试验**　在保持动作的基础上，再拆下起动机壳体上的电缆夹，如图 4-38 所示，此时驱动齿轮应迅速回位。若驱动齿轮不能回位，说明回位弹簧失效，应更换弹簧或电磁开关总成。

3. 全制动试验

如图 4-39 所示，将起动机放在测矩台上，用弹簧秤 5 测出其发出的转矩。当制动电流小于 480A 时，输出最大转矩应不小于 13N·m。

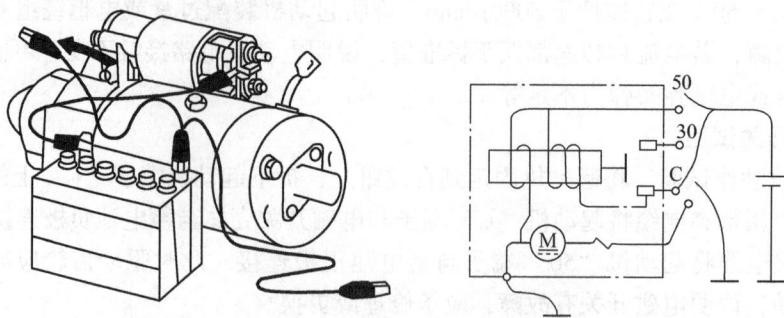

图 4-38　回位动作试验方法

4.4.3　起动机使用与维护

1. 起动机的正确使用

1）起动机每次起动时间不超过 5s，再次起动时应停止 15s，使蓄电池得以恢复。如果连续第三次起动，应在检查与排除故障的基础上停歇 2min。

2）在冬季或低温情况下起动时，应采取保温措施。

3）发动机起动后，应立即松开起动开关，切断起动机控制电路，使起动机停止工作，以避免不必要的空转，减少单向离合器的磨损。

2. 起动机的维护

1）起动机外部应经常保持清洁，应经常清除导线、接线柱的氧化物以及起动机外部的灰尘和油污。

2）经常检查各连接导线松紧情况，特别是与蓄电池相连接的导线，都应保证连接牢固可靠。

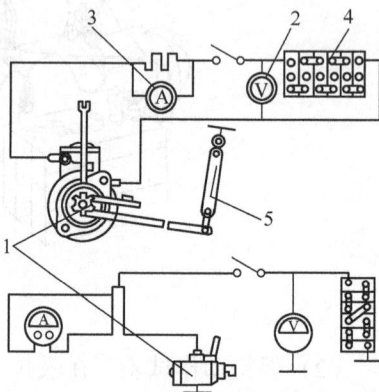

图 4-39　起动机的全制动试验
1—起动机　2—电压表　3—万用表电流档
4—蓄电池　5—弹簧秤

3）汽车每行驶 3000km，应检查与清洁换向器，擦去换向器表面的炭粉脏污。汽车每行驶 5000～6000km，应检查测试电刷的磨损程度以及电刷弹簧的压力，均应在规定范围之内。每年对起动机进行一次解体性保养。

4）经常注意起动机轴承的润滑。

5）起动机电缆（截面积）应大于 16～95mm^2，长度应尽可能短。

6）起动机电枢轴线与飞轮轴线必须保持平行，同时小齿轮端面与发动机飞轮齿圈端面之间的距离应保持为 2.5～5mm，否则应加以调整。另外联接螺栓不得松动。

▷▷▷ 4.5　起动系统故障诊断及检测

4.5.1　典型起动机控制电路分析

典型起动机控制电路如图 4-40 所示。

起动开关未接通时，起动继电器触点张开，电动机开关断开，离合器驱动齿轮与飞轮处

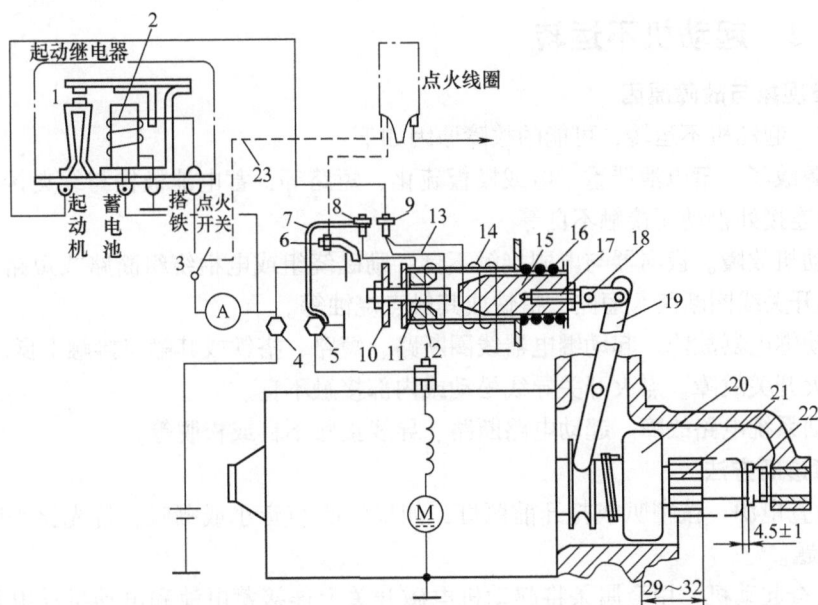

图 4-40　典型起动机控制电路

1—起动继电器触点　2—起动继电器线圈　3—点火开关　4、5—主接线柱　6—辅助接线柱　7—导电片
8—吸引线圈接线柱　9—电磁开关接线柱　10—接触盘　11—活动杆　12—固定铁心　13—吸引线圈
14—保持线圈　15—活动铁心　16—回位弹簧　17—调节螺钉　18—连接销　19—拨叉
20—单向离合器　21—驱动齿轮　22—止推螺母　23—点火线圈附加电阻

于分离状态。

　　起动继电器线圈电路接通时，其电路如下：蓄电池正极→点火开关→起动继电器"点火开关"接线柱→线圈搭铁→蓄电池负极。

　　起动继电器电磁线圈电路接通，继电器触点闭合，同时接通吸引线圈和保持线圈电路。两线圈产生同方向的磁场，磁化铁心，吸引铁心前移，铁心前端带动接触盘接通两个开关（起动机开关和附加电阻短路开关），后端通过连接销带动拨叉移动使驱动齿轮与飞轮啮合。

　　吸引线圈电路：蓄电池正极→电动机开关接线柱→起动继电器"蓄电池"接线柱、支架、触点、"起动机"接线柱→电磁开关接线柱 9→吸引线圈→电动机开关接线柱→电动机励磁绕组→电枢绕组→搭铁→蓄电池负极。

　　保持线圈电路：蓄电池正极→电动机开关接线柱→起动继电器"蓄电池"接线柱、支架、触点、"起动机"接线柱→电磁开关接线柱 9→保持线圈→搭铁→蓄电池负极。

　　电动机电路接通：接触盘将电动机主接线柱 4、5 连通后，电动机电路接通。此电路电阻极小，电流可达几百安，电动机产生较大转矩，带动飞轮转动。电动机开关接通后，吸引线圈和附加电阻短路，其电路如下：蓄电池正极→电动机开关主接线柱 4、5→导电片 7→励磁绕组→电枢绕组→搭铁→蓄电池负极。

　　起动开关断开：起动继电器停止工作，触点张开，电动机开关断开，驱动齿轮和飞轮分离。

🖝 4.5.2 起动机不运转

1. 故障现象与故障原因

起动时，起动机不运转，可能的故障原因如下：

1）电源故障。蓄电池严重亏电或极板硫化、短路等；蓄电池极柱与线夹接触不良；起动电路导线连接处松动而接触不良等。

2）起动机故障。换向器与电刷接触不良；励磁绕组或电枢绕组断路或短路；绝缘电刷搭铁；电磁开关线圈断路、短路、搭铁或其触点烧蚀等。

3）起动继电器故障。起动继电器线圈断路、短路、搭铁或其触点接触不良。

4）点火开关故障。点火开关导线松动或内部接触不良。

5）起动系统电路故障。起动电路断路、导线接触不良或松脱等。

2. 故障诊断方法

（1）检查电源　按喇叭或打开前照灯，如果喇叭声音小或嘶哑，灯光比平时暗淡，说明电源有问题。

（2）检查起动机　用金属条将起动机电磁开关上连接蓄电池和电动机导电片的接线柱短接。若起动机不运转，说明是电动机内部有故障，应拆检起动机；若起动机运转，则说明电动机无故障。

（3）检查电磁开关　用导线将电磁开关上连接起动继电器的接线柱与连接蓄电池的接线柱短接。若起动机不转，说明起动机电磁开关有故障，应拆检电磁开关；若起动机运转，则说明电磁开关无故障。

（4）检查起动继电器　用螺钉旋具将起动继电器上的"蓄电池"和"起动机"两接线柱短接，若起动机运转，说明起动继电器内部有故障，否则应再做下一步检查。

（5）检查点火开关及线路　将起动继电器的"蓄电池"与点火开关用导线直接相连，若起动机能正常运转，说明故障在起动继电器至点火开关的线路中，可对其进行检修。

🖝 4.5.3 起动机起动无力

1. 故障现象与故障原因

起动时，起动机转速明显偏低甚至停转，可能的故障如下：

1）电源故障。蓄电池亏电或极板硫化短路，起动电源导线连接处接触不良等。

2）起动机故障。换向器与电刷接触不良；电磁开关接触盘和触点接触不良；电动机励磁绕组或电枢绕组有局部短路等。

2. 故障诊断方法

若出现起动机起动无力，首先应检查起动机电源；如果起动电源无问题，则应拆检起动机。首先检查电磁开关接触盘、换向器与电刷的接触情况，其次检查励磁绕组和电枢绕组。

🖝 4.5.4 起动机的拆装与调整

1. 起动机的分解

1）如图4-41所示，用扳手旋下电磁开关接线柱"30"及"50"的螺母，取下导线。

2）如图4-42所示，旋下起动机贯穿螺钉和衬套螺钉，取下衬套座和端盖，取出垫片组件和衬套。

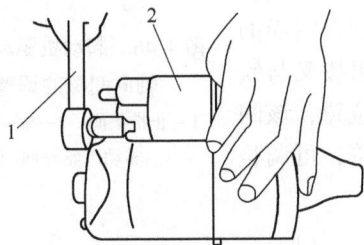

图4-41 起动机导线的拆卸
1—扳手 2—电磁开关

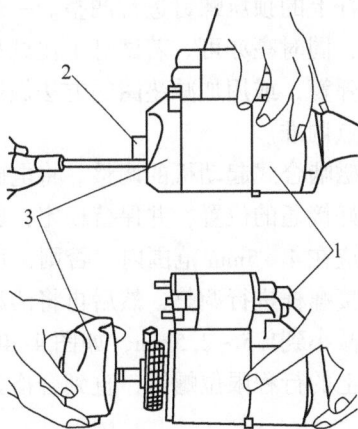

图4-42 起动机衬套及端盖的拆卸
1—起动机 2—衬套座 3—端盖

3）如图4-43所示，用尖嘴钳将电刷弹簧抬起，拆下电刷架及电刷。

4）如图4-44所示，在取下励磁绕组后，用扳手旋下螺栓，从驱动端盖上取下电磁开关总成。

5）如图4-45所示，在取出转子后，从端盖上取下传动叉，然后取出驱动齿轮与单向离合器，再取出驱动齿轮端衬套。

图4-43 起动机电刷的拆卸
1—尖嘴钳 2—电刷弹簧

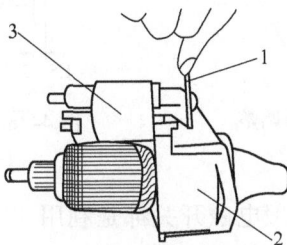

图4-44 起动机电磁
开关的拆卸
1—扳手 2—驱动端盖
3—电磁开关

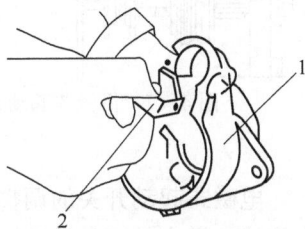

图4-45 起动机传动叉的拆卸
1—端盖 2—传动叉

2. 起动机的组装

起动机的组装可按起动机分解的相反顺序进行，但应注意如下事项：

1）安装时，衬套中应涂抹润滑脂。

2）如图4-46所示，用止推垫圈调整驱动齿轮的轴向间隙（推到极限位置），标准值为0.3~1.5mm。若间隙过大，可将后端盖上的齿轮行程限位螺钉做逆时针旋动；若间隙太小，则做顺时针旋动，直到调整合格为止。调整以后，用螺钉旋具顶住螺钉，拧紧锁止螺母，复测不变时为合格。

3）起动开关接通时刻的调整。机械式起动开关的调整如图4-47所示，慢慢压动拨叉同时观察试灯，当试灯 1 和 2 先后亮时，稳住拨叉不动，测量驱动齿轮与止推垫圈之间的气隙，应在 4～5mm 范围内。否则，可拧动拨叉杆上的顶压螺钉进行调整。一般要求试灯 1 比试灯 2 稍微早亮些，同时亮亦可。若试灯 1 比试灯 2 后亮，则应检查调整接触盘的弹簧，或用加减垫圈的方法做适当调整，也可以稍微弯曲辅助触点调准。

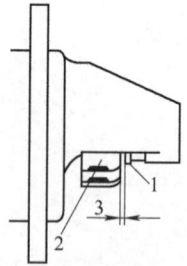

图 4-46　起动机驱动齿轮
轴向间隙的调整

1—止推垫圈　2—驱动齿轮
3—驱动齿轮轴向间隙

　　电磁啮合式起动机的调整。将电磁开关的活动铁心推至使接触盘刚好接通的位置，并保持稳定，驱动齿轮与止推螺母端面的气隙值应在 4～5mm 范围内。否则，可适当拧入或旋出拨叉与铁心的连接螺杆进行调整，然后再将活动铁心顶至极限位置，该间隙值应减小到 1.5～2.5mm，如图 4-48 所示。如果不符，可调整后端盖上的行程限位螺钉，直到合格为止。

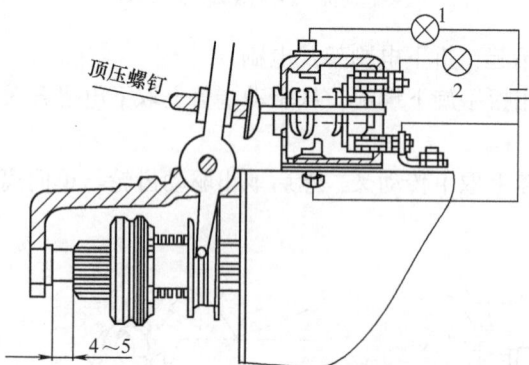

图 4-47　机械式起动开关的调整

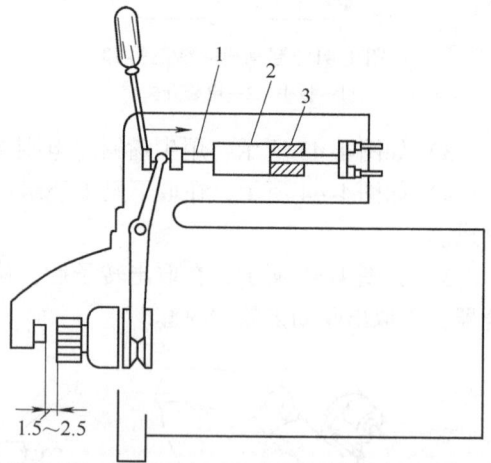

图 4-48　驱动齿轮与止推螺母端面的气隙调整

1—连接螺杆　2—活动铁心　3—挡铁

　　电磁式起动开关的调整。一般电磁开关都是利用主接线柱触头前面的辅助接触片短接点火线圈附加电阻，因此调整接通时刻只需将辅助接触片适当地弯曲或调直即可。

　　4）起动继电器的调整。起动继电器在汽车出厂时已调准，并对闭合电压值和断开电压值均做出了相应的规定。如果电压值发生变化，应做必要的调整。其方法如下：按图 4-49 所示接好调试线路，先将可变电阻调到最大值，然后逐渐减小电阻，继电器触点刚闭合时的电压表读数即为闭合电压值。此值应符合原制造厂规定。

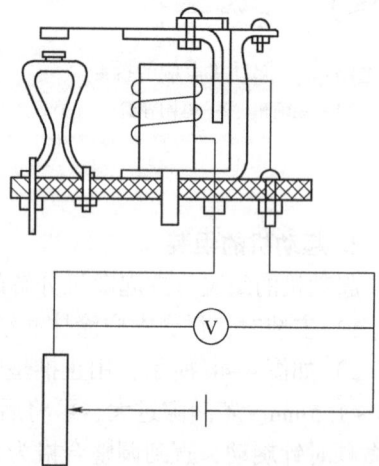

图 4-49　起动继电器的调整

▶▶▶ 4.6 起动机故障案例分析

案例1

（1）**故障现象** 一辆桑塔纳轿车装有 QD1225 型起动机，当点火开关转到起动档时，能听到"嗒嗒嗒"的声音，但起动机运转无力，发动机很难起动。

（2）**故障诊断** 用万用表测试，蓄电池技术状况良好，且其电源正极线、搭铁线及发动机与车架间的搭铁线均无松动、氧化腐蚀、绝缘不良等情况。最后测试起动机电压降，万用表读数达 7.8V，初步判断是起动机内部有问题。将起动机分解检查，磁场绕组接触牢固，电磁开关工作可靠，轴承松紧度合适，电枢轴无弯曲，电刷弹簧压力正常，电刷与换向器接触面积符合要求，基本排除了机械阻力的可能。针对起动机工作不久温度即过高的情况，进一步测试发现，电枢绕组与换向器接触点电阻较大。经仔细观察，该点采用的是挤压方式连接，因其接点挤压不紧，致使电枢绕组与换向器接触不良。

（3）**故障排除** 用75W的电烙铁，采用锡焊将接点焊牢，清除接点之间多余的焊锡后装复试验，起动机转动有力，发动机能顺利起动。

案例2

（1）**故障现象** 2006 款奥迪 A6L 3.0 轿车配备 BBJ 发动机、01J 无级变速器，行驶里程 2000km，起动时没有反应，起动机不运转，蓄电池电量充足。

（2）**故障诊断** 根据奥迪车型起动控制原理可知，起动机是由发动机控制单元控制的，该款车上设计有两个继电器串联控制。连接 V. A. S5052 诊断仪进入 01，读取故障码是 19502——继电器卡住或回路故障。清除故障码后，起动成功。为了确保故障已排除，驾驶此车进行路试，并且不断进行起动试验。突然间，故障再现了。连接 V. A. S5052 诊断仪进入 01，读取故障码还是 19502。拆下转向柱下的两个起动继电器检查，没有发现异常，无奈之下，将两个继电器换新后进行试车，故障不再出现。

（3）**故障排除** 更换两个起动继电器，故障排除。

练习与思考题

1. 填空题

1）直流电动机按励磁方式可分为_____和_____两大类。

2）起动机起动时间不超过_____s，若第一次不能起动，应停歇_____s再进行第二次起动。

3）起动机一般由_____、_____、_____三大部分组成。

4）常见的起动机单向离合器主要有_____、_____、_____三种。

5）起动机操纵机构又称"控制机构"，其作用是_____。

6）起动机在装复时应检查调整的项目有_____间隙、_____与_____间隙。

2. 选择题

1）汽车发动机常用的起动方式有_____起动和_____起动两种。

A. 人力　　　　B. 电力　　　　C. 风力　　　　D. 机械

2）为了减小电火花，电刷与换向器之间的接触面积应在_____以上，否则应进行磨修。

  A. 50%   B. 65%   C. 75%   D. 80%

3）电刷的高度，不应低于新电刷高度的_____，电刷在电刷架内应活动自如，无卡滞现象。

  A. 1/2   B. 3/4   C. 2/3   D. 4/5

4）当起动时，踩下离合器踏板，将变速器挂入_____或_____。

  A. 空档   B. 一档   C. 倒车档   D. 停车档

5）常见起动机驱动小齿轮与飞轮的啮合靠_____强制拨动完成。

  A. 拨叉   B. 离合器   C. 轴承   D. 齿轮

3. 简答题

1）起动系统的作用是什么？电力起动系统由哪几部分组成？

2）起动机不运转或起动无力的原因是什么？

3）在做起动机电刷检查时，有何具体要求？

4）起动系统的常见故障有哪些？

5）简述电磁操纵机构的工作原理。

6）起动机在使用时有哪些注意事项？

第5章
点火系统

基本思路:

点火系统是汽油发动机的一个主要系统,不仅关系到汽车发动机能否工作,而且关系到汽车发动机的动力性、经济性、环保性和可靠性。本章重点介绍传统点火和电子点火系统的工作原理和工作流程。电控点火系统在《汽车发动机电控技术与检修》中已有详细讲解,这里不再重复。对本章的学习和研究,其关键是要把握电的流动路线,若想把握电的流动路线就必须牢记分析电路的一个原则(回路原则)、三种状态(通路、断路和短路)、五大要素(电源、保护装置、控制装置、用电设备和连接导线)。

▶▶▶ 5.1 点火系统概述

☞ 5.1.1 点火系统的功用和要求

汽车点火系统是点燃式发动机为了正常工作,用于提供点火能量和控制各个气缸点火顺序、点火时刻的装置。点火系统应满足以下要求。

1. 能产生足以击穿火花塞间隙的电压

火花塞电极击穿而产生火花时所需的电压称为击穿电压。点火系统产生的次级电压必须高于击穿电压,才能使火花塞跳火。击穿电压的大小受很多因素影响,其中主要有:

1)火花塞电极间隙和形状。火花塞电极的间隙越大,击穿电压越高;电极的尖端棱角分明,所需的击穿电压低。

2)气缸内混合气体的压力和温度。混合气的压力越大,温度越低,击穿电压就越高。

3)电极的温度。火花塞电极的温度越高,电极周围的气体密度越小,击穿电压就越低。

2. 火花应具有足够的能量

发动机正常工作时，由于混合气压缩终了的温度接近其自燃温度，仅需要 1~5mJ 的火花能量。但在混合气过浓或过稀时，发动机起动、怠速或节气门急剧打开时，则需要较高的火花能量。而且随着现代发动机对经济性和排气净化要求的提高，都迫切需要提高火花能量。因此，为了保证可靠点火，高能电子点火系统一般应具有 80~100mJ 的火花能量，起动时应产生高于 100mJ 的火花能量。

3. 点火时刻应适应发动机的工作情况

首先，点火系统应按发动机的工作顺序进行点火；其次，必须在最有利的时刻进行点火。

由于混合气在气缸内燃烧占用一定的时间，所以混合气不应在压缩行程上止点处点火，而应适当提前，使活塞达到上止点时，混合气已得到充分燃烧，从而使发动机获得较大功率。点火时刻一般用点火提前角来表示，即从发出电火花开始到活塞到达上止点为止的一段时间内曲轴转过的角度。

如果点火过迟，当活塞到达上止点时才点火，则混合气的燃烧主要在活塞下行过程中完成，即燃烧过程在容积增大的情况下进行，使炽热的气体与气缸壁接触的面积增大，因而转变为有效功的热量相对减少，气缸内最高燃烧压力降低，导致发动机过热，功率下降。

如果点火过早，由于混合气的燃烧完全在压缩过程进行，气缸内的燃烧压力急剧升高，当活塞到达上止点之前即达最大，使活塞受到反冲，发动机做负功，不仅使发动机的功率降低，并有可能引起爆燃和运转不平稳现象，加速运动部件和轴承的损坏。

☞ 5.1.2　点火系统的种类

早期的机械式触点点火系统、无触点晶体管点火系统，目前已经发展为先进的电子控制点火和微机控制点火系统。

1. 传统机械式触点点火系统

传统的点火系统点火时刻和初级绕组电流的控制是由机械传动的断电器触点来完成的。由发动机凸轮轴驱动的分电器轴控制着断电器触点张开、闭合的角度和时刻与发动机工作行程的关系。为了使点火提前角能随发动机转速和负荷的变化自动调节，在分电器上装有离心式机械提前装置和真空式提前装置来感知发动机的转速和负荷的变化。由于断电器与驱动凸轮之间是机械联动，因此闭合角不能变化，而闭合时间和发动机转速的变化有很大的关系。当发动机转速升高时触点闭合时间缩短，初级绕组电流减小，点火能量降低；当发动机转速降低时闭合时间又过长，造成绕组中电流过大容易损坏。这是机械触点点火系统无法克服的缺点。

2. 无触点晶体管点火系统

为了避免机械式触点点火系统触点容易烧蚀损坏的缺点，在晶体管技术广泛应用后产生了非接触式传感器作为控制信号，以大功率晶体管为开关代替机械触点的无触点电子点火系统。这种系统的显著优点在于初级电路电流由晶体管进行接通和切断，因此电流值可以通过电路加以控制。不足之处在于这种系统中的点火时刻仍采用机械离心提前装置和真空提前装置，对发动机工况适应性差。

3. 微机控制点火系统

为了提高点火系统的调整精度和各种工况的适应性，在电子点火系统的基础上，采用了微机控制。微机控制点火系统的特点是不但没有分电器，而且在提前角的控制方面也没有离心提前装置和真空提前装置，从初级绕组电流的接通时间到点火时刻全采用微机进行控制。其工作原理如下：微机系统通过传感器检测发动机的转速和负荷的大小，由此查阅存在内存储器中的最佳控制参数，从而获得这一工况下的最佳点火提前角和点火绕组初级电路的最佳闭合角，通过控制晶体管的通断时间实现控制目的。

▶▶▶ 5.2　点火系统的结构和工作原理

☞ 5.2.1　点火系统的影响因素

点火系统的基本功能是依据发动机的工作顺序适时地向发动机提供强烈的高压火花。点火系统的功能体现在点火的时机和产生点火火花的强度。要实现汽车上的 12V 低压直流电转化为可以产生足够强度火花的高压电，只有采用变压器原理通过次级绕组和初级绕组的较大比值来产生高压电。点火系统一般由控制初级绕组通断的开关、产生高压电的点火绕组和将高压电变成点火火花的火花塞构成。系统的蓄电池提供 12V 的电源，通过断电开关接通和切断初级绕组中的电流，这样在次级绕组中就会产生高达 1 万～2 万 V 的高压电。当断电开关闭合时，初级绕组中有电流通过并且电流值随着闭合时间的增长而不断提高；当开关突然打开时，由于电磁感应，在次级绕组中便产生足够的电压并将该电压加到火花塞上使其产生火花点燃混合气。

点火系统基本参数有以下两个。

1. 闭合角

点火系统中初级电流的大小决定了点火系统能量的高低，直接影响着发动机性能的发挥。初级电流的大小是由初级绕组的接通时间决定的，因此初级电路的接通时间便成为点火控制的一个重要指标。初级绕组接通时间越长，绕组电流越大，开关断开时在次级绕组上产生的感应电动势越高，点火的能量也就越强，混合气越容易点燃。但电流过大会造成点火线圈过热和电源负荷的增加。因此，科学地控制初级电路的接通时间成为点火控制的主要内容之一。由于在传统触点控制点火系统中，初级电路中的开关为分电器机械触点，初级电路中的电流大小是通过触点闭合时间对应的分电器轴转角（即闭合角）来控制的，因此通常用闭合角来表示初级电路的接通时间。为了使发动机在每一工况下点火系统都能产生一定强度的高压火花，要求初级绕组在开关断开时的电流具有稳定的值，而决定初级绕组中电流大小的因素主要是绕组通电时间和发动机系统电压。因此要求初级电路接通时间能随电源电压的变化而变化，即当电源电压降低时能够增加通电时间，当电源电压升高时能够缩短通电时间。对于闭合角控制来说，就是要求其值不但能够随着电源电压的变化而变化，而且要随着发动机转速的变化而变化。因为在对应同样的时间，发动机转速越高，分电器转过的角度越大，闭合角也越大，反之亦然。

2. 点火提前角

点火时刻是点火系统控制的最重要的要素，因为点火时刻决定了高压点火产生的时刻与发动机工作过程之间的配合关系。为了提高发动机的燃烧效率，提高其动力性、经济性及获得较低的排放污染，要求在发动机压缩行程进行到上止点前一定的曲轴转角处切断初级点火线圈中的电流开始点火。这样对于理论意义上的点火时刻来说就是提前了一个曲轴转角，这个提前的角度就是点火提前角。在发动机工作中，对应不同的工况都有一个使其燃烧过程进行得最佳的点火时刻，这样的时刻用点火提前角表示即为最佳点火提前角。在正常情况下，发动机工作的最佳点火提前角与发动机的转速和负荷关系密切。

5.2.2　传统点火系统各零部件的结构和工作原理

1. 组成

传统点火系统的组成如图5-1所示。

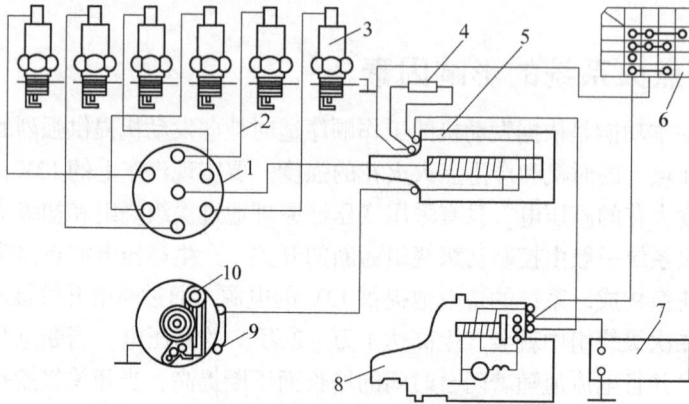

图 5-1　传统点火系统的组成

1—分电器　2—高压线　3—火花塞　4—附加电阻　5—点火线圈
6—点火开关　7—蓄电池　8—起动机　9—电容器　10—断电器

传统点火装置各零部件在汽车上的布置如图5-2所示。

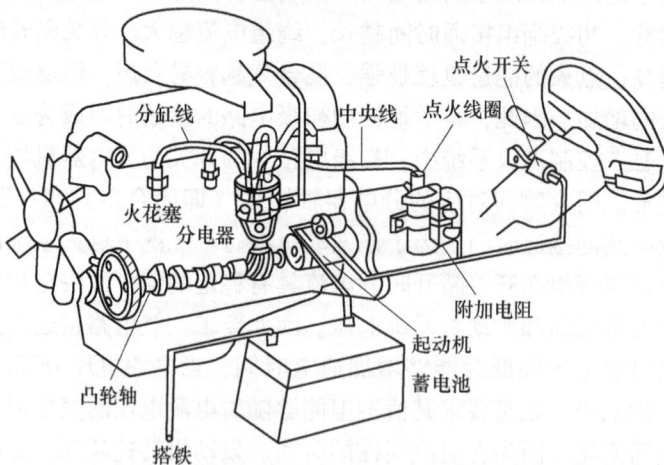

图 5-2　传统点火装置各零部件在汽车上的布置

传统点火装置各零部件的作用如下：

1）电源。点火系统的电源是蓄电池或发电机，用于供给点火系统所需的电能。发动机起动时由蓄电池供电，正常工作时由发电机供电。

2）点火开关。接通或断开点火系统初级电路，控制发动机起动、工作和熄火。

3）点火线圈。为自耦变压器，将低电压变为能击穿火花塞间隙所需的高电压。

4）分电器。分电器由断电器、配电器、点火提前角调节装置和电容器等组成。其功用是接通和断开点火线圈初级电路，使点火线圈次级产生高压电，并按发动机点火顺序将高压电分送到各气缸火花塞；随发动机转速、负荷和燃油牌号的变化，自动或人为地调节点火提前角。电容器与断电触点并联，以减小触点分开时的火花，延长触点使用寿命。

5）高压导线。用以连接点火线圈与分电器中心插孔以及分电器旁电极和各缸火花塞。

6）火花塞。将高压电引入气缸燃烧室，产生电火花点燃可燃混合气。

7）附加电阻。改善正常工作时的点火性能和起动时的点火性能。

2. 工作原理

在传统点火系统中，蓄电池或发电机供给 12V 低电压，经点火线圈和断电器转变为高电压，再经配电器分送到各缸火花塞，使电极间产生电火花。

发动机工作时，断电器的轴连同凸轮一起在发动机凸轮轴的驱动下旋转。断电器凸轮转动时，断电器触点交替地闭合和打开，因此传统点火系统的工作原理可分为触点闭合、初级电流增长，触点打开、次级绕组产生高压，火花塞电极间火花放电三个阶段。传统点火系统的工作原理如图 5-3 所示。

1）断电器触点闭合、初级电流增长的阶段。点火系统的初级电路包括蓄电池、点火开关、附加电阻、初级点火线圈、分电器的断电触点及电容器。初级电路等效电路如图 5-4 所示。

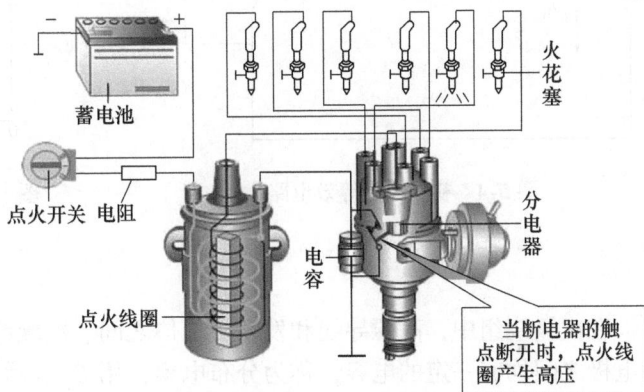

图 5-3　传统点火系统的工作原理

触点闭合时，初级电流由蓄电池附加电阻 R_f 流过初级点火线圈，初级电流按指数规律增长，并逐渐趋于极限值 U_B/R_f，初级电流波形如图 5-5a 所示。对汽车上的点火线圈而言，在触点闭合后约 20ms，初级电流就接近于其极限值。

初级电流增长时，不仅在初级绕组中产生自感电动势，同时在次级绕组中也会有电动势，约为 1.5 ~ 2kV，但此时不能击穿火花塞间隙。次级电压波形如图 5-5b 所示。

2）触点打开、次级绕组产生高压的阶段。触点闭合后，初级电流按指数规律增长，当闭合时间为 t_b、i_1 增长到 i_p 时，触点被凸轮顶开，i_p 称为初级断电电流。

触点打开后，初级电流 i_p 迅速降到零，磁通也随之迅速减少，如图 5-5a 所示。此时，在初级绕组和次级绕组中都产生感应电动势，初级绕组匝数少，产生 200 ~ 300V 的自感电动势，次级绕组由于匝数多，产生高达 15 ~ 20kV 的互感电动势 U_2，如图 5-5b 所示。

触点打开后，初级电路由 L、R、C 组成振荡回路，产生衰减振荡。在次级绕组中的感应电动势也发生相应的变化。如果次级电压值不能击穿火花塞间隙，则 U_2 将按图 5-5b 中虚线变化，在几次振荡之后消失。如果 U_2 升到 U_j 时火花塞间隙被击穿，则电压的变化如图 5-5b 实线所示，U_j 称为击穿电压。

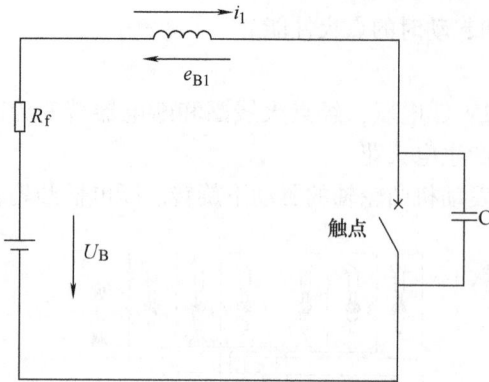

图 5-4　初级电路等效电路

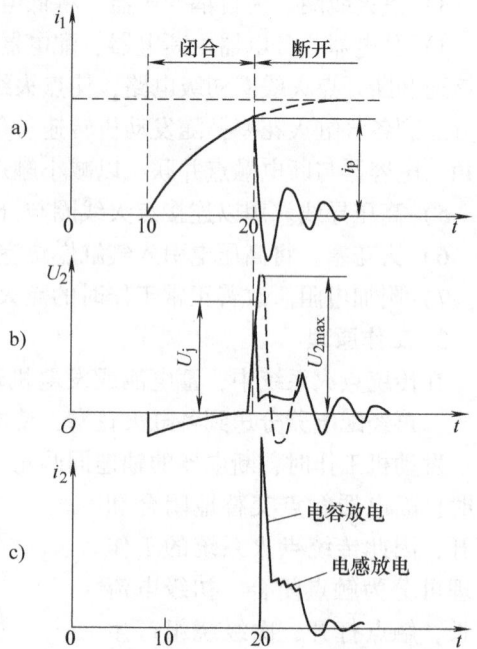

图 5-5　传统点火系统工作过程波形图
a）初级电流波形　b）次级电压
波形　c）次级电流波形

在次级绕组中，高压导线和发动机机体之间、次级绕组匝与匝之间、火花塞中心电极与侧电极之间均有一定的电容，称为分布电容，用 C_2 表示。

3）火花塞电极间火花放电阶段。通常火花塞的击穿电压 U_j 总低于 U_{2max}，在这种情况下，当次级电压 U_2 达到 U_j 时，就使火花间隙击穿而形成火花，这时在次级电路中出现 i_2，次级电流波形如图 5-5c 所示。同时次级电压突然下降，如图 5-5b 所示。火花放电一般由电容放电和电感放电两部分组成。所谓电容放电是指火花间隙被击穿时，储存在 C_2 中的电场能迅速释放的过程，其特点是放电时间极短（1μs 左右），但放电电流很大，可达几十安。跳火以后，火花间隙的电阻减小，线圈磁场的其余能量将沿着电离的火花间隙缓慢放电，形成电感放电，又称为火花尾。其特点是放电时间持续较长，达几毫秒，但放电电流较小，为几十毫安，放电电压较低，约为 600V。试验证明，电感放电持续的时间越长，点火性能越好。

发动机工作期间，断电器凸轮每转一周（曲轴转两周），各气缸按工作顺序轮流点火一次。若要停止发动机的工作，只要断开点火开关，切断初级电路即可。

3. 传统点火系统的工作特性

图 5-6 所示为传统点火系统的工作特性。图中，V_j 是发动机在不利情况下所需的击穿电压。

点火系统供给的点火能量与电压高低，直接影响发动机的性能。影响次级电压的因素有很多，下面着重讨论使用条件对次级电压的影响。

1）发动机转速的影响。次级电压随转速升高而降低的现象，是发动机高速时容易断火的原因。如果在图 5-6 中做一条相当于发动机最不利情况下所需击穿电压 V_j 的水平虚线，则水平虚线与特性曲线的交点即为发动机的极限转速，超过此转速将不能保证可靠点火，即发生所谓的"高速断火现象"。

2）发动机气缸数的影响。次级电压的最大值将随发动机气缸数的增加而降低。这是因为凸轮的凸角数与气缸数相同，发动机的气缸数越多，凸轮每转一周触点闭合与打开的次数就越多，于是，触点闭合时间缩短，次级电压最大值 U_{2max} 下降。

3）火花塞积炭的影响。如图 5-7a 所示，当积炭渣存在于火花塞绝缘体时，相当于在火花塞电极之间并联了一个电阻 R_{jt}，使次级电路闭合。于是在次级电压还未上升到火花塞击穿电压时，就通过积炭产生漏电，使次级电压下降，造成点火困难。

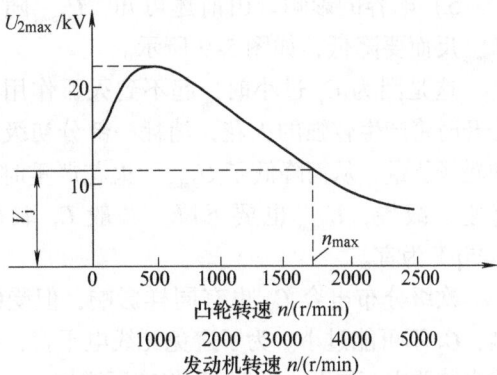

图 5-6 传统点火系统的工作特性

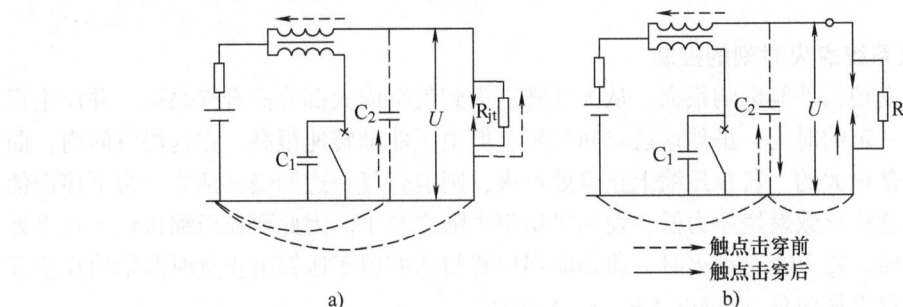

--- 触点击穿前
—→ 触点击穿后

图 5-7 火花塞积炭对次级电压的影响
a）积炭影响 b）吊火

当火花塞由于积炭严重，而不能跳火时，可用"吊火"的方法临时补救。即拔出高压线，使它与火花塞间保留 3~4mm 的附加间隙，如图 5-7b 所示，使次级电压上升过程中不发生泄漏。当次级电压上升到一定值后，将火花塞间隙与附加间隙同时击穿，则火花塞便能正常跳火，但这种方法只能应急，不能长期使用，否则会使点火线圈负担过重而损坏。

4）触点间隙的影响。在使用中触点间隙大小是否合适，也将影响 U_{2max} 的值，如图 5-8 所示。当触点间隙大时，触点闭合角度变小，如图 5-8a 所示，使 i_p 减小，U_{2max} 下降；当触点间隙小时，β 增大，i_p 增大，故 U_{2max} 可

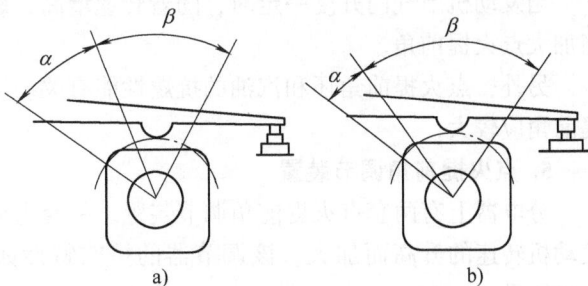

图 5-8 触点间隙对闭合角的影响
a）触点间隙大 b）触点间隙小

以提高。但是如果间隙太小，会使触点分开时，触点火花加强，反而会降低次级电压。因此，触点间隙应按制造厂规定进行调整。

5）电容的影响。由前述可知，U_{2max}随C_1、C_2的减小而增高，但实际上当C_1过小时，U_{2max}反而要降低，如图5-9所示。

这是因为C_1过小时，起不到灭弧作用，触点分开时将产生较强的火花，消耗一部分初级绕组中的磁场能量，从而降低了U_{2max}。火花严重时，i_1下降速率减慢，U_{2max}也要下降。一般C_1取0.15～0.25μF为宜。

次级分布电容C_2也有同样影响，但受结构限制，C_2不可能过小。为了避免无线电干扰，有时在点火装置中有屏蔽，此时C_2将有所增加。

6）点火线圈温度的影响。使用中当点火线圈过热时，由于初级绕组的电阻值增大（铜有正的温度系数），初级电流减小，从而使U_{2max}降低。

图5-9 次级最高电压与电容的关系

点火线圈过热的原因有夏季天气炎热；发动机过热；调节器调节电压过高，使初级电流增大等。

4. 传统点火系统点火时刻的控制

点火时刻对发动机性能影响很大。从火花塞点火到气缸内大部分混合气燃烧，并产生很高的爆发力需要一定的时间，虽然这段时间很短，但由于曲轴转速很高，在这段时间内，曲轴转过的角度还是很大的。若在压缩上止点处点火，则混合气一边燃烧，活塞一边下移而使气缸容积增大，这将导致燃烧压力低，发动机功率也随之减小。因此要在压缩接近上止点处点火，即点火提前。将火花塞点火时，曲轴曲拐位置与活塞位于压缩上止点时曲轴曲拐位置之间的夹角称为点火提前角（Spark Advance Angle）。

最佳的点火提前角受许多因素影响，最主要的因素是发动机转速和混合气的燃烧速度，混合气的燃烧速度又和混合气的成分、燃烧室形状、压缩比等因素有关。

当发动机转速一定时，随着负荷的加大，节气门开大，进入气缸的可燃混合气量增多，压缩终了时的压力和温度增高，同时，残余废气在气缸内所占的比例减小，混合气燃烧速度加快，这时，点火提前角应适当减小。反之，发动机负荷减小时，点火提前角则应适当增大。

当发动机节气门开度一定时，随着转速增高，燃烧过程所占曲轴转角增大，这时，应适当加大点火提前角。

另外，点火提前角还和汽油的抗爆性能有关。使用辛烷值高、抗爆性能好的汽油，点火提前角应较大。

5. 点火提前角调节装置

分电器上有两套点火提前角调节装置。一套为离心式调节器，其作用是使点火提前角随发动机转速的升高而加大。该调节器的提前特性如图5-10所示，其结构及工作原理如图5-11所示。

凸轮轴驱动的分电器轴由上半轴和下半轴两部分组成，两者通过提前角调节器相连接。当发动机转速升高时，由于安装在分电器轴托板上的离心飞块的离心作用，使分电器上半轴顺着分电器的旋转方向相对下半轴偏转一定角度，使断电器触点提前断开，于是点火时刻被提前。反之，当发动机转速降低时，点火时刻被推后。

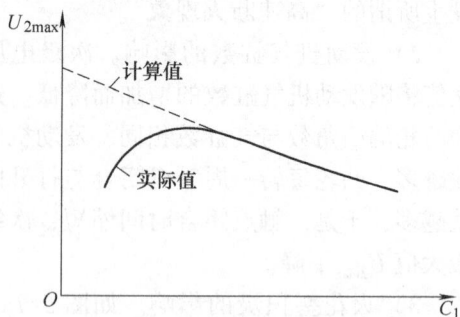

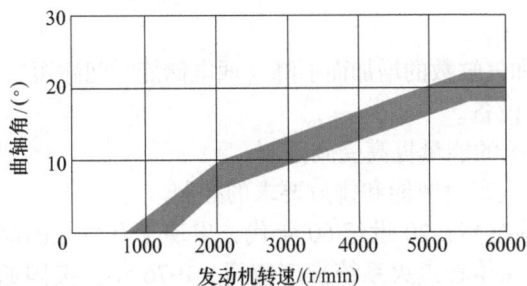

图 5-10 离心式调节器的提前特性

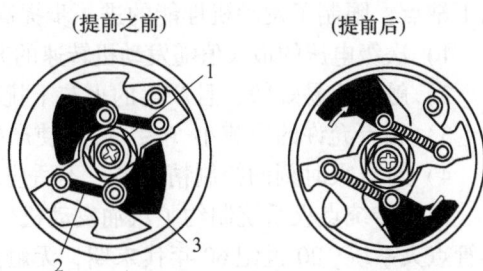

图 5-11 离心式调节器的结构及工作原理

1—凸轮 2—调节器弹簧 3—调节器飞块

另一套为真空式调节器，其作用是使点火提前角随发动机负荷的增大而减小。真空式调节器的提前特性如图 5-12 所示，其结构如图 5-13 所示。真空控制器内的膜片通过拉杆与断电器底板连接。当发动机负荷减小时，节气门开度较小，节气门下方小孔处真空度（或吸力）较大，于是膜片被吸动并克服弹簧的预紧力而拱曲，通过拉杆拉动断电器底板沿逆时针方向（与分电器轴旋转方向相反的方向）旋转，使点火提前角加大。反之，当负荷大时，节气门开度大，节气门下方小孔处的真空度小，膜片拉动底板沿逆时针方向转动的角度小，于是点火提前角减小。

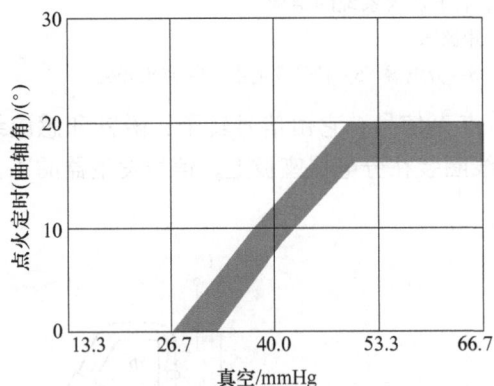

图 5-12 真空式调节器的提前特性

注：1mmHg≈133Pa。

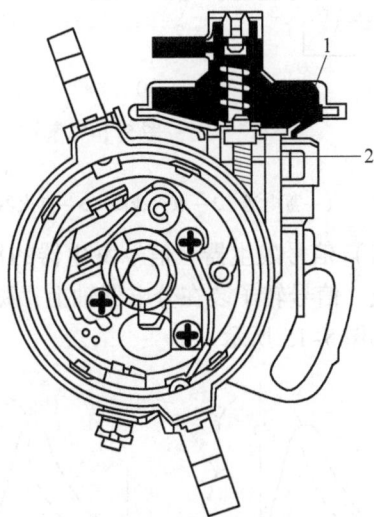

图 5-13 真空式调节器的结构

1—真空控制器 2—膜片拉杆

另外有的汽车加装手动辛烷值校正点火提前角调节装置。

该装置的作用是当换用不同牌号汽油时，改变初始点火提前角。

该装置的调节方法为首先将分电器外壳固定螺栓旋松，若想增大点火提前角，则使分电器外壳逆分电器轴旋转方向转一个角度，反之则顺旋转方向转一个角度（带动触点相对凸轮移动一个角度），然后，将固定螺栓拧紧。

5.2.3 电子点火系统各零部件的结构和工作原理

传统点火系统已不能适应现代汽油发动机的动力性、经济性及排放控制的要求，它存在以下缺点，限制了发动机性能的进一步提高。

1）次级电压的最大值随发动机转速的升高和气缸数的增加而下降（通电储能时间缩短）。

2）触点容易烧毁，且产生的火花干扰电子设备。

3）触点允许的电流小（≤5A），使产生高压的能量提高受到限制。

4）对点火时刻的控制精度差，不适应现代汽车对节能和排放要求的控制。

由于传统点火系统制约了汽油发动机性能的提高，20世纪60年代，出现了有触点的晶体管点火系统，20世纪60年代末期，无触点的晶体管点火系统推广应用。1976年，美国通用公司首次将微处理器应用于点火系统。

电子点火系统主要由点火线圈、高压线、火花塞、信号发生器、点火器、真空点火提前装置和离心式点火提前装置等部件构成。图5-14所示为解放CA1092型汽车电子点火系统的结构。

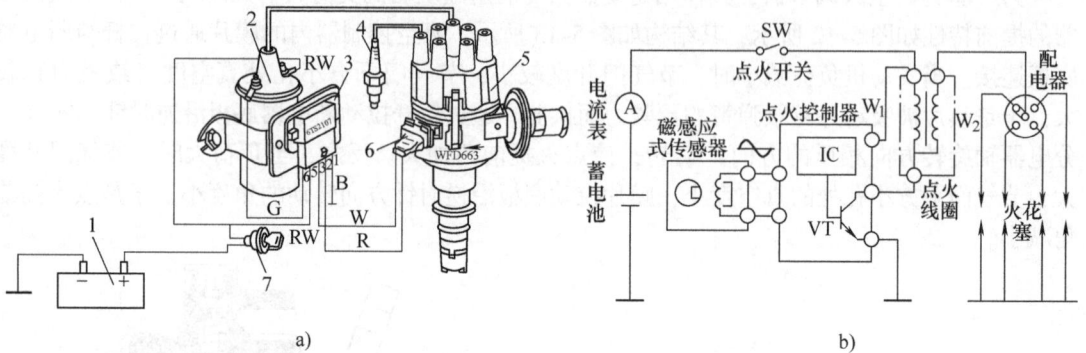

图5-14 解放CA1092型汽车电子点火系统的结构

a）示意图 b）电路图

1—蓄电池 2—点火线圈 3—点火器 4—火花塞 5—分电器 6—信号发生器 7—点火开关

（1）信号发生器 信号发生器的作用是产生点火信号，它由信号转子、磁铁和感应线圈组成。信号转子装在分电器轴上，磁铁和感应线圈装在分电器座板上。信号发生器的工作原理如图5-15所示。

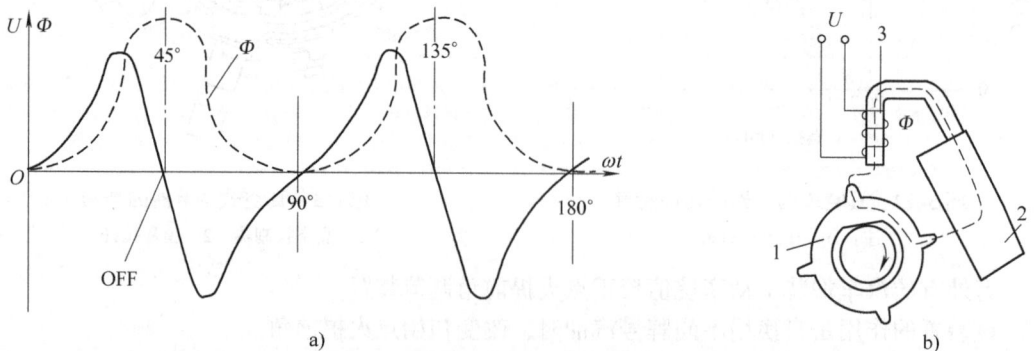

图5-15 信号发生器的工作原理

a）信号发生器的信号波形 b）信号发生器的构造

1—信号转子 2—磁铁铁心 3—感应线圈

分电器轴带动信号转子旋转，改变了轮齿与铁心磁路的空气间隙，在感应线圈上便有一个变化的磁通，如图5-15a中虚线所示。在轮齿与线圈铁心对正时，磁通最大，在轮齿离开铁心后，磁通最小。于是，感应线圈上产生交变电动势，如图5-15a 中实线所示。此变化的电动势作为点火器的输入信号，以控制点火器的导通与截止。

（2）点火器　点火器的作用是接通或切断点火线圈的初级回路，它由信号放大电路和功率晶体管组成。当信号发生器输出正脉冲时，点火器内的晶体管就导通，使点火线圈初级电路产生初级电流。其电流回路如下：蓄电池正极→点火开关→初级点火线圈→点火器内的功率晶体管→搭铁（蓄电池负极）。当正脉冲结束时，功率晶体管便截止，从而切断点火线圈的初级电流，此时在点火线圈次级便产生高压电。

（3）点火提前装置　电子点火系统的分电器上有两套点火提前调节装置，其结构与传统点火系统分电器的点火调节装置相同，在这里不再赘述。

▷▷▷ 5.3　点火系统主要零部件的拆装与检修

1. 分电器的拆装

传统点火系统分电器与电子点火系统分电器拆装方法类似。下面以电子点火系统分电器为例，介绍分电器的拆装过程。

（1）拆卸

1）脱开蓄电池的负极接线。

2）脱开分电器真空软管和引线接头。

3）拆下火花塞上的高压线。在拔下或安装各高压线时，应握住橡皮套，不要弯曲或拉压高压线以免损坏其内部线芯，如图5-16 所示。

4）拧下分电器法兰螺栓，从分电器座上拆下分电器总成。

（2）分解

1）拆下分电器盖和分火头。

2）拧下点火器螺钉，拆下信号发生器和点火器，如图5-17 所示。

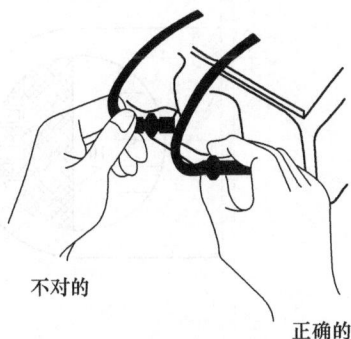

图 5-16　高压线的拆装方法

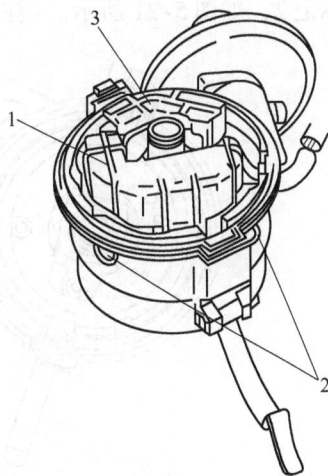

图 5-17　信号发生器和点火器的拆卸
1—点火器　2—点火器螺钉　3—信号发生器

3）松开座板安装螺钉，拆下真空点火控制器和信号发生器座板，如图5-18所示。检查座板是否转动平稳（图5-19），如果转动不平稳，应予更换。

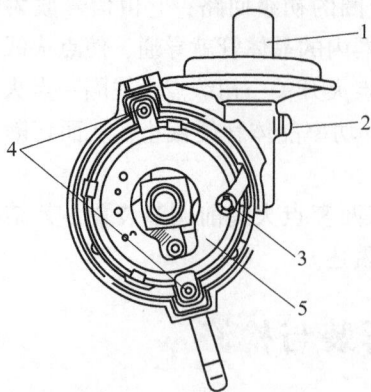

图5-18 真空点火控制器和信号发生器

1—真空点火控制器 2—螺钉 3—开口
锁片 4—座板螺钉 5—信号发生器座板

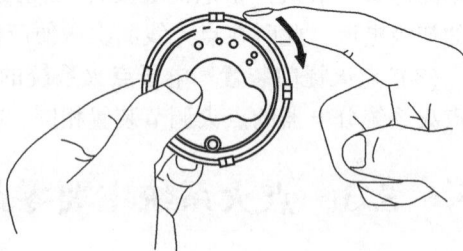

图5-19 座板的检查

（3）装配

1）将座板上的4个卡扣嵌入分电器壳的卡槽内，将信号发生器座板安装到分电器壳体上，如图5-20所示。

2）安装真空点火控制器。

3）把信号发生器装到座板上，将信号转子间隙调整到规定的范围内。调整好后，拧紧两个信号发生器紧固螺钉。

4）将点火器装到分电器壳体上。

5）安装分火头、密封件及分电器盖。

（4）安装 安装分电器时，按下列步骤将其插入分电器座内。

1）沿顺时针方向转动曲轴，使飞轮上的8°（第一缸压缩上止点前）正时标记1指向正时配合标记2，如图5-21所示。（注：传统点火系统的点火提前角有7°和10°两种。）

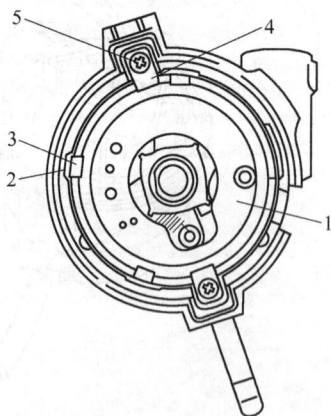

图5-20 信号发生器座板的安装

1—信号发生器座板 2—卡槽 3—卡扣 4—座板垫圈 5—座板螺钉

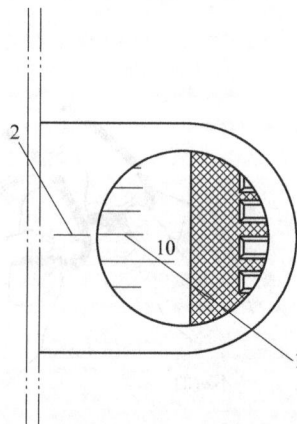

图5-21 正时标记

1—8°（第一缸压缩上止点前）正时标记
2—正时配合标记

2）对准标记 1 和 2 后，拆下气缸盖罩，观察第一缸处摇臂是否接触凸轮轴的凸轮。如果摇臂靠在凸轮上，则应再转动曲轴 360°，重新使两个标记对准。

3）拆下分电器盖，转动分火头，使分火头的中心线 1 与刻在分电器壳体上的刻线标记 2 对准，如图 5-22 所示。

4）将分电器法兰的中心线与分电器座内的分电器固定螺栓孔对准，然后将分电器插入分电器座。将分电器装人后，分电器分火头的位置必须处于与上述分电器壳体上的标记（第一缸的侧电极）相对应的位置，如图 5-23 所示。用手拧紧固定螺栓，临时将分电器固定。

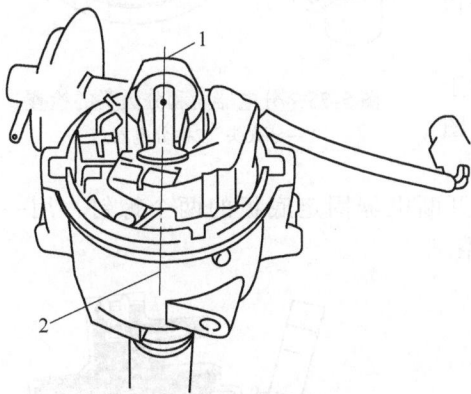

图 5-22　分火头对准刻印标记
1—分火头中心线　2—刻线标记

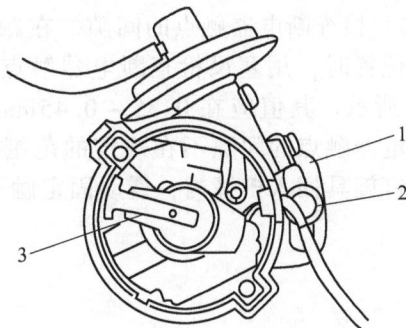

图 5-23　分电器安装后分火头的位置
1—分电器法兰　2—固定螺栓　3—分火头

5）安装分电器盖的密封件和分电器盖，牢牢地扣住两个线夹。

6）把高压线接到分电器盖和火花塞上。分缸高压线接线顺序：在分火头中心对齐分电器壳体标记的基础上，将分火头所指的分缸线引至第一缸火花塞，然后沿顺时针方向依次将各侧电极高压线引至第三缸、第四缸和第二缸，并使各高压线不要与其他零件接触，如图 5-24 所示。

7）把真空软管接到真空点火控制器上，将分电器接线接头接好。

8）连接蓄电池的负极接线。

9）起动发动机，调整点火正时，调整好后，拧紧分电器固定螺栓。

2. 分电器盖及分火头的检查

分电器盖和分火头应保持清洁干燥。脏污时，应使用清洁的干布擦去灰尘或脏污。如图 5-25 所示，检查分电器盖内部有无损伤，中心电极和侧电极是否磨损烧蚀；分火头有无烧蚀或损伤，电极是否磨损。分电器盖或分火头如有划痕或破裂，应予更换。

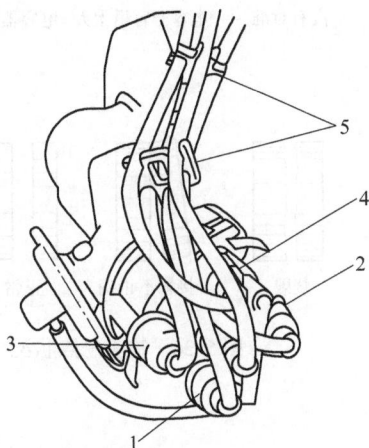

图 5-24　安装高压线
1—第一缸高压线　2—第二缸高压线
3—第三缸高压线　4—第四缸高压线
5—高压线夹

3. 断电器的检修

传统点火系统的分电器，属有触点式结构，其断电器的检修如下：

1）检查断电器触点的脏污情况。用手指或螺钉旋具推动活动触点臂，就可以看到触点的接触面，如有脏污，应用清洁的干布擦净。

2）检查触点有无烧蚀现象，如图5-26所示。如有烧蚀，应首先检查电容器是否失效，然后再用锉刀（砂条）或油石研磨修整。烧蚀严重的应予以更换。正常情况下触点的接触面积不小于75%。

3）检查断电器触点的间隙。在触点间隙处于最大位置时，用塞尺检查断电器触点间隙，如图5-27所示。其值应在0.35～0.45mm的范围内，若断电器触点的间隙不在规定的范围内，应松开断电器固定底板的两个螺钉，用一字槽螺钉旋具插入槽缝内，撬动固定触点进行调整。

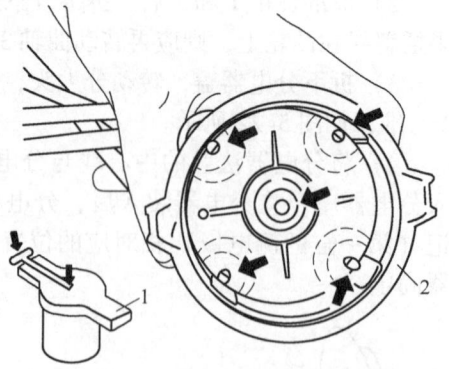

图5-25 分电器盖和分火头的检查
1—分火头 2—分电器盖

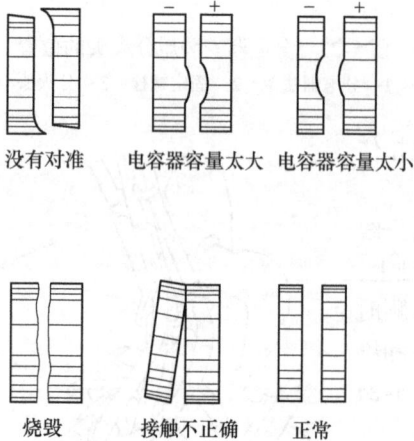

没有对准　　电容器容量太大　电容器容量太小

烧毁　　　　接触不正确　　　正常

图5-26 检查触点状况

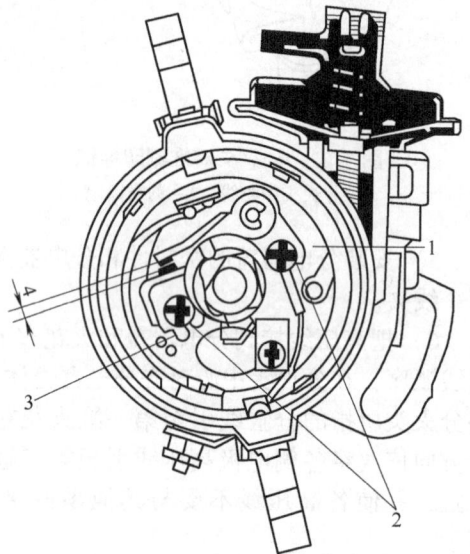

图5-27 断电器触点间隙的检查
1—断电器固定底板 2—固定螺钉
3—槽缝 4—断电器触点间隙

4. 电容器的检查

（1）**电容器好坏的检查** 将万用表置于 R×1k 档（图5-28），当两表笔同时接触电容器的引线和外壳时，万用表指针如缓慢地从"∞"位置向"0"方向摆动，然后急速返回"∞"位置，说明电容器工作状况良好。如果指针始终不动，说明电容器断路；如果指针指示阻值较小且不回摆，说明电容器漏电；如果指针指示电阻值为零，说明电容器短路（击穿）。

（2）**电容器容量的检查** 电容器容量的检查必须在电容测试仪上进行。电容器标称容量为 0.25μF，容量过大或过小都应更换。

5. 点火器和信号发生器的检查与调整

电子点火系统的分电器，属无触点磁感应式，其点火器及信号发生器的检查与调整的方法如下。

触点打开

（1）信号转子间隙的检查与调整

1）拆下分电器盖和分火头。

2）用塞尺检查信号转子与信号发生器铁心的间隙。

3）如果间隙不在规定的范围内，应予调整。调整方法如图 5-29 所示，拆下点火器并拧松固定信号发生器的两个螺钉，使用一字槽螺钉旋具移动信号发生器，使间隙符合规定要求。调整结束后，拧紧两个螺钉并重新校查间隙。

图 5-28　电容器的检查
1—电容器　2—引线　3—万用表

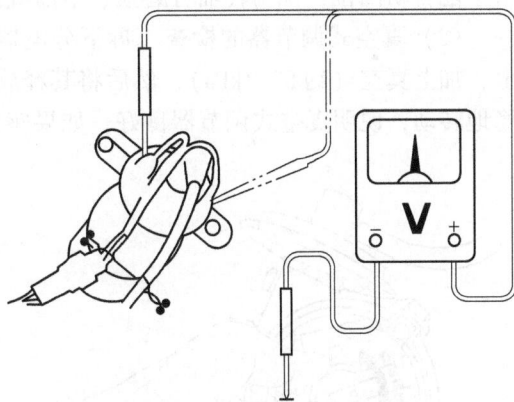

（2）点火器和信号发生器的检查

1）将点火开关转到"ON"位置，即打开点火开关。

2）用电压表检查蓄电池电压（约 12V）是否分别供给了点火线圈正（＋）和负（－）极接线柱，即检查点火线圈的初级电压，如图 5-30 所示。此时电压表指示应为蓄电池电压（约 12V），否则表明线路有断路或接触不良现象，应予排除。

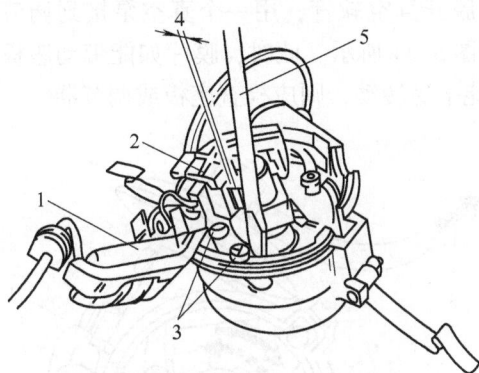

图 5-29　信号转子间隙的检查与调整
1—点火器　2—信号发生器　3—信号发生器螺钉
4—信号转子间隙　5—一字槽螺钉旋具

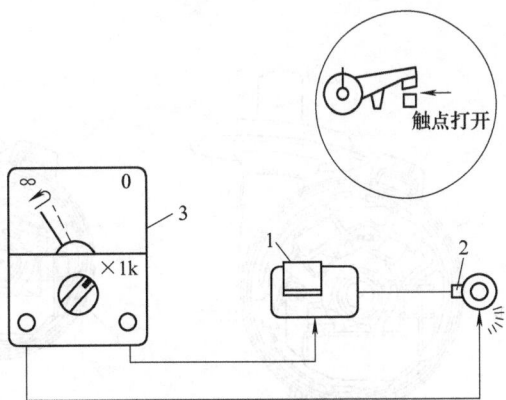

图 5-30　检查点火线圈的初级电压

3）脱开分电器盖上的中央高压线，并使它搭铁。

4）拆下分电器盖和分火头。

5）转动曲轴使分电器信号转子齿与信号发生器铁心错开位置，如图 5-31 所示。

6）将一字槽螺钉旋具插入信号转子齿与信号发生器之间，并反复地将其取出和插入，如图 5-32a 所示。当一字槽螺钉旋具被插入时，电压表指针应稍微摆动 0.5～1V，如图 5-32b 所示。如果指针不摆动，说明发生故障，应更换带发生器的点火器。

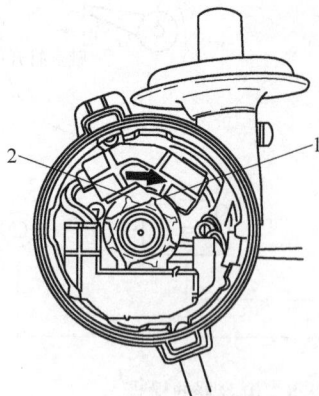

图5-31　信号转子齿与信号发
生器铁心错开位置

1—信号转子齿　2—信号发生器铁心

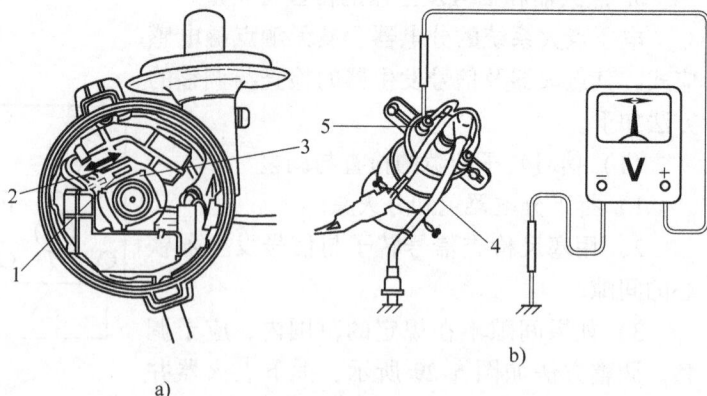

图5-32　点火器和信号发生器的检查

a）操作示意图　b）电压表指示图

1——字槽螺钉旋具　2—信号发生器　3—信号转子
4—高压线　5—负极接线柱

6. 点火提前装置的检查

（1）**离心式调节器的检查**　拆下分电器盖，用手指沿顺时针方向转动分火头然后放开，如图5-33所示。转轴（或分火头）应能在飞块弹簧力的作用下沿逆时针方向返回原位。如果不能自动回位，说明转轴有磨损、卡滞或弹簧松脱现象，应更换分电器。

（2）**真空式调节器的检查**　拆下分电器盖，脱开真空软管，用一个真空泵接到调节器上，加上真空（约53.3kPa），然后将其释放，如图5-34所示。此时，膜片如能带动座板平稳地转动，说明真空式调节器良好；如果座板不能平稳转动，则应检查座板或调节器。

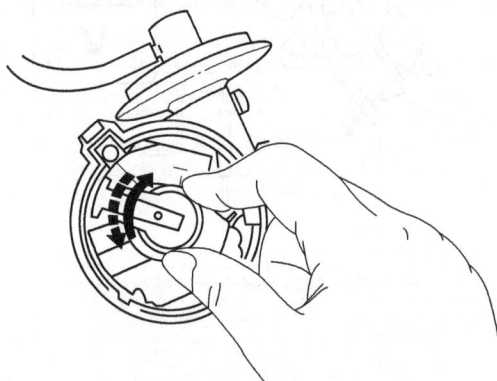

图5-33　离心式调节器的检查

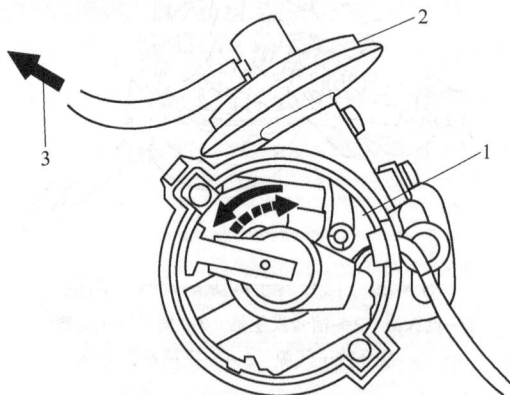

图5-34　真空式调节器的检查

1—座板　2—真空式调节器　3—真空气压

7. 分电器齿轮的检查

1）检查分电器齿轮的磨损状况，如图5-35所示。如果分电器齿轮磨损或损坏严重，将会破坏点火正时，应更换新齿轮。

2）检查分电器传动齿轮的啮合间隙。在主动齿轮（凸轮轴上的分电器驱动齿轮）与从动齿轮（分电器齿轮）啮合的情况下，来回撬动分电器轴，如果过于松旷，说明齿轮啮合间隙过大，应更换齿轮。

更换分电器驱动齿轮比较麻烦，必须从凸轮轴上卸下驱动齿轮。具体方法如下：

① 从凸轮轴上卸下应更换的齿轮，拆卸时应在轴上做好装配标记。安装新齿轮时，要以该标记为参考标准。

② 安装新驱动齿轮时，驱动齿轮必须通过凸轮轴上的键槽径向对向中心线，如图 5-36 所示。

③ 分解或拆卸分电器座后，在重新装配时，必须向内加入 30mL 发动机机油。分电器座箱内没有机油时，切不可起动发动机。

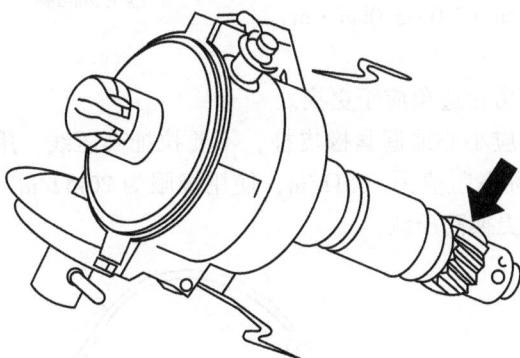

图 5-35　检查分电器齿轮的磨损状况

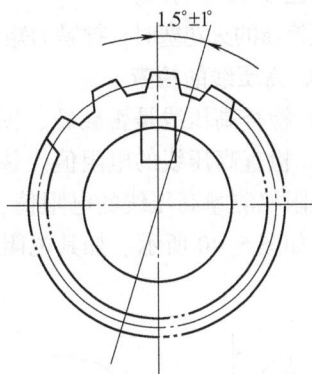

图 5-36　安装新分电器驱动齿轮

8. 点火线圈的检查

1）外观检视点火线圈。点火线圈外壳不应有破裂损伤，极柱不得有短路，高压接线柱端孔座应无积炭、脏污等现象，否则应予清理或更换点火线圈。

2）检查初级点火线圈的电阻值，如图 5-37 所示。用万用表的电阻档检查正（＋）、负（－）极接线柱之间的电阻，在 20℃ 时阻值应为 1.33 ~ 1.62Ω（包括附加电阻约 3Ω），否则应更换点火线圈。

3）检查次级点火线圈的电阻。用万用表电阻档测量任一低压接线柱和高压接线端之间的电阻，其阻值应为 11.3 ~ 13.8kΩ（传统点火系统的次级点火线圈电阻值约为 8kΩ），否则应更换点火线圈。

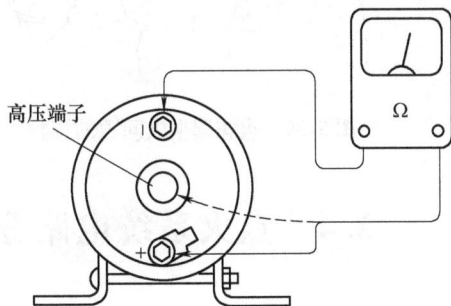

图 5-37　检查初级点火线圈的电阻值

9. 火花塞的检查

火花塞在工作时会因积炭、绝缘体损坏或电极间隙变化而出现断火故障。如果有一个气缸的火花塞损坏，发动机将运转不均匀。火花塞损坏，应予更换。

1）火花塞在工作中产生微量的积炭是正常的，它不会影响发动机的正常点火。但发动机混合气过浓、气缸窜油或使用火花塞型号不符合要求时，就会产生大量的积炭。火花塞积炭严重时，应认真分析积炭产生的原因，并排除故障，同时应对火花塞积炭进行清除。可将火花塞放入汽油或煤油中浸泡，待炭渣软化后，再用小刀细心地刮除，但应注意切不可损伤电极和绝缘体。

2）火花塞的瓷质绝缘体是在高温、高压下工作的，很容易产生裂纹或因脏污而漏电，应仔细检查。若绝缘体不良，应更换火花塞。

3）火花塞电极正常间隙为 0.7～0.8mm，如图 5-38 所示。用塞尺检查火花塞电极间隙，如果间隙不符合要求，应扳动侧电极进行调整，如图 5-39 所示。

更换新的火花塞时，拧紧力矩为 20～30N·m（2.0～3.0kgf·m）。

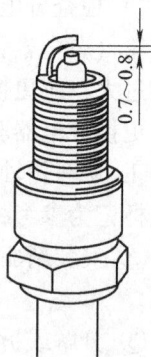

图 5-38 火花塞电极间隙

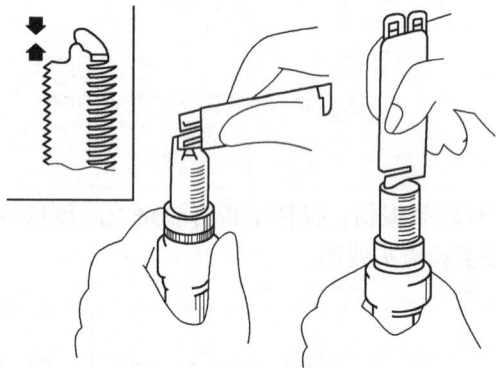

10. 高压线的检查

1）检查高压线是否破裂、损伤等，如有劣化迹象应予更换。

2）检查高压线的电阻值。拔下高压线，应小心地握紧橡皮柱，不要拉扯高压线。用万用表电阻档测量高压线的电阻值，高压线标称电阻值为 16kΩ/m，使用极限为 20kΩ/m，检查方法如图 5-40 所示。如其电阻值超限，应更换高压线。

图 5-39 火花塞电极间隙的调整

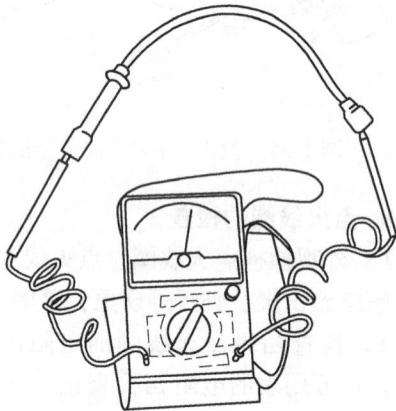

图 5-40 检查高压线的电阻值

5.4 点火系统电路分析

5.4.1 传统点火系统电路

典型传统点火电路如图 5-41 所示。

1. 传统点火电路的工作流程

1）飞轮带动分电器轴转动，分电器凸起间歇打开和闭合断电器。

2）断电器闭合点火线圈初级电路通电储能。断电器打开，次级电路通过互感产生

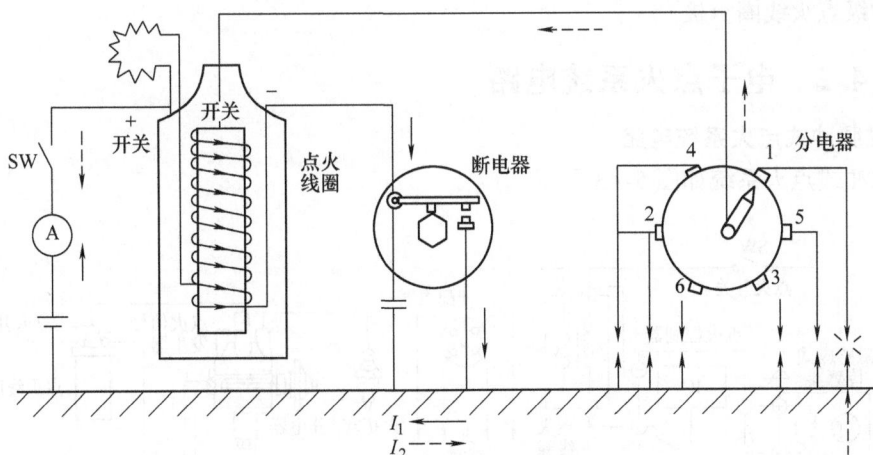

图 5-41　典型传统点火电路

高压。

3）配电器将次级电路高压分配到各个气缸。

4）传统点火系统的特点是白金触点易坏。

2. 正常工作（起动后）时电的流动路线

1）初级电流在触点闭合时形成，以发电机、蓄电池为低压电源，以附加电阻及初级点火线圈为负载形成回路。此时，电的流动路线如图 5-41 中实线箭头所示：蓄电池或发电机"＋"→点火开关"ON"档→附加电阻→初级点火线圈→断电器活动触点→固定触点→搭铁→蓄电池或发电机"－"。

2）次级电流在触点从闭合到张开瞬间存在（张开后初级、次级电流均不存在），以次级点火线圈为高压电源，以火花塞电极气隙为负载形成回路。根据楞次定律可判断出高压电流方向与低压电流方向相反，此时，电的流动路线如图 5-41 中虚线箭头所示：次级点火线圈"＋"→附加电阻→点火开关→蓄电池或发电机→火花塞侧电极→分电器盖→分火头→次级点火线圈。次级高压电流设计成正极搭铁，有助于火花塞中心电极产生热电子发射，可降低电极间隙击穿电压20%～40%，减少火花塞中心电极蚀损，减少分火头铜片的蚀损。

3. 起动时电的流动路线

1）触点闭合时，点火线圈初级电流经附加电阻短路开关形成回路。电的流动路线如图 5-42 中实线箭头所示：蓄电池"＋"→起动机副开关→初级点火线圈→继电器活动触点→固定触点→蓄电池"－"。

2）触点张开瞬间，点火线圈次级电流也经附加电阻短路开关形成回路。电的流动路线如图 5-42 中虚线箭头所示：次级点火线圈正极→起动机副开关→蓄电池→火花塞侧电级→火花塞中心电极→分电器盖→分

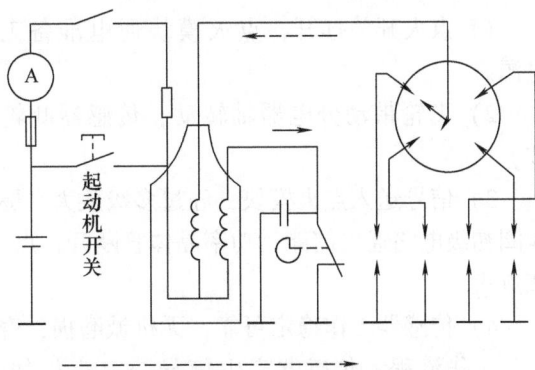

图 5-42　起动时点火电路电的流动路线

火头→次级点火线圈负极。

5.4.2 电子点火系统电路

1. 磁脉冲式点火系统电路

磁脉冲式点火系统如图 5-43 所示。

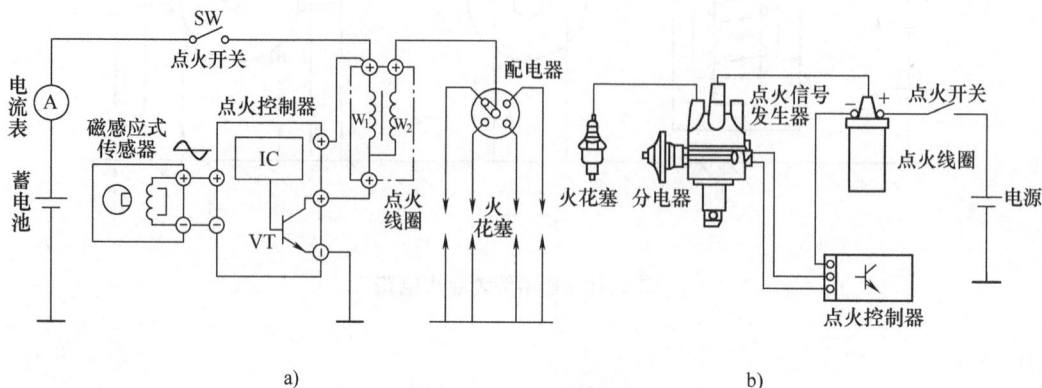

图 5-43 磁脉冲式点火系统

a) 电路图 b) 示意图

1) 点火开关打开，点火模块通电准备工作。

2) 飞轮带动分电器轴转动，传感器转子转动使传感器线圈产生交变的信号（正弦波）。

3) 信号送入点火模块，经过多级放大，驱动功率晶体管工作。功率晶体管接通，点火线圈初级电路通电储能；功率晶体管断开，点火线圈次级电路通过互感产生高压，击穿火花塞点火。

4) 传感器工作稳定可靠，无机械磨损，寿命长，控制精度高。

工作流程：传感器产生信号→点火模块→功率晶体管通、断→点火线圈初级电流通、断→次级点火线圈→产生高电压。

2. 霍尔式点火系统电路

霍尔式点火系统如图 5-44 所示。

1) 点火开关打开，点火模块通电准备工作，同时稳压电路给霍尔传感器提供工作电源。

2) 飞轮带动分电器轴转动，传感器叶轮转动使霍尔元件中产生交变的电信号（方波）。

3) 信号送入点火模块，经过多级放大，驱动功率晶体管工作。功率晶体管接通，点火线圈初级电路通电储能；功率晶体管断开，点火线圈次级电路通过互感产生高压，击穿火花塞点火。

4) 传感器工作稳定可靠，无机械磨损，寿命长，控制精度高。

工作流程：传感器产生信号→点火模块→功率晶体管通、断→点火线圈初级电流通、断→次级点火线圈→产生高压。

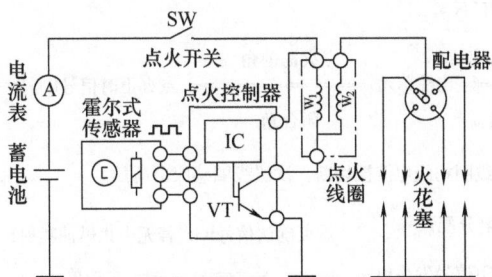

a)

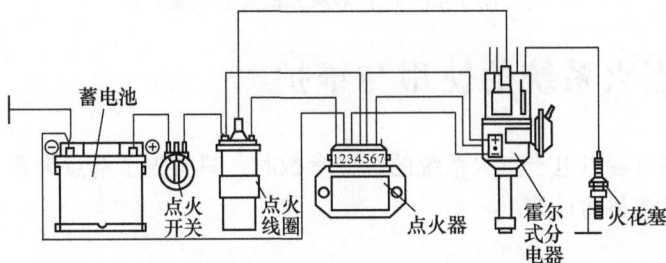

b)

图 5-44　霍尔式点火系统

a）电路图　b）示意图

3. 电控点火系统电路

电控点火系统电路如图 5-45 所示。

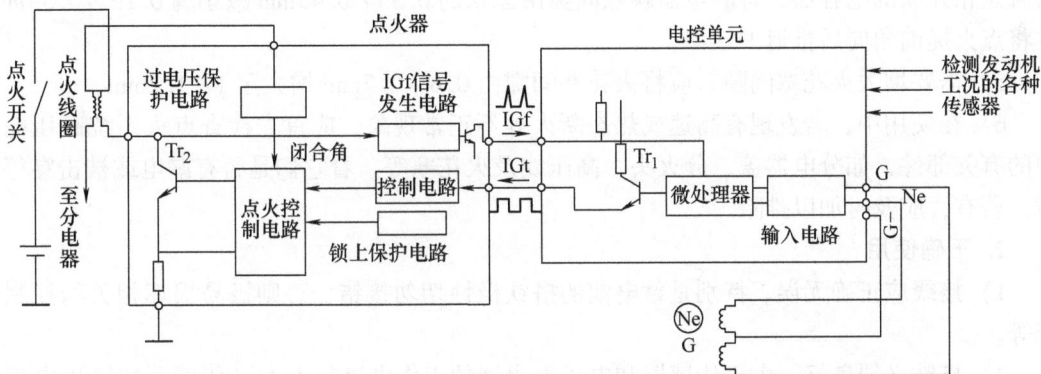

图 5-45　电控点火系统电路

1）打开点火开关，电控系统各部件通电准备工作。

2）各传感器产生的信号送入汽车电控单元，电控单元经过计算确定最佳点火点，将此信号输入点火器。

3）信号送入点火器，经过多级放大，驱动功率晶体管工作。功率晶体管接通，点火线圈初级电路通电储能；功率晶体管断开，次级电路通过互感产生高压，击穿火花塞点火。

4）电控系统控制精度和稳定性大大提高，且具备自我诊断、备用系统等功能。

工作流程如图 5-46 所示。

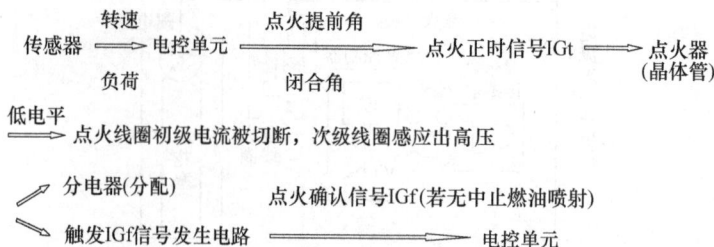

图 5-46　电控点火系统工作流程

▶▶▶ 5.5　点火系统的使用与维护

在检测和调整有触点电子点火系统的工作参数时，只有先了解点火系统的使用要求，才能达到正确检测与调整的目的。

1. 使用要求

1）正确选用点火系统。应根据汽车电系的搭铁极性来选用具有相同搭铁极性的有触点点火系统。

2）正确接线，以确保搭铁可靠。

3）不少有触点电子点火系统需要配备专用的点火线圈，例如国产 BD—71F 型点火装置必须与专用 DQ710 型点火线圈配套使用。

4）采用传统点火系统的汽车，改用有触点电子点火系统后，需要拆除原分电器与断电器触点相并联的电容器，将断电器触点间隙由原来的 0.35～0.45mm 减小为 0.25～0.35mm，并将点火提前角向后推迟 1°～4°。

5）需要增大火花塞间隙。应将火花塞间隙由 0.6～0.7mm 增大至 1～1.2mm。

6）在使用中，若发现有高速或热态断火等不正常现象，应首先检查点火系统高压电路中的有关部件，如分电器盖、分火头、高压线及火花塞等。看它们是否有漏电或被击穿等故障，若有，应及时加以排除。

2. 正确使用

1）接线应正确无误。特别是蓄电池的搭铁极性切勿接错，否则极易损坏相关的控制系统等。

2）搭铁必须良好。由于传感器和电子点火器的工作电流都不大（传感器的输出电流更小），所以必须保证其搭铁部位非常牢靠且接触良好，尽量减小其接触电阻，以确保电路稳定而又可靠工作。例如东风牌汽车的电子点火系统，其低压电路是借助电子点火器的外壳搭铁与电源构成通路的，而其外壳又是用卡箍与点火线圈外壳连接的，使用中很容易松脱。检查点火装置时，必须充分注意这一点。

3）高压导线的连接必须牢固、可靠。次级点火线圈输出的电压很高（一般为 10～30kV），连接不好，就可能出现发动机"断火"、工作不正常等现象，也可能将分电器盖、分火头及点火线圈外壳等击穿损坏。

4）电子点火系统中的点火线圈一般为专用，不能用普通点火线圈代替。

5）拆卸导线插头时，应在切断电源情况下进行。

6）检修电路故障时，切勿采用导线端头试火的办法。

7）冲洗汽车时，切勿冲洗分电器和电子组件。

8）在拆换点火器中的电子元器件后，应将焊点涂上一层清漆，以使印制电路板的绝缘保持良好。

9）火花塞的正确使用。按厂家推荐或允许使用的型号正确选用火花塞。安装火花塞应注意是平面密封还是锥形密封；使用专用扭力扳手，按厂家规定旋紧火花塞。汽车行驶5000km 时，应拆下火花塞清洗、消除积炭；汽车行驶 100～200h 后，应调整火花塞电极间隙。

▶▶▶ 5.6　点火系统常见故障的诊断

点火系统常见故障有：发动机不能发动、发动机动力不足和发动机工作异常等。

1. 发动机不能发动

（1）**故障现象**　发动机起动 3～5 次，仍不能起动，其他系统正常，确定为点火系统故障。

（2）**故障原因**

1）低压电路故障，常见为线路搭铁或断路。

2）高压电路故障。

（3）**故障诊断**　诊断区段可分为低压电路、高压电路、高低压电路综合故障三类。诊断时，首先要确定故障区段，然后找出故障的确切部位，进而排除。

1）低压电路故障的诊断。低压电路故障致使初级电流断路或减弱，造成发动机不能起动或高速不稳定。诊断方法是利用万用表电流档动态判断故障的部位。点火开关转至"ON"位置，摇转发动机，正常状态是表针指示放电 3～5A，并间歇摆回"0"位。若异常，万用表电流档有三种状态：指针在"0"位不动；指针在 3～5A 不动；指针在 10A 以上以大电流放电。这三种异常状态的出现，表明低压电路有故障，下面分别予以说明。

① 万用表电流档在"0"位不动。此时，表明低压电路断路，即蓄电池至分电器触点之间断路。可用逐点搭铁试火来确定低压电路断路部位所在。其故障诊断流程如图 5-47 所示。

② 万用表电流档指示放电 3～5A，指针不回"0"位。点火开转至"ON"位置并摇曲轴，万用表电流档指针指向 3～5A 不动，表明初级点火线圈至分电器活动触点臂之间有搭铁故障。其故障诊断流程如图 5-48 所示。

③ 万用表电流档指示 10A 以上不动。此时，表示低压电路搭铁。万用表电流档指示大电流放电，说明点火开关、点火线圈电源接柱间搭铁，或点火开关至仪表板导线搭铁。可用依次拆断法来确定搭铁故障部位所在，其故障诊断流程如图 5-49 所示。

2）高压电路故障的诊断。若万用表电流档指示放电 3～5A，并间歇摆动回"0"位，表明低压电路工作正常，故障通常发生在高压电路。

将高压分线在离火花塞上端 3～5mm 处试火，若无火或火花弱及发动机有起动征兆，如排气管放炮、化油器回火和曲轴反转等即为高压电路故障，其故障诊断流程如图 5-50 所示。

按喇叭

喇叭不响，开灯灯不亮　　　　　喇叭响，表示电流表至断电器固定底板间断路

用一字槽螺钉旋具在点火线圈接柱(通分电器)试火

表明蓄电池至电流表间断路

有火

点火线圈至断电器固定底板间断路

无火

点火线圈至电流表间断路

检查触点能否闭合

用导线在起动机相线接柱试火

用一字槽螺钉旋具试火时，有火与无火之间则为断路处

用一字槽螺钉旋具在活动触点臂与底板间试火

无火

用一字槽螺钉旋具在低压接柱与分电器壳间试火

有火

有火

有火

无火

起动机相线接柱至电流表间断路

蓄电池至起动机相线接柱间断路

活动触点臂与低压接柱导线断路；若无火，则分电器低压接柱至点火线圈的导线断路

触点烧蚀或接触不良

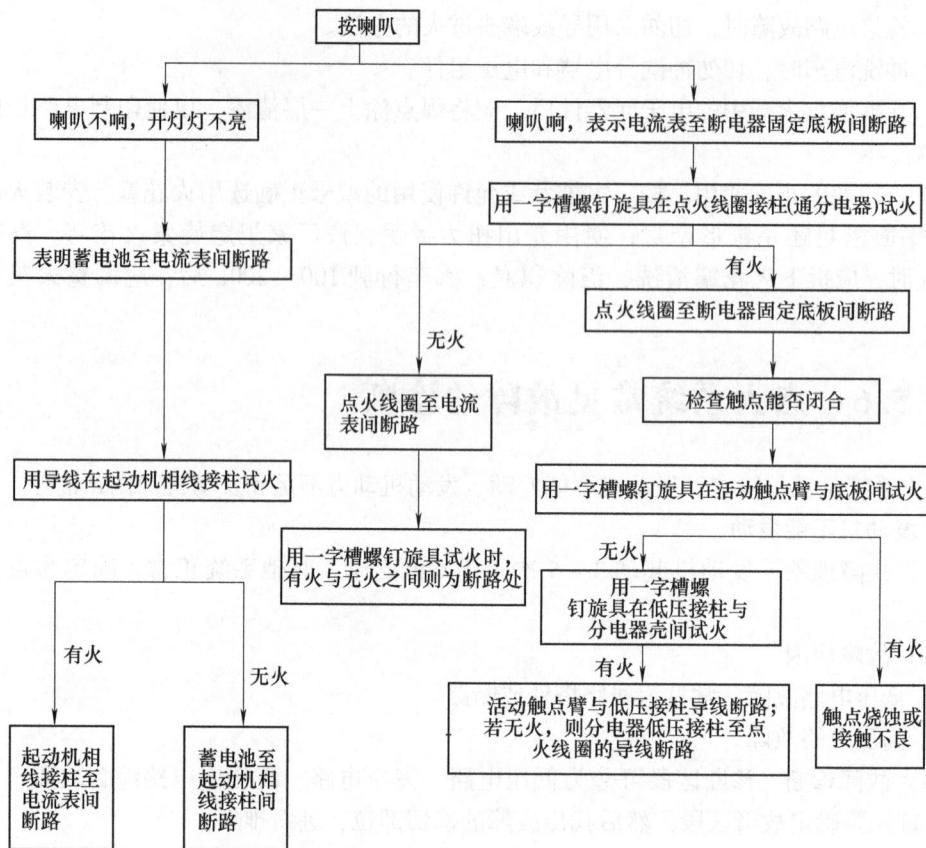

图 5-47　低压电路短路电流为 0 故障的诊断流程

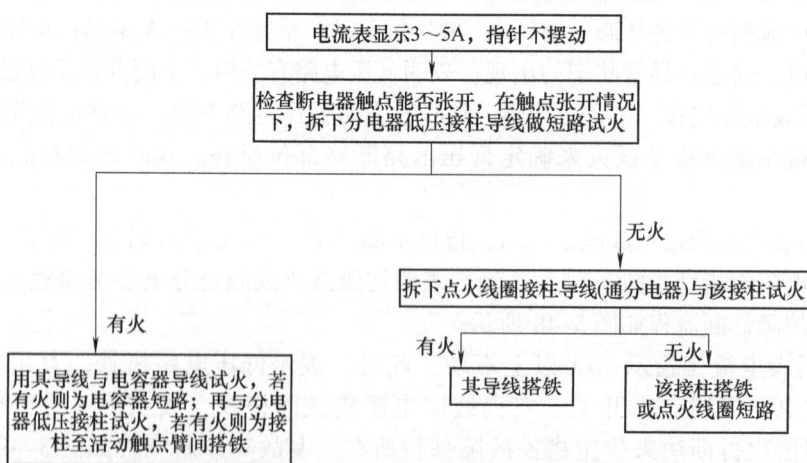

电流表显示3~5A，指针不摆动

检查断电器触点能否张开，在触点张开情况下，拆下分电器低压接柱导线做短路试火

无火

拆下点火线圈接柱导线(通分电器)与该接柱试火

有火

无火

其导线搭铁

该接柱搭铁或点火线圈短路

用其导线与电容器导线试火，若有火则为电容器短路；再与分电器低压接柱试火，若有火则为接柱至活动触点臂间搭铁

图 5-48　低压电路短路电流为 3~5A 故障的诊断流程

　　3）高低压电路综合故障诊断。当点火系统存在低压电路和高压电路的综合故障时，应分别利用低、高压电路故障诊断的方法进行综合诊断，以确诊故障所在。

接通点火开关，电流表指示放电 10A 以上

↓

关闭并拆下点火开关

↓

打开点火开关

↓

电流表不放电或放电回至正常范围，则点火开关搭铁 ← | → 大电流放电

↓

关闭点火开关后拆下通向点火线圈的导线，再打开点火开关

↓

大电流放电 | 不放电

↓ | ↓

点火开关至仪表板导线搭铁或附加电阻短路或开关搭铁 | 点火开关通向点火线圈的导线搭铁

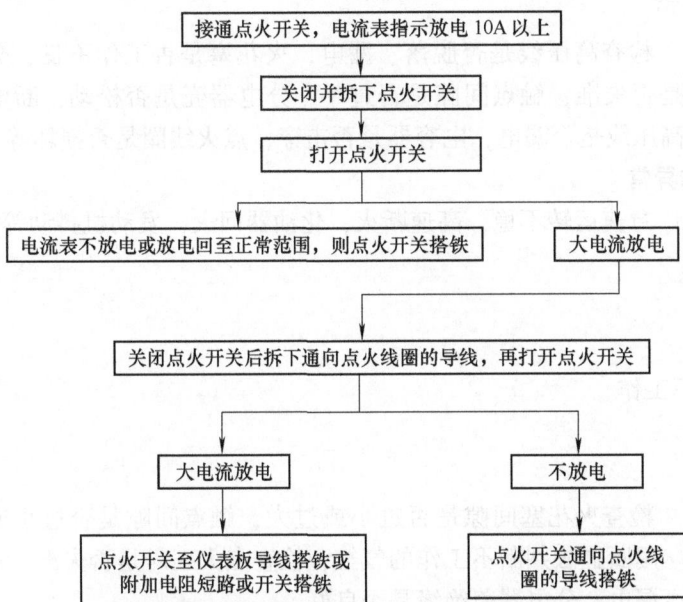

图 5-49 低压电路短路电流 10A 以上故障的诊断流程

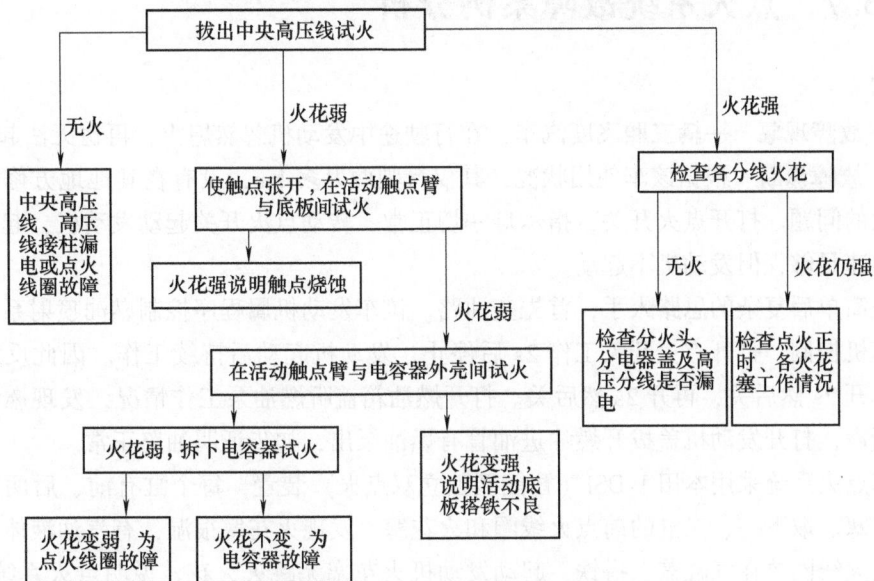

拔出中央高压线试火

无火 | 火花弱 | 火花强

↓ | ↓ | ↓

中央高压线、高压线接柱漏电或点火线圈故障 | 使触点张开，在活动触点臂与底板间试火 | 检查各分线火花

↓ | 无火 | 火花仍强

火花强说明触点烧蚀 | ↓ | ↓

火花弱 | 检查分火头、分电器盖及高压分线是否漏电 | 检查点火正时、各火花塞工作情况

在活动触点臂与电容器外壳间试火

↓

火花弱，拆下电容器试火 | 火花变强，说明活动底板搭铁不良

↓

火花变弱，为点火线圈故障 | 火花不变，为电容器故障

图 5-50 高压电路故障的诊断流程

2. 发动机动力不足

（1）**故障现象** 发动机动力不足，行驶无力，经检查确定是点火系统故障。

（2）**故障原因**

1）少数气缸工作不良。多表现为高、中、低速时发动机工作不均匀并有节奏地振动，消声器排黑烟并放炮。

2）点火过迟。表现为加速时发闷，行驶无力，发动机过热。

3）触点工作不良。发动机发闷，发动机运转不均匀，各气缸都有断火现象，消声器排

黑烟并有"突突"声。

（3）**故障诊断** 检查高压线是否脱落、漏电，火花塞是否工作不良，分电器盖绝缘是否不良，点火正时是否失准，触点间隙是否过小，分电器壳是否松动，断电器触点是否烧蚀，分火头及中央高压线是否漏电，电容器是否击穿，点火线圈是否损坏等。

3. 发动机工作异常

（1）**故障现象** 怠速运转不稳，高速断火，化油器回火，发动机抖动等。

（2）**故障原因**

1）低速缺火。

2）高速缺火。

3）个别气缸不工作。

4）点火过早。

5）点火过迟。

（3）**故障诊断** 检查火花塞间隙是否过小或过大，触点间隙是否过小或过大，电容器工作状况是否良好。用断缸法判断不工作的气缸，检查点火正时是否失准，火花塞是否工作不良，高压分线是否漏电，分电器盖绝缘是否良好。

▶▶▶ 5.7 点火系统故障案例分析

案例 1

（1）**故障现象** 一辆三厢飞度汽车，在行驶途中发动机忽然熄火，再也无法起动。

（2）**故障诊断** 根据该车使用状况，其仅行驶两万多 km，没有在其他地方修理过，不应该有大的问题。打开点火开关，指示灯一切正常，转动点火开关起动发动机，起动机转动有力且转速足够，但发动机不起动。

由先简单后复杂的思路入手，首先查油路。该车发动机属程序控制燃油喷射系统，燃油泵由计算机控制，打开点火开关工作 2s 后停止，发动机起动后持续工作。因此反复转动点火开关，开 2s 然后关，再开 2s 然后关。打开燃油箱盖听燃油泵工作情况，发现燃油泵有起动的嘶嘶声，打开发动机盖拔开燃油进油管有燃油泵出，初步证明油路正常。

该车点火系统采用本田 I-DSI（智能型独立双点火）装置，每个缸有前、后两个点火线圈和火花塞。取下一、二缸的前点火线圈和火花塞，发现火花塞很湿，有汽油液体，将火花塞插入点火线圈放在气缸盖上搭铁，起动发动机火花塞无跳火火花，说明点火系统有故障。拔下该车点火线圈的三芯插头，三根线的颜色分别为黑/黄（电源线）、白（计算机控制回路线）、黑（搭铁线）。打开点火开关，首先用万用表测量黑/黄（电源线）导线的电压，应为蓄电池电压，结果无电压。检查发现驾驶人侧熔丝盒内的 14、15 号熔丝烧断，14 号为前点火线圈熔丝，15 号为后点火线圈熔丝。更换新的熔丝打开点火开关后马上熔断，很明显点火系统短路。用万用表测量熔丝盒内 14 号、15 号熔丝插座，发现电源对地短路，查找电路一切正常。当拔下所有点火线圈插头时，发现熔丝插座短路现象消失。于是将八个（前四个、后四个）点火线圈逐一拆下测量，结果发现二缸的前、后点火线圈均内部短路。

（3）**故障排除** 更换二缸的前、后点火线圈后，发动机起动正常，故障排除。

案例2

（1）**故障现象**　一辆装备有 VTEC 2.3L 发动机的本田奥德赛汽车在行驶中突然熄火，再起动多次也不能着车。

（2）**故障诊断**　接车后试车，连续起动多次后能着车，且发动机运转正常。再经过长时间的试车也没有出现突然熄火的故障现象，发动机故障指示灯也没有异常亮起。但是为了彻查故障，从杂物箱下找出 2P 诊断插头，短接后发动机故障指示灯也没有故障码输出。用本田专用解码仪进行诊断，显示发动机电控系统一切正常，试车过程中也未发现任何异常，只好交车。第二天，从车主处得知发动机在行驶中突然熄火。通过检查电控系统还是正常，但就是不着车。接车后先做高压跳火试验，发现没有高压火，从这一点入手检查。

该车装备了由发动机控制单元控制的、带分电器的电子点火系统，且凸轮轴位置传感器、曲轴位置传感器、1 缸位置传感器、点火控制模块以及点火线圈装为一体。经分析该故障出现后又能变好，在发动机控制模块中也没有故障码存储，说明发动机控制模块没有问题。于是怀疑点火系统有故障，特别是分电器中某元件接触不良或性能不稳定造成突发性故障。从发动机上将分电器拆下来，用数字式万用表测量初级绕组和次级绕组的电阻值，都正常。接着又测量其他 3 个传感器的电阻值，也都在标准的范围内。剩下的就只有点火控制模块了，从已检查的情况和故障现象分析，点火控制模块的热性能不稳定造成故障发生的可能性很大。因为发动机运行一段时间后，温度上升，而分电器又直接与发动机连接，易受温度影响；等发动机停机一段时间后温度下降，点火控制模块又恢复了工作能力，发动机又能正常运转工作。

（3）**故障排除**　更换一个同样的点火控制模块及分火头（有局部烧蚀）。装复后故障排除。

练习与思考题

1. 填空题

1）传统点火系统主要由 _____、_____、_____、_____、_____、_____及_____等部件组成。

2）配电器由分火头和分电器盖组成，其作用是_____。

3）常见的点火信号传感器分_____式、_____式、_____式三种。

4）霍尔式分电器总成主要由_____、_____、_____和_____组成。

2. 选择题

1）一般把发动机发出最大功率或油耗最小的点火提前角，称为最佳点火提前角，影响最佳点火提前角的主要因素是发动机的_____和_____。

A. 油耗　　　　　B. 转速　　　　　C. 时速　　　　　D. 负荷

2）断电器由一对触点和凸轮组成，其作用是_____。

A. 只负责低压电路的接通　　　　B. 只负责高压电路的接通

C. 周期性地接通和切断低压电路　　D. 周期性地接通和切断高压电路

3）对于传统点火系统，其断电器触点间隙应为_____。

A. 0.25~0.35mm　B. 0.35~0.45mm　C. 0.30~0.35mm　D. 0.25~0.45mm

4）发动机每完成一个工作循环，曲轴转_____周，分电器轴及触发叶轮转_____

周，霍尔元件被交替地隔离_____次，因而随之产生_____次霍尔电压。

A. 1　　　　　　B. 2　　　　　　C. 3　　　　　　D. 4

5）在无分电器式电子点火系统中，点火提前角由_____来确定。

A. 发动机控制单元　　　　　　B. 点火模块

C. 真空提前装置　　　　　　　D. 离心提前装置

3. 简答题

1）简述传统点火系统的工作原理。

2）简述对点火系统的要求。

3）简述分电器各部件的作用。

4）简述电磁感应式和霍尔效应式信号发生器的工作原理。

5）简述传统点火系统点火正时的检测及调整方法。

6）无机械提前式电子点火系统点火提前角是如何确定及修正的？

第 6 章

汽车照明、信号系统及报警装置

基本思路:

　　汽车照明、信号系统及报警装置的用电设备就是灯具（照明灯具、信号及报警指示灯和蜂鸣器等），而且都有独立的工作回路。按回路原则，重点是先掌握好控制装置的结构（因为有的控制装置组合在一起，有的控制装置非常隐蔽），再通过电的流动路线来分析研究，问题就迎刃而解了。

▷▷▷ 6.1 汽车照明、信号系统及报警装置的基本结构

　　汽车的照明、大部分信号和报警装置是采用灯光的方式，在现代汽车上，主要灯光及控制装置的安装位置如图 6-1 和图 6-2 所示。

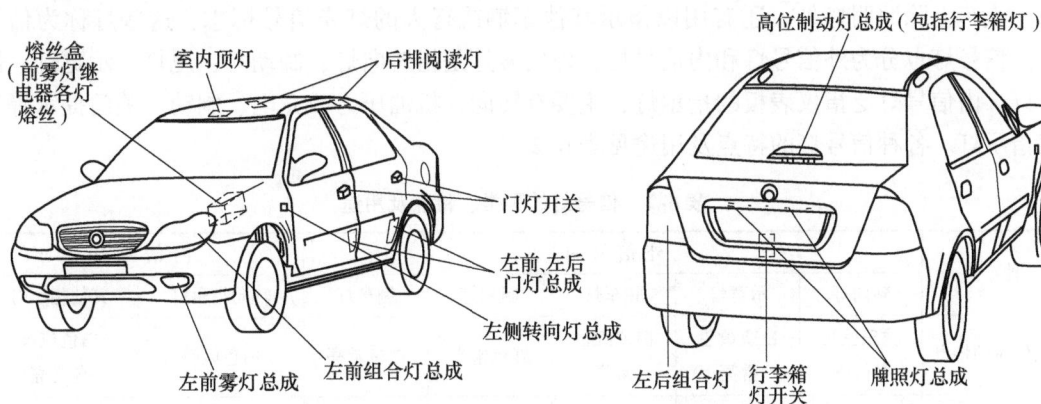

图 6-1　汽车内外主要灯光及安装位置

　　汽车照明灯是汽车夜间行驶必不可少的照明设备，为了提高汽车的行驶速度，确保夜间

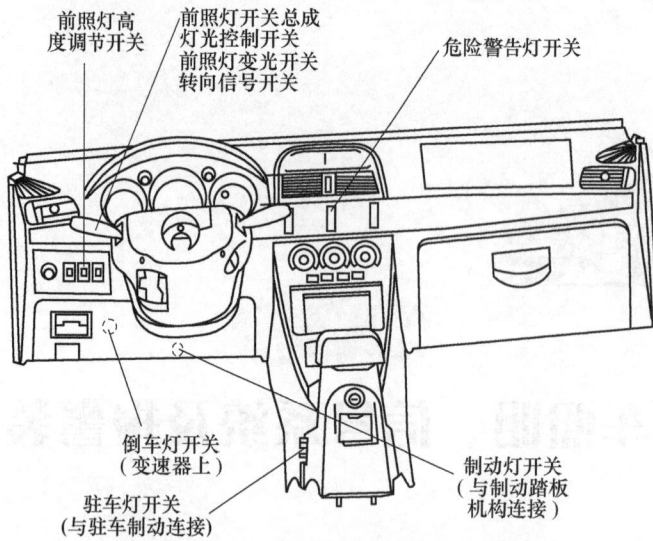

图 6-2 汽车主要灯光的控制装置及安装位置

行车的安全，汽车上装有多种照明设备。汽车照明灯根据安装位置和用途不同，一般可分为外部照明装置和内部照明装置，见表6-1。

表6-1 汽车照明灯的种类、特点及用途

种　类	外 照 明 灯			内 照 明 灯		
	前照灯	雾灯	牌照灯	顶灯	仪表灯	行李箱灯
工作时的特点	白色常亮远近光变化	黄色或白色单丝常亮	白色常亮	白色常亮	白色常亮	白色常亮
用途	为驾驶人安全行车提供保障	雨雪雾天保证有效照明及提供信号	用于照亮汽车尾部牌照	用于夜间车内照明	用于夜间观察仪表时的照明	用于夜间拿取行李物品时的照明

汽车上除照明灯外，还有用以指示其他车辆或行人的灯光信号标志，这些灯称为信号灯。信号灯也分为外信号灯和内信号灯，外信号灯是指转向灯、制动灯、尾灯、示宽灯、倒车灯，内信号灯泛指仪表板的指示灯，主要有转向、机油压力、充电、制动、关门提示等仪表指示灯。各种信号灯的特点及用途见表6-2。

表6-2 信号灯的种类、特点及用途

种　类	外 信 号 灯					内 信 号 灯	
	转向灯	示宽灯	驻车灯	制动灯	倒车灯	转向指示灯	其他指示灯
工作时的特点	琥珀色交替闪亮	白或黄色常亮	白或红色常亮	红色常亮	白色常亮	白色闪亮	白色或黄色常亮
用途	告知路人或其他车辆将转弯	标志汽车宽度轮廓	表明汽车已经停驶	表示已减速或将停车	告知路人或其他车辆将倒车	提示驾驶人车辆的行驶方向	提示驾驶人车辆的状况

6.2　汽车前照灯

前照灯俗称前大灯或头灯，主要用于夜间行车时道路照明，灯光为白色。为了确保夜间行车的安全，前照灯应保证车前有明亮而均匀的照明，使驾驶人能够看清楚车前100m（或更远）内道路上的任何障碍物；前照灯应具有防眩目的装置，以免夜间会车时，使对方驾驶人目眩而发生事故。前照灯包括远光灯和近光灯两个灯丝，远光灯用于保证车前道路100m以上明亮均匀的照明，功率一般为50～60W；近光灯在会车时和市区内使用，避免迎面来车驾驶人眩目，又保证车前50m内的路面照明，功率一般为30～55W。前照灯有两灯制和四灯制两种配置方法。

6.2.1　汽车前照灯的结构

汽车前照灯光学系统一般由光源（灯泡）、反射镜、配光镜（散光镜）三部分组成。

1. 灯泡

目前汽车前照灯所用的灯泡主要有普通灯泡（白炽灯泡）和卤素灯泡。

（1）白炽灯泡　1913年带螺旋灯丝的充气白炽灯泡问世，白炽灯泡由灯丝和玻璃罩组成，如图6-3所示。使用钨作为灯丝，并制成紧密的螺旋状，以缩小灯丝的尺寸，有利于光束的聚合。将玻璃罩中的空气抽出，充入体积分数为86%的氩气和14%的氮气的混合惰性气体，惰性气体在受热时会产生较大的压力，可以减少钨丝受热蒸发，以延长灯泡的使用寿命。但灯泡在长期使用后仍然会发黑，并不能阻止钨丝的蒸发。

（2）卤素灯泡　为了更有效地防止钨的蒸发，在冲入灯泡的惰性气体中加入了一定量的卤族元素（如氟、溴、碘），这种灯泡称为卤素灯泡，如图6-4所示。在相同功率下，卤素灯泡的亮度为白炽灯的1.5倍，寿命长2～3倍。原因是从灯丝上蒸发出来的气态钨与卤族元素反应生成了一种挥发性的卤化钨，在扩散到灯丝附近的高温区域后又受热分解，使钨重新回到灯丝上，这种卤钨再生循环反应有效地防止了钨的蒸发和灯泡黑化的现象。由于卤素灯泡体积小、耐高温、发光强度高、使用寿命长，故而得到广泛的应用。

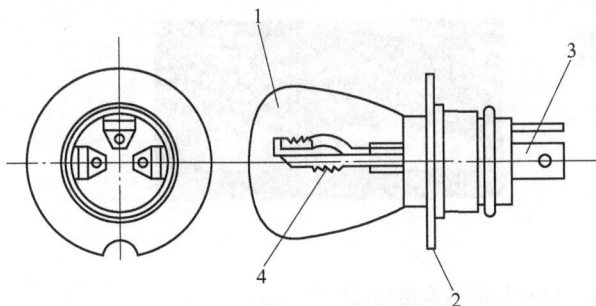

图6-3　前照灯的灯泡结构
1—玻璃泡　2—插头凸缘　3—插片　4—灯丝

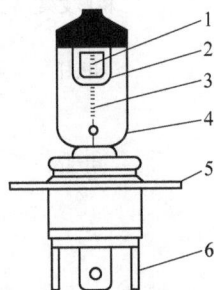

图6-4　前照灯的卤素灯泡
1—近光灯丝　2—远光灯丝　3—定焦盘
4—配光屏　5—凸缘　6—插片

（3）氙气灯　如图6-5所示，氙气灯简称HID（High Intensity Discharge）灯，它的最大魅力就是安全性。这主要是因为HID灯带来的多重光束比卤素灯更远、更宽、强度更大，近光设置更有效。在黑夜里，特别是车辆行驶在照明差的道路上，氙气灯能大幅提高车前方的照明强度，照亮路边的标志，对行车安全的重要性是毋庸置疑的。而且，同样瓦数的 HID 灯的亮度大约是卤素灯的 2~3 倍。在能量的使用方面，一般车辆上卤素前照灯每小时需要耗电 60W 左右，而一些 HID 前照灯在安定器的稳定运作下，平均只需要 35W，大大低于通常的卤素灯。HID 灯可明显减轻车辆电力系统的负担，达到节能的要求。氙气灯是利用电流刺激气体发光，基本上不会产生过高的温度，所以只要其中氙气没用完就可以正常发光，不易损坏。据一项研究显示，就算品质再高的卤素灯泡，寿命最多也就是 400h，而一般的 HID 灯，寿命最少也有 3000h。HID 灯不易损坏而且寿命长，满足了对汽车照明节能的要求。

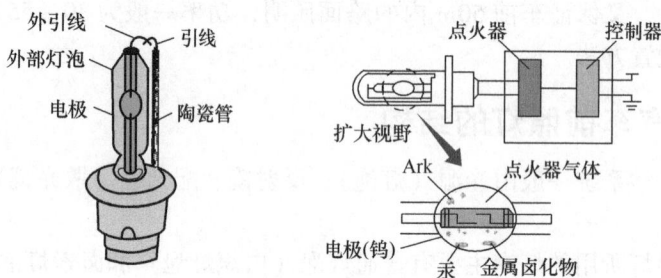

图 6-5　氙气灯的基本结构

（4）LED 灯　如图 6-6 所示，LED 是一种利用电子发光原理制成的半导体器件，它可直接将电能转化为可见光，具有发光效率高、寿命长、耗电少、体积小等特点，被称为 21 世纪的"汽车绿色照明光源"。从制造工艺上讲，生产 LED 光源所使用的材料不含重金属，与其他光源相比发光效率可以提高 20% 以上。LED 的寿命很长，平均无故障工作时间为 10 万 h，并且 LED 属于实心封装的固体光源，其抗振动性也是其他光源无法比拟的。从这些优势来看，LED 无疑是节能环保的首选，正是由于具备以上优点，LED 灯在汽车内饰照明中得到了广泛应用。奥迪研发的一种 LED 远光灯能让驾驶人在夜间行车时，不会因为灯光过亮而使迎面而来的车辆驾驶人眩目造成暂时爆盲。

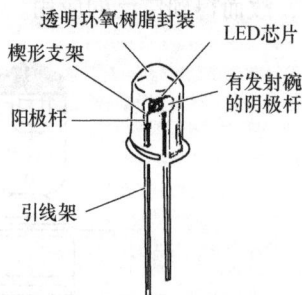

图 6-6　LED 灯的基本结构

2. 反射镜

反射镜的表面形状呈旋转抛物面，如图 6-7 所示。其一般由 0.6~0.8mm 的薄钢板冲压而成或由玻璃、塑料制成，其内表面镀银、铝或镀铬，然后抛光处理。由于镀铝的机械强度大，反射系数高，目前反射镜内面采用真空镀铝的较多。

a)　　　　　　　　　　　　b)

图 6-7　反射镜形状和反射镜产生的反射图

a) 反射镜　b) 反射图

反射镜的作用是将灯泡的散射（直射）光反射成平行光束，使光度大大增强，可增强几百倍乃至上千倍，以保证汽车前方 150～400m 范围内足够的照明。

未使用反射镜的灯泡只能照亮前方 6m 左右，使用反射镜后可照亮前方 150m。

3. 配光镜

配光镜又称为散光玻璃，由透光玻璃压制而成，是多块特殊棱镜和透镜的组合，外形一般为圆形和矩形，如图 6-8 所示。配光镜的作用是将反射镜反射出的平行光束进行折射，使车前的路面有良好而均匀的照明，如图 6-9 所示。

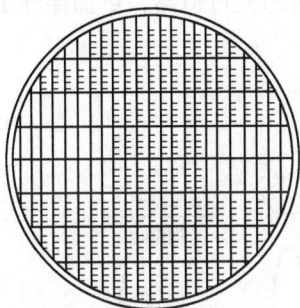

图 6-8　配光镜的结构

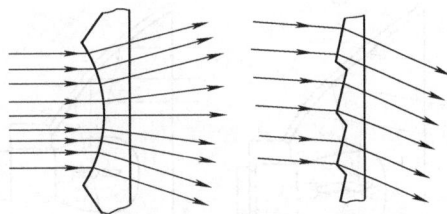

图 6-9　配光镜的作用效果

6.2.2　前照灯防眩目措施

前照灯射出的强光会使迎面来车驾驶人眩目，这时很容易发生交通事故。汽车会车时的眩目问题，是汽车照明技术中最难解决的问题。

1. 采用双丝灯泡

为了避免前照灯的眩目作用，保证汽车夜间行车安全，一般在汽车上都采用双丝灯泡的前照灯。灯泡的一根灯丝为"远光"，另一根为"近光"。

远光灯丝功率较大，一般为 50～60W，位于反射镜的焦点；近光灯丝功率较小，一般为 30～55W，位于焦点上方（或前方）。当夜间行驶无迎面来车时，可用远光灯丝，使前照灯光束射向远方，便于提高车速。当两车相遇时，用近光灯丝，使光束倾向路面，从而避免迎面来车驾驶人的眩目，并使车前50m内的路面也照得十分清晰。如图6-10所示，当用远光灯丝时，灯丝发出的光线经反射镜反射后，沿光学轴线平行射向远方（图6-10a）；当用近光灯丝时，倾向路面的光线占大部分（图6-10b），从而减小了对迎面来车的驾驶人的眩目作用。

2. 采用带遮光罩的双丝灯泡

该双丝灯泡用金属配光屏挡住近光灯丝射向反射镜下半部的光线，从而消除了近光灯光束向斜上方照射的部分。其工作情况如图6-11所示，由近光灯丝射向反射镜上部的光线，反射后倾向路面，而配光屏挡住了灯丝射向反射镜下半部的光线，故没有向上反射能引起眩目的光线，使防眩目效果得到进一步改善。

3. 采用非对称光形

这种非对称光形的配光性能，称为欧洲式配光，符合联合国欧洲经济委员会制订的ECE标准，所以又称为ECE方式。它是比较理想的配光，已被世界公认，我国已采用。

该配光是将配光屏安装时偏转一定的角度，左侧边缘倾斜15°，使近光的光线分布不对称，近光的光线有一条明显的明暗截止线，如图6-12所示。这种配光不仅可以防止驾驶人眩目，还可以防止迎面而来的行人眩目，并且照亮同方向的人行道路，更加保证了汽车行驶的安全。

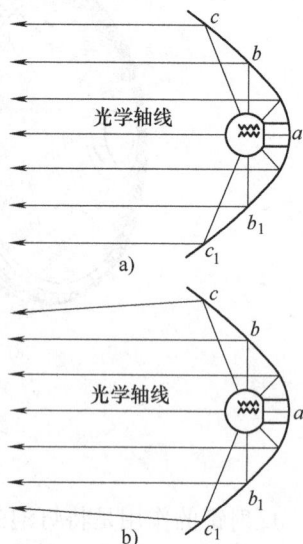

图6-10　远、近灯光的光学轴线
a）远灯光　b）近灯光

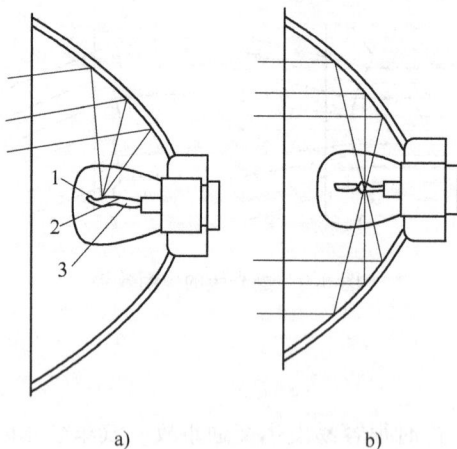

图6-11　带遮光罩的双丝灯泡
a）近光灯接通　b）远光灯接通
1—近光灯丝　2—配光屏　3—远光灯丝

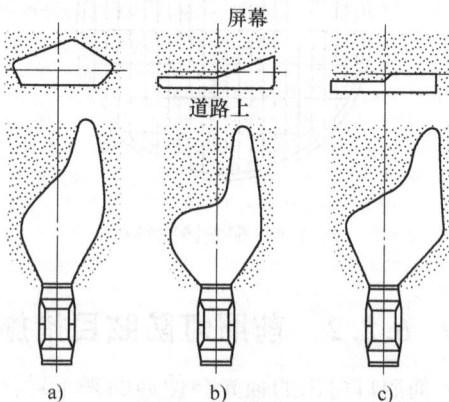

图6-12　前照灯配光光形
a）标准型　b）非对称型　c）Z型

6.2.3 前照灯的类型

按前照灯光学组件的结构不同，可将其分为以下几种。

1. 可拆式前照灯

这种前照灯因为配光镜和反射镜可以自由拆卸，所以气密性较差，反射镜易受湿气和尘埃污染而降低反射能力，严重降低照明效果，目前已很少采用。

2. 半封闭式前照灯

这种前照灯采用半封闭式灯光组。其配光镜与反射镜用粘结剂等方法粘合，灯泡可以从反射镜后端装入，其结构如图 6-13 所示。因为其维修方便，气密性好，得到广泛的应用。

3. 封闭式前照灯

这种前照灯的反射镜和配光镜熔焊为一个整体，形成灯泡，灯丝焊在反射镜底座上，其结构如图 6-14 所示。反射镜的反射面经真空镀铝，灯内充以惰性气体与卤素，又称为真空灯。这种结构的优点是密封性能好，反射镜不会受到大气的污染，反射效率高，使用寿命长。但灯丝烧坏后，需更换整个灯光组，成本较高。

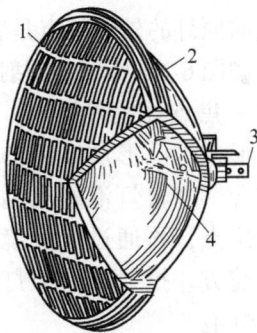

图 6-13 半封闭式前照灯的结构

1—配光镜 2—固定圈 3—调整圈 4—反射镜
5—拉紧弹簧 6—灯壳 7—灯泡 8—防尘罩 9—调节
螺钉 10—调整螺母 11—胶木插座 12—接线片

图 6-14 封闭式前照灯的结构

1—配光镜 2—反射镜 3—插头 4—灯丝

按照灯的配光镜形状不同可分为圆形、矩形和异形前照灯三类。

按照发射的光束类型不同可分为远光前照灯、近光前照灯和远近光前照灯三类。

按照安装数量的不同可分为两灯制前照灯和四灯制前照灯。前者每个灯具有远、近光双光束；后者外侧一对灯为远近双光束，内侧一对灯为远光单光束。

按照安装方式的不同可分为外装式前照灯和内装式前照灯。前者整个灯具在汽车上外露安装；后者灯壳嵌装于汽车车身内，装饰圈、配光镜裸露在外。

6.2.4　其他形式的前照灯

1. 高亮度弧光灯

高亮度弧光灯的灯泡里没有灯丝，如图 6-15 所示，它由弧光灯组件、电子控制器和升压器三大部分组成。在石英管内装有两个电极，管内充有氙气及微量金属（或金属卤化物）。在电极上加 5000～12000V 电压后，气体开始电离而导电。由气体原子激发到电极间少量汞蒸气弧光放电，最后转入卤化物弧光灯工作。采用多种气体是为了加快起动。弧光式前照灯，其灯泡的光色和荧光灯相似，亮度是目前卤素灯泡的 2.5 倍，寿命是卤素灯泡的 5 倍，灯泡的功率为 35W，可节能 40%。

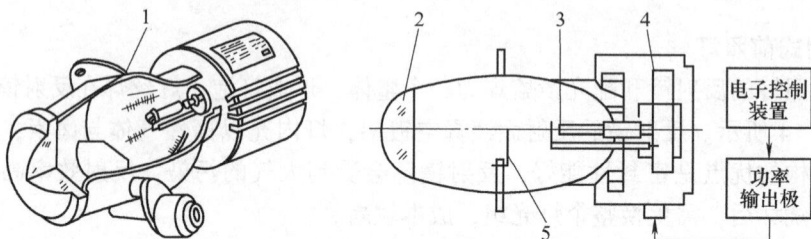

图 6-15　高亮度弧光灯

1—总成　2—透镜　3—弧光灯　4—引燃及稳弧部件　5—遮光板

2. 投射式前照灯

投射式前照灯的外形特点是装用很厚的无刻纹的凸形散光镜，反射镜是椭圆形的，因此外径很小，如图 6-16 所示。反射镜有两个焦点。第一焦点处放置灯泡，第二点在灯光中形成。凸形散光镜的焦点与第二焦点重合。来自灯泡的光利用反射镜聚成第二焦点，再通过散光镜将聚集的光投射到前方。投射式前照灯采用的光源为卤素灯泡。

在第二焦点附近设有遮光板，可遮挡上半部分光，形成明暗分明的配光。由于它的这种配光特性可适用于前照灯近、远光灯，也可用作雾灯。

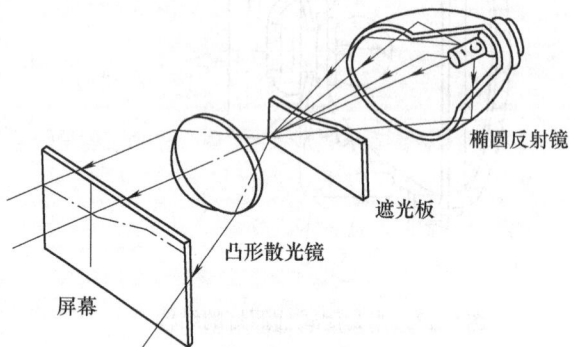

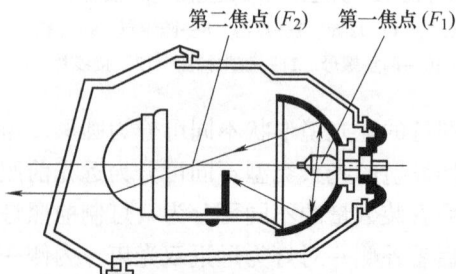

图 6-16　投射式前照灯

6.2.5　汽车前照灯及控制电路分析

前照灯是汽车夜间行驶必不可少的照明设备，为了提高汽车夜间行驶的速度，确保行车安全，不少汽车上采用了前照灯电子控制装置，对前照灯进行自动控制。常用的控制装置有前照灯自动变光器、前照灯状态控制装置、前照灯昏暗自动发光器、前照灯关闭自动延时器等。

1. 前照灯的控制电路

汽车前照灯随车型不同，控制方式也有差异。当灯的功率较小时，灯的电流直接受灯光总开关控制，如图 6-17 所示。当灯的数量多、功率大时，为减少开关热负荷，减少线路压降，采用继电器控制，同时分路熔断器的个数也增加。

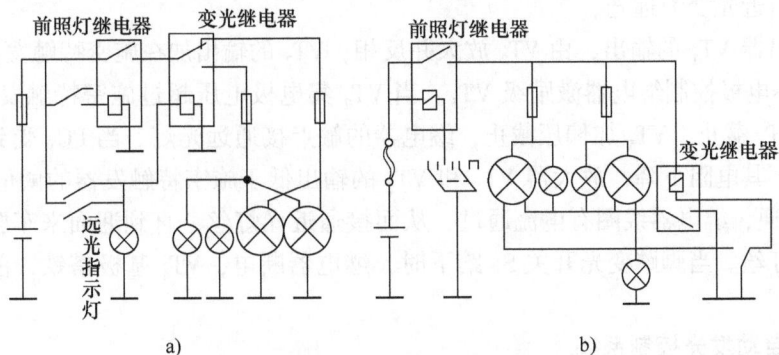

图 6-17　前照灯控制电路

a）控制相线式　b）控制搭铁线式

因车型不同，继电器控制线路也有控制相线式（图 6-17a）和控制搭铁线式（图 6-17b）之分。

2. 前照灯自动变光电路

在夜间行驶时，为了防止迎面来车驾驶人眩目，驾驶人必须频繁使用变光开关，这样会分散驾驶人的注意力，影响行车安全。前照灯自动变光装置可以根据迎面来车的灯光强度调节前照灯的远光或近光。图 6-18 所示为前照灯自动变光电路原理图。

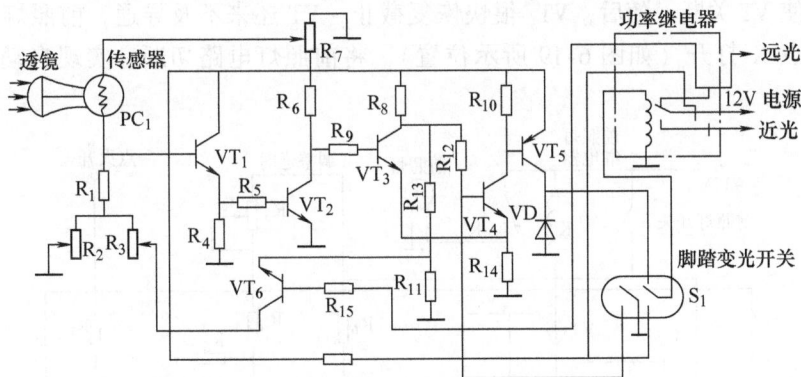

图 6-18　前照灯自动变光电路原理图

其工作原理如下：

当迎面来车的前照灯光线照射到传感器时，通过透镜将光线聚焦到光敏元件上，通过放大器输出信号触发功率继电器，继电器将前照灯自动从远光变为近光。当迎面来车驶过后，传感器不再有灯光照射，于是放大器不再向功率继电器输送信号，继电器触点又恢复到远光照明。

光敏电阻 PC_1 用来传感光照情况，其电阻值与灯光强度成反比。在受到光线照射前，其电阻值较高，但受光照后，其电阻值迅速下降，PC_1 和 R_1、R_2、R_3、R_7 以及 VT_6 组成 VT_1 的偏压电路。当远光接通时，VT_6 导通，PC_1 受到光照作用，电阻减小到一定值，VT_1 基极上偏压刚好能产生光束转换，即从远光变为近光。近光接通后，VT_6 截止，这时偏压电路中只有 R_7、PC_1、R_1 和 R_2，因而灵敏度增加，当迎面来车驶过后，PC_1 电阻增大，VT_1 截止，前照灯立即由近光变为远光。

射极输出器 VT_1 的输出，由 VT_2 放大并反相，VT_2 的输出加在施密特触发器 VT_3 和 VT_4 上，VT_4 的集电极控制继电器激励级 VT_5。当 VT_2 集电极电压超过施密特触发器的阈值时，VT_3 导通，VT_4 截止，VT_5 加偏压截止，继电器的触点接通远光灯。当 PC_1 受到迎面来车的光线照射时，其电阻下降，放大器 VT_1 和 VT_2 的输出低于施密特触发器的阈值，VT_3 截止，VT_4、VT_5 导通，继电器线圈有电流通过，从而接通近光灯丝，直到迎面来车驶过后继电器又接通远光灯丝。当脚踏变光开关 S_1 踏下时，继电器断电，VT_4 基极搭铁，前照灯始终使用远光灯丝。

3. 昏暗自动发光控制系统

昏暗自动发光控制系统的功用：在行驶中，当车前的自然光的强度减低到一定程度时，自动将前照灯的电路接通，以确保行车安全，同时还有延时关灯的作用。

4. 前照灯关闭自动延时控制装置

前照灯关闭自动延时控制装置的主要功能：当汽车夜间停入车库后，为驾驶人下车离开车库提供一段时间的照明，以免驾驶人摸黑走出车库时造成事故。

图 6-19 所示为美国得州仪器（TI）公司制作的前照灯延时控制电路。其工作原理如下：当汽车停驶切断点火开关时，晶体管 VT_1 处于截止状态，此时电容器 C_1 立即经 R_3、R_4 开始充电，当 C_1 上的电压达到单结晶体管 VT_2 的导通电压时，C_1 则通过其发射极、基极和电阻 R_7 放电，于是在 R_7 上产生一个电压脉冲，使晶体管 VT_3 瞬时导通，消除加于晶闸管 VT 上的正向电压，使 VT 关断。随后，VT_3 很快恢复截止，VT 还来不及导通，前照灯继电器 K 失电而使其触点 K' 打开（如图 6-19 所示位置），将前照灯电路切断，实现自动延时关灯的功能。

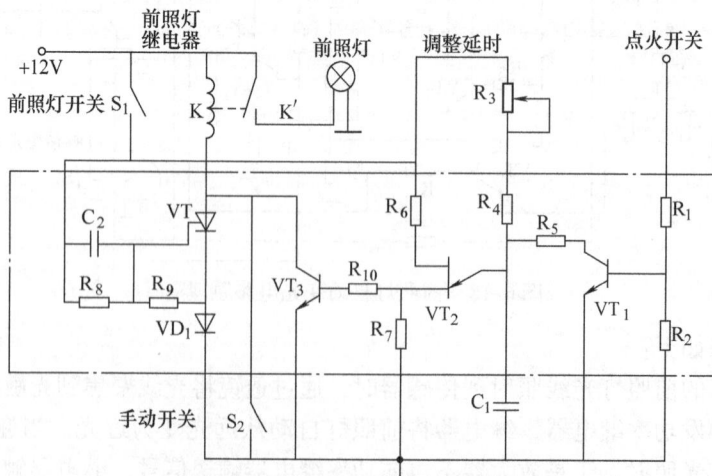

图 6-19　前照灯关闭自动延时控制电路

图 6-20 所示为一种由晶体管控制继电器的前照灯延时控制电路。发动机熄火后，机油压力开关触点处于闭合状态，驾驶人在离开汽车驾驶室以前，按下仪表板上的前照灯延时按钮，电源就对电容 C 充电。电容充电过程中，晶体管 VT 基极的电位升高，使晶体管导通，延时控制继电器线圈通电而使其触点闭合，接通了前照灯电路。松开前照灯延时开关后，由电容的放电维持晶体管的导通，前照灯保持通电照明，一直到电容电压下降至不能维持晶体管导通时，晶体管截止，继电器断电，前照灯熄灭。调整前照灯延时电路中的电容、电阻参数，就可改变前照灯延时关闭的时间。

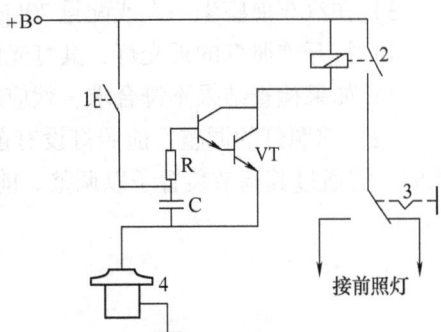

图 6-20　美国通用汽车前照灯延时控制电路
1—前照灯延时按钮　2—延时控制继电器
3—变光开关　4—机油压力开关

☞ 6.2.6　汽车前照灯及控制电路的检修与调整

1. 前照灯不亮

如果喇叭能响，除了前照灯，其他车灯都正常发亮，则可能是前照灯熔丝烧断；电源线松动或脱落；搭铁线搭铁不良或接插件接触不良；车灯开关或变光开关有故障。

（1）一个灯丝不亮　如果只有一个灯丝不亮，不论远光或是近光，一般是灯丝或其熔丝烧断。若经检查灯丝和熔丝均正常，则故障应为该灯线路断路或接触不良，检查排除即可。

（2）远光灯或近光灯不亮　如果远光灯或近光灯不亮，通常是因为变光开关有故障或变光开关上的远光灯或近光灯接线脱落或熔丝烧断，先检查变光开关及其接线和熔丝，若均正常，则再检修灯丝和线路。

（3）前照灯都不亮　如果远光灯和近光灯都不亮，应用导线短接法查出短路部分，并予以重接或更换。

2. 前照灯灯光暗淡

如果两个前照灯的亮度不同，不论是远光还是近光，均只有一侧的灯光较亮，另一侧灯光暗淡。这类故障通常是线路接触不良或锈蚀，接触电阻变大所致；也有可能是灯光暗淡一侧的反射镜内表面有灰尘或发生了氧化。

3. 前照灯灯丝经常烧断

交流发电机电压调节器有故障致使发电机输出电压过高，检修充电系统，使发电机输出电压不超过规定值。

4. 富康轿车前照灯的检查与调整

（1）前照灯的检查　前照灯明亮均匀的照明和良好的防眩是夜间行车安全的重要保障，因此，前照灯检查是汽车安全检查的必检项目之一。在安全检测线中是用专用的前照灯检测仪对前照灯进行检查的，在检测站以外，可以用屏幕法来检验前照灯的光束是否有偏差。检查方法如下：

1）检查汽车轮胎的气压是否正常。

2）将汽车停放在平坦的场地，使前照灯配光镜表面距屏幕 10m。屏幕可以用幕布，也可以是平整的墙壁。

3）在汽车前座坐一人或配重70kg。

4）打开前照灯的近光灯，其灯光的明暗截止线应符合图6-21所示的要求。

5）如果检查结果不符合求，就应对其进行调整。

（2）**前照灯的调整** 前照灯设有前后、左右调节装置，当检查前照灯的灯光不符合要求时，需通过其调节装置予以调整。前照灯灯光调节装置如图6-22所示。

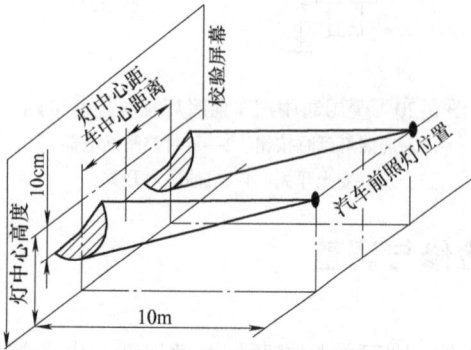

图6-21 前照灯灯光检验

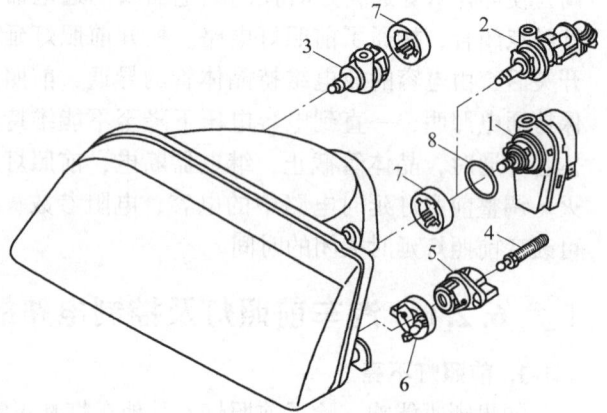

图6-22 前照灯灯光调节装置

1、2—上下调节装置 3—左右调节装置
4—调节螺杆 5—调节螺母 6、7—固定圈 8—密封圈

在检查和调整一边的前照灯时，应将另一边的前照灯遮盖住。

▷▷▷ 6.3 其他照明灯

（1）**雾灯** 雾灯安装在汽车头部和尾部，在雾天、下雪、暴雨或尘埃弥漫等情况下，用来改善车前道路的照明情况。前雾灯功率为45～55W，光色为橙黄色；后雾灯功率为21W或6W，光色为红色，以警示尾随车辆保持安全间距。

（2）**牌照灯** 牌照灯装于汽车尾部牌照上方或左、右两侧，用来照明后牌照，功率一般为5～10W，确保行人在车后20m处看清牌照上的文字及数字。

（3）**顶灯** 轿车及货车一般仅设一个顶灯，除用作车室内照明外，还可兼起监视车门是否可靠关闭的作用。在监视车门状态下，只要还有车门未可靠关紧，顶灯就发光。功率一般为5～15W，公共汽车顶灯有向荧光灯发展的趋势。

（4）**阅读灯** 阅读灯装于乘员席前部或顶部，聚光时乘员看书不会给驾驶人产生眩目现象，照明范围较小，有的还有光轴方向调节机构。

（5）**行李箱灯** 行李箱灯装于轿车或客车行李箱内，当开启行李箱盖时，灯自动亮，照亮行李箱内空间。其功率为5W。

（6）**门灯** 门灯装于轿车外张式车门内侧底部，当开启车门时，门灯亮，以告示后来行人、车辆注意避让。其功率为5W，光色为红色。

（7）**踏步灯** 踏步灯装在大中型客车乘员门内的台阶上，当夜间开启乘员门时，照亮踏板。

（8）**仪表照明灯**　仪表照明灯装在仪表板反面，用来照明仪表指针及刻度板，功率为 2W。仪表照明灯一般与示位灯、牌照灯并联。有些汽车仪表照明灯发光强度可调节。

（9）**工作灯**　工作灯是车辆维修时可以移动使用的一种随车低压照明工具，电源来自汽车发电机或蓄电池。其功率一般为 21W，常带有挂钩或夹钳，插头有点烟器式和两柱插头式两种。

图 6-23 所示为北京切诺基汽车各照明灯控制电路。

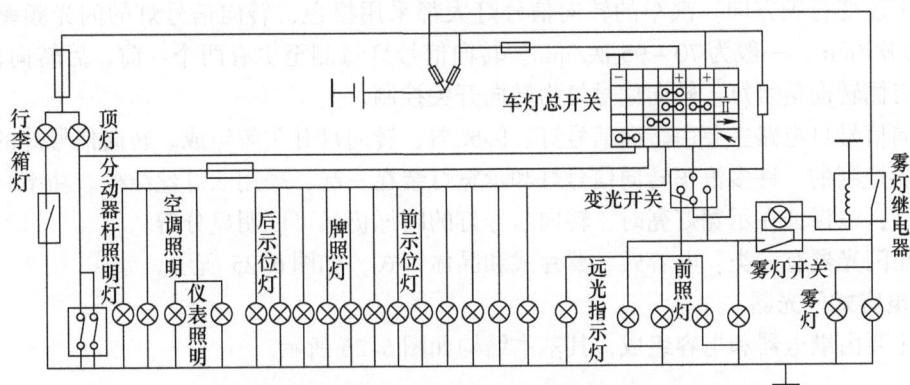

图 6-23　北京切诺基汽车各照明灯控制电路

图 6-24 所示为常见汽车各类灯的型号规格及形状。

图 6-24　常见汽车各类灯的型号规格及形状

▶▶▶ 6.4 汽车信号灯

灯光信号装置包括转向信号灯、制动信号灯、危险警告信号灯及示宽灯、驻车灯等。

6.4.1 汽车转向灯及闪光器

转向信号灯是用来指示车辆的行驶方向的，便于交通指挥，汽车上都有，简称转向灯。在汽车起步、超车、掉头和停车时，左侧或右侧的转向信号灯会发出明暗交替的闪光信号，以示汽车改变行驶方向。汽车的转向信号灯大都采用橙色，转向信号灯的闪光频率规定为60~120次/min，一般为70~95次/min。转向信号灯每侧至少有两个：前、后转向信号灯，有的还有侧转向信号灯。转向信号灯由转向开关控制。

转向信号灯电路主要由转向信号灯、闪光器、转向灯开关等组成。转向信号灯的闪烁是由闪光器控制的。许多汽车转向信号灯和示宽灯装在一起，采用双灯丝结构。功率高的是转向信号灯，以保证在示宽灯亮时，转向信号灯的闪烁仍然可以明显分辨。

常见闪光器有三类：电容式、翼片式和晶体管式，如图6-25所示。

1. 电容式闪光器

它主要由继电器和电容组成，其基本结构如图6-26所示。

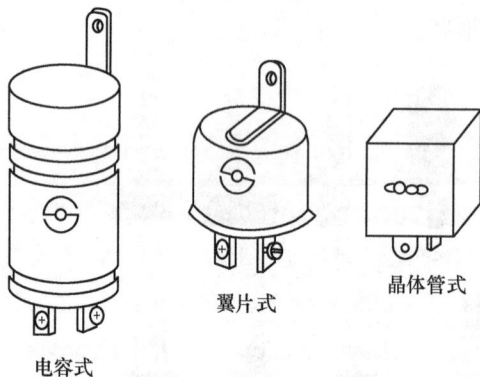

图6-25 常见闪光器

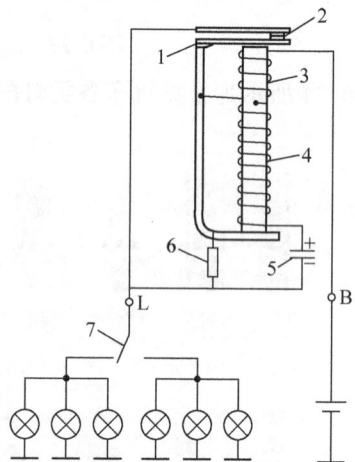

图6-26 电容式闪光继电器
1—弹簧片 2—触点 3—串联线圈
4—并联线圈 5—电容器 6—灭弧电阻 7—转向灯开关

工作原理：在继电器的铁心上绕有串联线圈3和并联线圈4，利用电容器充放电时串联线圈3和并联线圈4中电流方向相同或相反以及延时的特性，串联线圈3和并联线圈4所产生的电磁力的大小和方向控制常闭触点2进行周期的开闭动作，使转向信号灯因通过电流大小交替变化而闪烁。

在接通转向灯开关后形成回路①：

蓄电池＋→B接线柱→串联线圈3→触点2→接线柱L→转向灯开关7→转向灯（左或右）→搭铁。

同时并联线圈 4、电容器 5 及灭弧电阻 6 被触点 2 短路。串联线圈 3 中的电流产生的电磁力将克服触点的弹簧力，使触点 2 断开，此时转向灯还未来得及亮。触点 2 断开后，蓄电池对电容器充电，其充电回路②如下：

蓄电池 +→B 接线柱→串联线圈 3→并联线圈 4→电容器 5→接线柱 L→转向灯开关 7→转向灯（左或右）→搭铁。

充电回路②中电流很小，且灭弧电阻 6 的阻值很大，所以此时转向灯仍然不亮。随着电容器 5 逐渐充满电，回路②的充电电流逐渐减小，串联线圈 3 和并联线圈 4 中的电流产生的电磁力不足以克服弹簧的弹力，触点 2 闭合。回路①接通，转向灯亮，同时电容器 5 通过并联线圈 4 和灭弧电阻 6 构成放电回路。由于电容器 5 的放电电流在并联线圈 4 中的电流方向和串联线圈 3 中的电流方向相反，此时电磁力合力不足以将活动触点吸下，触点保持闭合，转向灯继续亮。随着电容器的放电电流逐渐减小，并联线圈 4 中的电磁力也逐渐减小，电磁力合力逐渐增大，最终克服弹簧弹力，将触点 2 断开，转向灯熄灭。如此进行周期反复，转向灯出现闪烁现象。

2. 翼片式闪光器

翼片式闪光器是利用电流的热效应，通过其热胀导通、冷缩断开，使翼片产生变形动作控制触点开闭，使转向信号灯闪烁。其特点是结构简单、体积小、闪光频率稳定、监控作用明显、工作时伴有响声。翼片式闪光器又分为直热式和旁热式两种。

（1）**直热式**　直热式闪光器的基本结构如图 6-27 所示。

工作原理：汽车转向时，接通转向灯开关，电流由蓄电池 +→接线柱 B→翼片→热膨胀条→活动触点→固定触点→接线柱 L→转向灯开关→转向信号灯和指示灯→搭铁，形成回路，转向信号灯立即发光。这时热膨胀条因通过电流而发热，膨胀伸长，翼片由自身的弹力而绷直，带动活动触点向上移动，使活动触点与固定触点分开，切断电流，于是转向信号灯熄灭。

当通过转向信号灯的电流被切断后，热膨胀条开始冷却收缩，又使翼片变成弓形，活动触点向下移动，与固定触点再次接触，接通电路，转向信号灯再次发光。

如此反复变化使转向灯产生了闪烁信号，标示车辆的行驶方向。

（2）**旁热式**　旁热式闪光器的基本结构如图 6-28 所示。

工作原理：电阻丝 2 一端与热膨胀条 1 相连，另一端与固定触点 5 相连。汽车转向时，接通转向灯开关，

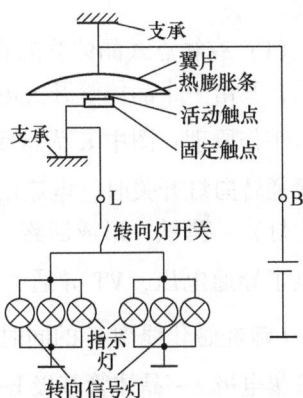

图 6-27　直热式闪光器的基本结构

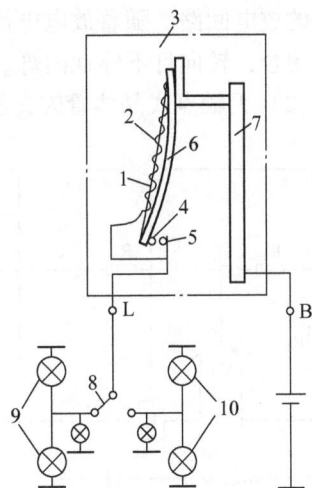

图 6-28　旁热式闪光器的基本结构

1—热膨胀条　2—电阻丝　3—闪光器
4—活动触点　5—固定触点　6—翼片
7—支架　8—转向灯开关　9—左转向灯
及指示灯　10—右转向灯及指示灯

电流由蓄电池＋→接线柱 B→支架 7→电阻丝 2→固定触点 5→接线柱 L→转向灯开关 8→转向灯及指示灯 9（或10）→搭铁，形成回路。由于电阻丝阻值较大，电流很小，转向灯不亮。此时电流流经电阻丝产生热量，使热膨胀条膨胀伸长，翼片由自身的弹力而绷直，带动活动触点与固定触点接触闭合，形成回路：蓄电池＋→接线柱 B→支架 7→翼片 6→活动触点 4→固定触点 5→接线柱L→转向灯开关 8→转向灯及指示灯 9（或 10）→搭铁。回路电流增大，转向灯亮。同时电阻丝 2 被翼片短路，电阻丝温度下降，使翼片变成弓形，带动活动触点与固定触点分离，电阻丝再次串入电路，如此反复变化使转向灯产生了闪烁信号。

3. 晶体管式闪光器

晶体管式闪光器具有性能稳定、可靠等优点。该类型闪光器又分为有触点式和无触点式。

（1）**有触点式晶体管闪光器（带继电器）** 带继电器晶体管闪光器的基本结构如图6-29所示，其由一个晶体管开关电路和一个继电器组成。

工作原理：图中 K 为常闭触点，当磁化线圈 K 通电后，常闭触点 K 受电磁力作用断开，当接通转向灯开关时，电流由蓄电池＋→R_0→常闭触点 K→转向灯开关 S→左转向灯（或右转向灯）→搭铁，形成回路。转向灯亮，此时电流流经 R_0 电阻时产生的压降，为晶体管 VT 提供了导通电压，VT 导通，集电极电流 I_c 流经磁化线圈 K，使常闭触点 K 断开，转向灯灭。I_c 流经磁化线圈 K 的同时，基极电流 I_b 为电容器 C 提供充电电流，电流由蓄电池＋→晶体管集电极 e→晶体管基极 b→电容器 C→转向灯开关 S→左转向灯（或右转向灯）→搭铁。随着电容器逐渐充满电，充电电流 I_b 逐渐减小，I_c 也逐渐减小，最终磁化线圈 K 中的电流产生的电磁力不足以吸下触点，常闭触点 K 闭合，转向灯再次亮。同时 R_1、R_2、C、K 构成电容器的放电回路。随着放电电流的逐渐减小，VT 再次导通，继电器控制常闭触点 K 不断地打开闭合，转向灯不停地闪烁。

（2）**无触点式晶体管闪光器** 无触点式晶体管闪光器的基本结构如图 6-30 所示。

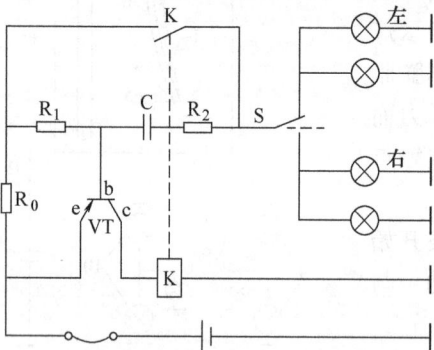

图 6-29 带继电器晶体管闪光器的基本结构

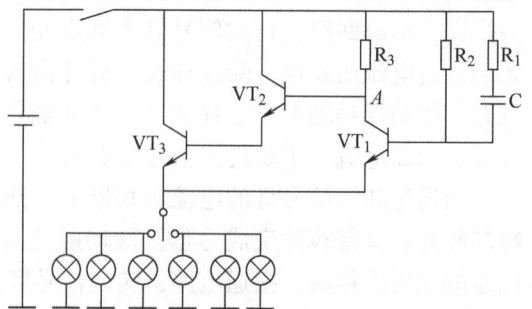

图 6-30 无触点式晶体管闪光器的基本结构

工作原理：当接通转向灯开关后，电阻 R_2 及 R_1 与 C 串联的这两条电路为 VT_1 提供了正向压降，VT_1 导通，VT_2 和 VT_3 截止，此时转向灯不亮。随着电容 C 逐渐充满电，充电电流逐渐减小，VT_1 由导通变为截止，A 点电位升高，达到 VT_2 正向偏压时，VT_2 导通，VT_3 也随之导通, 转向灯亮。同时, 电容器经 R_2 和 R_1 构成的回路放电, 之后电容器再次充电, VT_1 再次导通, 如此循环往复, 转向灯达到闪烁的效果。

6.4.2　汽车倒车灯及控制电路

倒车灯安装在汽车尾部, 当变速器挂倒档时, 自动亮, 照明汽车后侧, 同时警示后方车辆行人注意安全。功率一般为 $20 \sim 25W$, 光色为白色。

倒车信号装置包括倒车灯和倒车报警器。

1. 倒车灯及报警器电路

汽车倒车时, 为了警示车后的行人和其他车辆注意避让, 在汽车的后部装有倒车灯和倒车蜂鸣器（或倒车语音报警器）, 它们均由装在变速器上的倒档开关控制, 如图 6-31 所示。当变速杆挂入倒档时, 在拨叉轴的作用下, 倒档开关接通倒车报警器和倒车灯电路, 从而发出声光倒车信号, 如图 6-32 所示。

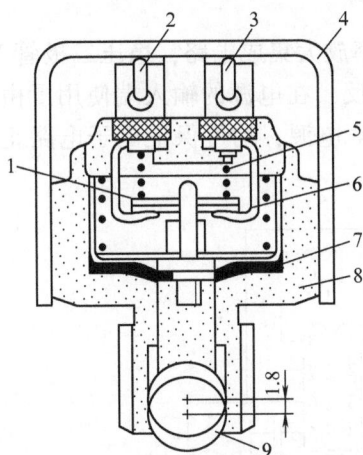

图 6-31　倒车灯开关
1—金属盘　2、3—导线　4—保护罩　5—弹簧
6—触点　7—膜片　8—壳体　9—钢球

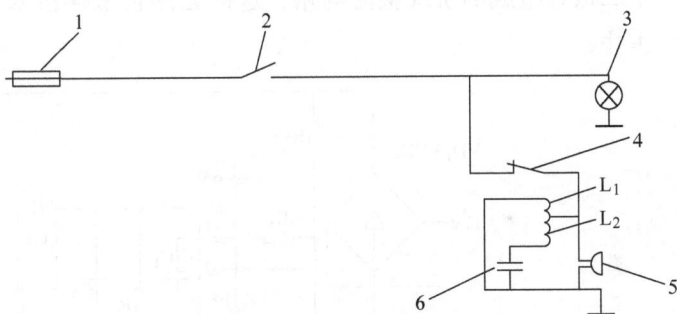

图 6-32　倒车灯及报警器电路
1—熔丝　2—倒车灯开关　3—倒车灯
4—继电器触点　5—蜂鸣器　6—电容器

2. 倒车报警器

倒车报警器有倒车蜂鸣器和倒车语音报警器两种。

(1) 倒车蜂鸣器　如图 6-33 所示, 当倒车灯开关闭合后, 一方面倒车灯亮, 另一方面倒车报警器也通电。由于继电器线圈 L_1 和 L_2 中的电流大小相等, 方向相反, 线圈电磁力抵消, 继电器触点 4 保持闭合, 所以倒车报警器蜂鸣器 5 有声响。随着电容器 6 被 L_2 中的电流充电, 两端电压逐渐升高, L_2 中的电流逐渐减小, 当电流减小到一定程度时, 两线圈电磁力差值就能克服触点的弹簧力吸开继电器触点 4, 使电路断开, 蜂鸣器便停止发声。触点打开后电容器向两线圈放电, 使触点继续断开, 随着电容器的放电, 其电压下降, 两线圈电磁力差值变小, 触点又闭合。

(2) 倒车语音报警器　随着集成电路技术的发展, 现在已经能将语音信号压缩存储于集成电路中, 制成倒车语音报警器。在汽车倒车时, 能重复发出"请注意, 倒车!"等声音, 以此提醒车后行人避开车辆而确保安全倒车。倒车语音报警器的典型电路如图 6-34 所

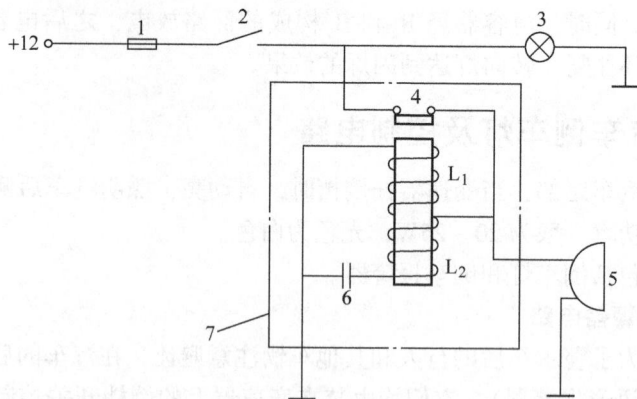

图6-33 倒车警示信号电路

1—熔丝 2—倒车灯开关 3—倒车灯 4—继电器触点 5—蜂鸣器

6—电容器 7—倒车信号发声控制器

示。IC_1是储存有语音信号的集成电路，集成块IC_2是功率放大集成电路，稳压二极管VD用于稳定语音集成块IC_1的工作电压。为防止电源电压接反，在电源的输入端使用了由四个二极管组成的桥式整流电路，这样无论它怎样接入12V电源，均可保证电子电路正常工作。

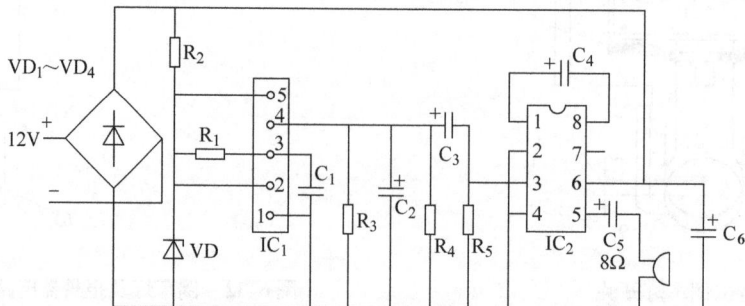

图6-34 倒车语音报警器的典型电路

当汽车挂入倒档时，倒车开关接通倒车报警电路，电源便由桥式整流电路输入语音倒车报警器，语音集成电路IC_1的输出端便输出一定幅度的语音电压信号。此语音电压信号经C_2、C_3、R_3、R_4、R_5组成的阻容电路消除杂音，改善音质，并耦合到集成电路IC_2的输入端，经IC_2功率放大后，通过蜂鸣器输出，即可发出清晰的"请注意，倒车!"等声音。

6.4.3 汽车制动灯及控制电路

制动灯安装在汽车尾部。在踩下制动踏板时，制动灯发出较强红光，以示制动。其功率为20~25W，光色为红色，灯罩显示面积较后示位灯大。为避免尾随大型车对轿车碰撞的危险，轿车后窗内可加装由发光二极管成排显示的高位制动灯。制动信号装置由制动信号灯、制动灯开关及连接电路组成。制动开关有液压式、气压式和机械式等，如图6-35和图6-36所示。

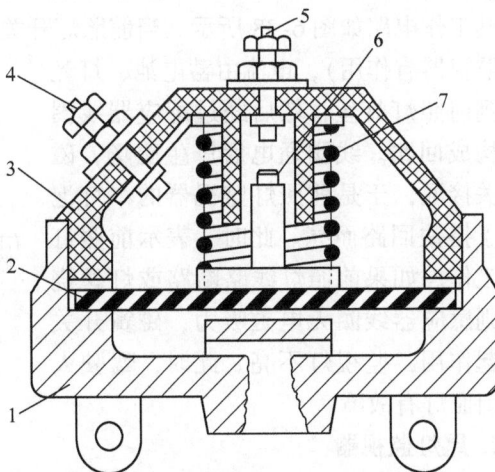

图 6-35　液压式制动信号灯开关

1—管接头　2—膜片　3—壳体　4—动触片
5—弹簧　6、7—接线柱及静触点　8—胶木底座

图 6-36　气压式制动信号灯开关

1—壳体　2—膜片　3—胶木盖
4、5—接线柱　6—触点　7—弹簧

☞ 6.4.4　监视器及报警系统

1. 前照灯监视器

前照灯监视器有光导纤维式和感应式两种类型。

（1）光导纤维式前照灯监视器　光导纤维是一种远距离传输光线的装置，由有机玻璃丝制成，它的外部包有具有隔光作用的透明的聚合物质。当灯泡产生的光线通过光导纤维时，在其内部经多次反射，曲折前进传到末端。将光导纤维一端接到前照灯反射镜内，接受前照灯灯泡的光线，另一端接到左右挡泥板处的前照灯监视器上，驾驶人便可方便地判断前照灯是否正常发光。当接通前照灯时，监视器在变光前后均应发光，否则说明该侧前照灯不亮，监视器结构如图 6-37 所示。

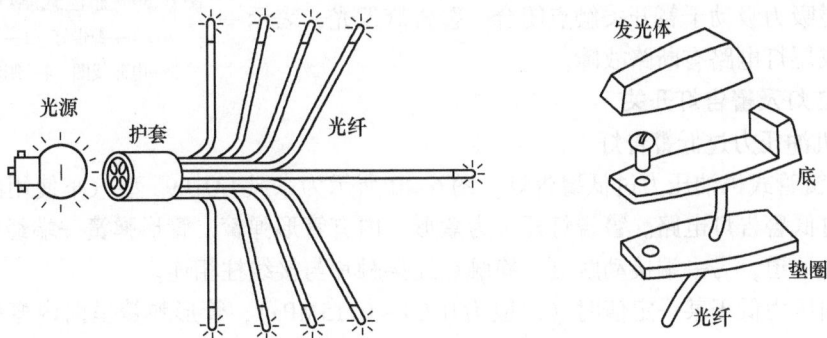

图 6-37　前照灯光纤监视器与光纤照明

另外在只需要微弱光线照明且不便安装灯泡的地方，如仪表表面、烟灰缸、门锁孔等处，可采用光导纤维照明。

（2）**感应式前照灯监视器**　感应式前照灯监视器由感应器、灯泡、指示灯等元器件组成，其工作电路如图 6-38 所示。当前照灯开关打开时（四灯式的只有 2 号灯泡，即双丝灯泡对监视器有作用），电流由蓄电池、灯光开关到前照灯灯丝，然后经过感应器线圈搭铁构成回路。线圈通电后产生磁场，磁簧开关接通，于是前照灯监视器的小灯泡也有了搭铁回路而亮。此时，表示前照灯正常工作。如果前照灯线路断路或灯丝烧断，则感应器线圈无电磁吸力，磁簧开关也不起作用，监视灯不亮。此时，驾驶人得知前照灯有故障。

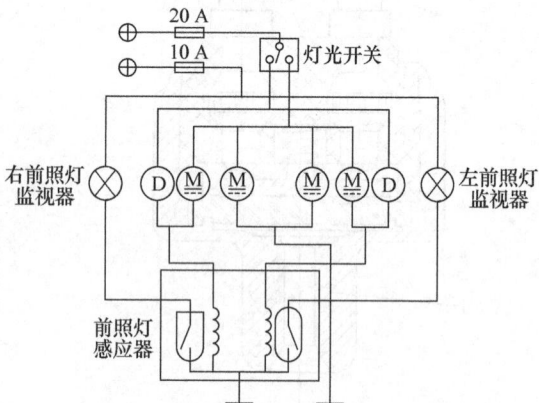

图 6-38　感应式前照灯监视器工作电路

2. 尾灯监视器

利用尾灯监视器，驾驶人在驾驶座位上即可检查尾灯及制动灯的工作情况。通常尾灯监视器有两种形式：一种是采用光导纤维的传光线；另一种是采用电路设计，将警告灯装在仪表板上。

（1）**光导纤维式尾灯监视器**　光导纤维传光线的一端接到尾灯反射镜内，用以引导光源，另一端则接到指示器。指示器大多安装在后挡泥板上方，由后照镜反射到可以看到的位置。开尾灯或踩制动踏板时，指示器有亮光，表示尾灯或制动灯工作正常。

（2）**感应式尾灯监视器**　感应式尾灯监视器电路如图 6-39 所示。在正常情况下制动时，踩下制动踏板，制动灯开关接通，电流分别流经左右两电磁线圈使左右制动信号灯亮。此时，两线圈所产生的磁场相互抵消，干簧管开关触点断开，警告灯不亮。若左（或右）制动信号灯或尾灯线路断路或灯丝烧断，则左（或右）电磁线圈无电流通过，而通电的线圈所产生的电磁吸力吸动干簧开关触点闭合，警告灯发光，表示一侧制动灯或尾灯电路有断路故障。

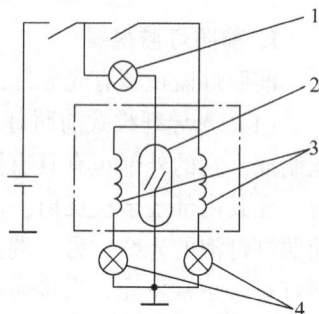

图 6-39　感应式尾灯监视器电路

1—警告灯　2—干簧管
3—电磁线圈　4—制动灯或尾灯

3. 警告灯及警告灯开关

（1）**机油压力过低警告灯**

1）弹簧管式机油压力过低警告灯。图 6-40 所示为东风 EQ1092 型汽车使用的弹簧管式机油压力过低警告灯电路。警告灯开关为盒形，内有管形弹簧，管形弹簧一端经管接头通向润滑系统主油道，另一端接动触点，静触点经接触片与接线柱相连。

当机油压力低于某一定值时（一般为 0.03～0.15MPa），管形弹簧呈向内弯曲状态，于是触点接合，电路接通，警告灯亮。当机压油力达到正常值时，管形弹簧变形增大，触点张开，警告灯熄灭。

2）膜片式机油压力过低警告灯。膜片式机油压力过低警告灯电路如图 6-41 所示。当机油压力低于一定值时，油压报警传感器中的动触点下降与静触点相接触，接通油压警告灯电路，警告灯发光。

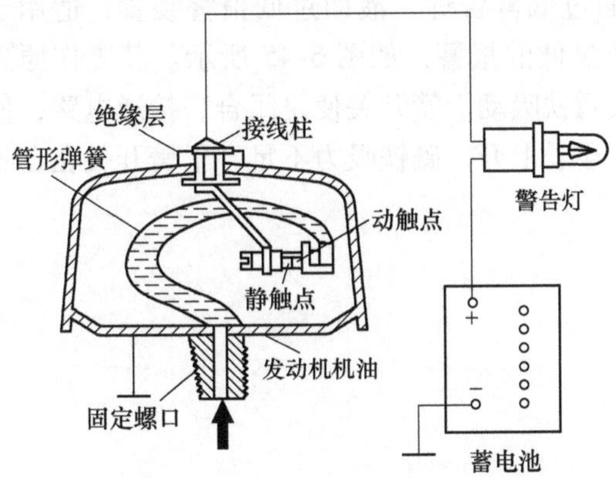

图 6-40 东风 EQ1092 型汽车使用的弹簧管式机油压力过低警告灯电路

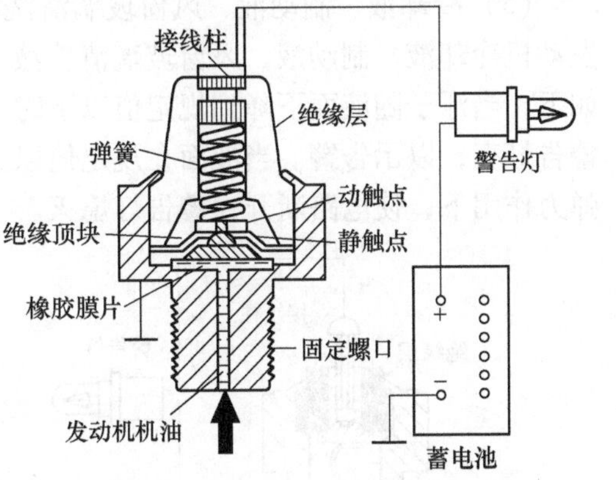

图 6-41 膜片式机油压力过低警告灯电路

（2）**燃油不足警告灯** 燃油不足警告灯电路如图 6-42 所示。其报警开关为热敏电阻式开关，装在油箱内。当油箱内燃油量多时，负温度系数的热敏电阻元件浸没在燃油中散热快，温度较低，电阻值较大。因此电路中几乎没有电流，警告灯不亮。而当燃油减少到规定值以下时，热敏电阻元件露出油面，散热较慢，温度升高，电阻值减小，电路中电流增大，则警告灯亮。

（3）**气压过低警告灯** 制动系统气压过低报警电路如图 6-43 所示。气压过低报警开关装在储气筒或制动阀压缩空气输入管中。接通电源，当储气筒内的气压低于 0.45MPa 时，由于作用在气压报警开关膜片下方的空气压力减小，于是膜片在复位弹簧的作用下向下移动，使触点闭合，电路接通，警告灯发光。当储气筒中的气压升到 0.45MPa 以上时，由于膜片下方气压增大，使复位弹簧压缩，触点打开，电路切断，警告灯熄灭。行车中气压过低警告灯突然亮时，应立即停车，查找原因，排除故障，使气压恢复到正常值。

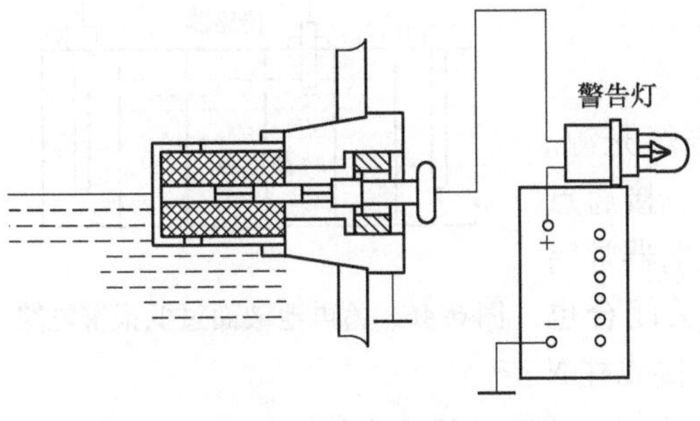

图 6-42 燃油不足警告灯电路

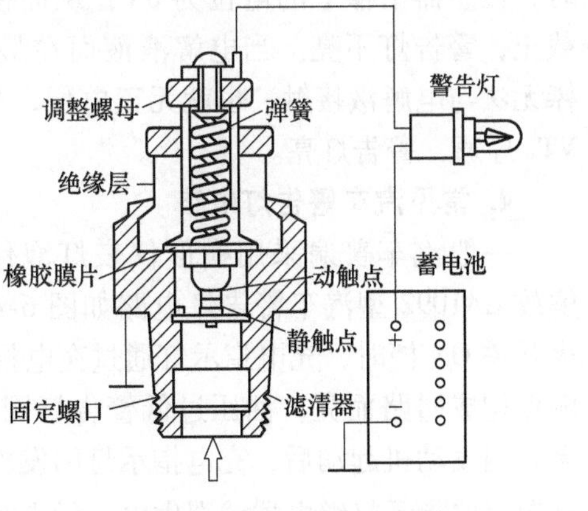

图 6-43 制动系统气压过低报警电路

（4）**冷却液温度过高警告灯** 冷却液温度过高警告灯电路如图 6-44 所示，其报警开关为双金属片式温度开关。当冷却液温度正常时，双金属片变形小，触点分开，警告灯不亮。

当冷却液温度升高到105℃以上时，双金属片由于温度升高而弯曲变形较大，使触点闭合，警告灯电路接通变亮。

（5）冷却液、制动液、风窗玻璃清洗液液面过低警告灯 液面过低报警装置，适用于发动机冷却液、制动液、风窗玻璃清洗液等液面过低的报警，如图6-45所示。其工作原理如下：当浮子随液面下降到规定值以下时，永久磁铁吸动干簧开关使之闭合，接通电路，使警告灯亮，以示告警。当液面在规定值以上时，浮子上升，磁铁吸力不足，干簧开关在自身弹力作用下，使电路断开，警告灯熄灭。

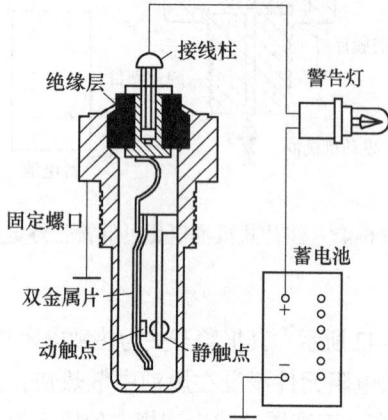

图6-44 冷却液温度过高警告灯电路

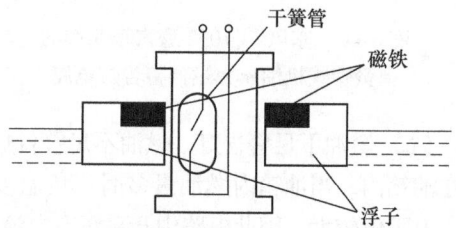

图6-45 冷却液、制动液、风窗玻璃清洗液液面过低报警装置

（6）蓄电池液面过低警告灯 图6-46所示为蓄电池液面过低报警电路。其报警开关是一个电子开关，由传感器和放大器组成。传感器为一铅棒，通常安装在由蓄电池正极柱算起第三个单体内。当蓄电池液面高度正常时，传感器铅棒上的电位为8V，从而使VT_1导通，VT_2截止，警告灯不亮。当电解液液面在最低限以下时，铅棒无法与电解液接触，也就无正电位，从而使VT_1截止，VT_2导通，警告灯亮。

4. 常见汽车警告灯电路

一般汽车普遍采用楔形仪表灯泡作为警告灯光源。解放CA1092型汽车警告灯电路如图6-47所示。接通点火开关ON档时，充电指示灯通过充电指示灯继电器常闭触点构成回路而亮，油压过低警告灯因油压开关闭合也亮。当发动机起动后，充电指示灯因发电机中性接线柱N

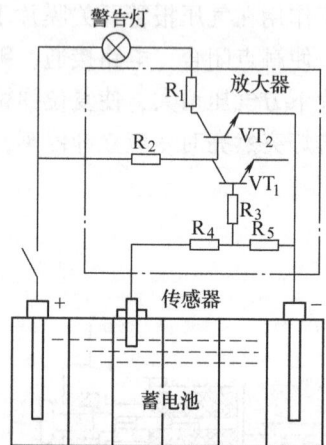

图6-46 蓄电池液面过低报警电路

已向充电指示灯继电器线圈供电，触点被吸开而熄灭，油压过低警告灯因发动机已建立油压（使开关断开）而熄灭。驻车制动器指示灯在驻车制动器拉杆拉紧时亮，而在拉杆松开时熄灭。制动气压过低时，气压过低警告灯亮，此时若松开驻车制动器拉杆，制动气压过低报警蜂鸣器会发出鸣叫声，以示气压过低，起步有危险。

有些轿车如桑塔纳（普通型）、捷达轿车等采用发光二极管作警告灯。发光二极管警告灯具有结构简单、寿命长、耗电省、美观鲜艳、易于识别等特点。电路一般增设降压电阻及电子驱动控制器，比白炽灯泡型仪表警告灯复杂。上海桑塔纳普通型轿车警告灯电路如图 6-48 所示。

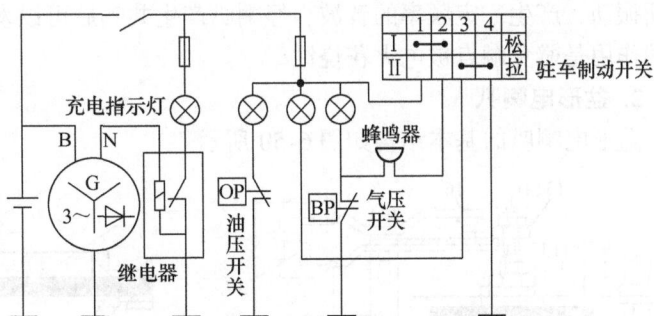

图 6-47　解放 CA1092 型汽车警告灯电路

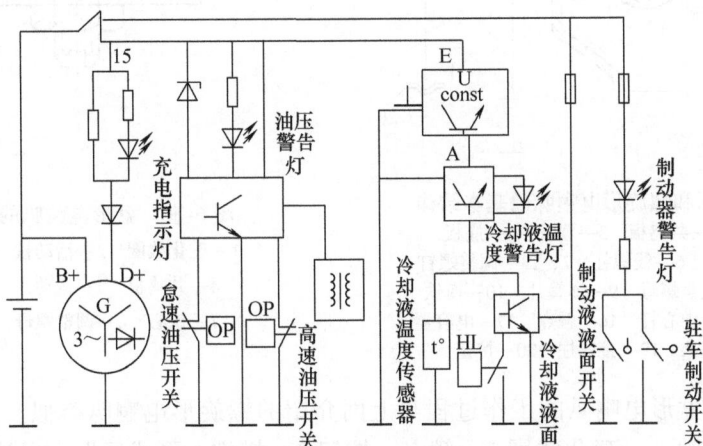

图 6-48　上海桑塔纳普通型轿车警告灯电路

6.5　汽车电喇叭

6.5.1　汽车电喇叭的结构及工作原理

喇叭的作用是警告行人和其他车辆，以引起注意，保证行车安全。喇叭按发声动力不同有气喇叭和电喇叭之分。气喇叭是利用气流使金属膜片振动产生音响，外形一般为筒形，多用在具有空气制动装置的重型载货汽车上。电喇叭是利用电磁力使金属膜片振动而发声，其声音悦耳，广泛应用于各种类型的汽车。根据电喇叭的结构不同可以分为筒形、螺旋形和盆形等。由于盆形喇叭具有结构尺寸小、质量小、指向性好等特点，被现代汽车普遍采用。

1. 筒形和螺旋形电喇叭

筒形和螺旋形电喇叭的基本结构如图 6-49 所示。

工作原理：当按下喇叭按钮，电流经蓄电池 +→接线柱 19→磁化线圈 11→触点 16→接线柱 19→按钮 20→搭铁，形成回路。电流流经线圈 11 时，产生的电磁力将衔铁 10 吸下，触点 16 断开，回路电流被切断，线圈 11 中电流中断，电磁力消失，衔铁在弹簧力的作用下带动膜片回到原位，触点再次闭合，回路接通，触点又断开。如此重复循环，衔铁带动膜片不断振动，产生一定频率的音波，经喇叭产生共鸣后可以发出悦耳的声音。在触点间并联电容的作用是避免触点被电火花烧蚀。

2. 盆形电喇叭

盆形电喇叭的基本结构如图6-50所示。

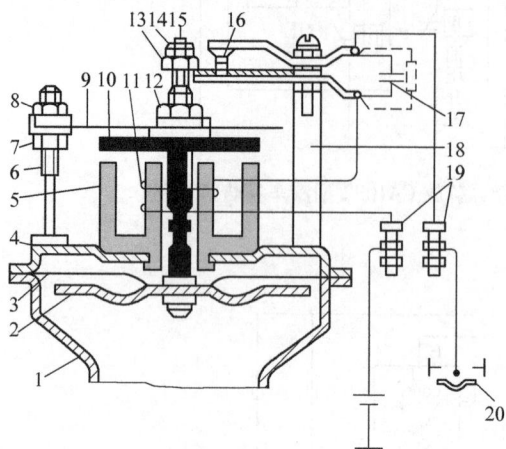

图6-49 筒形和螺旋形电喇叭的基本结构
1—喇叭 2—共鸣板 3—膜片 4—底板
5—山字形铁心 6—线螺柱 7、13—调整螺钉
8、12、14—锁紧螺母 9—弹簧片 10—衔铁
11—线圈 15—中心杆 16—触点 17—电容器
18—触点支架 19—接线柱 20—按钮

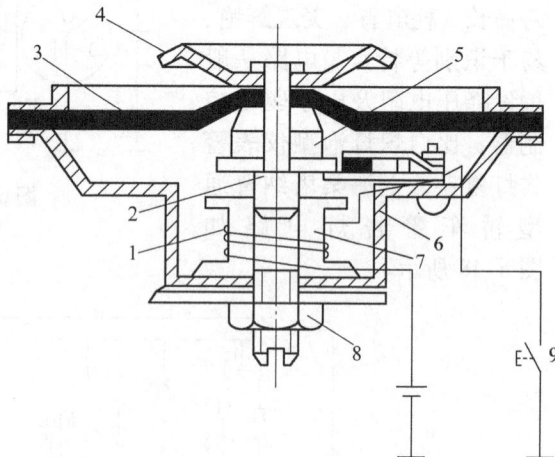

图6-50 盆形电喇叭的基本结构
1—磁化线圈 2—活动铁心 3—膜片
4—共鸣板 5—振动片 6—外壳
7—铁心 8—调整螺母 9—按钮

工作原理：盆形电喇叭的工作过程与上面介绍的螺旋形电喇叭类似。当接通喇叭按钮时，电流经蓄电池+→磁化线圈1→触点→按钮9→搭铁，形成回路。电流流经线圈1时，产生的电磁力将活动铁心2吸下，触点断开，回路电流被切断，磁化线圈1中电流中断，电磁力消失，活动铁心带动膜片回到原位，触点再次闭合，回路接通，触点又断开。如此循环，衔铁带动膜片不断振动，发出声音。同样盆形电喇叭也使用了灭弧电容保护触点。

6.5.2 喇叭继电器

为了得到更加悦耳的声音，在汽车上常装有两个不同音调（高、低音）的喇叭，其中高音喇叭膜片厚，扬声筒短，低音喇叭则相反。有时甚至用3个（高、中、低）不同音调的喇叭。

装用单喇叭时，喇叭电流是直接由按钮控制的，按钮大多装在转向盘的中心。

当汽车装用双喇叭时，由于消耗电流较大（15～20A），用按钮直接控制易烧坏按钮。为了避免这个缺点，汽车上常采用喇叭继电器，其构造和接线方法如图6-51所示。

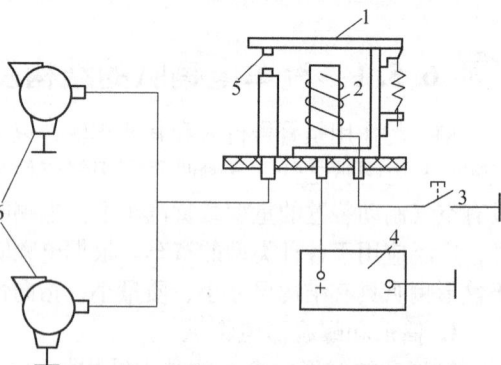

图6-51 喇叭继电器的构造和接线方法
1—活动触点臂 2—磁化线圈 3—按钮
4—蓄电池 5—活动触点 6—喇叭

6.5.3　电喇叭控制电路检修与调整

1. 喇叭音调的调整

减小衔铁与铁心间的间隙，可以提高音调，反之音调降低。调整时铁心要平整，铁心与衔铁四周的间隙要均匀，否则会产生杂音。

2. 喇叭音量的调整

电喇叭音量的大小与通过喇叭线圈中的电流大小有关。需增大音量时，使触点的压力增大，由于触点的接触电阻减小，触点闭合的时间增长，通过线圈的电流增大，音量也相应增大。反之喇叭音量就减小。

此外喇叭触点应保持清洁。

喇叭的固定方法对其发声影响极大。为了使喇叭的声音正常，喇叭不能做刚性的装接，而应固定在缓冲支架上，即在喇叭与固定支架之间装上片状弹簧或橡皮垫。

6.6　汽车照明、信号系统及报警装置的故障诊断及检测

6.6.1　汽车照明、信号系统及报警装置检修

1. 照明、信号灯的检修

1）灯泡、散光玻璃损坏，应更换。

2）灯座接触不良或线头松脱，可用打磨、紧固的方法修复。

3）反射镜沾有尘土、脏污，应清洁。

4）散光玻璃和反射镜之间如密封不良，应更换密封衬垫。

2. 开关及保护装置的检修

1）开关、保护器触点脏污或烧蚀导致其接触不良，可对其清洁、打磨。

2）熔丝、熔丝管、熔片熔断后，应更换。

3）各开关、熔断器的接线柱锈蚀或脏污，应将其打磨、擦拭干净。

6.6.2　汽车照明、信号系统及报警装置常见的故障

1. 照明灯故障的检查及排除

（1）前照灯不亮

1）故障原因：

① 车灯开关出现故障。

② 灯光继电器出现故障。

③ 变光开关出现故障。

④ 灯泡烧坏。

⑤ 有关连接导线接错。

⑥ 远光灯与近光灯的熔丝烧断。

2）检查排除方法：

① 将车灯开关拉至二档，用直流试灯检查继电器 L 接线柱是否有电。

② 用直流试灯检查变光开关的 3 个接线柱是否有电。

（2）车灯开关损坏

1）故障原因：前照灯继电器 B 与 SW 两接线柱的连接导线相互接错。

2）检查排除方法：检查前照灯继电器接线，若有错误，应拆下重接。若车灯开关损坏，应更换。

（3）前照灯远近光不全

1）故障原因：

① 变光开关部分损坏。

② 变光开关至前照灯导线或熔丝断路。

③ 远光或近光灯丝烧断。

2）检查排除方法：

① 检查近光灯或远光灯熔丝，若烧断应更换。

② 若熔丝无故障，使用直流试灯检查变光开关。

③ 将试灯接于近光灯或远光灯的相线端，观察试灯是否亮。

（4）左右远近光不一致

1）故障原因：前照灯接插件连接错误。

2）检查排除方法：将前照灯 6 根导线的接插件全部拔开，重新连接。具体方法如下：将车灯开关拉至二档，踏变光开关使远光指示灯亮，用左侧导线束的 3 个接插件逐一与左内侧远光灯试接。当某根导线连接时亮，该导线即为远光灯相线。

2. 转向信号灯故障的检查及排除

（1）转向信号灯全不亮

1）故障原因：

① 熔丝断路、电源线断路或灯系中有短路处。

② 闪光继电器损坏。

③ 转向信号灯开关损坏。

2）检查与排除方法：检查熔丝是否熔断，若熔断，一般是灯系中有搭铁故障引起。在上述检查中熔丝未断，一般是灯系中有断路故障。

（2）转向信号灯单边亮度和闪光失常

1）故障原因：不正常的一边灯泡搭铁不良所致。

2）检查排除方法：可将转向开关放在空档，打开示宽灯进行检验。若出现一边示宽灯亮度正常，另一边示宽灯亮度暗淡，表明亮度暗淡的示宽灯的搭铁不良。

（3）转向信号灯闪光频率不正常

1）故障原因：

① 导线接触不良。

② 灯泡功率选用不当或某一边有一灯泡烧坏。

③ 闪光继电器调整不当。

2）检查排除方法：检查闪光继电器、转向信号灯开关接线柱上接线是否松动，灯泡功率是否与规定相符，左右灯泡功率是否相同。若上述无故障，检查调整闪光器。

3. 其他照明及信号灯故障的检查与排除

（1）灯泡经常烧坏

1）故障原因：发电机电压调整过高。

2）检查排除方法：用万用表直流电压档测量发电机输出电压，若电压过高，应调整调节器使发电机输出电压符合规定。

（2）制动灯不亮

1）故障原因：

① 线路中有断路或搭铁处。

② 制动灯开关失灵。

③ 灯泡烧坏。

2）检查排除方法：在踏下制动踏板后，制动信号灯不亮时，可先检查熔丝是否良好。若熔丝已熔断，一般为制动灯电路中有搭铁故障，可在已断的熔丝两端接一试灯，用逐段断路法检查排除故障。若熔丝未熔断，可能是制动灯电路有断路之处，可用螺钉旋具短接制动灯开关两接线柱。如果制动灯亮，为制动灯开关损坏，应更换；若制动灯仍不亮，可用试灯法逐点检查排除故障。

▶▶▶ 6.7　汽车照明、信号系统及报警装置的故障案例分析

案例 1

（1）故障现象　一辆 BJ2020NJ 型指挥车，行驶中按喇叭时电流表显示大电流充电。

（2）故障诊断　停车检查，各线路连接正确、牢靠。发动机运转时按喇叭，喇叭音量正常，但音质差，且电流表显示大电流充电；发动机在怠速、低速运转或熄火后按喇叭，电流表显示正常，但喇叭音量较弱，且按下按钮后反应迟缓。拆解喇叭检查，发现断电器触点严重烧结。电流表串联在发电机与蓄电池之间，而喇叭的用电不经过电流表，直接由蓄电池供给。当发动机不运转或低速运转时，喇叭由蓄电池供电，此时使用喇叭电流表无显示；当发动机转速升高，发电机开始向蓄电池充电时，若喇叭有故障，按喇叭时则会大电流放电，致使蓄电池两端的电压降增大，从而导致充电电流增大。

（3）故障排除　更换断电器触点，故障排除。

案例 2

（1）故障现象　一辆奇瑞 A5 轿车，发动机型号为 SQR484，行驶里程 3 万 km，前照灯有时会突然亮，但又马上熄灭。

（2）故障诊断　在试车中发现故障是在换档的情况下出现的，于是怀疑是变速杆碰到线路造成搭铁，把变速杆拆掉没发现变速杆与线路搭铁。但是这时想到车辆行速时换档必须踩离合器踏板，就检查离合器踏板处，发现前 ISU 的 A17 号端子到近光继电器的这根线表皮已磨损，在踩下离合器踏板时碰到离合器踏板造成搭铁，因此在行驶时踩下离合器时前照灯的近光灯亮起，在松开踏板时前照灯熄灭。

（3）故障排除　重新包扎、固定处理后故障排除。

案例 3

（1）故障现象　一辆东方之子轿车，发动机型号为 4G64，行驶里程 6 万多 km，在所有车门关闭后室内后顶灯不灭，同时点火开关的钥匙照明灯也不熄灭，按遥控器时门锁能锁上（即闭锁器工作正常），但防盗指示灯不闪、防盗喇叭不响。

（2）故障诊断　试车故障出现，用诊断仪读取 ISU 的数据流，显示左前门开关信号处

于开状态，关闭左前门后还是显示开状态。根据控制电路（图6-52）：室内顶灯和钥匙照明灯分别受ISU的B11号和C2号端子控制搭铁，车门关闭后B11号和C2号端子在延时8s后断开，顶灯和钥匙照明灯熄灭，其中钥匙照明灯只受左前门控制，任何一车门打开，通过门锁上的调节开关给ISU送入一个开门信号，ISU控制C2号端子搭铁，室内顶灯亮。车门信号包括四门信号、发动机舱盖信号、行李箱盖信号，这些信号中如果有某一个信号不正常，系统就会出现按遥控器时门能锁上，但防盗指示灯不闪、防盗喇叭不响等现象。拆卸左前门锁，发现左前门升降器上的润滑脂流到门锁插头上，造成插头接触不良。

（3）**故障排除** 处理门锁插头，故障排除。

案例4

（1）**故障现象** 一辆北京现代ix35车型，只要打开点火开关，左侧转向灯就自动亮。

（2）**故障诊断** 接车后打开点火开关，左侧转向灯自动亮起，实际上并没有左转向。使用解码器

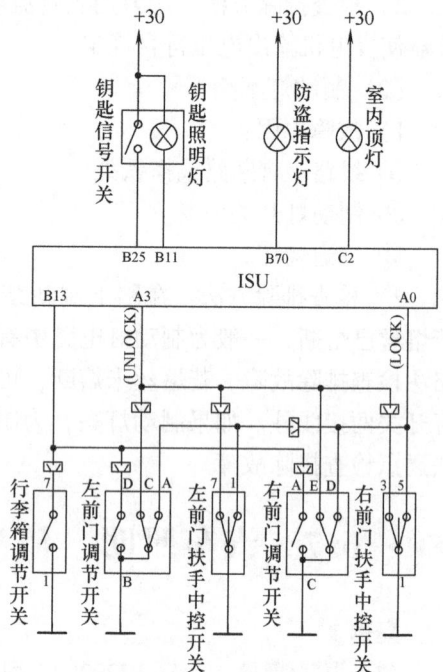

图6-52 东方之子室内顶灯和钥匙照明灯控制电路

读取BCM系统数据流发现，左侧转向灯处于工作状态，说明BCM已经收到左转向的信号。查阅电路图，通过分析得知，车身控制模块插头M13-A四号端子有信号电压，会产生此故障现象。当断开组合开关插头后转向灯熄灭，测量该信号电压为零。将插头插入组合开关，在扭动插头的时候左侧转向信号线间断出现12V电压，由此判断组合开关损坏。

（3）**故障排除** 更换组合开关后故障排除。

案例5

（1）**故障现象** 一辆起亚3.5L V6 OPIRUS新车，行驶里程2100km，出现左半边前后小灯均不亮的现象。

（2）**故障诊断** 如果是灯泡损坏，不会前后左半边同时损坏，因此首先排除灯泡原因造成的故障。之后检查熔丝，发现同时控制左半边小灯的10A熔丝烧断，换上新的熔丝，灯亮了。当时没发现有任何异常情况。可是一周之后，问题又出现了，同样是熔丝烧断。至此可以判断，很可能是线路上某个地方短路造成的。可是此车是新车，不可能出现线路老化现象而引起短路故障。顺着线路检查，发现左半边前后小灯属于同一线路。同时，它还与左半边牌照灯线路连在一起。拆下牌照灯后，故障最终水落石出。牌照灯连线原来就在牌照内装饰板的正下方，车管部门在给新车安装牌照时，使用了自攻螺钉，正好卡在线路上，擦破了导线的绝缘层。由于小灯使用不频繁和短路情况不很严重，刚换熔丝时，故障没有立即出现，而是要使用一段时间后才会出现。

（3）**故障排除** 用绝缘胶带包好导线，稍微移动线路位置，让开牌照螺钉，换上新的熔丝，故障排除。

练习与思考题

1. 填空题

1) 汽车前照灯按其结构不同，可分为_____、_____和_____三种类型。

2) 汽车转向闪光器按其结构原理分类，常见的有_____闪光器、_____闪光器、_____闪光器。

3) 报警装置由_____和_____组成。

4) 电喇叭按结构不同可分为_____、_____和_____三种。

5) 汽车灯具按其功能可分为_____和_____两类。

6) 目前汽车前照灯的灯泡主要有_____灯泡和_____灯泡两种。

2. 选择题

1) 汽车前照灯比较广泛采用的是（　　）。

A. 可拆式前照灯　　　　B. 半可拆式前照灯　　　　C. 真空灯

2) 电喇叭音调的高低与铁心气隙有关，铁心气隙小，膜片的振动频率_____，气隙大，膜片的振动频率_____。

A. 高　　　　　　　　B. 低　　　　　　　　C. 大　　　　　　D. 小

3) 电喇叭音量的大小与通过喇叭线圈的_____大小有关。

A. 电流　　　　　　　B. 电压

4) 下列属于汽车外部灯具的是_____。

A. 前照灯　　　　　　B. 顶灯　　　　　　　C. 牌照灯　　　　D. 转向灯

5) 前照灯应能保证车前有明亮而均匀的照明，使驾驶人能看清车前_____m 内的路面障碍物。

A. 10　　　　　　　　B. 50　　　　　　　　C. 100~150　　　　D. 500 以上

6) 当灯的功率较小时，灯的电流直接受_____控制；当灯的数量多、功率大时，为了减少开关热负荷，减少线路压降而采用_____控制。

A. 灯光总开关　　　　B. 点火开关　　　　　C. 继电器　　　　D. 断电器

3. 判断题

1) 为了避免前照灯眩目，常采用远光和近光双丝灯泡。（　　　）

2) 真空灯在汽车上应用得最多。（　　　）

3) 在电容式闪光器中，对电容器的接线无特殊要求。（　　　）

4. 简答题

1) 汽车前照灯由哪几部分组成？反射镜有何作用？

2) 避免前照灯眩目的措施有哪些？

3) 汽车报警装置的作用是什么？

4) 汽车常见的报警装置有哪些？

第7章

汽车仪表

基本思路:

汽车仪表是汽车的窗口，是汽车驾驶人了解汽车相关性能的关键。各仪表相对是一个独立的机构，主要"积木"有提供信号的传感器、产生动力的动力源和指示装置等。本章学习和研究的重点是把握电的流动路线和力的传递路线。

▷▷▷ 7.1 概述

1. 汽车仪表的分类

按工作原理分类，汽车仪表可分为:

1）机械式仪表。即利用机械作用力工作的仪表。

2）电气式仪表。即利用电测原理，通过各类传感器将被测的非电量变换成电信号（模拟量）加以测量的仪表。

3）模拟电路电子式仪表。其工作原理与电气式仪表基本相同，只不过是用电子元器件（分立元件和集成电路）取代原来的电气器件，现在均采用各种专用集成电路。

4）数字式仪表。即由电控单元（ECU）采集传感器的信号，将模拟量转换为数字量，经分析处理后控制显示装置的仪表。

按安装方式分类，汽车仪表可分为:

① 组合式仪表。即将各仪表组合安装在一起。如图7-1所示的福特领航员组合仪表。

② 分装式仪表。即将各仪表单独安装。

2. 数字式仪表的优点

1）测量的精准度高。

2）重复性好。

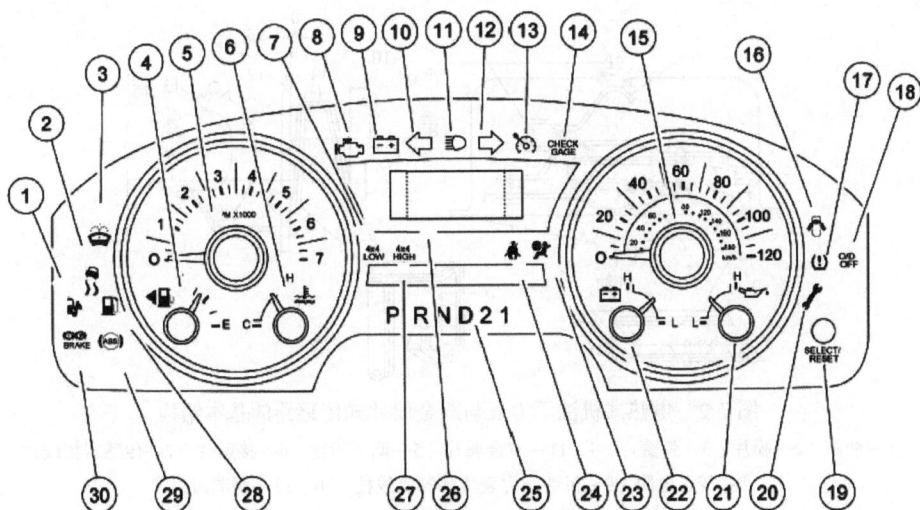

图 7-1　福特领航员组合仪表

1—燃油箱盖指示灯　2—牵引力控制指示灯　3—洗涤液液位低指示灯　4—燃油表　5—转速表　6—冷却液温度表
7—4×4 LOW（低速档）指示灯　8—故障指示灯　9—充电系统报警指示灯　10—左转向指示灯　11—远光指示灯
12—右转向指示灯　13—速度控制指示灯　14—CHECK GAGE（检查仪表）报警指示灯　15—车速表
16—车门未关严报警指示灯　17—胎压低报警指示灯　18—O/D OFF（超速档关闭）指示灯
19—SELECT/RESET（选择/重设）按钮　20—电子节气门控制报警指示灯　21—机油压力表　22—电压表
23—安全气囊报警指示灯　24—安全带报警指示灯　25—档位选择器　26—显示中心　27—4×4 HIGH（高速档）指示灯
28—燃油压力低报警指示灯　29—防抱死制动系统（ABS）报警指示灯　30—制动报警指示灯

3）分度均匀。

4）响应速度快、无抖动。

5）可靠性高。

6）通用广泛。

▶▶▶ 7.2　传统仪表

☞ 7.2.1　机油压力表

机油压力表的作用：机油压力表可以显示发动机主油道的机油压力大小，使驾驶人了解润滑系统的情况，防止因缺机油而造成拉缸、烧瓦等故障的发生。

机油压力表的组成：它由机油压力传感器和机油压力指示表两部分组成。

机油压力表的种类：机油压力表可分为电热式、电磁式和弹簧式三种；机油压力传感器可分为双金属片式和可变电阻式两种。常用的是电热式机油压力表配双金属片式机油压力传感器和电磁式机油压力表配可变电阻式机油压力传感器。

1. 电热式机油压力表与双金属片式机油压力传感器

（1）结构　电热式机油压力表又称为双金属片式机油压力表，其与双金属片式传感器的基本结构如图 7-2 所示。

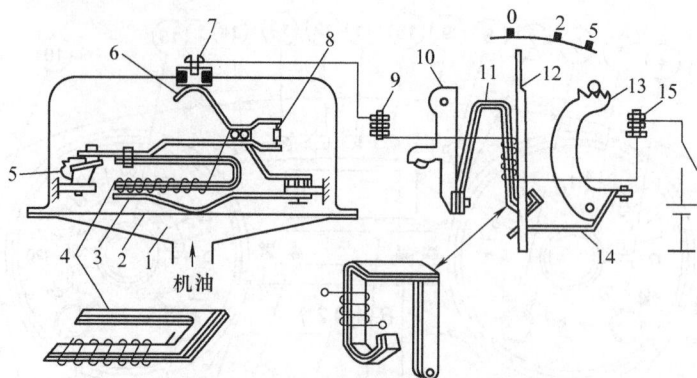

图 7-2　电热式机油压力表与双金属片式传感器的基本结构

1—油腔　2—膜片　3—弹簧片　4、11—双金属片　5—调节齿轮　6—接触片　7—传感器接线柱

8—校正电阻　9—机油压力表传感器接线柱　10、13—调节齿扇　12—指针　14—弹簧片　15—机油压力表电源接线柱

（2）原理　当点火开关置于"ON"时，电流流过双金属片4的加热线圈，双金属片4受热变形，使触点分开；随后双金属片4又冷却伸直，触点又闭合。如此反复，电路中形成脉冲电流。

当油压降低时，传感器膜片2变形小，触点压力小，闭合时间短，打开时间长，变化频率低，电路中平均电流小，双金属片11弯曲变形小，指针偏摆角度小，指向低油压。反之，当油压升高时，指针偏摆角度大，指向高油压。

（3）使用　在安装传感器时，必须使传感器外壳上的箭头（安装记号）向上，不应偏出垂直位置30°。

发动机低速运转时，机油压力不应小于0.15MPa；发动机高速运转时，机油压力不应超过0.5MPa。正常机油压力应为0.2～0.4MPa。

2. 电磁式机油压力表与可变电阻式机油压力传感器

（1）结构　电磁式机油压力表与可变电阻式机油压力传感器的基本结构如图7-3所示。

（2）原理　原理如图7-4所示。当油压降低时，可变电阻式机油压力传感器5（图7-3）的电阻值增大，线圈L_1中的电流减小，线圈L_2中的电流增大，铁磁转子2带动指针3随合成磁场的方向逆时针

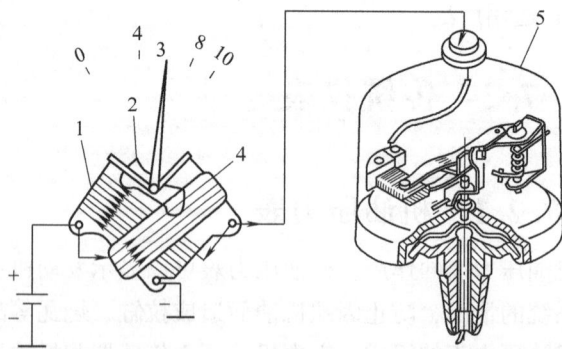

图 7-3　电磁式机油压力表与可变电阻式机油压力传感器的基本结构

1—L_1线圈　2—铁磁转子　3—指针
4—L_2线圈　5—可变电阻式机油压力传感器

转动，指向低油压。当油压升高时，传感器5的电阻值减小，线圈L_1中的电流增大，线圈L_2中的电流减小，转子2带动指针3随合成磁场的方向顺时针转动，指向高油压。

7.2.2 冷却液温度表

冷却液温度表用来指示发动机冷却液温度。它由装在气缸盖上的温度传感器和装在仪表板上的冷却液温度表组成。冷却液温度表主要有双金属片式和电磁式两种形式。

1. 双金属片式

（1）结构　双金属片式冷却液温度表的基本结构如图7-5所示。

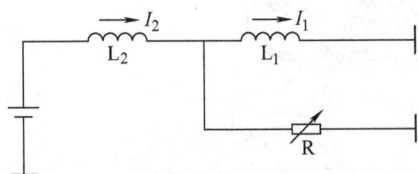

图 7-4　电磁式机油压力表与可变电阻式
机油压力传感器的电路原理

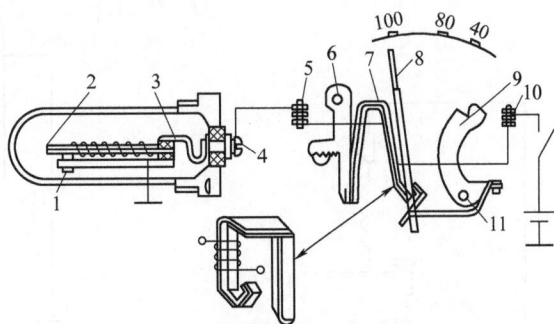

图 7-5　双金属片式冷却液温度表的基本结构
1—固定触点　2、7—双金属片　3—接触片　4、5、10—接线柱
6、9—调节齿扇　8—指针　11—弹簧片

（2）原理　当冷却液温度低时，双金属片 2 产生变形的热量仅来自加热线圈，故需较长时间双金属片的变形才可以将触点断开，由于周围的冷却液温度不高，双金属片经很短时间的散热，触点又闭合。因此在冷却液温度低时，触点闭合时间长，断开时间短，回路中的平均电流大，双金属片 7 的变形大，指针偏转大，指示冷却液温度低。

当冷却液温度高时，双金属片 2 温度上升快，很快变形将触点断开，由于周围冷却液温度高，故散热慢，触点断开很久才闭合，回路中平均电流小，双金属片 7 的变形小，指针偏转小，指示冷却液温度高。

2. 电磁式

（1）结构　电磁式冷却液温度表的基本结构如图7-6所示。

（2）原理　如图7-7所示，点火开关接通后，电流经蓄电池 + →点火

图 7-6　电磁式冷却液温度表的基本结构

开关→串联电阻→L_2 线圈→L_1 线圈→搭铁。另一路流经与 L_1 线圈并联的热敏电阻搭铁。当冷却液温度较低时，传感器内热敏电阻的阻值较大，流经线圈 L_1 和 L_2 的电流相差不多，但 L_1 匝数多，产生的磁场强，使指针向左偏转，指针指示冷却液温度低。

当冷却液温度升高时，热敏电阻的阻值减小，线圈 L_2 中的电流明显增大，电磁力也增大，使指针向右偏转，指示冷却液温度高。

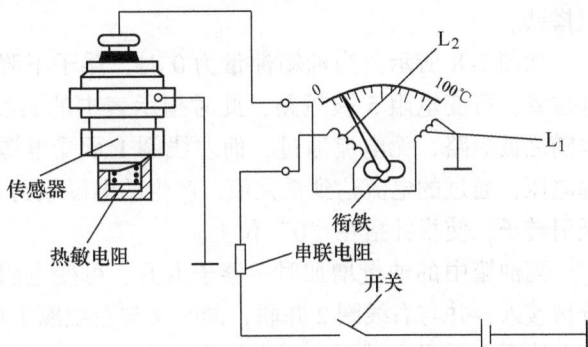

7.2.3 燃油表

燃油表用来指示油箱中存油量的多少。它由传感器和指示表组成。其传感器均为可变电阻式，指示表有电磁式和双金属片式两种。

1. 电磁式

（1）结构 电磁式燃油表的基本结构如图7-8所示。

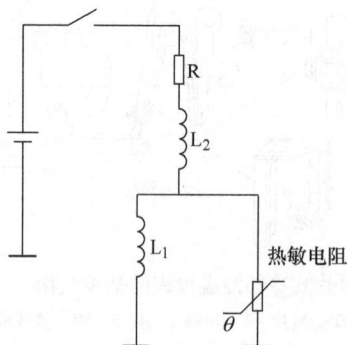

图 7-7 电磁式冷却液温度表的等效电路

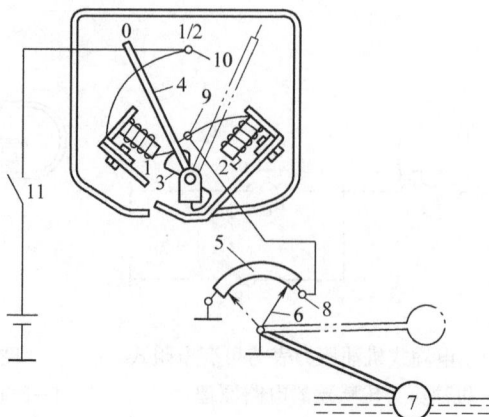

图 7-8 电磁式燃油表的基本结构

1—左线圈 2—右线圈 3—转子 4—指针 5—可变电阻 6—滑片 7—浮子 8—传感器接线柱 9、10—指示表接线柱 11—点火开关

（2）原理 如图7-9所示，点火开关接通后，电流经蓄电池＋→点火开关→左线圈1→右线圈2→搭铁。另一路流经与右线圈2并联的可变电阻搭铁。

如图7-8所示，当油箱油量为0时，浮子下降到最低位置，可变电阻5被短路，此时指示表中的右线圈2也随之被短路，无电流通过，而左线圈1承受电源的全部电压，通过的电流达到最大值，产生的电磁吸力最强，吸引转子，使指针指在"0"位上。

当油箱中的油量增加时，浮子上升，可变电阻5部分被接入，并与右线圈2并联，同时又与左线圈1串联，使左线圈电磁吸力减弱，而右线圈2中有电流通过，产生磁场，使转子3在两磁场的作用下，向右偏转。

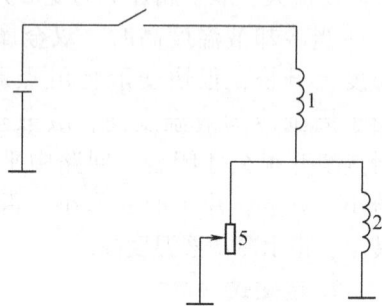

图 7-9 电磁式燃油表的等效电路

当油箱盛满油时，浮子带动滑片6移动到可变电阻5的最左端，使电阻全部接入。此时左线圈1中的电流最小，右线圈2中的电流最大，转子带着指针向右偏转角度最大，指在"1"的刻度，表示油箱盛满油。传感器的可变电阻5末端搭铁，可以避免滑片6与可变电阻5之间因接触不良而产生火花，以免引起火灾。

2. 双金属片式

（1）结构 双金属片式燃油表的基本结构如图7-10所示。由于电源电压变化时，会影响燃油表指示值，故该类型燃油表电路需串联一个稳压器。

（2）原理 当油箱中油量为0时，浮子下降到最低位置，滑片6处于可变电阻5的最右端，传感器的电阻全部串入电路中，此时电路中电流最小，燃油表加热线圈2发热量小，双金属片3变形小，带动指针4指在"0"位。

当油箱内油量增加时，浮子上升，滑片向左移动，串入电路中的电阻减小，电路中的电流增大，燃油表加热线圈2发热量大，双金属片3变形增大，带动指针4向右偏转。

当油箱充满油时，滑片移至最左端，将可变电阻短路，此时电路中电流最大，指针偏到最右边，指在"1"处。

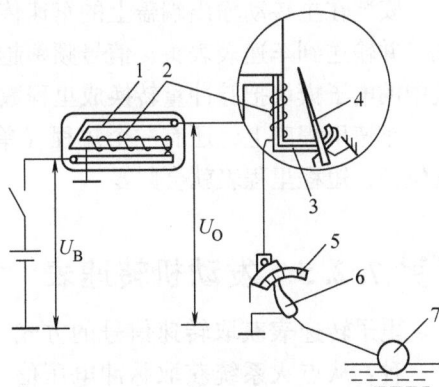

图7-10 双金属片式燃油表的基本结构

1—稳压电源 2—加热线圈 3—双金属片
4—指针 5—可变电阻 6—滑片 7—浮子

7.2.4 车速里程表

车速里程表是用来指示汽车行驶速度和累计行驶里程数的仪表，有机械式与电子式两种。

1. 机械式

传统的车速里程表又称为永磁式车速里程表，由机械转鼓式里程表和磁感应式车速表两部分组成，如图7-11所示。

2. 电子式

电子车速里程表将安装在变速器主传动输出端的车速传感器所输出的脉冲信号通过导线输入车速里程表。图7-12所示为电子车速里程表，它由永久磁铁、矩形塑料框内线圈针轴、游丝、电子模块、步进电动机和机械计算器组成。

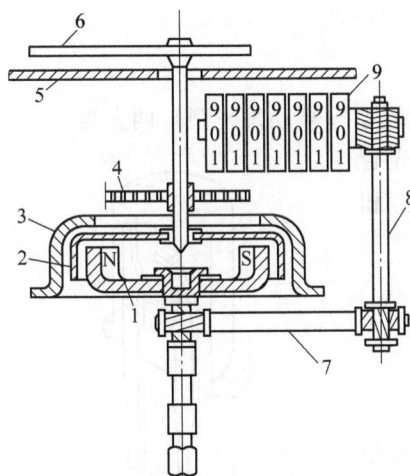

图7-11 永磁式车速里程表

1—U形永久磁铁 2—感应罩 3—护罩
4—盘形弹簧 5—标度盘
6—车速表指针 7、8—蜗轮蜗杆 9—数字轮

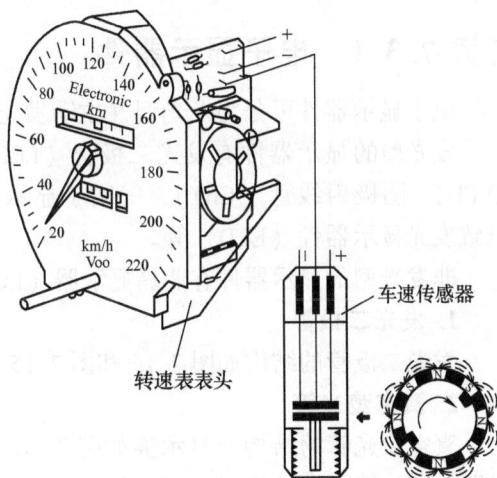

图7-12 电子车速里程表

安装在主传动输出端盖上的车速传感器，检测到输出轴上的脉冲齿轮的转速信号脉冲变化，并输送到车速表表头，信号频率越大，车速表指针偏转越大，指示车速越高。同时里程表中的电子模块把脉冲量转换成里程数，通过机械计算器累计起来。

车速里程表上，还有一个短程（单程）里程表，当需要消除短程里程时，只需按一次复位杆，短程里程表就会归零。

☞ 7.2.5 发动机转速表

电子转速表获取转速信号的方式有三种：从点火系统获取脉冲电压信号、从发动机的转速传感器获得转速信号、从发电机获取转速信号。汽油发动机电子式转速表都是用点火系统的初级电路为触发信号。桑塔纳轿车电子转速表的电路原理图如图 7-13 所示。

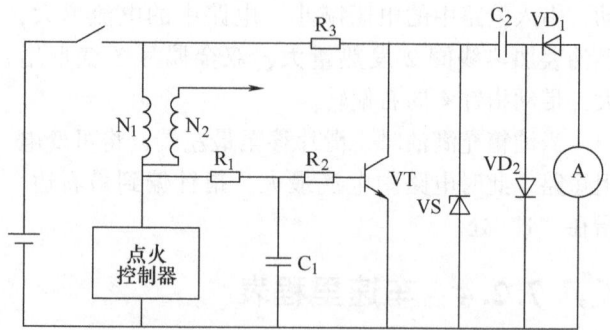

图 7-13 桑塔纳轿车电子转速表的电路原理图

桑塔纳 2000 型轿车采用的是电子发动机转速表。其中，2000GLi 型轿车是从点火线圈中获得初级电流中断时产生的脉冲信号，在点火线圈中转换成电压脉冲，经数字集成电路计算后，在表头上偏转指针以显示出发动机转速的；2000GSi 型轿车则是由安装在飞轮侧的发动机转速传感器，直接把转速脉冲信号输入表头转换成发动机转速信号的。

▶▶▶ 7.3 数字仪表

☞ 7.3.1 电子显示器件

电子显示器件可分为发光型（主动发光型）和非发光型（被动发光型）两大类。

发光型的显示器件有发光二极管（LED）、真空荧光管（VFD）、阴极射线管（CRT）、等离子显示器件（PDP）和电致发光显示器件（ELD）等。

非发光型的显示器件有液晶显示器（LCD）等。

1. 发光二极管

发光二极管的结构如图 7-14 和图 7-15 所示。

2. 真空荧光管

真空荧光管的结构及显示屏如图 7-16 所示。当电流通过阴极时，钨丝被加热到 800℃ 并发出电子。电子被吸引到带正电荷的栅格上。当阳极模块加 5V 左右电压、也带有正电荷时，一些电子便穿过栅格打在阳极的荧光物质上，使荧光表面发光照亮模块，阳极发光显示信息。用和发光二极管显示器类似的方法，通过电子开关控制适当的阳极模块电压，使不同的阳极模块发光形

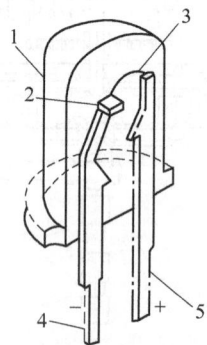

图 7-14 发光二极管的结构

1—塑料外壳 2—芯片
3—导线 4、5—引线

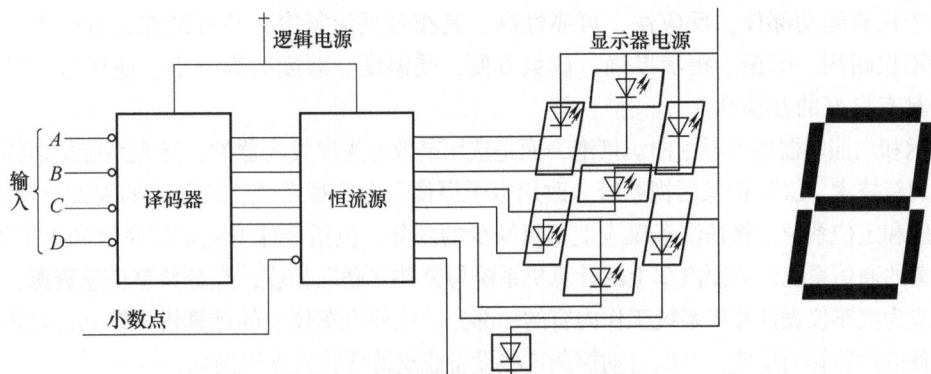

图 7-15　发光二极管数码显示

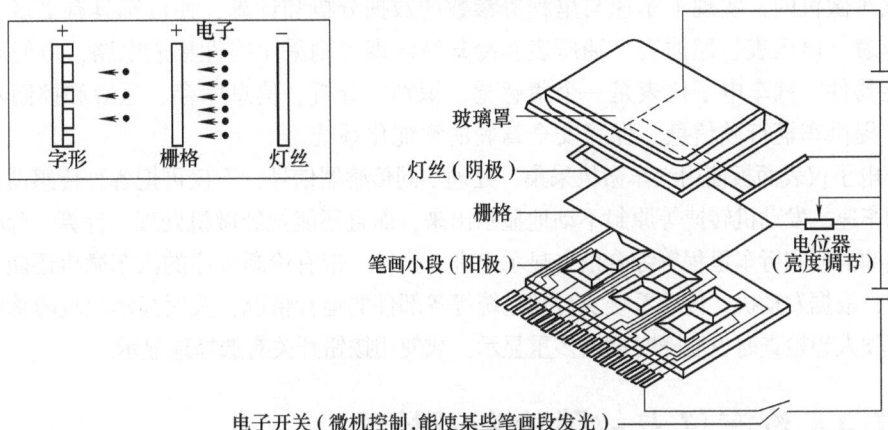

图 7-16　真空荧光管的结构及显示屏

成对应的数字。电位器可以改变栅格电压，控制射向阳极的电子数量，调节亮度。

3. 液晶显示器

液晶显示器的结构如图 7-17 所示。液晶显示的优点是对比度受光源光线强度影响较小；工作电压在 3V 左右、功耗小；是单独的组装件，易于安装、保养；电板图形设计的自由度极高，工艺简单，成本低。

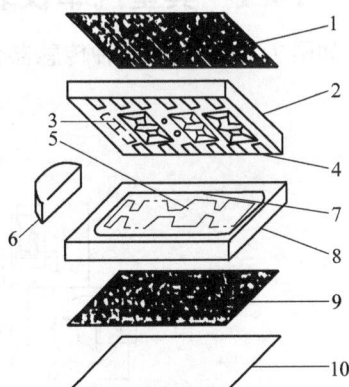

图 7-17　液晶显示器件的结构

1—前偏振片　2—前玻璃板　3—图形电极
4—接线端　5—后（背）板　6—密封件
7—密封面　8—后（背）玻璃板
9—后偏振片　10—反射镜

🖝 7.3.2　显示器显示方法

利用电子显示技术，也就是用由薄型平面电子显示器技术做成的汽车平面仪表来显示数字及信息，十分清晰明了，它代替以往采用的模拟显示的车速和发动机转速表等，使驾驶人在开车的同时，仍然可以清楚地看到仪表数字及其他信息的变化。它具有测试反应速度快、指示准确、图形设计灵活、数字清晰、可视性能好、集成化程度高、可靠性强、功耗低等优点。由于没有运动部件，反应快，可靠性高，其布置灵活紧凑，并有最佳显示形式。汽车电子仪表不仅耐用、耐振、指示准确、读数方便，受温度、湿度的影响小，还轻巧、舒适、美观，并具有良好的互换性。

显示和内照明器件不再用白炽灯泡，而是选用高效冷光源发光器件，导光系统更多体现出光学领域的新技术。CCD摄像后视系统，改用电子摄像显示后视系统，驾驶人的视野范围将更宽。自动导航和定位系统，将是汽车仪表上不可缺少的部分，包括全球卫星定位系统和电子地图等。具备完善的通信系统，以便汽车上的计算机系统与公共互联网相连，充分共享信息资源，处理通信作业成为汽车仪表计算机系统工作内容的一部分。此外汽车仪表的计算机系统具备对娱乐、空调等设备进行监管的功能，可以自动控制这些设备或支持驾驶人远程操纵。

电子仪表采用电子显示器件和高压驱动器集成电路，既提高了测试精度，又可将数字信息输入汽车微机内，实现了车速与里程等参数的数据分析和计算，使汽车具有更多的自控功能。转速表、电压表、燃油表、油压表和冷却液温度表则采用线性集成电路，方便配接各类电子传感器件。汽车电子仪表是一个集感觉、识别、分析、信息库存、适应和控制六大功能于一体，提供车辆行驶信息、保障安全驾驶的智能化系统。

汽车电子仪表面板使用汽车微机采集、处理不同传感器信号，不仅可把各种传感器检测到的信息，如车速、发动机转速等原封不动地显示出来，而且还能把经微机处理、计算、分析后的信息，如燃油消耗和行车里程等综合信息显示出来。另外，带有诊断程序的汽车微机还能在汽车行驶过程中，根据发动机、传动系统及行驶系统等各部件的运行情况，及时显示出故障诊断的警告信息，驾驶人想检查时也能随时调出多重显示，或使用按钮开关有选择地显示。

▷▷▷ 7.4　汽车仪表故障诊断及检测

☞ 7.4.1　典型汽车仪表电路分析

如图7-18所示，各种传感器分别接到相应指示表的接线柱上，各指示表的另一接线柱

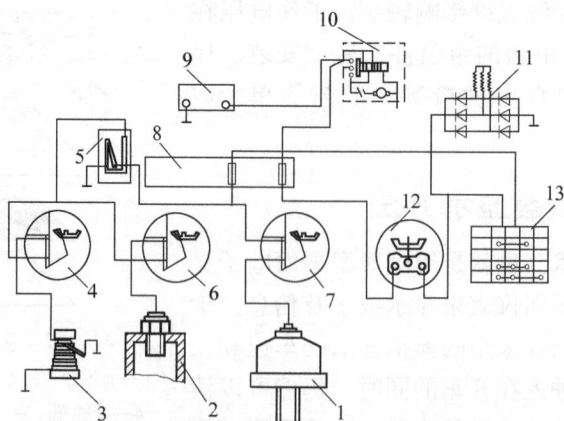

图 7-18　汽车仪表与传感器连接示意图

1—油压传感器　2—冷却液温度传感器　3—燃油表传感器　4—燃油表指示器　5—稳压器　6—冷却液温度表指示器
7—油压表指示器　8—熔丝　9—蓄电池　10—起动机　11—交流发电机　12—万用表电流档　13—点火开关

相互并联后，经过仪表熔断器（或不经过仪表熔断器）、点火开关、万用表电流档接于蓄电池的正极。汽车仪表与传感器的工作流程如图7-19所示。

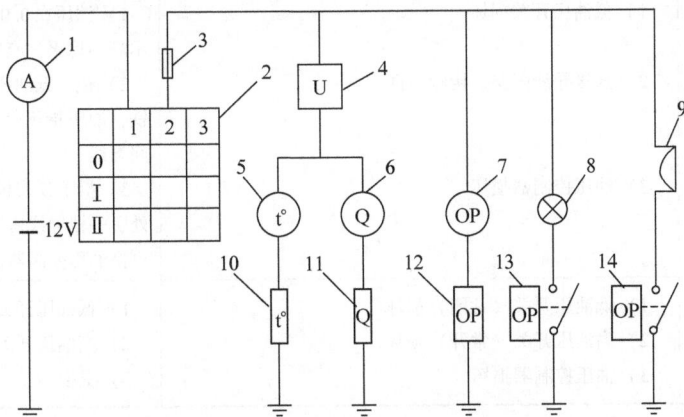

图7-19 汽车仪表与传感器的工作流程

1—万用表电流档 2—点火开关 3—熔丝 4—稳压器 5—温度表 6—燃油表 7—油压表
8—低油压警告灯 9—低气压蜂鸣器 10—温度传感器 11—燃油传感器
12—油压传感器 13—低油压报警开关 14—低气压报警开关

7.4.2 汽车仪表故障诊断

桑塔纳2000系列轿车仪表常见故障与排除见表7-1。

表7-1 桑塔纳2000系列轿车仪表常见故障与排除

故 障 现 象	故 障 原 因	排 除 方 法
发动机转速表工作不正常或停止工作	1) 转速表背面的黑色三孔插座接触不良 2) 仪表板上的印制电路板断路或连接导线断路 3) 转速表表头损坏	1) 检查、修理 2) 修理或更换 3) 修理或更换
燃油表不工作	1) 燃油表与传感器之间的连接线断路或接触不良 2) 传感器损坏 3) 稳压器（与冷却液温度表共用）损坏	1) 修理或更换 2) 修理或更换 3) 更换
燃油表指针跳跃或停留在某一刻度上	1) 传感器滑动接触片触头与可变电阻接触不良 2) 可变电阻损坏 3) 稳压器损坏或燃油表损坏	1) 清洗、修理 2) 更换 3) 更换
冷却液温度表不工作或指示不正确	1) 冷却液温度传感器表面有水垢 2) 稳压器输出电压不正常 3) 导线接触不良 4) 冷却液温度表表头故障	1) 清洗水垢或更换传感器 2) 用万用表检查、修理 3) 用外接电阻替代传感器检查
冷却液不足警告灯不工作	1) 冷却液不足指示开关损坏 2) 冷却液不足指示控制器损坏	1) 检查开关内是否有水和黑色的插脚是否有横向裂纹，如有应更换开关 2) 检查印制电路板上14号位上的冷却液不足指示控制器，如腐蚀严重应更换

（续）

故障现象	故障原因	排除方法
接通点火开关时，机油压力指示灯不亮或发动机转速≤2000r/min时油压指示灯闪亮	1）低油压开关损坏 2）连接导线断路、接触不良 3）油压控制器损坏	1）油压在0.015~0.045MPa时，指示灯不熄灭，应更换低油压开关 2）拔下低油压开关的黄色导线并搭铁，油压指示灯不亮，修理或更换中间导线 3）拆下仪表板，从油压控制器插座处引一根导线搭铁，油压指示灯闪亮，更换油压控制器
发动机转速≥2000r/min时油压指示灯闪亮	1）低油压开关（常闭）损坏 2）高油压开关（常开）损坏 3）油压控制器损坏	1）低油压开关始终闭合则更换 2）高油压开关始终打开则更换 3）更换

☞ 7.4.3　汽车仪表常见故障的检修

1. 仪表板的拆装

1）关闭点火开关，拆下蓄电池的负极搭铁线。

2）用一字螺钉旋具轻轻撬下仪表板的装饰条，然后拆下外饰板上的螺钉，取下外饰板。

3）拆下副仪表板、杂物箱。

4）拆下左右衬里。

5）用专用工具拆下转向盘，断开喇叭线路。

6）拆下组合仪表板座框螺钉，使仪表板外倾，分开线路接口件，取下仪表板总成。

7）拆下收放机，分开接线口。

8）拆开各种开关的接线口。

9）拆开侧面出风口连接，拆开通风调节机构的饰板和固定螺钉。

10）从发动机室内拧下仪表板的固定螺母，拆下电气线路的胶带。

11）拆下仪表板总成。仪表装配按拆卸相反顺序进行，操作时应轻巧仔细，尤其不要损伤饰件表面。

2. 油压表的检修

常见故障：指数偏高、偏低或指针不动。

指数偏高、偏低现象，多为传感器安装不当所致。安装时应将传感器箭头符号指向上方。指针不动多为线路故障。

3. 温度表的检修

常见故障：指数偏高、偏低或指针不动。

指数偏高、偏低现象，多为传感器安装不当所致。指针不动多为线路或传感器故障。

4. 油量表的检修

1）当接通电源开关后，无论油箱中存油多少指针总指在"0"位。检查此故障可用逐段断路的方法进行。多为线路或传感器故障。

2）当接通电源开关后，无论油箱中存油多少指针总指在油箱满位"1"的位置。检查此故障可用逐段短路的方法进行。多为线路或传感器故障。

3）指示表在工作中指针跳动。多为传感器接触不良。

5. 万用表电流档的检查与调整

1）良好的万用表电流档用手晃动时，指针应能灵活摆动，停止晃动时指针应能很快停在"0"位。

2）当通电后，指针偏转迟缓，读数比标准值低时，一般为转子轴和轴承磨损或指针碰擦卡住，应拆开万用表电流档进行检查。当万用表电流档的读数比标准值高时，一般为永久磁铁磁性减弱，应进行充磁。当万用表电流档指针向一边偏斜角度大，而向另一边偏斜角度小时，一般为转子不正，指针碰擦。

▶▶▶ 7.5 汽车仪表故障案例分析

案例1

（1）**故障现象** 一辆上海别克GL汽车，车主反映，此车在洗车时用高压水枪冲洗后，出现仪表板全部不显示故障。

（2）**故障诊断** 接车检查，使点火开关处于"ON"档，仪表全不亮，只有音响液晶屏显示，但发动机起动正常。用解码仪检查发现有故障码B0608，表示供能模式故障。别克轿车的起动是由动力控制模块（PCM）控制的。用万用表测试到熔丝A4端的电压为7V，由此判断故障发生在A3 - A4熔丝之间的PCM电路上。再仔细查看电路，考虑到洗车受潮等因素，故障可能是漏电引起的，因为导线接线盒容易进水而且不容易排出。经过查找发现，发动机盖下C2接线盒损坏，长期进水导致插头氧化、腐烂，从而将C2中的正极线串到D9，使信号线路始终给PCM一个请求起动信号。仪表之所以全不亮，应该也是由此导致的。当发动机正常起动时，PCM和BCM要使全车用电附件在短时间内全部停止供电，以满足起动时的用电要求。正常情况下在起动瞬间全车仪表灯都要熄灭，当发动机起动后，请求起动信号被断开，PCM收不到请求起动信号，它就要与BCM恢复正常用电设备的供电，全车仪表就会亮。此故障就是信号线路始终给PCM一个请求起动信号，所以造成PCM和BCM一直认为现在是起动阶段，故仪表灯都不亮。

（3）**故障排除** 更换发动机盖下的熔丝盒，一切恢复正常。

案例2

（1）**故障现象** 上海大众SVW7144Ali型POLO轿车（手动档），行驶途中车速里程表突然停止走动。车速表指针停在0km/h刻度处，里程表液晶显示2100km不变。

（2）**故障诊断** 除车速里程表外，其他仪表警告灯显示正常，可排除仪表控制单元供电故障。用解码仪对仪表进行故障查询，无故障码显示。进行执行元件诊断，各种仪表警告灯功能显示正常，于是怀疑车速传感器失灵。此传感器为霍尔效应式，传感器内部有集成放大电路，通常状况下用万用表难以检测。因没有配件不能进行试换判断，所以只能用万用表测量其供电电压和搭铁线连接情况，均正常。随后又安装回原位，但未能判断传感器是好是坏。该车型设有车载网络控制系统，可将某一信号同时传递给所有使用此信号的控制单元。该信号通过仪表控制单元传递给发动机控制单元，因此可通过解码仪对发动机控制单元读测量数据块。通过路试车速显示正常，于是排除了车速传感器故障。

根据以上检查，既然发动机控制单元的车速显示正常，说明车速信号经过仪表控制单元分析处理后传给了发动机控制单元。虽然解码仪未能检测出故障，但很可能属仪表内部显示故障。于是更换了仪表控制单元，经过防盗匹配和与发动机控制单元匹配后，发动机起动正常，但故障仍未排除。此时陷入了困境，因为是新车，也未加装其他电器，原线路没有破坏改造，怀疑可能是仪表受到了电磁干扰，于是根据电路图检查了仪表搭铁线、发动机控制单元与仪表之间及车速传感器之间的连接情况，连接一切正常。

经过以上检查，又怀疑到了车速传感器。因为仅用万用表测量了供电电压，并没有测量其信号输出波形，同时发动机控制单元的车速信号是否还能通过其他途径获得也不得而知。于是将车速传感器插头拔下，试车行驶。用解码仪读取发动机控制单元信息，车速信号仍然显示。由此分析发动机控制单元的车速信号不受此传感器影响，说明此传感器可能损坏。将其他车辆的车速传感器试换，车速里程表显示正常，故障原因彻底查明。

（3）**故障排除** 更换车速传感器，故障排除。

案例3

（1）**故障现象** 一辆富康EX-1型轿车，行驶里程为33000km。在车辆行驶中，仪表板燃油表指针在某一位置保持不变，油量指示明显不准。

（2）**故障诊断** 接车后检查燃油表油位传感器的插接器，发现十分牢固，排除了插接器出现问题的可能性。将燃油表油位传感器拆下，垂直放置检查浮子，将浮子推动到其最高点，松开后浮子快速自由落到最低点。倒置传感器进行相同方法的检查，同样滑动十分流畅，故可排除浮子出现故障的可能性。用数字式万用表测量油位传感器1、2端子的电阻，推动浮子，电阻值为0～6Ω与270～290Ω，其中也未出现间断现象，故可排除燃油表油位传感器出现故障的可能性。将组合仪表拆下，检查燃油表的3个固定螺钉，没有松动现象；检查仪表壳的印制电路连接到挡板上的阻尼模块的黑色插接器是否松动，发现有松动现象。从而确定是这个原因导致了故障的发生。

（3）**故障排除** 将燃油表和仪表壳更换后进行路试，故障排除，恢复正常。

案例4

（1）**故障现象** 一辆雪佛兰鲁米娜汽车机油压力表指示最大。

（2）**故障诊断** 打开或关闭点火开关，机油压力表始终指示满刻度。在发动机未起动时，机油无压力，机油压力表在打开点火开关时应回零位。经分析，此故障应从三个方面检测：机油压力传感器、连接线路、仪表。首先在机油滤清器附近找到机油压力传感器，此传感器与众不同，它是一个双功能四线传感器，如图7-20所示（其中A、B两线为机油压力传感器引线；C、D两线为常开触点开关引线，它与燃油泵继电器常开触点并联，用于保护及替代继电器）。拔下插头，测量传感器电阻，其中A—B端子导通，C—D端子电阻为∞，说明此传感器良好。打开点火开关，再测线束侧插头电压，A端子无电，B端子搭铁，说明传感器信号端线路、仪表或电源熔丝有问题。拆下仪表总成，测量供电端，有电。人为将表针打到初始位置，将机油压力表的三个接线柱的正极、负极端分别接在稳压电源的输出端，此时表针快速指向最大，当将信号端（接往传感器）对负极短接时，表针又很快回到零位。当接一个可变电阻时，表针可随之停留在任一个位置上，由此证明仪表完好。看来问题一定在线路上，经查，信号线路不通。

（3）故障排除 重新连接好信号线后，故障排除。

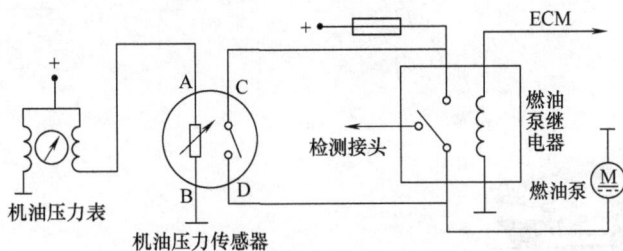

图 7-20 雪佛兰鲁米娜机油压力传感器连接线路图

练习与思考题

1. 填空题

1）汽车常见的仪表有_____、_____、_____、_____、_____、_____等。

2）常用的冷却液温度表有_____式和_____式两类。

2. 简答题

1）简述燃油表的作用及其分类。

2）简述机油压力表的作用及其分类。

第8章

汽车空调系统

基本思路:

　　汽车空调系统是汽车上一个相对独立的系统,是提高汽车舒适性能的重要机构。根据其工作要求的不同,空调系统各机构的组成零部件的结构和特征各异。对空调系统的研究和学习重点是把握制冷剂的流动路线、空气的流动路线、冷却液的流动路线、力的传递路线和电的流动路线等。

▶▶▶ 8.1 概述

　　空调是空气调节器的简称,它的作用是对室内空气进行调节,使空气的温度、湿度、流速和洁净度达到人体所需要的舒适范围。

1. 汽车空调的性能评价指标

　　(1) **温度指标** 温度指标是最重要的一个指标。人感到最舒服的温度是 20 ~ 28℃,超过 28℃,人就会觉得燥热;超过 40℃,即为有害温度,会对人体健康造成损害;低于 14℃,人就会感到"冷";当温度下降到 0℃时,会造成冻伤。因此,空调应控制车内温度夏天在 25℃,冬天在 18℃,以保证驾驶人正常操作,防止发生事故,保证乘员处于舒适的状况下。

　　(2) **湿度指标** 湿度的指标用相对湿度来表示。因为人觉得最舒适的相对湿度为 50% ~ 70%,所以汽车空调的湿度参数要求控制在此范围内。

　　(3) **空气的清新度** 由于车内空间小,乘员密度大,在密闭的空间内极易出现缺氧和二氧化碳浓度过高的情况。汽车发动机废气中的一氧化碳和道路上的粉尘,野外有毒的花粉都容易进入车厢内,造成车内空气混浊,影响驾乘人员身体健康。这样汽车空调必须具有对车内空气进行过滤的功能,以保证车内空气的清新度。

　　(4) **除霜功能** 由于有时汽车内外温度相差太大,会在玻璃上出现雾式霜,影响驾驶人的视线,所以汽车空调必须具有除霜功能。

（5）操作简单、容易、稳定　汽车空调必须做到不增加驾驶人的劳动强度，不影响驾驶人的正常驾驶。

2. 汽车空调系统发展阶段

随着电子技术和汽车技术的发展，汽车空调系统也不断完善，其发展过程可以概括为以下五个阶段：

1）单一暖风系统。1925 年首先在美国出现利用汽车冷却液通过加热器的方法取暖。到 1927 年发展到具有加热器、风机和空气滤清器等比较完整的供热系统。在寒冷的北欧、亚洲北部地区，目前仍然使用单一暖风系统。

2）单一制冷系统。1939 年，美国通用汽车帕克公司（PACKARD）首先在轿车上安装机械制冷降温的空调系统，成为汽车空调系统的先驱。在热带、亚热带地区，目前仍然使用单一制冷系统。

3）冷暖一体化空调系统。1954 年美国通用汽车公司，首先在纳什（NASH）牌轿车上安装了冷暖一体化的空调系统，此时汽车空调系统才基本上具有调节控制车内温度、湿度的功能。随着汽车空调技术的改进，目前的冷暖一体化空调基本上具有降温、除湿、通风、过滤、除霜等功能。这种方式是目前使用量最大的一种方式。

4）自动控制的汽车空调系统。冷暖一体化空调系统需要人工操纵，增加了驾驶人的工作量，同时控制质量也不太理想。1964 年美国通用汽车公司将自动控制的汽车空调系统安装在凯迪拉克轿车上。这种自动空调系统只要预先设定所需的温度，空调系统就能自动地在设定的温度范围内工作，达到调节车室内空气的目的。

5）微机控制的汽车空调系统。1973 年美国通用汽车公司和日本五十铃汽车公司一起联合研究微机控制的汽车空调系统，1977 年同时安装在各自生产的汽车上。微机控制的汽车空调系统功能增加，显示数字化。微机根据车内外的环境条件，控制空调系统的工作，实现了空调运行与汽车运行的相关统一。这极大地提高了调节效果，节约了燃料，也提高了汽车的整体性能和舒适性。

8.1.1　制冷原理

汽车空调制冷的目的是将具有较低温度的车内空气中的热量移到具有较高温度的大气中去，使车内一直保持较低温度。这是一种热流的逆循环，需要借助于制冷机构来完成。制冷的方式有很多，汽车上的制冷主要采用压缩式制冷剂。压缩式制冷剂是利用液态制冷剂吸热而产生制冷效应的。制冷系统主要由压缩机、冷凝器、膨胀阀和蒸发器四大总成构成，从压缩机出来的高温、高压制冷剂通过高压软管进入冷凝器。由于车外温度低于进入冷凝器的制冷剂温度，借助于冷却风扇的作用，冷凝器中制冷剂的大量热量被车外空气带走，从而高温、高压气体被冷凝成高温、高压的液体。这种高温、高压液体流过膨胀阀时，由于节流作用，体积突然变大而降压，变成低温、低压的雾状物（液体）进入蒸发器，在定压下汽化。由于制冷剂在管内汽化时的温度低于蒸发器管外的车内循环风，它能自动吸收管外空气中的热量，从而使流经蒸发器的空气温度降低，产生了制冷降温的效果。汽化了的制冷剂被压缩机抽吸压缩，变成高温、高压的气体，又通过高压软管送向冷凝器，这样就完成了一个制冷系统的热力循环。制冷系统工作流程如图 8-1 所示。

👉 8.1.2 制冷剂与冷冻油

1. 制冷剂

（1）汽车空调制冷剂的种类

目前大部分小汽车（主要指民用小车）上使用的制冷剂有 R12 制冷剂和 R134a 制冷剂两种。R12 制冷剂是一种普通制冷剂，含有会破坏臭氧层的物质——氟利昂，而且在明火下会生成对人体有害的物质。而 R134a 是一种新型环保制冷剂，具有无毒、无色、不燃不爆、热稳定性好等性质，更重要的是 R134a 制冷剂不损害臭氧层。这两种制冷剂的化学结构互不相同，所以在汽车上是不通用的，而且它们配套使用的冷冻

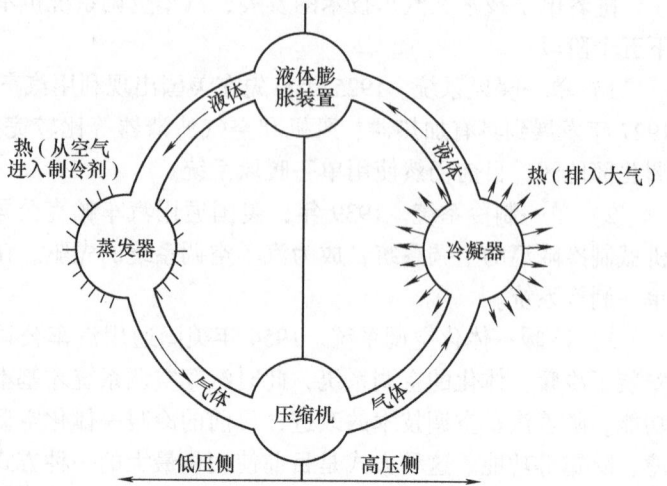

图 8-1 制冷系统工作流程

油也不可互溶。如果加错制冷剂会造成系统损坏，如对胶管的腐蚀等。R134a 之所以用来替代 R12，不仅是因为其热力性质与 R12 相似，而且它是一种不含氯的氟利昂，其臭氧破坏值为零。因此，现在的新型汽车基本都使用 R134a，即人们常说的环保制冷剂。

R12 与 R134a 的特性比较见表 8-1。

表 8-1　R12 与 R134a 的特性比较

制冷剂 项目	R134a	R12	制冷剂 项目	R134a	R12
化学式	$CH_2F\text{-}CF_3$	CCl_2F_2	饱和蒸气比体积（25℃）/（m³/kg）	0.0310	0.0271
相对分子质量	102.03	120.91	蒸发潜热/（kJ/kg）	197.5	151.4
沸点/℃	−26.19	−29.79	燃烧性	不燃	不燃
临界温度/℃	101.14	111.80	ODP 值（臭氧破坏潜能值）	0	1.0
临界压力/MPa	4.065	4.125	GWP 值（全球变暖潜能值）	0.11	1.0
临界密度/（kg/m³）	511	588	与矿物油相溶性	不溶	相溶
饱和液体密度（25℃）/（kg/m³）	1206	1311	大气寿命/年	8～11	95～150

（2）汽车空调制冷剂使用的注意事项

1）防止制冷剂溅入眼睛、皮肤上。

2）不能与明火接触。

（3）汽车空调制冷剂的作用　空调制冷剂的作用是润滑、冷却、密封、降噪。

2. 汽车空调对冷冻油的要求

1）凝固点应低，低温下流动性应好。

2）冷冻油的黏度受温度的影响应小。

3）冷冻油与制冷剂的溶解性能要好。

4）冷冻油应有较高的热稳定性。

5) 冷冻油的挥发性应差, 在制冷系统中不应有石蜡析出。

6) 冷冻油的化学性质要稳定。

7) 冷冻油应无水分。

3. 冷冻油的性能指标

冷冻油的性能指标有黏度、凝固点、闪点、燃点、浊点 (开始析出石蜡时的温度)、酸值 [中和 1g 油中的酸性物质所需的氢氧化钾的质量 (kg)]、抗氧化性、水分、机械杂质、灰分。

8.1.3 汽车空调系统的功能及组成

1. 汽车空调系统的功能

(1) **调节车内温度** 冬季利用采暖装置升高车内温度, 夏季利用制冷装置对车内降温。

(2) **调节车内湿度** 利用制冷装置冷却降温, 去除空气中的水分, 再由采暖装置升温以降低空气的相对湿度。

(3) **调节车内的空气流速** 夏季空气流速稍大有利于人体散热降温, 冬季空气流速过大则影响人体保温, 因此夏季的舒适风速一般为 0.25m/s, 冬季的舒适风速一般为 0.20m/s。

(4) **过滤、净化车内空气** 由于车内空间小, 乘员密度大, 车内极易出现缺氧情况, 而车外道路上的粉尘等又容易进入车内造成空气污浊, 影响乘员的身体健康, 因此要求空调必须具有补充车外新鲜空气、过滤和净化车内空气的功能。

2. 汽车空调系统的组成

汽车空调系统一般由以下五部分组成:

1) 制冷系统。对车室内空气或由外部进入车室内的新鲜空气进行冷却或除湿, 使车室内空气变得凉爽舒适。

2) 暖风系统。主要用于取暖, 对车室内空气或由外部进入车室内的新鲜空气进行加热, 达到取暖、除湿的目的。

3) 通风系统。将外部新鲜空气吸进车室内, 起通风和换气作用。同时, 通风对防止风窗玻璃起雾也有良好作用。

4) 空气净化系统。除去车室内空气中的尘埃、臭味、烟气及有毒气体, 使车室内空气变得清洁。

5) 控制系统。对制冷和暖风系统的温度、压力进行控制, 同时对车室内空气的温度、风量、流向进行控制, 完善空调系统的正常工作。

8.1.4 汽车空调系统的分类

1. 按功能分类

(1) **单一功能汽车空调系统** 这种系统是指制冷、暖风系统各自独立, 自成系统, 一般用于大、中型客车上。

(2) **组合式汽车空调系统** 这种系统是指制冷、暖风系统合用一个风机、一套操纵机构。这种结构制冷、暖风可同时工作, 多用于轿车上。

2. 按驱动方式分类

(1) **非独立式汽车空调系统** 这种系统的空调制冷压缩机由汽车本身的发动机驱动,

汽车空调系统的制冷性能受汽车发动机工况的影响较大，工作稳定性较差。尤其是低速时制冷量不足，而在高速时制冷量过剩，并且消耗功率较大，影响发动机动力性。这种类型的汽车空调系统一般用于制冷量相对较小的中、小型汽车上。

（2）独立式汽车空调系统　这种系统的空调制冷压缩机由专用的空调发动机（又称为副发动机）驱动，汽车空调系统的制冷性能不受汽车主发动机工况的影响，工作稳定，制冷量大。但由于汽车加装了一台发动机，不仅成本增加，而且体积和质量也增加。这种类型的汽车空调系统多用于大、中型客车上。

▶▶▶ 8.2　汽车空调制冷系统的结构及工作原理

汽车空调制冷系统一般主要由压缩机（compressor）、电控离合器、冷凝器（condenser）、蒸发器（evaporator）、膨胀阀（expansion valve）、储液干燥器（receiver drier）、管道（hoses）、冷却风扇、真空电磁阀（vacuum solenoid）、发动机怠速控制器和控制系统等组成。

☞ 8.2.1　汽车空调制冷系统的工作原理

汽车空调制冷系统由压缩机、冷凝器、储液干燥器、膨胀阀、蒸发器和风机等组成，各部件之间采用铜管（或铝管）和高压橡胶管连接成一个密闭系统，制冷系统工作时，制冷剂以不同的状态在这个密闭系统内循环流动。每个循环又分四个基本过程，空调系统的制冷工作都是通过四个过程来完成的，即压缩过程——冷凝过程——节流过程——蒸发过程。其制冷原理如图8-2所示。

（1）压缩过程　压缩机吸入蒸发器出口处的低温、低压的制冷剂气体，把它压缩成高温、高压的气体排出压缩机。

（2）冷凝（放热）过程　高温、高压的过热制冷剂气体进入冷凝器，由于压力及温度的降低，制冷剂气体冷凝成液体，并放出大量的热。

（3）节流过程　温度和压力较高的制冷剂液体通过膨胀装置后体积变大，压力和温度急剧下降，以雾状（细小液滴）排出膨胀装置。

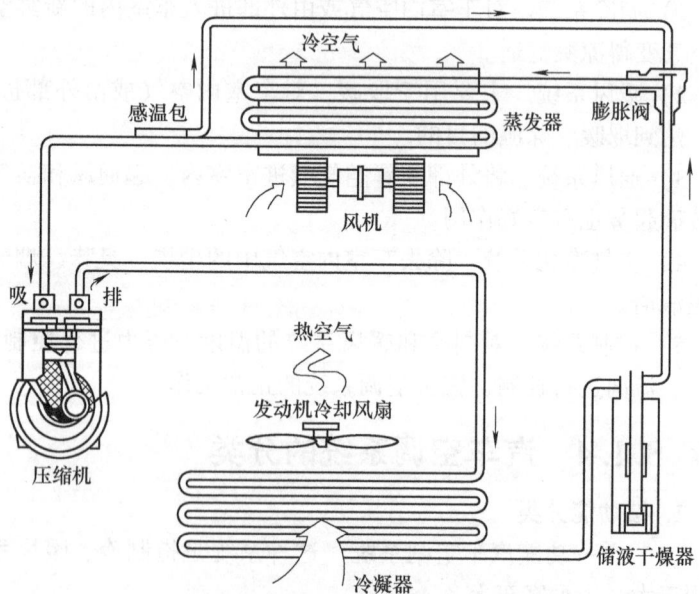

图8-2　汽车空调制冷原理

（4）蒸发（吸热）过程　雾状制冷剂液体进入蒸发器，因此时制冷剂沸点远低于蒸发器内温度，故制冷剂液体蒸发成气体。在蒸发过程中大量吸收周围的热量，而后低温、低压的制冷剂蒸气又进入压缩机,进入下一个制冷循环。

8.2.2　汽车空调制冷系统的结构部件

1. 制冷压缩机

(1) **作用**　维持制冷剂在制冷系统中的循环,吸入来自蒸发器的低温、低压制冷剂蒸气,压缩制冷剂蒸气使其压力和温度升高,并将制冷剂蒸气送往冷凝器。

(2) **压缩机的分类**　分为往复活塞式压缩机和旋转式压缩机两大类。

1) 往复活塞式压缩机包括曲轴连杆式、径向活塞式和轴向活塞式三种,其中轴向活塞式压缩机又有翘板式和斜板式之分。斜板式压缩机的基本结构如图 8-3 所示。

2) 旋转式压缩机包括旋叶式、转子式、蜗杆式、涡旋式压缩机。

2. 冷凝器

汽车空调制冷系统中的冷凝器是热交换设备,其作用是使从压缩机排出的高温、高压制冷剂蒸气在冷凝器中得到液化或冷凝,并把热量散发到车外空气中,从而使其凝结为高压制冷剂液体。汽车空调系统冷凝器的结构形式主要有管片式、管带式、鳍片式等。

(1) **管片式冷凝器**　它是汽车空调中早期采用的一种冷凝器,制造工艺简单,由铜质或铝质圆管套上散热片组

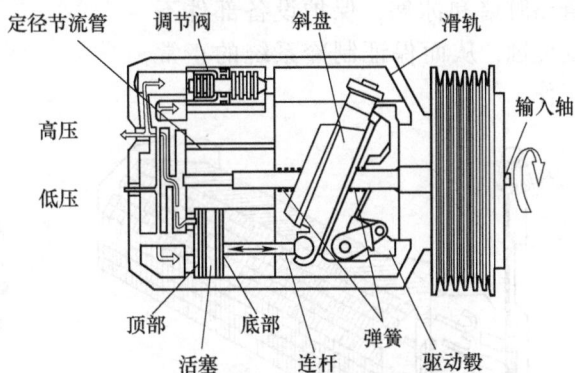

图 8-3　斜板式压缩机的基本结构

成。片与管组装后,经胀管法处理,使散热片胀紧在散热管上。这种冷凝器散热效果较差,一般用在大、中型客车的制冷装置上。

(2) **管带式冷凝器**　它由多孔扁管弯成蛇管形,并在其中安置散热带后焊接而成。管带式冷凝器的散热效果比管片式冷凝器好一些(一般高 15% 左右),但工艺复杂,焊接难度大,且材料要求高,一般用在小型汽车的制冷装置上。

(3) **鳍片式冷凝器**　它是在扁平的多通管道表面直接锐出鳍片状散热片,然后装配成冷凝器。由于散热鳍片与管子为一个整体,因而不存在接触热阻,故散热性能好。另外,管、片之间无需复杂的焊接工艺,加工性好,节省材料,而且抗振性也特别好。因此,鳍片式冷凝器是目前较先进的汽车空调冷凝器。

使用该冷凝器的注意事项如下:

1) 定期清洗和除去表面污泥和灰尘。

2) 翅片倒伏时,可用尖嘴钳校正。

3) 经常检查接口及表面是否有泄漏的油迹,及时排除。

3. 蒸发器

蒸发器和冷凝器一样,也是一种热交换器,又称为冷却器,是制冷循环中获得冷气的直接部件。其外形近似冷凝器,但比冷凝器窄、小、厚。它的作用是让低温、低压液态制冷剂在其管道中吸热并蒸发,使蒸发器和周围空气的温度降低,从而在风机的风力通过它时,能输出更多的冷气。

蒸发器有层叠式、管片式和管带式三种结构，分别如图8-4、图8-5、图8-6所示。管片式蒸发器结构简单、加工方便，但换热效率较差。管带式蒸发器比管片式蒸发器工艺复杂，效率可提高10%左右。层叠式蒸发器加工难度最大，但其换热效率也最高，结构也最紧凑。

4. 储液干燥器

储液干燥器简称储液器。采用储液器的目的是为了防止过多的液态制冷剂储存在冷凝器里，使冷凝器的传热面积减少而使散热效率降低；还可滤除制冷剂中的杂质，吸收制冷剂中的水分，防止制冷系统管路脏堵和冰塞，保护设备部件不受侵蚀，从而保证制冷系统的正常工作。

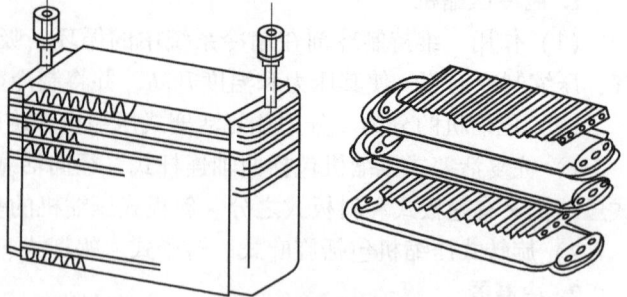

图8-4 层叠式蒸发器

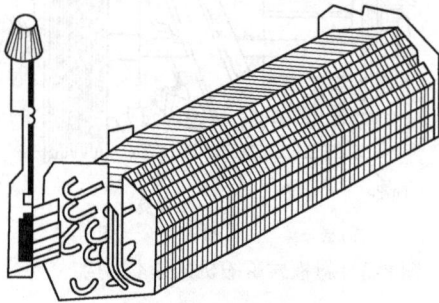

图8-5 管片式蒸发器

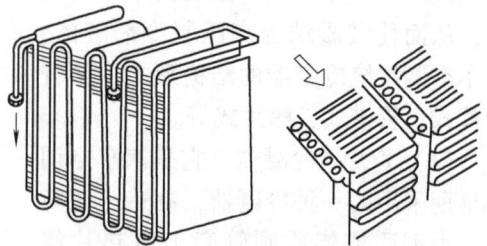

图8-6 管带式蒸发器

它用于以膨胀阀为节流装置的系统中，安装在冷凝器和膨胀阀之间。当含有蒸气的液态制冷剂进入储液器后，储液器使液态和气态的制冷剂分离。液态制冷剂通过膨胀阀进入蒸发器（吸热箱），多余制冷剂可暂时储存在储液器中。在制冷负荷变动时，及时补充和调整供给热力膨胀阀的液态制冷剂量，以保证制冷剂流动的连续性和稳定性。同时，由于水分与制冷剂结合会生成酸或结冰，储液器中的干燥剂可用来吸收制冷剂中的水分，防止部件腐蚀或冰块堵塞膨胀阀。滤网用于过滤制冷剂中的杂质，防止膨胀阀堵塞。

储液干燥器的结构如图8-7所示，它主要由外壳、视液镜、安全熔塞和管接头等组成。制冷剂在储液器中的流动情况如图中箭头所示。在储液器上部出口端装有一个玻璃视液镜，用于观察制冷剂在工作时的流动状态，由此可判断制冷剂量是否合适。对直立式储液器而言，安装时，一定要垂直，倾斜度不得超过15°。在安装新的储液干燥器之前，不得过早将其进出管口的包装打开，以免湿空气侵入储液器和系统内部，使之失去除湿的作用。安装前一定要先弄清楚储液器的进、出口

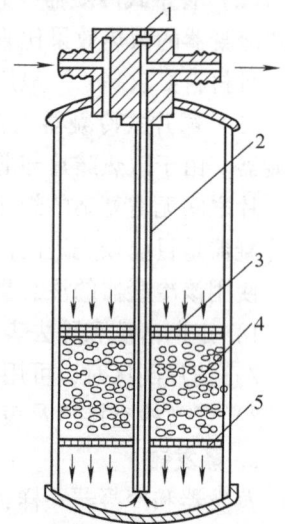

图8-7 储液干燥器的结构

1—玻璃视液镜 2—引出口
3、5—过滤器 4—干燥器

端，在储液器的进、出口端一般都打有记号，如进口端用英文字母 IN，出口端用 OUT 表示，或直接打上箭头以表示进、出口端。

储液器出口端旁边装有一个安全熔塞，又称为易熔螺塞，它是制冷系统的一种安全保护装置。其中心有一轴向通孔，孔内装填有焊锡之类的易熔材料，这些易熔材料的熔点一般为 85 ~ 95℃。当冷凝器因通风不良或冷气负荷过大而冷却不够时，冷凝器和储液器内的制冷剂温度和压力将会异常升高。当压力达到 3MPa 左右时，温度超过易熔材料的熔点，此时，安全熔塞中心孔内的易熔材料便会熔化，使制冷剂通过安全熔塞的中心孔逸出散发到大气中去，从而可避免系统的其他部件因压力过高而被胀坏。

5. 膨胀阀

膨胀阀又称为节流阀，它是一种感压和感温阀，是汽车空调制冷系统中的一个主要部件。目前膨胀阀主要有内平衡热力膨胀阀（图 8-8）、外平衡热力膨胀阀、H 形膨胀阀、膨胀节流管（孔管）四种结构形式。

（1）**内平衡热力膨胀阀** 内平衡热力膨胀阀对来自储液干燥器的高压液态制冷剂节流降压，即将液态高压制冷剂从其至蒸发器的孔口 6（图 8-8）中喷出，制冷剂急剧膨胀，变成低压雾状体，以便吸热汽化。此外，它还调节和控制进入蒸发器中的液态制冷剂量，使之适

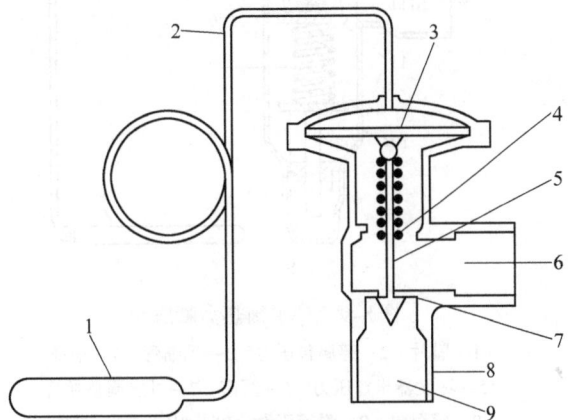

图 8-8 内平衡热力膨胀阀
1—感温包 2—毛细管 3—膜片 4—过热弹簧 5—推杆
6—至蒸发器的孔口 7—针阀 8—接口 9—自储液器

应制冷负荷的变化，同时防止压缩机发生液击现象和蒸发器出口蒸气异常过热。它利用装在蒸发器出口处的感温包来感知制冷剂蒸气的过热度，由此来调节膨胀阀开度的大小，从而控制进入蒸发器的液态制冷剂流量。感温包和蒸发器出口管接触，蒸发器出口温度降低时，感温包 1、毛细管 2 和膜片 3 腔内的液体体积收缩，压力降低，阀口闭合，限制制冷剂进入蒸发器。相反孔口开启，制冷剂流入蒸发器。

随着针阀开启，较多的制冷剂进入蒸发器，蒸发器内压力上升，回气温度降低，膜片下侧压力增加，阀门关闭。由于膜片上、下侧压力处于不平衡状态，孔口不断地开启和闭合，使制冷装置与负载相匹配。

感温包和蒸发器必须紧密接触，不能和大气相通。如果接触不良，感温包就不能正确地感应蒸发器出口的温度，如果密封不严，感应的温度是大气温度，因此，要用一种特殊的空调胶带，捆扎和密封感温包。

（2）**外平衡热力膨胀阀** 如图 8-9 所示，外平衡和内平衡热力膨胀阀的结构大同小异，内平衡式膨胀阀膜片下方的压力是蒸发器进口压力，而外平衡式膨胀阀膜片下方的压力是蒸发器出口的压力。由于蒸发器内部会产生压力损失，蒸发器出口压力要小于进口压力。要达到同样的阀门开度，外平衡式膨胀阀需要的过热度小，蒸发器容积效率可以提高。大客车空调系统要选用外平衡热力膨胀阀。

（3）**H 形膨胀阀** H 形膨胀阀因其内部通道形同 H 形而得名，其结构如图 8-10 所示。它取

消了外平衡热力膨胀阀的外平衡管和感温包，直接与蒸发器进出口相连。它有四个接口通往空调系统，其中两个接口和普通膨胀阀一样，一个接储液干燥器出口，一个接蒸发器入口；另外两个接口，一个接蒸发器出口，一个接压缩机进口。感温元件处在进入压缩机的制冷剂气流中。H形膨胀阀具有结构紧凑、使用可靠、维修简单等优点，符合汽车空调的要求。

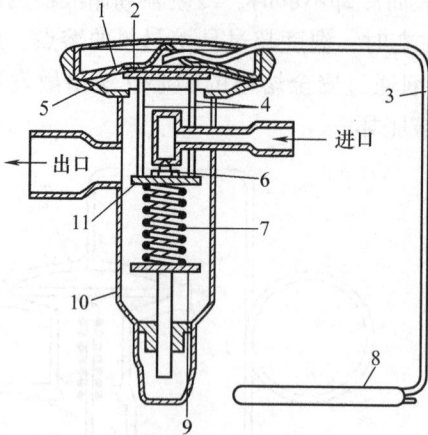

图8-9　外平衡热力膨胀阀

1—膜片　2—感温包压力　3—毛细管　4—推杆
5—蒸发器出口压力　6—阀座　7—过热调整弹簧
8—感温包　9—弹簧压力　10—阀体　11—针阀

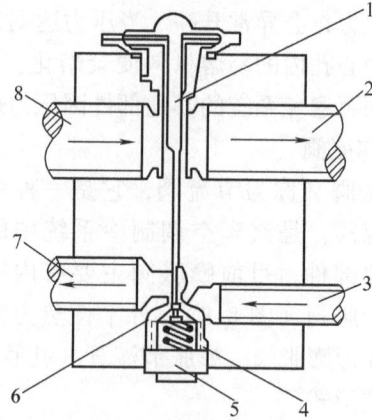

图 8-10　H形膨胀阀

1—感温元件　2—至压缩机
3—自储液干燥器　4—弹簧
5—弹簧座　6—测量孔
7—到蒸发器　8—自蒸发器

这种膨胀阀安装在蒸发器的进出管之间，感应温度不受环境影响，也无需通过毛细管而造成时间滞后，调节灵敏度较高。由于无感温包、毛细管和外平衡管，不会因汽车颠簸使充注系统断裂导致制冷剂外漏以及感温包包扎松动而影响膨胀阀的正常工作。

（4）**膨胀节流管（孔管）**　膨胀节流管是用于许多轿车制冷系统的一种固定孔口的节流装置，又称为孔管、固定孔管。膨胀节流管直接安装在冷凝器出口和蒸发器进口之间，用于将液态制冷剂节流降压。由于不能调节流量，液体制冷剂很可能流出蒸发器而进入压缩机，造成压缩机液击。所以装有膨胀节流管的系统，必须同时在蒸发器出口和压缩机进口之间，安装一个集液器，实行气液分离，避免压缩机发生液击。

膨胀节流管系统目前使用的温度控制方法有循环离合器膨胀节流管系统（CCOT）、可变容积膨胀节流管系统（VDOT）、固定膨胀节流管离合器系统等。

膨胀节流管的结构如图8-11所示。它是一根细铜管，装在一根塑料套管内。在塑料套

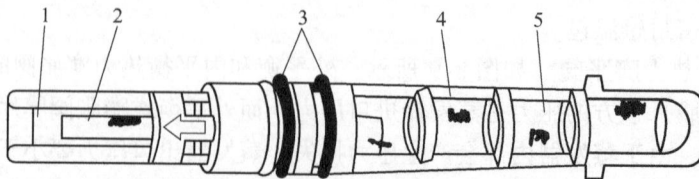

图 8-11　膨胀节流管的结构

1—出口滤网　2—孔口　3—密封圈　4、5—进口滤网

管外环形槽内，装有密封圈。有的还有两个外环形槽，每槽各装一个密封圈。把塑料套管连同膨胀节流管都插入蒸发器进口管中，密封圈就是密封塑料套管外径和蒸发器进口管内径间的配合间隙用的。膨胀节流管两端都装有滤网，以防止系统堵塞。安装使用后，系统内的污染物集聚在密封圈后面，会堵塞孔管及其滤网。膨胀节流管不能维修，坏了只能更换。

由于膨胀节流管没有运动部件，结构简单、可靠性高，同时节省能耗，很多高级轿车都采用这种方式。其缺点是制冷剂流量不能根据工况变化进行调节。

6. 集液器

集液器是膨胀节流管空调系统的重要部件。用膨胀节流管代替膨胀阀时，汽车空调制冷系统要在低压侧安装集液器。集液器是一种特殊形式的储液干燥器，其结构如图 8-12 所示。

在一定条件下，膨胀节流管会将较多的液态制冷剂节流入蒸发器用以蒸发，而留在蒸发器中的多余制冷剂则会进入压缩机造成损害。为防止这一问题，应使所有留在蒸发器中的液态、蒸气制冷剂和冷冻油都进入集液器。集液器的作用是使制冷剂蒸气进入压缩机，留下液态制冷剂和冷冻油。在集液器出口处有一毛细孔，通常称其为过油孔，它的作用是仅允许少量液态制冷剂和冷冻油在特定时间随制冷剂蒸气返回压缩机，它也允许少量制冷剂进入。

集液器还装有化学干燥剂，可吸附、吸收并滞留因不当操作而进入系统的湿气。干燥剂不能维修，若有迹象表明需更换干燥剂时，集液器必须整体更换。

7. 风机

汽车空调制冷系统使用的风机按气体流向与风机主轴的相互关系，可分为离心式风机和轴流式风机两种。

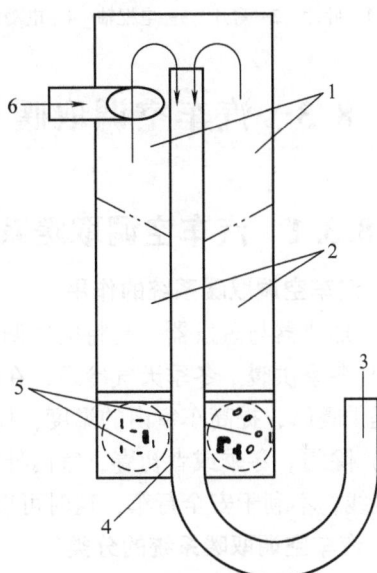

图 8-12 集液器

1—气体 2—液体 3—至压缩机
4—U 形管 5—干燥剂 6—接蒸发器

(1) 离心式风机 离心式风机的空气流向与风机主轴成直角，它的特点是风压高、风量小、噪声小。蒸发器采用这种风机，因为风压高可将冷空气吹到车室内每个乘员身上，使乘员有冷风感，噪声小使乘员不至于感到不适而过早疲劳。

离心式风机主要由电动机、电枢轴（与电动机同轴）、风机叶片、风机壳体等组成，如图 8-13 所示。风机叶片有直叶片、前弯片、后弯片等形状，随叶轮叶片形状不同，所产生的风量和风压也不同。

(2) 轴流式风机 轴流式风机的空气流向与风机主轴平行，它的特点是风量大、风压小、耗电省、噪声大。冷凝器采用这种风机，因为风量大可将冷凝器四周的热空气全部吹走；风压小不影响冷凝器正常工作；另外，冷凝器安装在车室外面，风机噪声大也不影响车内。

轴流式风机主要由电动机、风机轴、风机叶片、键等组成，如图 8-14 所示。叶片固定在骨架上，常做成3、4、5片不等，叶片骨架穿在风机轴上，由键带动旋转。

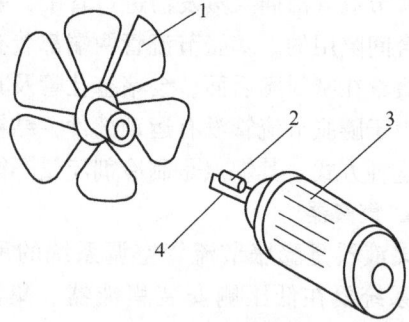

图 8-13　离心式风机

1—叶片　2—弯片　3—电枢轴　4—电动机

图 8-14　轴流式风机

1—叶片　2—键　3—电动机　4—风机轴

▶▶▶ 8.3　汽车空调取暖与配气系统

☞ 8.3.1　汽车空调取暖系统

1. 汽车空调取暖系统的作用

1）加热器与蒸发器一起将空气调节到所需要的舒适温度。

2）冬季供暖。冬季天气冷寒，在运动的汽车内人们感觉更冷。这时，汽车空调可以向车内提供暖风，提高车室内的温度，使乘员不再感觉寒冷。

3）除霜。冬季或者初春，室内外温差较大，车窗玻璃会结霜或起雾，影响驾驶人和乘客的视线，不利于安全行车，这时可以用暖风来除霜和除雾。

2. 汽车空调取暖系统的分类

1）按照热源可分为余热式、独立热源式汽车空调系统。

2）按照空气循环可分为内循环、外循环、内外混合循环汽车空调系统。

3）按照载热体可分为水暖式、气暖式汽车空调系统。

☞ 8.3.2　汽车空调配气系统

1. 按控功能分类

汽车空调配风方式按功能可分为冷暖分开型、冷暖合一型和全功能型。

1）冷暖分开型汽车空调。这种类型的空调的制冷和采暖系统各自分开，由两个完全独立的冷风机和暖风机组成，各有各的送风机，相应的控制系统也是完全分开的。制冷时完全吸入车内空气，采暖时既可吸入车内空气，也可吸入车外新鲜空气。如图 8-15 所示，这种结构占用空间较多，主要用在早期的汽车空调系统中。

2）冷暖合一型汽车空调。这种类型的空调在暖风机的基础上增加了蒸发器芯和冷气出风口，但制冷和采暖各自分开，不能同时工作。目前许多轿车（如桑塔纳轿车等）都还采用这种结构形式。此种形式虽然结构合一，但制冷和采暖的功能仍然是分开的，如图 8-16 所示。

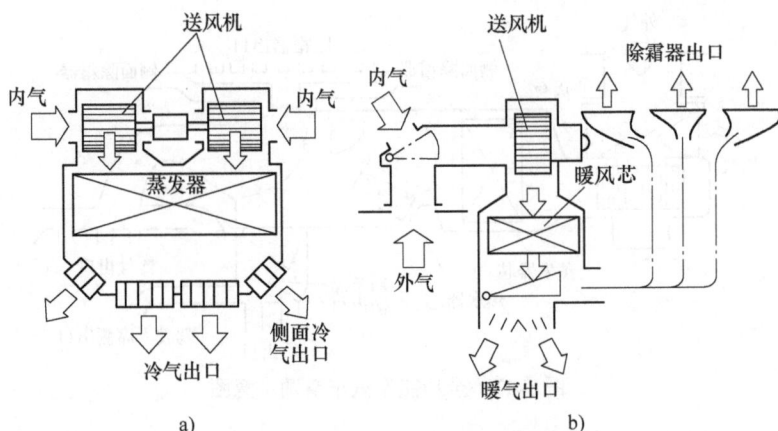

图 8-15　冷暖分开型汽车空调示意图

a）冷风机　b）暖风机

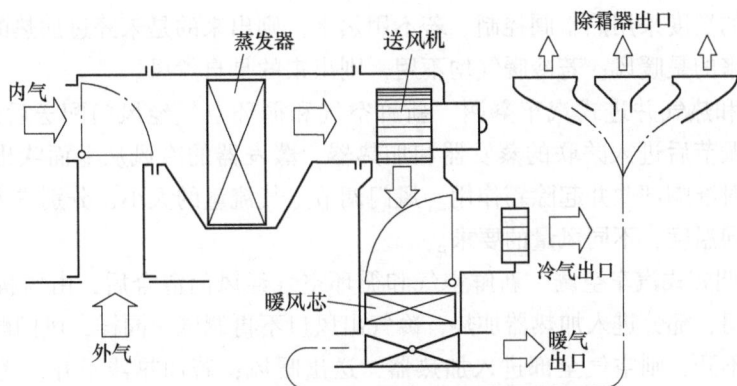

图 8-16　冷暖合一型汽车空调示意图

3）全功能型汽车空调。全功能型汽车空调集制冷、除湿、采暖、通风和净化于一体，既可提供冷气，又可提供暖气，还可进行通风、除尘。

　　冷暖分开型和冷暖合一型汽车空调的缺点是冷风机只能降温、除湿，不能调节送风的相对湿度。夏季，当车室内需要冷风时，风机吸入外界的湿热空气，经过蒸发器的冷却、除湿，变成冷风送入车内。这种脱去冷凝水而吹出来的冷风，虽然绝对含湿量减少了，但相对湿度却在95%以上。这种冷且湿的风直接吹到乘员身上，并不舒适。因此必须设法在冷风吹出来之前降低其相对湿度。简单的办法就是将冷却除湿后的空气适当地再加热，北京切诺基空调系统就属这种类型，图 8-17 所示为其空气处理系统示意图。它是在蒸发器和加热器之间设置了一个可以连续调节的混合风门。从蒸发器流出来的空气可以随混合风门的开闭，部分或全部通过加热器。流过加热器和不流过加热器的空气在空调器内先混合，再经风门送出。夏季，可以通过调节混合风门的开度来调节冷湿空气的再加热程度；冬季，通过调节混合风门的开度调节暖风的温度。混合风门的设置大大改善了对空气相对湿度的调节能力。

2. 按空气流动路径分类

　　汽车空调配风方式按空气流动路径可分为再热空气混合式、冷风和热气并进式及半空调方式。

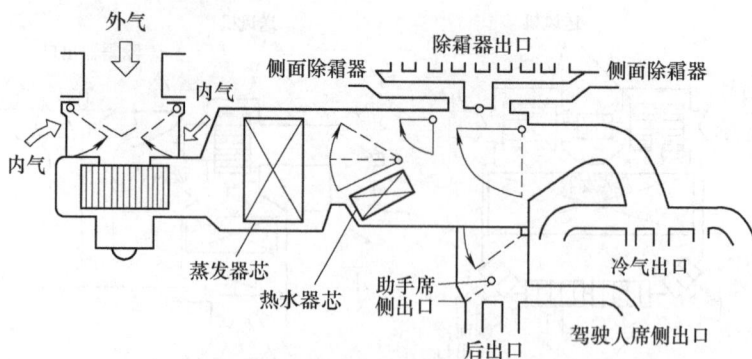

图 8-17 全功能型汽车空调示意图

（1）再热空气混合式汽车空调　新鲜空气和循环空气经风门混合后，由风机吹向蒸发器进行冷却，再经过风门进入加热器加热，处理后的空气分别按功能要求从出风口送入车内。

混合空气的温度采用热水阀控制。若不用热水，则出来的是未经过加热的冷空气；若不用制冷，则出来的是暖风；若冷暖气均不用，则出来的是自然风。

（2）冷风和热气并进式汽车空调　新鲜空气和循环空气经风门配送后，由风机吹出，空气经由风门调节后进入并联的蒸发器和加热器，蒸发器的冷风从上面吹出，对着人身上部，而热空气对准脚部吹并起除霜作用。风门调节空气流量的大小，分别进入蒸发器和加热器，以满足不同温度、不同风量的要求。

（3）半空调方式汽车空调　新鲜空气和循环空气经风门混合后，由风机吹入蒸发器冷却，再经过风门，部分进入加热器加热，冷气出风口不再调试。同样，风门配送处理后的空气，若蒸发器不开，则空气全部进入加热器，送出暖风；若加热器不开，送出的全部是冷风；若两者都不开，则送出的是自然风。

▷▷▷ 8.4　汽车空调系统的控制

☞ 8.4.1　汽车空调控制系统的控制元件

为了使汽车空调系统能正常工作，车内能维持所需的舒适性条件，汽车空调系统中设有一系列控制元件和执行机构。控制对象按参数划分，有温度、压力和转速等；按部件划分，有蒸发器、压缩机离合器、风门及风机、电动机等。

控制汽车空调制冷温度的方法有两种。一种是控制蒸发器表面温度，这种系统是依靠压缩机电磁离合器的通、断来控制压缩机的工作，从而达到控制蒸发器表面温度的目的。其特点是压缩机间断运行。这种系统称为循环离合器（Cycling Clutch，CC）系统。根据所用部件不同，这种系统又分为循环离合器膨胀阀（Cycling Clutch Thermal Expand Valve，CCTEV）系统和循环离合器孔管（Cycling Clutch Orifice Tube，CCOT）系统。另一种方法是控制蒸发器压力。这种系统称为蒸发器压力控制系统，又称为传统空调系统，它是根据制冷剂的饱和温度和压力相对应的性质，用控制蒸发器出口压力的方法来控制其表面温度。其特点是压缩机持续不间断运行。为保证带空调的汽车正常工作，还需要对压缩机的运行及发动机供油系统采取相应的控制措施，如怠速继电器、怠速提升装置（TP）、超车停转继电器等。

对于压缩机的转与停，一般是通过电磁离合器的控制来实现的。风门的控制依靠电气系统、真空系统的控制来实现。

现在很多高级车辆上采用了微型计算机控制，真正实现了空调的自动控制。全自动空调的实现（制冷、采暖、通风统一控制）使温度调节的内容和方法变多了。由于对空调的要求越来越高，有些高级车辆还装备了空气净化、烟度控制等高质量空气调节装置。

汽车空调控制系统的控制元件有温度控制组件、压力控制组件、电磁离合器、车速调节装置、真空控制组件等。

1. 温度控制组件

温度控制组件，又称为恒温器、温度开关，它感受的温度有蒸发器表面温度、车内温度、大气温度等。一般所指的恒温器是指感受蒸发器表面温度从而控制 CC 系统中压缩机的开与停，起到调节车内温度及防止蒸发器结霜作用的电气开关装置。调节大气温度和车厢内温度时，一般由空气混合调节风门控制，由风门开度的大小调节车厢内的温度。恒温器更多地用于在 CC 系统中控制电磁离合器的通断。此时，恒温器被放置在蒸发器内或靠近蒸发器的冷气控制板上。当蒸发器表面温度或车厢内温度低于设置温度时，恒温器断开，电磁离合器分离，压缩机停止工作。反之电磁离合器吸合，压缩机开始工作，由此而防止蒸发器表面结霜，也调节了车厢内的温度。

恒温器有三种形式，即波纹管式、双金属片式和热敏电阻式。

（1）波纹管式恒温器　波纹管式恒温器由感温驱动机构、温度设定机构和触点三部分组成。感温驱动机构的组成如图8-18 所示。感温驱动机构本身是一个由波纹管、毛细管和感温包组成的封闭系统，

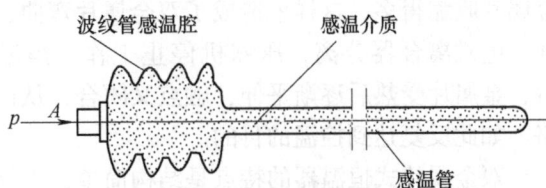

图 8-18　感温驱动机构的组成

内部装有感温介质。感温包作为传感器放置在被测部位，温度的变化使得波纹管内压力发生变化，导致波纹管伸长或缩短，并将此位移信号通过顶端作用点 A 传递出去。在弹簧力的作用下，A 点的位移与感温介质压力变化呈线性关系。

温度设定机构主要由凸轮、调节螺钉和调节弹簧等组成，如图 8-19 所示。其功能是使恒温器在一定温度范围内的任一设定温度起控制作用。温度的设定主要通过调节凸轮改变主弹簧对波纹管内作用力的大小来实现，它的外部调节有刻度盘、控制杆和旋具调节等形式。当主弹簧被拉紧时，感温包内要有比较高的温度才能使触点闭合，即车厢内温度较高。恒温器内的另一个弹簧用于调节触点断开时的温度范围，此范围通常是 4~6℃，这样为蒸发器除霜提供了足够的时间。

触点开闭机构主要由固定和活动触点、弹簧、杠杆等组成。通过触点的开闭，控制压缩机上电磁离合器电路的通断。

波纹管式恒温器的工作原理：图 8-19 中触点处于断开位置，压缩机也处于停止状态。当蒸发器表面温度逐渐升高时，感温包内温度也随着升高，同时压力增高使波纹管伸长。波纹管与摇摆框架相连，框架上装有一动触点，而恒温器壳体上有一定触点。波纹管的伸长使

得触点闭合，电磁离合器电路被接通，使压缩机工作。反之则压缩机停止工作。

波纹管式恒温器的特点是工作可靠，价格低廉，安装方便。但在使用中要注意，毛细管应弯成直角。另外，如果毛细管发生泄漏，应更换整个恒温器。

（2）**双金属片式恒温器** 双金属片式恒温器由两种不同材料的金属片组成，两金属片的热膨胀系数相差较大。在双金属片的端部有一动触点，而在壳体上有一定触点。这种恒温器没有毛细管和感温包，直接靠空气流过其表面感受到的温度而工作。它的温度设定方法与波纹管式恒温器相同。

双金属片恒温器的工作原理：如图8-20所示，在设定温度范围内，双金属片平伸，两触点闭合。此时，电磁离合器电路接通，压缩机工作。当流过恒温器的空气温度低于所设定温度时，由于两种金属片的热膨胀系数不同，膨胀系数大的金属片收缩得多，这样就造成了双金属片弯曲，触点断开，电磁离合器分离，压缩机停止工作。当温度上升后，金属片受热后逐渐平伸，触点又闭合，从而接通电路。如此反复达到控温的目的。

双金属片式恒温器的特点是结构简单、不易损坏且价格便宜。但其作为直接感受温度的部件，必须整体放置在蒸发箱内，因此，给安装带来了不便。也正是这个原因，波纹管式恒温器的应用要比双金属片式恒温器广泛。

（3）**热敏电阻式恒温器** 热敏电阻是一种阻值随温度变化而改变的电阻元件。热敏电阻有两种：一种具有负温度特性，即随温度升高，电阻值减小；另一种具有正温度特性，即随温度升高，电阻值增大。热敏电阻式恒温器正是利用了热敏电阻的这种特性，把它作为传感器放置在被测温度之处，如空调系统的风道内，同时用导线与晶体管放大电路系统相连（图8-21）。

这种恒温器的工作原理是将温度的变化转变为电阻值的变化，进而转变为电压的变化，通过放大器控制电磁离合器动作，由此达到控制温度的目的。温度调节是靠一个附

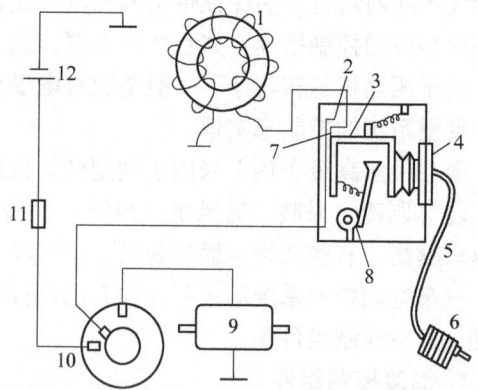

图 8-19 温度设定机构

1—电磁离合器线圈 2—触点 3—摇摆框架 4—波纹管
5—毛细管 6—感温包 7—绝缘块 8—冷点调节
9—风机电动机 10—开关 11—熔丝 12—电源

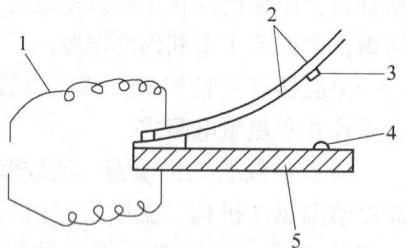

图 8-20 双金属片式恒温器

1—导线 2—双金属片 3—动触点
4—定触点 5—壳体

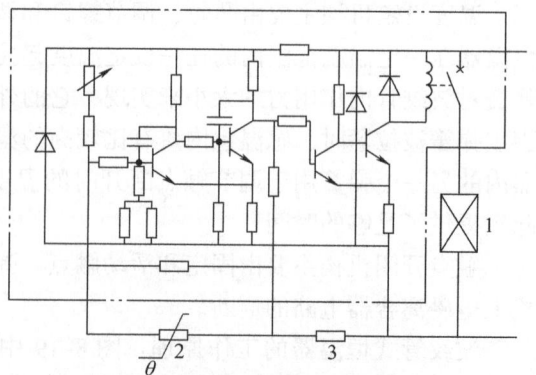

图 8-21 热敏电阻式恒温器

1—电磁离合器 2—热敏电阻 3—电阻

加的调温电阻调整的。恒温器中使用的热敏电阻通常采用负特性电阻，由于热敏电阻性能的好坏直接影响到温度调节的精度，因此，在选用时要精心挑选。图 8-22 所示为热敏电阻的特性曲线。

汽车空调的温度开关有环境温度开关、冷却液温度开关、蒸发器表面温度开关、除霜开关等。

过热开关（过热保护装置）有两种：一种是装在压缩机缸盖上，作用的结果是使电磁离合器电源中断，压缩机停转；另一种是装在蒸发器出口管路上，作用的结果是使泄漏警告灯亮。这两种装置的目的都是防止由于缺少制冷剂，造成压缩机因缺乏润滑油而过热损坏。

过热开关是一种温度-压力感应开关。在正常情况下，此开关处于断开位置（图 8-23）。

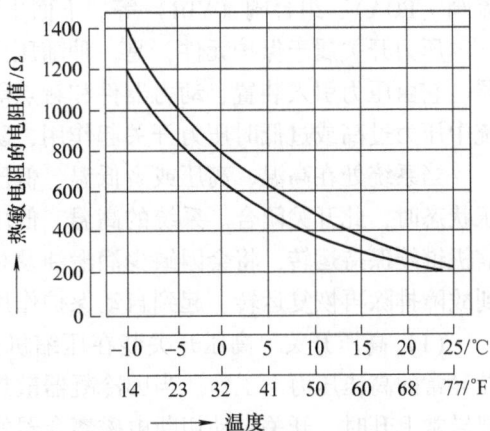

图 8-22　热敏电阻的特性曲线

当过热开关闭合时，通向电磁离合器的电流通过热力熔断器中的加热器，使加热器温度升高，直到把熔断器熔化。这样电磁离合器电路中断，压缩机停止转动。

因熔化熔丝需要一定的时间，对于短时间（例如 3min）内的高温低压现象是不起作用的。短时间异常现象未必会对系统工作产生影响。热力熔断器与过热开关配套工作，由温度感应熔丝和线绕电阻（加热器）组成，如图 8-24 所示。

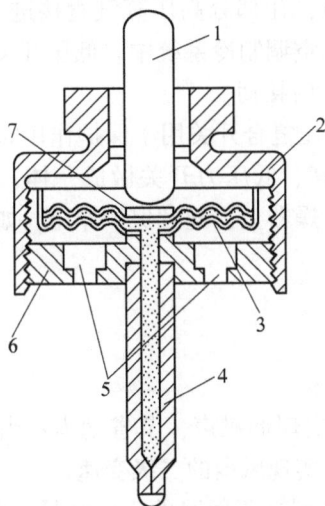

图 8-23　温度-压力感应开关

1—接线柱　2—壳体　3—膜片总成　4—感应管
5—底座孔　6—膜片底座　7—电触点

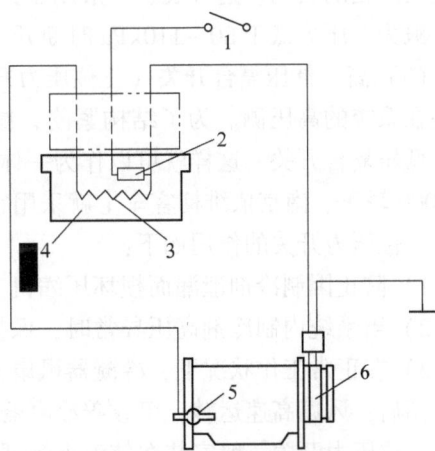

图 8-24　压缩机温度控制电路

1—环境温度开关　2—温度感应熔丝　3—加热器
4—热力熔断器　5—过热开关　6—离合器线圈

2. 压力控制组件

压力控制组件可分为两类：一类是通断型，又称为压力开关，即对于所设定的压力执行通或断的指令，如高、低压开关等；另一类是调节型，又称为压力调节器，对于所设定的压力执行的是一个调节过程。在蒸发器压力控制系统中，常常需要压力调节装置调节蒸发器压力，以防止其表面结冰。同时，调节装置中都有一个旁通管路，可保证少量制冷剂及冷冻油的不断循环。用于汽车空调系统的压力调节器有蒸发压力调节器（EPR）、导阀控制吸气节流阀（POA）、组合阀（VIR）等。下面主要介绍压力开关。

压力开关属于保护元件，是一种随压力变化而断开或闭合触点的元件，又称为压力继电器。它由压力引入装置、动力器件和触点等组成，在系统中感受着制冷剂压力的变化。当系统中压力过高或过低时压力开关起作用，防止系统在异常压力情况下工作，起保护作用。

当系统处在高温、高压或者低温、低压状态时，此开关保持常开。当系统处于高温、低压状态时，此开关闭合。系统的高温、低压状态通常是在缺少制冷剂的时候出现，此时若压缩机继续保持运转，将会因缺少润滑油及高温过热而损坏。过热开关使压缩机停止转动，直到故障排除再恢复运转，起到自动保护作用。

（1）**高压开关** 高压开关装在压缩机至冷凝器之间的高压管路上，其作用是防止系统在异常的高压压力下工作。当因冷凝器散热不良、散热堵塞和风扇损坏等，导致冷凝压力出现异常上升时，开关自动切断电磁离合器的电路，使压缩机停转，或接通冷却风扇高速档电路，自动提高风扇转速，以降低冷凝温度和压力。在汽车空调系统中，高压开关的压力控制范围一般为：压力高于 2.82~3.10MPa 时断开，1.03~1.73MPa 时接通，不同的车型稍有不同。

（2）**低压开关** 低压开关有两种，一种是安装在系统的高压回路中，防止压缩机在压力过低的情况下工作。因为高压回路中压力过低，说明缺少制冷剂。缺少制冷剂将影响润滑效果，久而久之将损坏压缩机。另一种低压开关设置在低压回路中，直接由吸气压力控制。当低压低于某一规定值时，接通高压旁通阀（电磁阀），让部分高压蒸气直接进入蒸发器，以达到除霜的目的。这种装置一般用于大、中型客车的空调制冷系统中。低压开关的工作范围一般为：压力低于 80~110kPa 时断开，230~290kPa 时接通。

（3）**高、低压复合开关（三位压力开关）** 高、低压复合开关用于保护作用时，通常都安装在系统的高压侧。为了结构紧凑，减少接口，把高、低压力开关做成一体，就形成了高、低压复合开关。这样就可以作为一体安装在储液干燥器上，起到保护作用，如上海桑塔纳2000轿车、南京依维柯客车上就采用它。

三位压力开关的作用如下：

1）防止因制冷剂泄漏而损坏压缩机。

2）当系统内制冷剂高压异常时，保护系统不受损坏。

3）在正常工作状况下，冷凝器风扇低速运转，可实现低噪声，节省动力；当系统内高压升高后，风扇高速运转，可改善冷凝器的散热条件，实现风扇的二级变速。

三位压力开关一般安装在储液干燥器上，感受制冷剂高压回路的压力信号。图8-25所示为高、低压复合开关示意图，它由金属膜片、弹簧及触点等组成。

（4）**泄压阀** 过去，在汽车空调系统中，为了防止高压侧温度和压力异常升高造成系统损坏，常常用易熔合金做成易熔塞，当温度和压力异常升高时，易熔塞熔化，释放出制冷剂。但这种方法付出的代价是经济上的损失和对环境的污染，同时空气会进入空调系统。因此，目前大多采用泄压阀替代易熔塞，其结构如图8-26所示。

泄压阀一般安装在压缩机高压侧或储液干燥器上。正常情况下，弹簧力大于制冷剂压

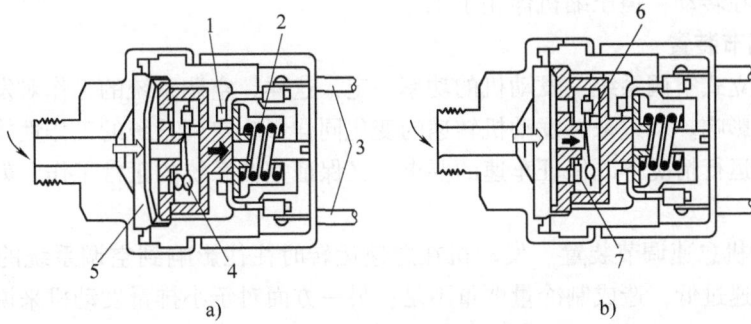

图 8-25　高、低压复合开关示意图

a）正常状态　b）短路状态

1—触点　2—弹簧　3—接线柱　4—动触点　5—金属膜片　6—销子　7—触点

力，密封塞被压紧密封。当高压侧压力异常升高时（此值为设定值，不同系统和厂家，设定值也不同），弹簧被压缩，密封塞被打开，制冷剂释放出来，压缩机压力立即下降。当压力低于设定值后，弹簧又立即将密封塞压紧。目前，在北京切诺基汽车空调系统的储液干燥器及一汽－奥迪100轿车的压缩机上都装有此种泄压阀。

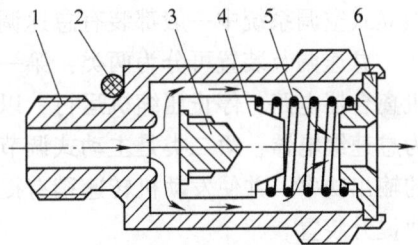

图 8-26　泄压阀

1—阀体　2—O形密封圈　3—密封塞
4—下弹簧座　5—弹簧　6—上弹簧座

3. 电磁离合器

在非独立式汽车空调系统中，压缩机的停与转都是靠电磁离合器与发动机联系的，电磁离合器的吸合或释放决定了空调系统是否工作。然而，电磁离合器又是一个执行部件，受温度开关、压力开关、怠速调节装置、电源开关等元件的控制。

电磁离合器有定圈式及动圈式两种，前者电磁线圈固定在压缩机壳体上不转动，后者电磁线圈与传动带盘相连是转动的，目前已很少应用。两种电磁离合器的作用原理基本相同。

（1）电磁离合器的组成　电磁离合器由三大部件组成：带轮组件、衔铁组件、线圈组件，如图 8-27 所示。带轮由轴承支承，可以绕主轴自由转动，其侧面平整，开有条形槽孔，表面粗糙，以便衔铁吸合后有较大的摩擦力。带槽有单槽、双槽和齿形槽等。带轮以冲压件居多，以使它的另一侧有一定空间可嵌入线圈。线圈是用于产生电磁场的，有固定式和转动式两种。固定式线圈被固定在压缩机壳体上，有引线引出供接电源使用。衔铁组件由驱动盘、摩擦板、复位弹簧等组成，整个组件靠花键与压缩机主轴连接。

（2）电磁离合器的工作原理　当线圈中有电流通过时，产生较强的电磁场，吸合衔铁与带轮组件紧密结合，这样，带轮的转动带动压缩机工作。当电流消失后，衔铁靠复位弹簧迅速与带轮

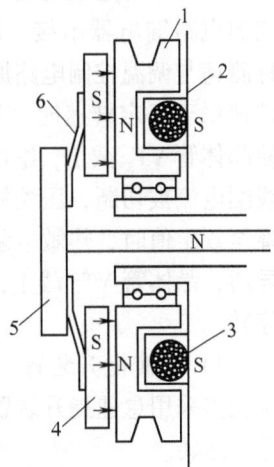

图 8-27　电磁离合器

1—带轮　2—压缩机壳体
3—线圈　4—摩擦板
5—驱动盘　6—弹簧爪

分离，带轮仍在转动，但压缩机停止了工作。

4. 车速调节装置

对于非独立式空调系统，发动机的功率一定，这样，空调系统的工作对发动机功率输出的分配有一定影响。反过来，发动机转速的变化同样影响空调系统的工作性能。因此，为达到汽车在不同运行情况下既保证车速的要求，又保证空调系统的正常工作，就出现了车速调节装置。

（1）**发动机怠速调节装置** 发动机在怠速运转时往往影响到空调系统的正常工作。一方面压缩机转速过低，造成制冷量严重不足；另一方面对于小排量发动机来说，怠速时发动机功率较小，不足以带动制冷压缩机并补偿因电力消耗给发电机增加的负荷。同时，由于发动机转速过低，冷却风扇的风压和风量均不充足，使得发动机和冷凝器散热受到影响。冷凝器温度和冷凝压力异常升高后，压缩机功耗迅速增大。这样，一是增加了发动机在怠速时的负荷，导致工作不稳定，甚至熄火；二是会引起电磁离合器打滑或传动带损坏。因此，在非独立式空调系统中一般都装有怠速调节装置。

怠速调节装置可分为两类：第一类是被动式调节，当发动机怠速运转时，自动切断压缩机离合器电路，停止压缩机运行，以减轻发动机的负荷，稳定发动机怠速性能，这类装置称为怠速继电器；第二类是主动式调节，即在发动机怠速运转时，加大节气门，以增加发动机的输出功率，并使发动机转速稍有提高，达到带负荷低速稳定运转的目的，这类装置称为怠速提升装置。

1）怠速继电器。它是一种集成电路，感应来自点火线圈的脉冲信号，所需控制的转速设定值可由人工调节。若发动机怠速转速低于设定值，继电器不吸合，则压缩机停转。

一般带有怠速继电器的控制电路都与测温电路继电器串接。图 8-28 所示为一种测速与调温控制电路原理图。当发动机转速低于规定转速时，晶体管 VT_1 导通，使晶体管 VT_3 截止，继电器触点分开，电磁离合器线圈电流被切断，压缩机停转。当蒸发器表面温度降至规定值时，热敏电阻阻值升高到使晶体管 VT_2 导通，晶体管 VT_3 截止，继电器触点分开，压缩机停转。

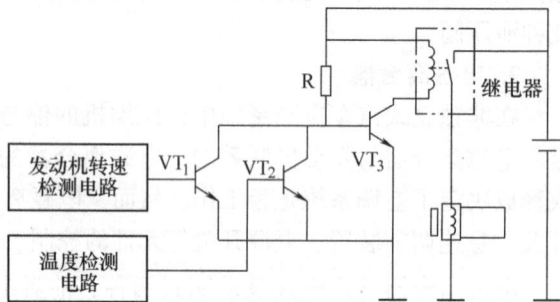

图 8-28　测速与调温控制电路原理图

2）怠速提升装置。近年来，轿车上的空调系统大多采用怠速提升装置，以保证怠速时能带空调稳定运转。

怠速提升装置有多种形式，工作原理基本相同，现介绍一种常见的简单结构。如图 8-29 所示，该装置主要由真空促动器和真空电磁阀两部分组成。真空促动器的拉杆与节气门拉杆相连，真空电

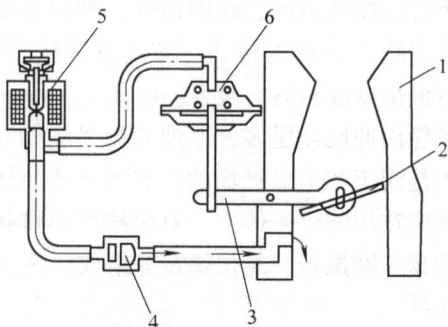

图 8-29　怠速提升装置
1—节气门体　2—节气门　3—拉杆
4—阻尼阀　5—真空电磁阀　6—真空促动器

磁阀的电路与压缩机电磁离合器电路并联。在汽车怠速时，如果空调电磁离合器电源接通，真空电磁阀同步工作，真空阀门被打开，来自发动机进气管路的真空度通过真空电磁阀到真空促动器，吸引拉杆向加大节气门的方向移动，从而提升怠速。拉杆的行程要调整到使发动机在怠速时带动压缩机运行，并能保持稳定运转。

（2）加速断开装置　在汽车加速超车时，为了保证发动机有足够的动力，应当切断压缩机离合器电路，这样就卸除了压缩机的动力负荷，以尽量大的发动机功率来供汽车加速所需。常用的加速断开装置（又称为超速控制器）由超速开关及延迟继电器组成。超速开关一般装在加速踏板下，当加速踏板被踩下时，电磁离合器电路断开，压缩机停止工作，使发动机的输出功率全部用于加速，而 6s 后电路又自动接通，空调系统恢复工作。高档轿车为提高超车能力常加装这种装置。

5. 真空控制组件

多数轿车空调系统采用真空装置作为控制元件，控制某些风门或阀门的开、闭。这是由于一方面汽车上有现成的真空来源，更主要的是真空控制装置结构简单、经济。

真空马达如图 8-30 所示，由真空盒、膜片、弹簧和传动杆组成。真空盒被膜片分为两个不相通的腔室，一侧与发动机真空管相连，另一侧通过空气泄漏孔与大气相通。真空马达不工作时，弹簧处于松弛状态，传动杆伸长（图 8-30a）。工作时，上腔室具有一定真空度，上、下腔室的压差使得弹簧被压缩，传动杆向上移动，带动风门（阀门）动作（图 8-30b）。

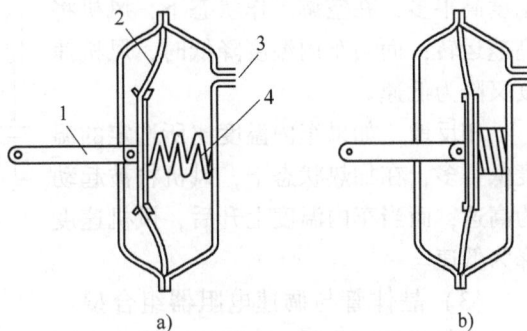

图 8-30　真空马达
a) 无真空作用　b) 全真空作用
1—传动杆　2—膜片　3—接真空源　4—复位弹簧

8.4.2　汽车空调控制系统的控制电路

汽车空调种类繁多，电路形式各不相同，但其电气系统都有一定规律可循。分析电路时，只要分成风机控制、冷凝器风扇控制、温度控制（压缩机控制）、通风系统控制、保护电路等即可清楚了解其电路控制原理。

1. 风机控制

根据控制方法的不同可分为以下三种形式。

（1）由风机开关和调速电阻联合控制　风机的控制档位一般有Ⅰ、Ⅱ、Ⅲ、Ⅳ速四种，最常见的是Ⅳ速，如图 8-31 所示，通过改变风机开关与调速电阻的接通方式可令风机以不同转速工作。风机开关处于Ⅰ位置时，至电动机的电流须经过 3 个电阻，风机低速运行；开关调至Ⅱ位置，至电动机的电流须经过 2 个电阻，风机按中低速运转；开关拨至Ⅲ位置时，至电动机的电流只经过一个电阻，风机按中高速运转；选定位置

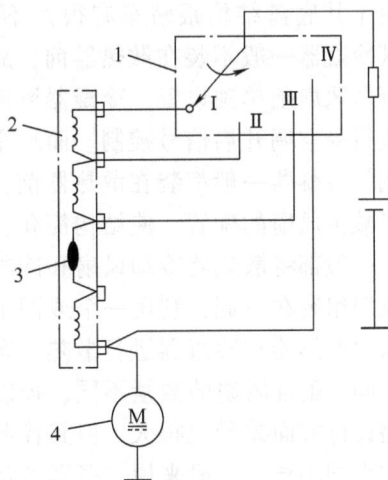

图 8-31　风机调速控制电路
1—风机开关　2—调速电阻
3—限温开关　4—风机用电动机

Ⅳ时，线路中不串入任何电阻，加至电动机的是电源电压，风机以最高速运转。

调速电阻一般装在空调蒸发器组件上，利用气流进行冷却。风机开关一般装在操作面板内，设置不同档位，供调速用。在设置时，风机开关可控制风机电源正极，也可控制风机电路搭铁。

（2）**电控模块通过大功率晶体管控制**　现代中高档轿车为实现风速的自动控制，风机的转速一般由电控模块通过大功率晶体管控制，控制原理如图8-32所示。

功率组件控制风机的运转，它把来自程序机构的风机驱动信号放大，放大器的输出信号根据车内情况，按照指令提供不同的风机转速。如果车内温度比所选定的温度高很多，在空调工作状态下，风机将高速运转；而当车内温度降低时，风机速度又降为低速。

相反地，如果车内温度比所选定的温度低得多，在加热状态下，风机将被起动为高速；而当车内温度上升后，风机速度降为低速。

（3）**晶体管与调速电阻器组合型**　风机控制开关有自动（AUTO）档和不同转速的人工选择模式，如图8-33所示。当风机转速控制开关设定在"AUTO"档时，风机的转速由空调计算机根据车内、车外温度及其他传感器的参数控制；若按动人工选择模式开关，则空调电路取消自动控制功能，执行人工设定功能。

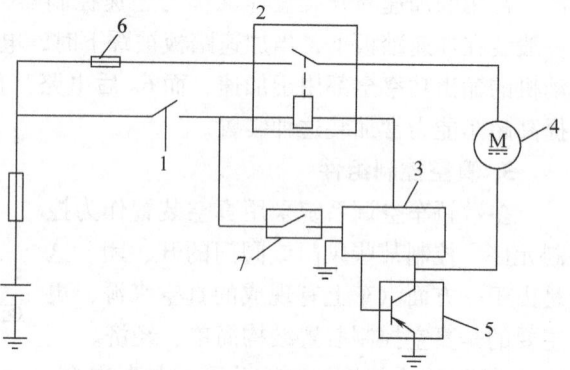

图8-32　大功率晶体管控制原理

1—点火开关　2—继电器　3—空调控制器
4—风机电动机　5—晶体管　6—熔断器　7—风机开关

2. 冷凝器散热风扇控制

对于一般小客车和大中型客车，由于其底盘结构跟轿车有很大不同，其冷凝器一般不装在散热器前，故冷凝器风扇须单独设置。冷凝器风扇一般只受空调开启信号控制。而轿车空调的冷凝器一般都装在散热器前，为了减少风扇的配置，使结构简化，轿车一般都将散热器冷却风扇和冷凝器风扇组装在一起，利用一个或两个风扇对散热器和冷凝器进行散热。车型不同，配置风扇的数量不同，控制线路设计方面差异也很大，但其控制方式大同小异。一般来说，根据冷却液

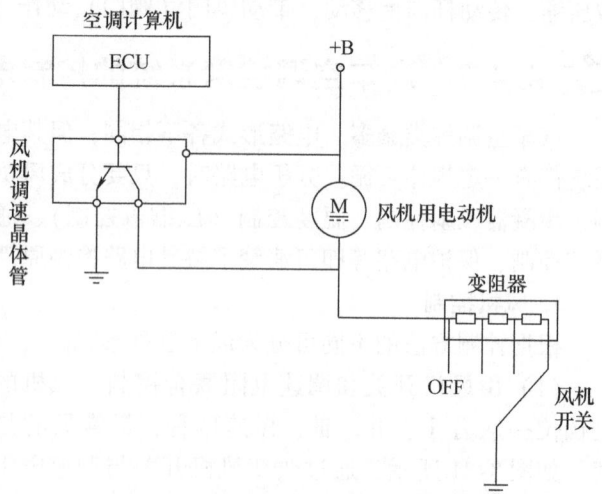

图8-33　晶体管与调速电阻器组合型

温度信号和空调信号共同控制，同时满足散热器散热和冷凝器散热需要。下面就一些较典型的冷凝器散热风扇电路进行分析。

（1）**A/C开关直接控制型**　这种控制电路比较简单，其控制原理如图8-34所示。空调

开关打至 "ON" 位置，在供电给压缩机电磁离合器的同时，加电源至冷凝器风扇继电器线圈，继电器触点开关闭合，冷凝器风扇高速运转。

（2）A/C 开关和冷却液温度开关联合控制型　有些汽车的发动机冷却系统和空调冷凝器共用一个风扇进行散热，如图 8-35 所示。

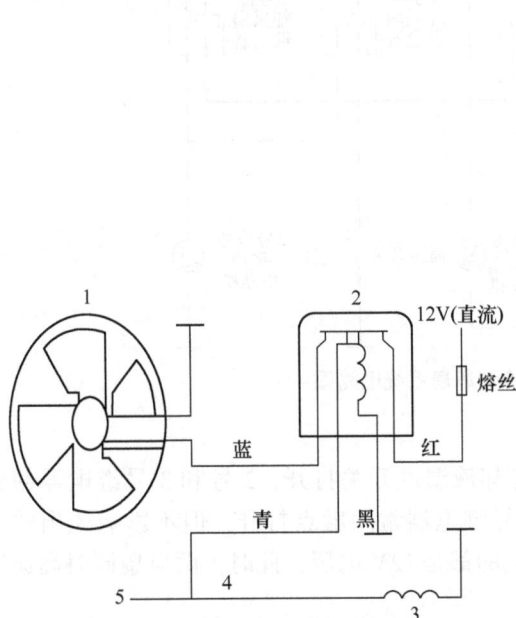

图 8-34　A/C 开关直接控制的冷凝器风扇电路

1—冷凝器风扇　2—冷凝器风扇继电器

3—电磁离合器　4—温度控制　5—接至 A/C 开关

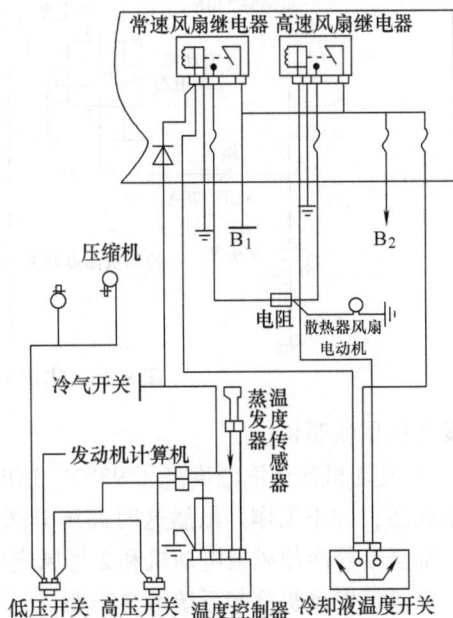

图 8-35　A/C 开关和冷却液温度开关联合控制

这种风扇有两种转速，即低速和高速。风扇电动机转速的改变是通过改变线路中电阻值的方法实现的。从图中可看出，起关键控制作用的是 A/C 开关和冷却液温度开关。当空调开关开启时，常速风扇继电器通电工作。由于线路中串联了一个电阻，风扇低速运转。当冷却系统冷却液温度达到 89 ~ 92℃ 时，散热器风扇也是低速运转。一旦发动机冷却液温度升至 97 ~ 101℃ 时，散热器风扇高速运转，以加强散热效果。

（3）制冷剂压力开关与冷却液温度开关控制组合型　目前很多轿车采用制冷剂压力开关和冷却液温度开关组合的方式对冷却风扇系统进行控制。图 8-36 所示为丰田 LS400 冷却风扇系统电路图，由图可看出，起控制作用的是冷却液温度开关和高压开关。冷却液温度开关和高压开关处于不同状态，则控制继电器形成不同组合，从而控制两个并排的风扇不运转、低速运转或高速运转。

下面分三种状态进行介绍。

1）空调不工作时。在不开空调的情况下，风扇的工作取决于发动机的冷却液温度。

① 发动机冷却液温度低于 93℃。这时，由于冷却液温度较低，冷却液温度开关处于闭合状态，3 号冷却风扇继电器和 2 号冷却风扇继电器工作。其中，3 号冷却风扇继电器的 4 与 5 接通，2 号冷却风扇继电器常闭触点被打开。同时，由于空调不工作，高压开关处于常闭合状态，1 号冷却风扇继电器通电工作，使常闭触点打开，这时两个冷却风扇均不工作，

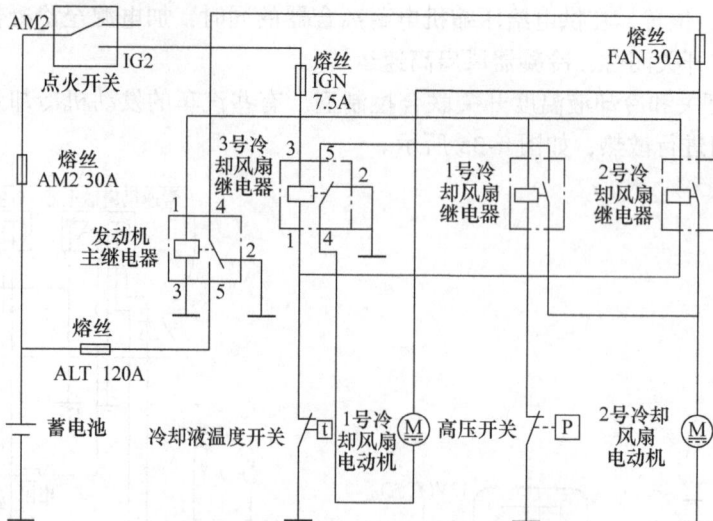

图 8-36 丰田 LS400 冷却风扇系统电路图

使发动机尽快暖机。

② 发动机冷却液温度高于93℃。这时，冷却液温度开关打开，2号和3号继电器回到原始状态，即不工作。虽然这时高压开关使1号继电器常闭触点打开，但不影响风扇的工作。加至1号冷却风扇电动机和2号风扇电动机的都是12V电压，此时，两风扇同时高速运转，以满足发动机冷却系统散热需要。

2）空调工作时。空调工作时，冷却液温度控制器回路仍然起作用，这时冷却风扇受空调和冷却液温度控制回路的双重控制。

① 开空调，高压端压力大于13.5kPa，且冷却液温度低于93℃。这种情况下，冷却液温度开关处于闭合状态，而高压开关打开，这时2号和3号继电器受控动作，而1号继电器不工作，即触点处于常闭状态。这样，继电器使两个冷却风扇电动机串联工作，故两冷却风扇同时低速运转，以满足冷凝器散热需要。

② 开空调，高压端压力大于13.5kPa，且冷却液温度高于93℃。这种情况下，高压开关和冷却液温度开关都打开，1、2、3号继电器均不工作，加至两冷却风扇电动机的都是12V电压，故两冷却风扇同时高速运转。

综上所述可知，两个冷却风扇的工作同时受冷却液温度和空调信号影响，而处于同时不转、同时低速转或同时高速转三种状态之间循环。其工作原理简图如图8-37所示。

（4）风扇控制单元控制散热器风扇和冷凝器风扇的运转　控制单元根据冷却液温度传感器及空调系统的空调压力开关的输入信号决定是否转动风扇及转动的速度。除此之外，冷却液温度高于109℃时，则温度开关停止空调的工作；若空调系统压力高于正常压

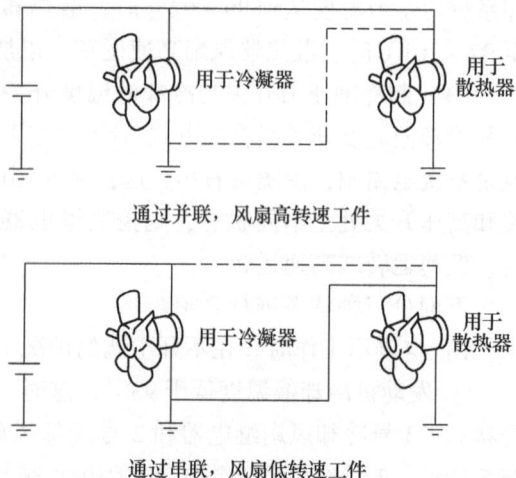

图 8-37 冷却风扇工作方式

力时，则压力开关关闭且风扇高速转动。

（5）**制冷剂压力开关与微型计算机控制组合型**　大多数高级轿车都采用这种布置和控制方式，如图 8-38 所示。两个散热风扇有三种不同的运转工况。

图 8-38　制冷剂压力开关与微型计算机控制组合型

工作过程如下：

1）空调开关已接通，但制冷剂压力未达到 1.81MPa 时，则只有辅助散热器风扇电动机运转。

2）一旦制冷剂压力达到 1.81MPa 时，主、辅风扇电动机同时运转。

3）无论空调开关是否接通，只要发动机冷却液温度达到 98℃ 以上，主散热风扇（散热器风扇电动机）高速运转。

丰田公司在部分 1UZ—FE 和 1MZ—FE 发动机上采用了电控液压马达冷却风扇系统，并将其用于雷克萨斯 400、雷克萨斯 300、凯美瑞 3.0L 等车型。这种系统与一般的电控风扇系统有较大差异，如图 8-39 所示。在此系统中，风扇

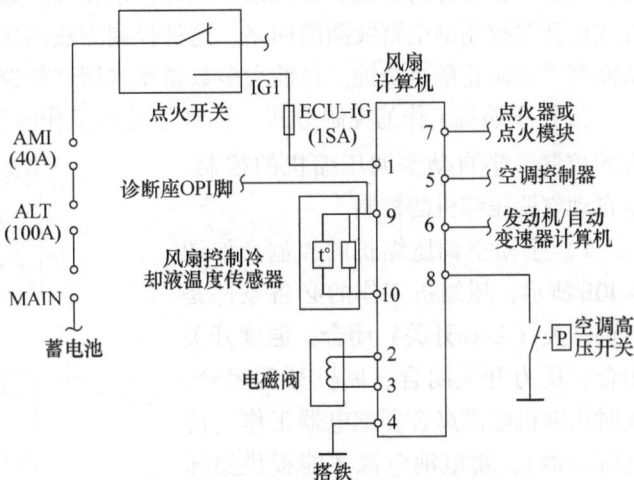

图 8-39　电控液压马达冷却风扇控制电路

计算机通过电磁阀控制作用在液压马达上的油液压力，这样就可以根据发动机工况和空调状态自动控制冷却风扇的转速。其工作过程如下：液压泵单独设计或与动力转向泵组合为一体，由传动带驱动，建立一定油压。受计算机控制，电磁阀调节从液压泵到液压马达的油量，该马达直接驱动风扇，已通过液压马达的压力油回到液压泵。

3. 压缩机电磁离合器控制

（1）**压缩机的控制方式**　根据控制开关的位置不同分为两种，即控制电源型和控制搭

铁型（图8-40）。

图8-40　压缩机控制

a）控制电源型　b）控制搭铁型

电源控制方式由开关直接控制电源，当开关闭合时，大电流流经开关至执行器构成回路，长期工作后容易造成触点烧蚀。因此，现在大多数轿车不采用这种控制方式。搭铁控制方式由开关控制继电器线圈的回路。这种控制方法的优点是以小电流信号控制大电流通断，从而有效地防止触点烧蚀。目前大多数轿车采用这种控制方法。

（2）**压缩机工作的控制方式**　控制压缩机工作时机的方式可分为三种：手动空调压缩机的控制、半自动空调压缩机的控制、全自动空调压缩机的控制。

1）手动空调压缩机的控制。如图8-40b所示，压缩机工作的必备条件是空调开关（A/C开关）闭合、温度开关闭合、压力开关闭合、风机开关闭合。此时压缩机电磁离合器继电器工作（冷气继电器），蓄电池电源才能提供给压缩机电磁离合器线圈。

2）半自动空调压缩机的控制。如图8-41所示，半自动空调压缩机工作的必备条件是空调开关（A/C开关）闭合、温度开关（热敏电阻）工作、压力开关闭合、风机开关闭合、发动机转速信号、压缩机转速信号、制冷剂温度开关闭合。当点火开关和风机开关接通

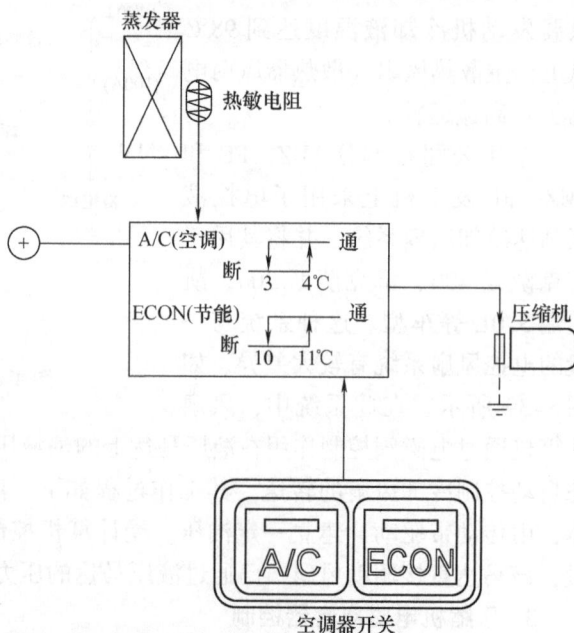

图8-41　半自动空调压缩机的控制过程

时，加热器继电器就接通。若空调开关此时接通，则压缩机电磁离合器继电器由空调器放大器接通。这就使压缩机电磁离合器接合，压缩机工作。

在下述情况时，电磁离合器脱开，压缩机被关掉：

① 风机开关位于 OFF（断开）。当风机开关断开时，加热器继电器也断开，电源不再传送至空调器。

② 空调开关位于 OFF（断开），空调器放大器（它控制压缩机电磁离合器继电器）的主电源被切断。

③ 蒸发器温度太低。若蒸发器表面温度降至 3℃ 或以下，则空调器放大器电源被切断。

④ 双重压力开关位于 OFF（断开）。若制冷回路高压端压力极高或极低，这一开关便断开。空调放大器检测到这一情况，就会切断电磁离合器继电器。

⑤ 压缩机锁止（仅限某些车型）。压缩机与发动机转速差超过一定值，空调器放大器就会判断压缩机已锁止，并切断电磁离合器继电器。

3）全自动空调压缩机的控制。全自动空调压缩机一般由发动机计算机控制。

随着微型计算机的发展，以及人们对操作系统简单化的要求，汽车空调系统的控制已朝着自动化或半自动化的方向发展。微机控制系统使之成为现实。微机控制系统不但减少了驾驶人员繁琐的操作过程，使注意力更加集中于汽车的驾驶，而且由于其控制精度高、功能强，因此所营造出的环境更加舒适，空调系统各部件的性能得到了更好的发挥。

微机控制系统主要是把传感器采集到的各个部位的各种参数，包括车外温度、车内温度、风道温度、发动机冷却液温度、蒸发器表面温度、太阳辐射温度等，和给定指令加以对比处理，然后对风机转速、热水阀开度、空气在车厢内的循环方式选择、温度混合门的开度、压缩机停转、各送风口的选择等进行控制，以保证最佳的舒适性要求。同时，由于系统可根据环境温度的变化，自动改变蒸发器温度、改变压缩机运行时间，又起到了节能的作用。除上述功能外，微机控制系统还可有故障监测和安全保护功能，如制冷剂不足，高、低压异常及各种控制器的故障判断、报警和保护等。微机控制系统也可显示出空调系统的工作状况，如给定温度、控制方式、运行方式等。总之，微机控制系统的应用，使控制更为简便和智能化。微机控制汽车空调系统示意图如图 8-42 所示。

4. 通风系统的控制

目前很多轿车空调的通风系统采用电控方式，对气源门、温度门、送风门的控制均由计算机或放大器统一完成，实现最佳送风方式的控制。

（1）轿车通风系统电路控制　当轿车在关闭车门玻璃的情况下需要通风时，就要采取强制通风，把车外的新鲜空气经过过滤净化后送入车厢内。目前轿车空调系统一般采用冷暖一体式或冷暖混合式结构。不论哪种结构，其冷、热及通风均为同一通道，除风门控制外，其风机控制电路相同，如图 8-43 所示。

（2）汽车电动换气风扇电路控制　在大型空调客车上都装有电动换气风扇，用它取代顶篷的风窗。它除了具有降温功能外，还具有自动通风、吸风、排风、循环等功能，不断地把污浊空气排出，同时吸入新鲜空气，以满足乘客舒适性要求。图 8-44 所示为电动换气风扇电路原理图。

具体工作方式如下：

1）自动通风。当控制面板上的控制开关 2 置于自动档时，电流经限位开关 6 到气窗举

图 8-42 微机控制汽车空调系统示意图

1—压缩机 2—风机 3—真空泵 4—风门 5—蒸发器 6—蒸发器传感器
7—加热芯 8—空气混合风门 9—吹出口切换风门 10—内气传感器
11—日照传感器 12—外气传感器 13—冷却液温度传感器
14—方式开关 15—设定温度开关 16—微型计算机
17—水阀 18—吹出口切换膜片 19—电位计 20—伺服电动机
DVV—复式真空阀 VSV—真空开关阀

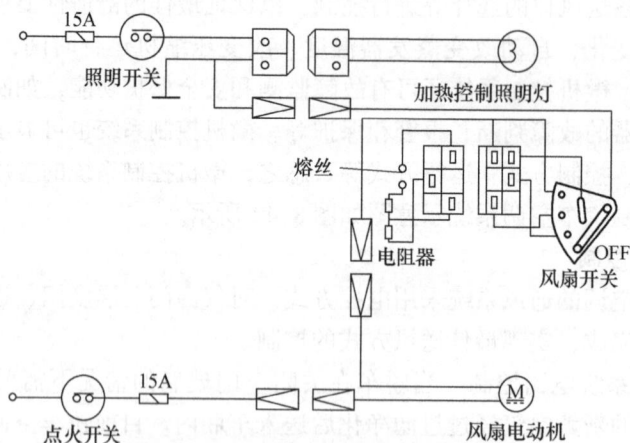

图 8-43 轿车通风系统电路控制

升电动机7，气窗闸门开启，限位开关稍后即自动关闭，闸门保持开启状态，使车厢内外自然通风。

2）吸风。当控制开关2置于吸风位置时，气窗闸门开启，与此同时电流经继电器5的线圈，使常开触点J1吸合，风扇电动机接通运转，吸入新鲜空气。

3）排风。当控制开关2置于排风位置时，气窗闸门开启，与此同时继电器5的线圈中电流断路，使触点J1分开而J2吸合，风扇4反向运转，车厢内污浊空气被排出。

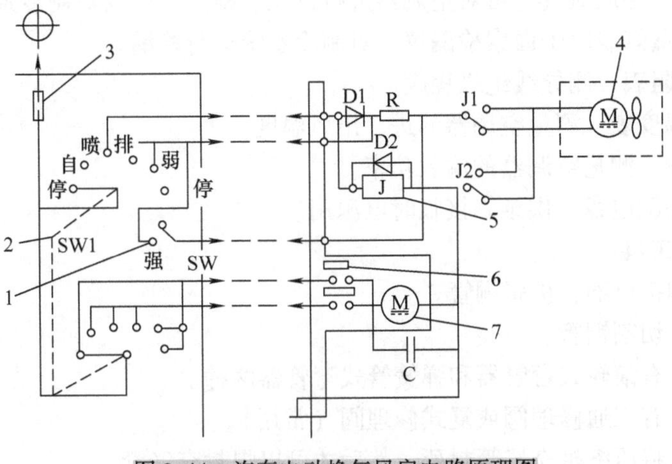

图 8-44　汽车电动换气风扇电路原理图

1—转换开关　2—控制开关　3—保护装置　4—风扇　5—继电器　6—限位开关　7—举升电动机

4）循环。当控制开关 2 置于循环位置时，电流通过限位开关 6，与此同时联动板向下转动，使气窗闸关闭。这时风扇沿顺时针方向旋转，使车内空气强制循环。风量的强、弱，通过转换开关 SW 和电阻 R 进行控制。

5. 汽车空调的保护电路

汽车空调电路还包括保护电路，如：压力保护、过热保护、怠速控制等。

为了保证制冷系统正常、安全地工作，系统控制电路中都有安全保护措施，以防止系统出现温度和压力异常。采用的手段通常是安装压力开关，直接控制电磁离合器电路的通与断。这样，当系统出现温度或压力异常时，可强制使压缩机停止工作。

▶▶▶ 8.5　汽车空调系统的维修

☞ 8.5.1　常用检修工具及设备

1. 维修常用工具

活扳手、呆扳手、套筒扳手、内六角扳手、钢丝钳、尖嘴钳、十字槽螺钉旋具、一字槽螺钉旋具、锉刀、钢锯、手枪钻、钻头、冲击钻、刀子、剪刀、锤子（铁锤、木槌、橡皮锤）、卡钳、小镜子、钢卷尺、酒精灯、温度计、电烙铁、万用表、低压测电笔等。

2. 维修常用设备

（1）真空泵　一般选用排气量为 2L/s，真空度达到 5×10^{-4} mmHg（1mmHg = 133.322Pa）的真空泵。

（2）气焊设备　氧气瓶、乙炔瓶、减压阀、乙炔单向阀和配套输气管及焊具。

（3）电焊设备　电焊机、输入和输出电缆线、焊把及 2.5mm、3.5mm 焊条。

（4）制冷器钢瓶　用来存放制冷剂，一般选用 3~40kg 不等。

（5）定量加液器　可以准确地向空调充注制冷剂。

（6）台秤　以确保小钢瓶的充灌制冷剂不超过额定量，避免意外发生。

（7）**氮气瓶**　存放氮气，可对空调器进行试压、检漏，以及对制冷系统进行冲洗。

（8）**卤素检漏灯或电子卤素检漏仪**　对制冷系统进行检漏。

（9）**绝缘电阻表**　测导线绝缘程度。

（10）**数字温度表**　测量空调器的进、出风温度。

（11）**功率表**　测量空调器的输入功率。

（12）**可移动配电盘**　供维修接临时电源用。

3. 维修专用工具

1）胀管器和扩口器：扩张铜管。

2）割管刀：切割铜管。

3）弯管器：有滚轮式弯管器和弹簧管式弯管器两种。

4）修理阀：有三通修理阀或复式修理阀（常用）。

5）封口钳：将压缩机充气管封死，然后才可以焊封充气管。

6）力矩扳手：空调配管之间的联接螺母一定要用相应的力矩扳手来紧固。

7）电动空心钻：用以打墙孔（小孔径可用冲击钻），钻头选用 70、80mm 两种规格。

☞ 8.5.2　汽车空调系统的检测

1. 制冷系统工作压力的检测

歧管压力计的结构如图 8-45 所示。

1）将歧管压力计正确连接到制冷系统相应的检修阀上。

2）关闭歧管压力计上的两个手动阀。

3）用手松开歧管压力计上的高、低压注入软管的联接螺母，让系统内侧的制冷剂将高、低压注入软管内的空气排出，然后再将联接螺母拧紧。

4）起动发动机并使发动机转速保持在 1000 ~ 1500r/min，然后打开空调 A/C 开关和风机开关，设置到空调最大制冷状态，风机高速运转，温度调节在最冷。

5）关闭车门、车窗和发动机盖，发动机预热。

6）把温度计插进中间出风口并观察空气温度，在外界温度为 27℃ 时，运行 5min 后出风口的温度应接近 20℃。

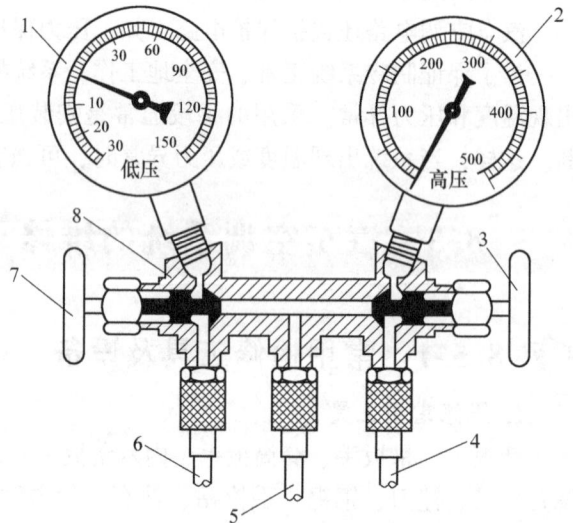

图 8-45　歧管压力计的结构

1—低压表（蓝）　2—高压表（红）　3—高压手动阀
4—高压侧软管（红）　5—维修用软管（黄）
6—低压侧软管（蓝）　7—低压手动阀　8—表座

7）观察高低压侧压力，压缩机的吸气压力应为 207 ~ 240kPa，排气压力应为 1103 ~ 1633kPa，应注意，外界高温高湿将造成高温高压的条件。如果离合器工作，在离合器分离之前记录下数值。

2. 制冷剂的放出与注入

（1）从制冷系统内放出制冷剂的具体方法

1）关闭歧管压力计上的手动高、低压阀，并将其高、低压软管分别接在压缩机高、低压检修阀上，将中间软管的自由端放在干净的软布上。

2）慢慢打开手动高压阀，让制冷剂从中间软布上排出，阀门不能开得太大，否则压缩机内的冷冻油会随制冷剂流出。

3）当压力表读数降到 0.35MPa 以下时，再慢慢打开手动低压阀，使制冷剂从高低两侧流出。

4）观察压力表读数，随着压力的下降，逐渐打开手动高、低压阀，直至低压表读数到零为止。

歧管压力计的使用与连接如图 8-46 所示。

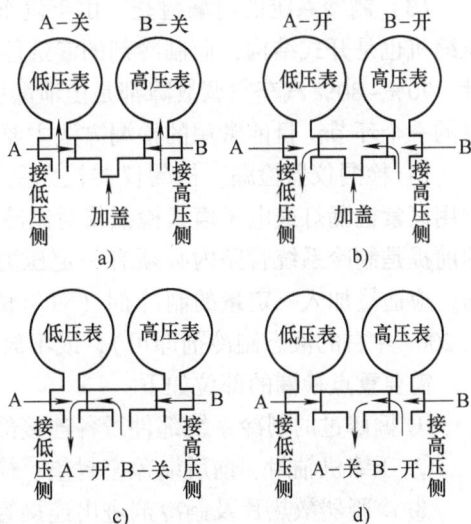

图 8-46 歧管压力计的使用与连接

a）检测压力 b）旁通
c）加注制冷剂 d）放空或排出制冷剂

（2）抽真空作业 汽车空调制冷系统修理之后，由于接触了空气，必须用真空泵抽真空，排除制冷系统内的水分和空气，以维护空调制冷系统的正常工作。抽真空并不能直接把水分抽出制冷系统，而是产生真空后降低了制冷剂的沸点，水以蒸气的形式被抽出制冷系统。

抽真空之前，应进行制冷剂泄漏检查。抽真空也是进一步检查系统在真空情况下的气密性能。抽真空作业的连接方式如图 8-47 所示，步骤如下：

1）将制冷系统、歧管压力计以及真空泵连接好，压缩机高低检修阀处于微开位置，歧管压力计上的高、低压手动阀处于闭合状态，拆除真空泵吸、排气口护盖，歧管压力计上的中间软管和真空泵进出口相连接。

2）打开歧管压力计的高、低压手动阀，起动真空泵，观察低压表指针，应有真空显示。

3）操作 5min 后，低压表应达到 33.6kPa（绝对压力），高压表指针应在低于零的刻度。如果高压表指针不能低于零的刻度，表明系统内堵塞，应停止，清理好故障，再抽真空。

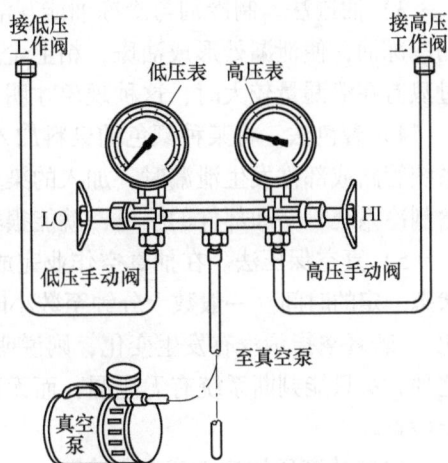

图 8-47 抽真空作业的连接方式

4）真空泵工作 15min 后观察压力表，如果系统无泄漏，低压值应达到 13.28 ~ 20.05kPa 的绝对压力。

5）如果达不到此数值，应关闭低压手动阀，观察低压表指针。如果指针上升，说明真空有损失，要检查泄漏部位，进行检修后才能继续抽真空，这一步也就是真空试漏法。

6）抽真空总的时间不少于 30min，然后关闭低压手动阀，就可以向系统中充注制冷剂。

（3）制冷系统的泄漏检查 由于汽车空调制冷系统各部件及管道均可采用可拆式连接，压缩机也是开式结构，而制冷剂的渗透能力很强，因此制冷系统的泄漏是不可避免的。据统计，70%~80%汽车空调故障都是由泄漏引起的，因此检漏作业在汽车空调作业中是十分重要的一个环节。目前常用的检漏方法主要有以下五种。

1）检漏仪器检漏。检漏仪器检漏是汽车空调检漏作业中最常用、最主要的检漏手段，即用卤素检漏灯或电子卤素检漏仪对制冷系统各部件或连接管路进行检漏。采用检漏仪检漏的前提是制冷系统管路内必须有一定压力（98~294kPa）的制冷剂，因此在进行检漏作业前，应适量加入一定量的制冷剂（对于轿车空调来说，在抽真空作业完成后，从高压侧注入200g左右的液态制冷剂即可），或不放出系统内的原有制冷剂以备检漏之用。

需要重点检漏的部位如下：

① 拆修过的制冷系统部件及各连接部位。
② 压缩机轴封、前后端盖密封垫、检修阀和过热保护器。
③ 冷凝器散热片及制冷剂进出连接管口。
④ 制冷系统各管路及连接部位。

2）肥皂泡沫法检漏。当没有检漏设备时，可利用肥皂水对可能产生制冷剂泄漏的部位进行直接检查。方法是通过歧管压力计给系统内充入784~1172kPa的干燥氮气，然后把肥皂水或其他起泡剂涂在需要检查的部位，如各连接接头焊缝等，若发现有排气声或吹出肥皂泡，则说明该处有泄漏。如果没有氮气瓶，也可以充入一定压力制冷剂进行检漏，但这样会造成制冷剂的浪费。这种方法简单、实用、安全，尤其适用检漏灯不易接近的部位，但灵敏度差，操作完毕后应清除干净。

3）油迹法。制冷剂与冷冻油能互溶，当因密封不良而使制冷剂泄漏时，便会带出少量的冷冻油，使泄漏处形成油斑，粘上尘土便形成油泥。根据这种现象就能找到泄漏部位，不过只有在泄漏量较大时，这种现象才明显。

4）着色法。将某种颜色的染料加入制冷剂中并随着制冷剂一起在管路中循环流动，当系统管路或部件发生泄漏时，加入的染料也随之渗漏出来并粘在泄漏部位使之变色。通过观察制冷系统管路和部件的颜色，就能很容易地发现泄漏部位。

5）真空保压法。在抽真空作业完成之后，不要急于加注制冷剂，而是在保持系统真空状态一定的时间（一般数十分钟至数小时）后，观察歧管压力计的低压表真空度是否发生变化。若真空指示没有发生变化，则说明系统无泄漏；若真空指示回升，则说明系统有泄漏。这种方法只能判断系统有无泄漏，而无法具体指示泄漏部位，因此只用于加注制冷剂前的初步检查。

（4）从高压侧注入液态制冷剂

1）抽真空作业完成后，将中间注入软管从真空泵上拆下，改接到制冷剂注入阀接口上。装好制冷剂罐并用注入阀打开制冷剂罐，然后将与歧管压力计相连接的中间软管接头稍微松开一些，直到听到"嘶嘶"的声音后再拧紧，排出中间注入软管中的空气，如图8-48a所示。

2）打开歧管压力计高压侧手动阀，制冷剂便从高压侧注入软管进入系统高压侧。这时观察低压表指针是否随高压表指针一起升高，若低压表指针不回升或回升很慢，说明系统内部有堵塞，应停止充注并进行检修；若低压表指针随高压表一起正常回升，则可将制冷剂罐倒立，使制冷剂呈液态进入系统。注入定量的制冷剂后，关闭高压侧手动阀，即可进行检漏或试运行。

从高压侧注入一定量的液态制冷剂（一般为 200g 左右）的操作一般在抽真空后、初步检漏之前进行，以使制冷系统有一定量的制冷剂并保持一定的压力，便于用卤素检漏仪进行检漏作业。另外应注意，采用这种方式充注制冷剂时，不允许打开歧管压力计的低压手动阀，也决不允许运转压缩机，否则有造成制冷剂罐爆裂的危险。

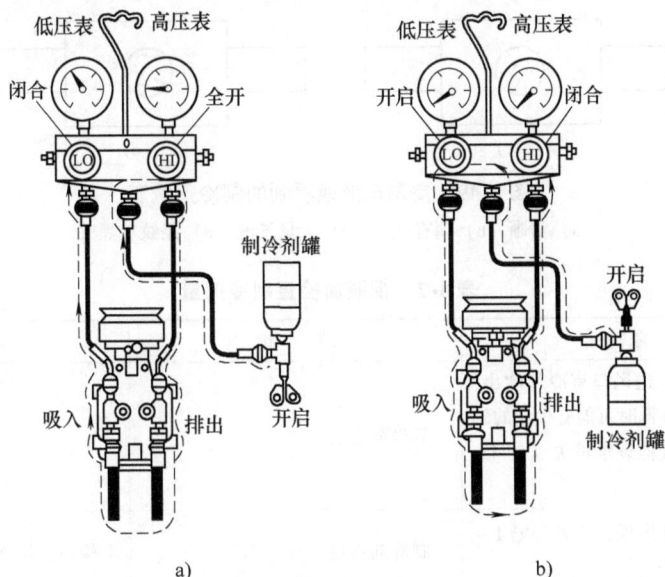

图 8-48 制冷剂的注入

a）从高压侧注入液态制冷剂 b）从低压侧注入气态制冷剂

（5）从低压侧注入气态制冷剂 气态制冷剂一般从制冷系统的低压侧注入，用于初步检漏后充足制冷剂量或给系统补充制冷剂，如图 8-48b 所示。其加注方法如下：

1）将歧管压力计连接于制冷系统检修阀上，中间注入软管与制冷剂注入阀和制冷剂罐连接好。

2）起动发动机并使之保持在 1500~2000r/min 转速下运转，接通空调 A/C 开关使压缩机工作，风机以高速运转，温度调节推杆或旋钮调至最大冷却位置。

3）用注入阀打开制冷剂罐并保持罐体直立，缓慢打开歧管压力计低压手动阀，气态制冷剂便由制冷剂罐经注入软管、低压检修阀被压缩机吸入制冷系统低压侧。同时调节低压手动阀开度，使低压表读数不超过 411.6kPa，并加快充注速度，可将制冷剂罐直立放在温度为 40℃ 左右的温水中，以保证制冷剂罐内的液态制冷剂有一定的蒸发速度。

4）充注完毕后，关闭歧管压力计低压侧手动阀，关闭注入阀，关闭空调 A/C 开关和风机开关，让发动机熄火，卸下歧管压力计即可。

（6）检查制冷剂量 起动发动机，将发动机转速稳定在 1500~2000r/min，把空调功能键置于最大制冷状态，风机（包括冷凝器和蒸发器风机）置于最高速，开启空调系统 5min 后通过视液窗进行观察。观察的现象、结论和处理方法如图 8-49 和表 8-2 所示。

3. 制冷剂的补充

汽车空调经过一段时间运行后，由于汽车振动等原因，使某些部位的接头松动，制冷剂

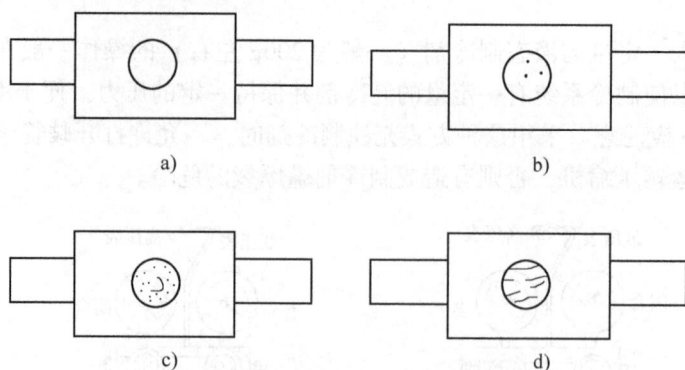

图 8-49 空调视液镜看到的制冷剂状态

a) 清晰 b) 偶有气泡 c) 大量气泡 d) 条纹、黑脏

表 8-2 视液窗检查制冷剂量

现　象	结　论	处理方式
视液窗下一片清晰，送风口有冷气吹出；在发动机转速提高或降低时可能有少量的气泡出现，关闭空调后气泡逐渐消失（约 45s 内消失）	制冷剂适量	
视液窗下有少量气泡出现，或者每隔 1～2s 就可以看到气泡	制冷剂不足	检漏，并补充制冷剂至适量
视液窗下一片清晰，并有冷气输出，关闭空调后 15s 内无气泡出现	制冷剂过多	排出多余制冷剂
视液窗下出现云堆状景象	干燥剂已分散，并随制冷剂流动	更换干燥剂
视液窗下有许多气泡或气泡消失，视液窗内呈油雾状或出现机油条纹	制冷剂量不足或根本无制冷剂	检漏，修理泄漏部位，重新充注制冷剂至适量

泄漏，制冷效果变差。经过查漏、排漏后，需要从低压侧向系统充注制冷剂。其方法如下：

1）打开汽车空调，使其运转几分钟。

2）从视液窗检查制冷剂的流动情况。若气泡连续出现，则说明系统内缺少制冷剂；若气泡间断出现，则需要再运转空调一会，继续观察气泡是否消失，若仍然有气泡，也表明该系统缺少制冷剂。

3）将歧管压力计、制冷剂罐和系统连接起来。

4）打开制冷剂罐上的阀门，拧紧歧管压力计上的中间软管接头，使制冷剂放出几秒，然后拧紧接头。

5）关闭手动高压阀，将制冷剂罐直立，起动发动机、接合压缩机运转，打开手动低压阀，让气态制冷剂从低压侧吸入压缩机，待制冷剂达到规定量时，关闭手动低压阀和制冷剂罐开关阀。

6）从系统上拆下歧管压力计和制冷剂罐。

4. 制冷系统内的空气排除

由于空气不能凝结且又比制冷剂轻，空气进入系统后都堆积在冷凝器或干燥器上部。系统中如有空气将会影响冷凝器的冷却散热效果，并使冷凝压力和温度过高，同时系统低压也将较高，整个系统制冷能力下降，因此系统中若进入空气要及时排出。轿车空调制冷系统排出空气的步骤如下：

1）排出制冷系统内的制冷剂。

2）检查制冷系统是否有泄漏制冷剂的部位并补漏。

3）用真空泵反复多次抽出系统内的空气。

5. 冷冻油的加注

在一般情况下，汽车空调制冷系统冷冻油的消耗量很少，可以每两年更换一次，每次加入规定的数量。添加时，一定要保证是同一牌号的冷冻油，因为不同牌号的冷冻油会生成沉淀物。

对于制冷系统，如果制冷剂泄漏速度缓慢，对冷冻油影响不大；如果制冷剂泄漏速度很快，冷冻油也随即很快泄漏。如果压缩机内的冷冻油量少，压缩机会过热，甚至发生拉缸现象；如果系统内的冷冻油过多，膨胀阀和蒸发器会发生故障。因此，压缩机内必须保持正常的存油量。

（1）**压缩机冷冻油的检查** 轿车空调压缩机冷冻油的检查如图 8-50 所示。

1）观察视液窗。通过压缩机上安装的视液窗，可观察压缩机冷冻油的量。若压缩机冷冻油油面达到视液窗高度 80% 的位置，一般认为是合适的；若油面在此界线之上，则应放出多余的冷冻油；若油面在此界线之下，则应添加冷冻油。

2）观察量油尺。未安装视液窗的压缩机，可用油尺检查其油量。压缩机有的只有一个油塞，油塞下面有的装有油尺，有的没有油尺。没有油尺的，需另外用专用的油尺插入检查，观察油面的位置是否在规定的上下之间。

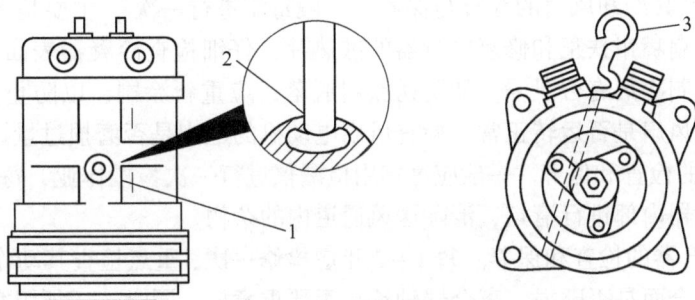

图 8-50 轿车空调压缩机冷冻油的检查

1—加油塞 2—加油孔 3—油尺

（2）**添加冷冻油**

1）直接加入法。将冷冻油按标准称好或用洁净的量杯量好，直接倒入压缩机内，这种方法只在更换蒸发器、冷凝器和储液干燥器时可以采用。

2）真空吸入法。真空吸入法是先将系统抽真空到 98kPa，用带有刻度的量杯准备比需要补充量还要多一些的冷冻油，然后开始加冷冻油。

3）操作程序如下：

① 关闭高压侧手动阀。

② 关闭压缩机上的检修阀。

③ 把高压侧软管从歧管压力计上卸下，插到冷冻油的杯里。

④ 打开检修阀，把冷冻油从油杯吸入系统。

⑤ 吸油完毕时，要注意立即关闭检修阀，以免吸入空气。

⑥ 把高压侧软管接头拧紧在歧管压力计上，打开高压侧手动阀，开动真空泵，先为高压侧软管抽真空。然后再打开检修阀，为系统抽真空，先抽到98kPa，再加抽2kPa，以便排除随油进入系统里的空气。此时冷冻油在高压侧，系统运转后，冷冻油就返回压缩机。

8.5.3 汽车空调系统的维护

1. 汽车空调系统的日常保养

1）保持冷凝器的清洁。

2）保持送风通道的空气进口滤清器的清洁。

3）应定期检查制冷压缩机传动带的使用情况和松紧程度（新装的传动带在使用36～48h后会有所伸长，故应重新张紧，张紧力一般为441～490N）。

4）经常检查制冷系统的各管道接头和连接部位、螺栓、螺钉是否有松动现象，是否与周围部件有相磨碰的现象，胶管是否老化，在进出叶子板处的隔振胶垫是否脱落或损坏。

5）在春、秋或冬季不使用冷气的季节里，应每半个月起动空调压缩机一次，每次5～10min。这样制冷剂在循环中可把冷冻油带至系统内的各个部分，从而可防止系统管路中各密封胶圈、压缩机轴封等因缺油干燥而引起密封不良和制冷剂泄漏等。

2. 汽车空调系统的定期保养

1）压缩机的检查和保养。一般是每3年进行一次，主要检查进排气压力是否符合要求，各紧固件是否松动，是否漏气等。

2）冷凝器及其冷却风扇的检查与保养。一般每年进行一次，主要是清除冷凝器表面的杂质、灰尘，用扁嘴钳扶正和修复冷凝器的散热片，仔细检查冷凝器表面是否有异常情况，并用检漏仪检查制冷剂有否泄漏。如防锈涂料脱落，应重新涂刷，以防止生锈穿孔而泄漏。检查冷凝器冷却风扇是否运转正常，检查风扇电动机的电刷是否磨损过量。

3）蒸发器的检查和保养。一般应每年用检漏仪进行一次检漏作业，每2～3年应拆开蒸发器盖，对蒸发器内部进行清扫，清除送风通道内的杂物。

4）电磁离合器的检查和保养。每1～2年应检修一次，重点检查其动作是否正常，是否有打滑现象，接合面是否磨损，离合器轴承是否严重磨损。同时，还须用塞尺检查其电磁离合器间隙是否符合要求。

5）储液干燥器的更换。轿车空调在正常使用情况下，一般3年左右更换一个储液干燥器，如因使用不当使系统进入水分后应及时更换。另外，若系统管路被打开时一般也应更换储液干燥器。

6）膨胀阀的保养。一般1～2年检查一次其动作是否正常，开度大小是否合适，进口滤网是否被堵塞，如不正常应更换或做适当调整。

7）制冷系统管路的保养。应每年检查一次，并用检漏仪检查其密封情况。同时检查配管是否与其他部件碰撞，软管是否有老化、裂纹现象，一般3～5年更换一次软管。

8）驱动机构的检查与保养。V带应每使用100h检查一次张紧度和磨损情况，使用3年左右应更换新品。张紧轮及轴承每年检查一次，并加注润滑油。

9）冷冻油的更换。一般每两年左右检查或更换，对于管路有较大泄漏时，应及时检查或补充冷冻油。

▷▷▷ 8.6　汽车空调系统的故障诊断

☞ 8.6.1　汽车空调系统的基本诊断、检测

1. 空调系统定性检查

起动发动机，开启风量开关并置于最高档（H），温度调节至最低温度档（MAX COOL），按下 A/C 开关，运转 2~3min 后按如下方法进行定性检查：

1）用手感检测。压缩机吸入管有冰手的感觉，而排出管有烫手的感觉，两管之间有明显的温差。

2）通过储液干燥器检视窗观察。通过观察可知，90%~100% 的储液干燥器内是透明的，而且用手感觉到进出口的温度均匀一致。

3）用手感觉冷凝器流入管和流出管的温度，流入管的温度较流出管的温度高。

4）用手感觉膨胀阀前后应有明显的温差，前热后冷。

5）用手感觉冷凝器流出管至膨胀阀输入端之间的高压区的管道及部件温度，应均匀一致。

6）用手感觉膨胀阀流出口到压缩机吸入口的管道应有冰手而不结霜的感觉，即使结霜也随即融化。目测只能看到化霜后的小水珠。

7）冷气出口有冰凉的感觉。

如果检查结果符合以上条件，这套汽车空调系统从定性上就可以判断工作是正常的。

2. 空调系统的定量检测

在环境气温为 20~30℃ 的条件下，起动发动机，按下 A/C 开关，风量开关置于最高档，温度开关置于最低温度位置，打开车门，使发动机在 2000r/min 左右运转 15~20min 后，用高、低压表组检测，其高、低压力值应在规定的范围内。压力表组的指示压力应随环境温度变化，例如在环境温度为 30℃ 时，压力表的指示如下：

1）高压侧压力值为 1.176~1.47MPa（12~15kgf/cm²）。

2）低压侧压力值为 0.196~0.294MPa（2~3kgf/cm²）。

中央出风口的温度也应在规定的范围内。

例如蒸发器入口温度为 24℃，中央出风口温度应为 12℃。若制冷不佳，可透过储液干燥器的视液窗检查制冷剂的量，并拧紧各管的接头处。

必须指出，由于每一种车所用的压缩机不同、冷凝器的布置位置不同等因素的影响，高、低压力值可能相差很大，并且由于系统中的蒸发器、冷凝器的匹配参数不同，每种车出风口温度也相差很大。

3. 制冷系统性能试验

在制冷系统所有的检修工作结束后，应进行制冷系统的性能试验（注意：进行此试验时，室内的最低温度应为 21℃）。具体方法如下：

1）连接好转速表和管道压力测试装置（歧管压力计）。

2）起动发动机，使压缩机的转速保持在2000r/min左右。

3）使空调系统处于最大制冷状态，即温度控制杆处于最低温度档，送风机处于最高风量位置。

4）打开所有的车门、车窗及发动机盖，并将干球温度计（也可以用玻璃棒温度计）放在空调器冷气出处，将干湿度温度计放在冷气装置的风机进风口处。

5）发动机运转15min左右，各温度计的指示值及系统中的高低数值应符合标准。正常的制冷效果应使车厢内外保持8～10℃的温差，若温差很小，表明该空调系统制冷量不够。正常工作时，冷凝器入口管温度为70℃，出口管温度为50℃。蒸发器表面的温度在不结冰的前提下越低越好。储液干燥器温度应为50℃左右。若以上的温度不一致，说明其发生堵塞。

8.6.2　汽车空调系统常见故障的诊断

汽车空调系统中的制冷系统结构复杂，接头线路多，运行环境恶劣，因此汽车空调系统故障的80%出在制冷系统中。常见汽车空调制冷系统的故障表现：①完全无冷气供给；②冷气供给不足；③冷气供给不连续；④冷气系统失控；⑤空调系统噪声很大。

1. 完全无冷气供给的故障

（1）风量正常而压缩机不旋转时的分析与排除

1）电磁离合器的故障与排除，方法如下：

① 熔丝烧断。予以更换。

② 电路中接线接头折断或脱落。检查并将线路和接头接通。

③ 继电器、开关烧坏。予以更换。

④ 离合器打滑。拆下离合器总成，修理或更换。

⑤ 怠速稳定放大器有故障。拆下修理或更换。

2）电磁离合器正常，则可能的故障及维修方法如下：

① 压缩机传动带断裂或太松。拉紧或更换传动带。

② 压缩机有故障。拆下压缩机，修理或更换。

（2）风量正常且压缩机旋转时的分析与排除

1）膨胀阀卡住不能关（冰堵或脏堵），低压表读数太高，蒸发器流液。清洗细网或更换膨胀阀。

2）制冷剂管道破裂或泄漏，高、低压表读数为零。更换管道，进行系统探漏，修理或更换储液干燥器。

3）储液器上的可熔塞熔化。更换可熔塞。

4）压缩机的进、排阀门损坏。将阀门或阀板拆换。

5）储液干燥器或膨胀阀中的细网堵死，软管或管道堵死，通常在限制点起霜，修理或更换储液干燥器；压缩机轴的密封件损坏，更换密封件。

（3）冷风机无风时的分析与排除　熔丝的熔断、接线脱开或断线；开关或吹风机的电动机不工作。更换熔丝、导线；修理开关或吹风机的电动机。

2. 冷气供给不足

(1) 风量正常时的分析与排除

1) 压缩机运转正常时。

① 高、低压侧压力均低，其故障及排除方法如下：

a. 膨胀阀有故障。清除故障。

b. 膨胀阀开度过小。调整或更换。

② 高、低压侧压力均高，其故障及排除方法如下：

a. 高压管路有障碍，流动不畅。清除障碍物。

b. 热敏电阻失效。更换热敏电阻。

c. 感温包安装不当。重新安装。

d. 膨胀阀开度过大。调整或更换膨胀阀。

e. 冷冻油油量过多。排放并抽油。

f. 制冷剂过多。释放一些制冷剂。

g. 冷凝器散热不好。清洁发动机散热器和冷凝器，安装强力风扇、风扇挡板或重新摆好散热器和冷凝器的位置。

③ 高压侧压力过低，其故障及排除方法如下：

a. 低压管路损坏。予以更换。

b. 低压管路堵塞。清除障碍，检查软管有无死弯，必要时更换。

④ 低压侧压力过低，其故障及排除方法如下：

a. 蒸发器结霜。调整恒温开关或压力控制器。

b. 膨胀阀堵塞（脏堵或冰堵）。卸下滤网清洗或更换。

c. 低压管路不畅。清理管路障碍。

d. 热敏电阻失效。更换热敏电阻。

e. 感温包安装不当，重新安装。

⑤ 低压侧压力有时正常，有时负压。冷气系统内有水分，有冰堵现象，此时，应排空原制冷剂，然后抽真空，重新充注制冷剂，更换储液干燥器。

⑥ 低压侧负压，高压侧压力过低。冷气系统内被脏物所堵，清除系统，更换储液干燥器。

⑦ 低压侧压力过低，高压侧压力过高，其故障及排除方法如下：

a. 储液干燥器内部堵塞。更换储液干燥器。

b. 高压管路堵塞。予以清理或更换。

⑧ 低压侧压力过高，高压侧压力过低，其故障及排除方法如下：

a. 压缩机衬垫泄漏。更换衬垫。

b. 压缩机阀门损坏。更换阀门。

2) 压缩机运转不正常时。

① 压缩机内部有故障。修理或更换。

② 压缩机传动带过松、打滑。需拉紧传动带。

③ 电磁离合器工作有故障：

a. 压缩机离合器打滑。拆下离合器总成，修理或更换。

b. 电源电压太低。提高电源电压。

c. 怠速稳定放大器有故障。修理或更换。

d. 线路断开，连接部分脱落。更换导线并连接牢靠。

e. 开关继电器工作不良。修理或更换。

f. 线圈短路、断路。更换之。

g. 接地不良。正确接地。

h. 定子与转子之间相互干涉。予以调整，消除干涉。

3）其他原因。车厢密封不好，外部热空气经车窗、车门等处流入车内。

（2）风量不正常时的分析与排除

1）冷风机电动机正常，其故障和排除方法如下：

① 吸气口有障碍物。予以去除。

② 蒸发器结霜。清理蒸发器管道和散热器片。

③ 储液器中的过滤器堵塞。清理或更换过滤器。

④ 送风管堵塞。清洗或更换空气滤清器，清除通道中的障碍物，排顺空气管。

⑤ 送风管损坏。更换送风管。

2）冷风机电动机不正常，其故障和排除方法如下：

① 冷风机电动机开关不正常；电动机接触不良；冷风机固定不良。更换开关；修理或更换电动机并固定牢靠。

② 熔丝熔断或线路断开；连接部脱落或接触不良。更换熔丝、导线。

③ 冷风机外部损坏或变形。予以修理或更换。

3. 供给冷气不连续

（1）压缩机运转正常时的分析与排除

1）冷气系统有冰堵。清理系统，更换储液干燥器。

2）热敏电阻或感温包失灵。予以更换。

3）冷风机电动机损坏或电动机开关损坏。将损坏部件予以更换。

（2）压缩机间断运转时的分析与排除

1）离合器打滑。拆下离合器总成，修理或更换。

2）离合器线圈松脱或接地不良。拆下修理或更换。

3）开关、继电器时断时合，失控。更换失控部件。

4. 冷气系统失控的分析与排除

1）热敏电阻或感温包失灵。予以更换。

2）怠速稳定放大器有故障。予以更换。

3）膨胀阀卡住。拆下修理或更换。

4）开关电磁阀失控。予以更换。

5. 冷气系统噪声大的分析与排除

（1）系统外部噪声

1）传动带过松或过度磨损。拉紧传动带或更换传动带。

2）压缩机安装支架固定螺钉松动。予以紧固。

3）压缩机安装支架破裂。更换支架。

4）压缩机内部零件损坏。拆下压缩机修理或更换。

5）冷冻油量太少或无油。加油。

6）离合器打滑噪声。拆下离合器修理或更换。

7）离合器轴承缺油或损坏。对离合器轴承加润滑油或更换轴承。

8）冷风机电动机轴承损坏。更换冷风机电动机轴承。

9）冷风机支架断裂或松动。若断裂应更换并固定牢靠，若是由于支架松动而噪声大，则拧紧支架。

10）冷风机叶片断裂或破损，更换冷风机叶片。冷风机叶片与其他部件擦碰，查找具体原因，予以纠正。

（2）系统内部噪声

1）制冷剂过多，工作有噪声，观察发现视液窗内有气泡，高、低压表读数过高。排放过剩的制冷剂直到压力表读数降至标准值，且气泡消失。

2）制冷剂过少，膨胀阀发出噪声，观察发现视液窗内有气泡及雾状，低压表读数过低。找出系统漏气点，清理系统并修理，系统抽真空并更换储液干燥器，向系统充注制冷剂。

3）系统有水气，引起膨胀阀发出噪声。清理系统，系统抽真空，更换储液干燥器，加液。

4）高压侧压力过高，高压辅助阀关闭，引起压缩机颤动。立即把阀门打开。

一般汽车空调供暖系统的故障分析及排除程序。与前述制冷系统一样，故障的判断程序，是在听了驾驶人的问题描述后按由简到繁的程序，进行故障的具体部位判断，并进行故障排除。主要故障有不供暖或暖气不足、送风系统停止运行、管路泄漏、供暖过热、除霜热风不足、加热器芯有异味、操纵费力或不灵。

6. 不供暖或暖气不足的分析与排除

1）送风系统不正常，其故障及排除方法如下：

① 空调送风机损坏。予以修理更换。

② 送风机继电器、调温器损坏。予以更换。

③ 热风管堵塞。清除堵塞物。

④ 温度门真空驱动器损坏。更换真空驱动器。

2）加热器系统不正常，其故障及排除方法如下：

① 加热器漏风。此时更换加热器壳。

② 加热器芯管子内有空气。应将空气排出。

③ 加热器翅片引起的通风不畅。应先对翅片进行纠正，无法排除则予更换。

④ 加热器表面气流受阻。用压缩空气吹通加热器表面。

⑤ 加热器芯管子积垢堵塞。采用化学方法对管子进行除垢。

3）水路系统不正常，其故障及排除方法如下：

① 冷却液流动不畅。此系水管弯曲造成，应予更换。

② 热水开关或真空驱动器失效。进行修理或更换，以保证有足够的供暖热水量。

③ 发动机的节温器损坏。应予更换。

④ 冷却液不足。此时首先应补足冷却液，并应检查散热器盖是否漏气。

7. 送风系统停止运行的分析与排除

1）熔丝熔断或开关接触不良。检查熔丝并更换，用细砂纸轻擦开关触点。

2）送风机电动机绕组烧坏。更换绕组。

3）送风机调速电阻断路损坏。应更换电阻。

8. 管路泄漏的分析与排除

1）软管老化，接头不牢。更换水管，接牢接头。

2）热水开关不能闭合。修复热水开关。

9. 供暖过热的分析与排除

1）调温风门调节不当。应重调。

2）风扇调速电阻损坏。更换电阻。

3）发动机节温器损坏。更换节温器。

10. 除霜热风不足的分析与排除

1）出风口堵塞。应予清除。

2）供暖不足。需检查相应的部位：加热器、温度门、送风机、热水开关、节温器等。

3）除霜风门调整不当。将风门重调整。

11. 加热器芯有异味的分析与排除

1）加热器进水管接头漏水。应拧紧、卡死。

2）加热器管漏水。更换加热器管。

12. 操纵费力或不灵的分析与排除

1）操纵机构卡死，风门粘紧。应进行调整或修理。

2）所有真空驱动器失灵。应全部更换。

☞ 8.6.3 轿车空调系统控制电路分析

1. 上海桑塔纳轿车空调系统电路分析

图 8-51 所示为上海桑塔纳 LX 型轿车空调控制电路，该电路由电源电路、温度控制电路、风机控制电路、冷凝器风扇电路、怠速控制电路和压力控制电路组成。

其工作过程如下：

1）点火开关断开（置 OFF）时，减负载继电器的线圈电路切断，触点张开，空调系统不工作。

2）点火开关接通（置 ON）时，减负荷继电器线圈的电路接通，触点闭合，主继电器线圈通电，接通风机电路。此时可由风机开关进行调速，使风机按要求的转速运转，进行强制通风、换气或送出暖风。

3）需要制冷系统工作时，接通空调 A/C 开关，便可接通下列电路：

① 空调 A/C 开关的指示灯亮，表示空调 A/C 开关已经接通。

② 新鲜空气电磁阀电路接通，该阀动作接通新鲜空气控制电磁阀的真空电路，使风机强制通过蒸发器总成的空气通道进风，否则将无法获得冷气。

③ 电源通过环境温度开关、恒温器、低压保护开关对电磁离合器的线圈供电，同时对怠速提升电磁真空转换阀供电。另一路对主继电器的线圈通电，使两对触点同时闭合，其中一对触点接通冷凝器风扇继电器线圈电路，另一对触点接通风机电路。

低压保护开关串联在恒温器和电磁离合器之前，当制冷系统缺少制冷剂系统压力过低

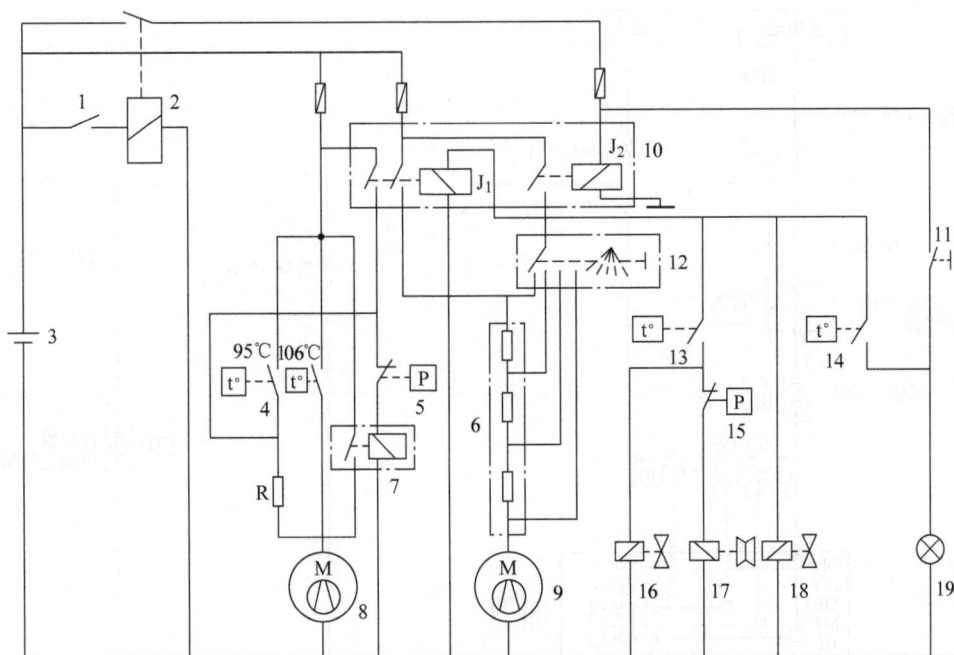

图 8-51　上海桑塔纳 LX 型轿车空调控制电路

1—点火开关　2—减负荷继电器　3—蓄电池　4—冷却液温控开关　5—高压保护开关　6—风机调速电阻
7—冷却风扇继电器　8—冷却风扇电动机　9—风机　10—空调继电器　11—空调开关　12—风机开关
13—蒸发器温控开关　14—环境温度开关　15—低压保护开关　16—怠速提升真空转换阀　17—电磁离合器
18—新鲜空气翻板电磁阀　19—空调开关指示灯

时，开关断开，停止压缩机工作。

高压保护开关串联在冷却风扇继电器和主继电器的一对触点之间。当制冷剂系统高压值超过规定时，高压保护开关触点闭合，将电阻 R 短路，使风扇电动机高速运转，以增强冷凝器的冷却能力。同时，冷却风扇电动机还直接受发动机冷却液温控开关控制。当不开空调 A/C 开关时，若发动机冷却液温度低于 85℃，则风扇电动机不工作；高于 95℃，则风扇电动机低速运转；高于 105℃，则风扇电动机高速运转。

主继电器中的触点在空调开关 A/C 接通时，即可闭合，使风机低速运转，以防止蒸发器表面温度过低而结冰。

④ 点火开关置于起动位置时，减负荷继电器线圈电路切断，触点张开，中断空调系统的工作，以保证发动机起动时，蓄电池维持足够的电能。

2. 三菱帕杰罗汽车空调电路分析

图 8-52 所示为三菱帕杰罗空调系统电路图。这种汽车的车厢内前后都有空调，即所谓的双空调。从图中可以看出，这种空调电路具有前后风机控制、温度控制、速度控制、冷凝器风扇控制、压力保护和发动机过热保护等功能。下面分析该电路。

（1）风机控制电路　这种空调具有两套完全独立的风机控制电路，即前、后风机控制电路。控制形式属于风机开关和调速电阻联合控制型，通过风机开关的位置设定，改变风机电路中的串联电阻值，实现调速。其中前风机为四速，后风机为三速。与大多数风机控制电路一样，风机开关控制风机的搭铁回路。

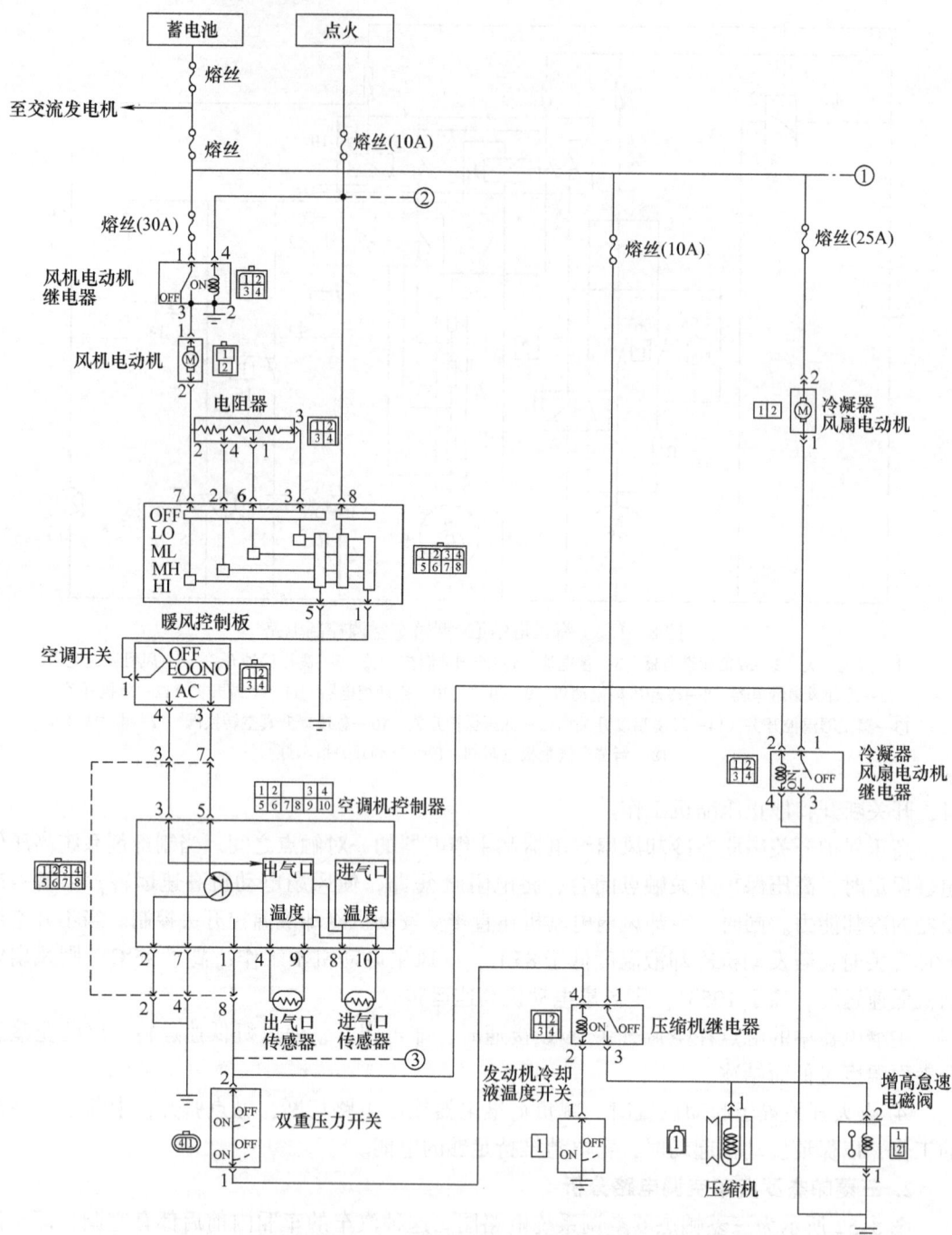

图 8-52 三菱帕杰罗空调系统电路图

(2) 温度控制电路 帕杰罗空调系统属于离合循环控制制冷系统，它的温度控制是由放大器接通或者断开离合器电源实现的。由图可以看出，前空调放大器接收出气口传感器、进气口传感器和空调开关指令方式信号，经综合运算、比较之后控制压缩机的运转与停止，以实现温度控制和制冷循环。后空调放大器接收温度控制开关和热敏电阻的感温信号，以控制电磁阀，实现高压管的切断或者接通，进而实现温度控制。

（3）**怠速控制电路** 与绝大数空调电路一样，这种电路具有提高发动机怠速的功能。在电磁离合器接合的同时，增高怠速电磁阀通电工作，实现自动提速，使发动机怠速稳定。

（4）**冷却风扇控制电路** 三菱帕杰罗的冷凝器位于散热器前面。它的散热除了利用发动机冷却风扇和迎风散热外，还设置了专门的冷凝风扇，以改善散热效果。冷凝风扇电动机由放大器直接控制，电路正常时，与压缩机同步工作。

（5）**压力控制和低压保护电路** 为了防止压缩机在系统异常高压或者异常低压条件下工作，在空调系统的高压端设置了双重压力开关。其中低压开关的工作范围是：0.235MPa（2.35kgf/cm²）时压力开关接通，0.21MPa（2.1kgf/cm²）时压力开关断开 [R134a系统为0.2MPa（2.0kgf/cm²）时断开，0.22MPa（2.2kgf/cm²）时导通]。高压开关的工作范围是：2.7MPa（27kgf/cm²）时压力开关断开，2.1MPa（21kgf/cm²）时压力开关导通 [R134a系统为3.2MPa（32kgf/cm²）时断开，2.6MPa（26kgf/cm²）时闭合]。

该开关串联在压缩机继电器控制电路内，压力异常时双重压力开关动作，切断离合器电源电路。

（6）**发动机过热保护** 开启空调时，发动机冷却液温度会升高，特别是汽车处于急加速、上长坡或者怠速状态，冷却液温度比正常时要高，为了防止发动机过热损坏，帕杰罗空调系统设置了发动机冷却液温度开关，它是一个过热保护开关，装在发动机冷却液道的出水口处，当冷却液温度超过114~118℃时，冷却液温度开关断开，空调停止工作。

▷▷▷ 8.7 汽车空调故障案例分析

案例1

（1）**故障现象** 一辆上海帕萨特B5轿车，用户反映该车空调时好时坏，一会儿吹冷风，一会儿吹热风，空调的控制面板在打开点火开关后，会有规律地闪烁15s，显示空调系统有故障存在。

（2）**故障诊断** 连接故障诊断仪对空调系统进行检测，发现故障码00792，故障含义是：空调装置的压力开关F129及其线路出现故障。在记录下该故障码后，将其清除，再次起动车辆，起初空调效果很好，但很快就不行了，又是一会儿吹冷风，一会儿吹热风。再次利用故障诊断仪对空调系统进行检测，系统中依然存在故障码00792，看来压力开关F129确实存在故障。因此更换该传感器，但试车后故障依旧，且故障码00792仍然存在。可以肯定刚换上的传感器是好的，故障码也可以被清除掉，所以说控制单元应该不会有问题。经进一步向用户了解，得知该车在冷车时空调效果好，热车时才会出现一会儿吹冷风，一会儿吹热风的现象。根据用户提供的信息，怀疑空调制冷系统散热不良。于是打开发动机盖，发现空调电子扇居然没有随着开空调而转动，看来故障就在于此。拔下电子扇的插接器，发现该插接器导电接触的部位已经严重烧蚀。对电子扇直接通电运行，电子扇工作良好，打开空调时也有电到该插头，说明问题就在于该插头接触不良。

（3）**故障排除** 对该插头进行处理，再次打开空调，电子扇立即运行，制冷系统工作正常，连接故障诊断仪检测空调系统，未发现故障码，故障彻底排除。

系统中之所以会出现故障码00792，是因为电子扇没有工作，导致系统散热不良，从而造成制冷剂温度过高，使得系统压力过高，空调控制单元误认为是压力开关不良，并记录了该故障码。因此，若简单地按照故障码修理，是不能够排除该故障的。

案例2

(1) **故障现象** 一辆宝马X5（4.4L）越野车，车主反映该车近段时间使用空调时，冷气出风口有时没有风吹出，等一段时间风口又会突然出风而且出风量不受风量开关控制。车主还提示该故障并不是经常出现，一般在空调使用较长时间后才会出现。

(2) **故障诊断** 接车后发现，空调风量控制一切正常，并无故障。为了读取该车控制单元内部故障记录，首先将宝马专用诊断仪GT1与位于转向盘左下方的16针OBD—Ⅱ诊断插头进行连接，并进行快速测试系统扫描。但是扫描结果显示，在控制单元中没有故障码存在。将该车在开启空调的情况下怠速运转试车。大约0.5h后，发现该车空调的出风量很小，用手操作空调面板的左右出风量控制开关，从1档调至16档，出风量也没有变化，但此时出风口的冷气效果并不差。对该车空调系统的高、低压力及制冷剂量进行了检查，其结果都在正常范围之内。接上GT1再次进行检查，进入控制系统中的诊断查询功能，观察空调控制面板各开关的信号是否正常进入控制单元，发现手动调节两边的风量开关从1档到16档，GT1上都能正常显示其档位，此时排除了空调面板风量控制开关的问题。

看来问题应该出现在IC集成块控制方面。按照GT1提示，拆下位于乘客仪表台左下侧内的IC集成块，发现其表面温度很高，用手不敢触摸。为了方便对其进行检查，借助风扇对其进行冷却，随着IC集成块温度的降低，奇怪的现象发生了，此时空调出风量正常了，也能随着空调面板的风量控制开关大小而正常变化。看来温度对于IC集成块的控制有较大影响，于是用电吹风对其进行加热试验，随着IC温度的升高，很快空调出风量又失去了控制。此时故障原因查到了，是因为IC集成块温度过高不能正常工作。后来经过反复试验，均发现只要IC集成块温度过高，就不能正常控制风机电动机了。

(3) **故障排除** 更换IC集成块，并反复试车，故障排除。

案例3

(1) **故障现象** 一辆新旗云，行驶9万km，空调制冷效果差。

(2) **故障诊断** 起动车辆，打开A/C开关空调制冷，但工作5min后制冷效果变差。接上温度检测仪测量出风口的温度，在22℃就不会下降了，说明空调控制系统正常。测量空调高、低压侧的压力正常，检测管路无泄漏。此时对车主进行询问，车主说在其他修理厂修过空调并加了制冷剂。分析认为有可能加入了不符合要求的制冷剂。

(3) **故障排除** 重新加注R134a制冷剂，故障排除。

案例4

(1) **故障现象** 一辆东方之子，行驶近3万km，空调压缩机有时工作、有时断开，尤其是遇到不平路面车辆颠簸时更明显。

(2) **故障诊断** 连接诊断仪读取故障码和观看数据流，正常；冷却液温度传感器和蒸发器温度传感器正常；检查线路连接正常，没有虚接或脱落现象。该车的故障主要是在路况不好的情况下出现，因此与系统压力过高（制冷剂加注太多）、冷凝器过脏、发动机输出功率不足等原因无关，排除上述可能。拆下压力开关，用手晃动发现有不正常的异响，检查发现该车的空调压力开关内部触点松脱，导致车辆颠簸时出现接触不良的情况，电控单元的45号端子接收的空调开启信号断断续续，造成了上述故障的发生。

（3）**故障排除**　更换新的压力开关，在不平的路面上重新试车，没有发现上述不正常的现象，故障排除。

案例 5

（1）**故障现象**　一辆上海别克轿车空调不制冷，风机运转正常，压缩机不工作。

（2）**故障诊断**　当制冷剂不足时，会造成空调离合器频繁吸合，甚至压缩机不工作。跨接低压循环开关检查，若吸合，则多半是制冷剂泄漏所致；若不吸合，则为空调离合器继电器故障导致压缩机不工作。检查空调离合器继电器各端子情况，30 号、85 号端子上应有 12V 电压；87 号端子对地应有数欧姆电阻；86 号端子为控制模块（PCM）提供的搭铁端，开空调后，电阻应在 10Ω 以下。跨接 30 号、87 号端子，离合器应吸合，否则为空调离合器继电器故障（线圈失效，线圈搭铁不良或接触不良）或控制线路故障导致压缩机不工作。若空调离合器继电器 86 号端子未搭铁，则继续向 PCM 方向检查。检查 PCM 至空调离合器继电器的线路是否断路；测量压力开关上有无 5V 参考电压，有无搭铁信号。若有，检查压力开关的信号电压是否进入 PCM。若没有以上信号则进行相应的检查，或者更换压力开关；若有信号进入 PCM，且空调开关已经打开，则为 PCM 故障。遇到此种情况最好利用故障检测仪配合进行检查，判别空调请求信号和 A/C 信号是否在 ON 状态。如果判断出空调控制单元（ECM）或 PCM 故障，为慎重起见，应再将高压切断开关和低压循环开关同时跨接后仔细检查，并保证各端子接触良好，然后检验故障是否存在。根据以上分析逐步检修相关部位，当跨接压力开关后，离合器吸合，制冷良好，说明制冷剂充足。

（3）**故障排除**　更换压力开关后故障排除。

练习与思考题

1. 填空题

1）汽车空调制冷系统由_____、_____、_____、_____和_____等部件组成。

2）全自动空调，在开关处于 AUTO 位置时，系统中的电控单元根据_____、外界温度传感器和_____所送来的信号，自动控制车内温度、湿度、清新度及强度。

2. 简答题

1）汽车空调系统主要由哪几部分组成？其功用各是什么？

2）简述空调制冷系统中制冷剂循环的四个基本过程。

3）汽车空调制冷系统的主要零部件有哪些？安装在什么位置？各起何作用？

4）请详细说明空调系统制冷剂的加注方法。

第9章
辅助电器

基本思路:

　　汽车辅助电器主要用来提高汽车的安全性能和舒适性能,一般都采用电动方式。电就需要用电的流动路线来分析和研究,动就必须用力的传递路线来学习和研究。对本章的学习和研究就要重点把握住这两条线。

▶▶▶ 9.1 风窗刮水、清洗和除霜装置

　　为了保证在各种使用条件下风窗玻璃表面干净、清洁,汽车都安装了刮水器,许多汽车还安装了风窗清洗装置和除霜装置。

9.1.1 电动刮水器

1. 电动刮水器的作用

　　为了保证驾驶人在雨天、雪天和雾天有良好的视线,汽车都安装有电动风窗玻璃刮水器。它具有一个或两个以上的橡皮刷,由驱动装置控制来回摆动,以除去风窗玻璃上的水、雪等。

2. 电动刮水器的结构

　　电动刮水器机械传动关系如图9-1所示。减速机构采用蜗轮蜗杆,和电动机一体,使结构紧凑。

　　刮水器的电动机由磁场、电枢、电刷等组成。按磁场结构来分,电动机有绕线式(励磁式)和永磁式两种。永磁式电动机具有体积小、质量小、结构简单的特点,被广泛应用在轿车上。永磁式电动机及减速机构和自动复位器的构造如图9-2所示。

　　永磁式电动机的磁场由铁氧体永久磁铁产生,磁场的强弱不能改变,为了改变工作速度可采用三电刷式电动机,利用3个电刷改变正负电刷之间串联的电枢绕组个数,实现变速。因为直流电动机旋转时,在电枢绕组内同时产生反电动势,其方向与电枢电流的方向相反。当电枢

转速上升时，反电动势也相应上升，当电枢电流产生的电磁力矩与运转阻力矩平衡时，电枢的转速趋于稳定。由于运转阻力矩一定时，电枢稳定运转所需要的电枢电流一定，对应的电枢绕组反向电动势高低就一定。而电枢绕组反向电动势与转速和正负电刷之间串联的电枢绕组个数的乘积成正比，电枢绕组反向电动势高低一定时，转速和正负电刷之间串联的电枢绕组个数成反比。正、负电刷之间串联的电枢绕组个数越多，转速越低，反之，正、负电刷之间串联的电枢绕组个数越少，转速越高。因此，利用 3 个电刷改变正、负电刷之间串联的电枢绕组个数可以实现变速，其变速原理如图 9-3 所示。

当刮水器开关拨至低速档时，电源电压加在 "＋" 与 "－" 电刷之间，使其内部形成两条对称的并联支路，一条支路由绕组 1、2、3、4 串联组成，另一条支路由绕组 5、6、7、8 串联组成，各绕组反向电动势方向如图中箭头所示。由于各绕组反向电动势方向相同，互相叠加，相当于 4 对绕组串联，电动机以较低转速稳定旋转。当刮水器开关拨至高速档时，电源电压加在 "－" 电刷与偏置电刷之间，从图中可以看出电枢绕组的一条支路由 5 个绕组 1、2、3、4、8 串联，另一条支路由 3 个绕组 5、6、7 串联，其中绕组 8 与绕组 1、2、3、4 的反电动势方向相反，互相抵消后，相当于只有三对绕组串联。因而只有转速升高，才能使反电动势达到与运转阻力矩相应的值，形成新的平衡，故此时转速较高。

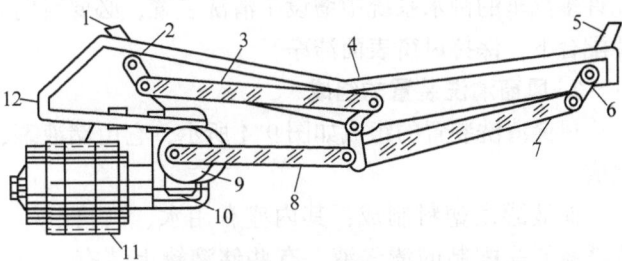

图 9-1　电动刮水器机械传动关系
1、5—刮片架　2、4、6—摆杆　3、7、8—连杆
9—减速蜗轮　10—蜗杆　11—电动机　12—底板

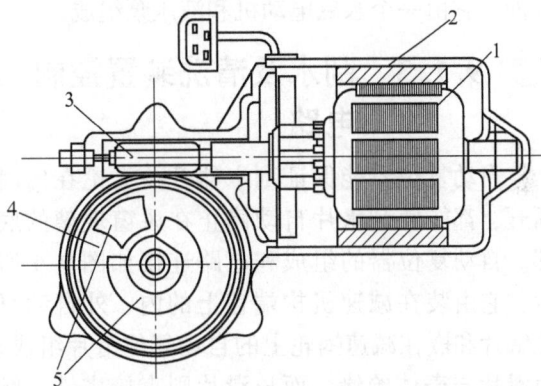

图 9-2　永磁式电动机及减速机构和自动复位器的构造
1—电枢　2—永磁式电动机　3—蜗杆
4—蜗轮　5—自动复位器

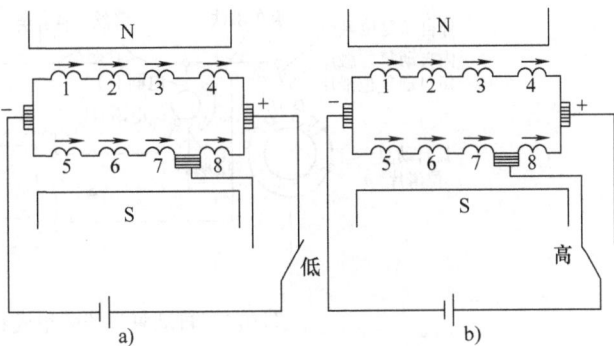

图 9-3　三电刷式电动机的变速原理
a）低速档　b）高速档

9.1.2　风窗清洗装置

1. 风窗清洗装置的作用

汽车在灰尘较多的环境中行驶时，会造成一些灰尘飘落在风窗上影响驾驶人的视线。为

此许多汽车的刮水系统中增设了清洗装置，必要时向风窗表面喷洒专用清洗液或水，在刮水片配合下，保持风窗表面洁净。

2. 风窗清洗装置的组成

风窗清洗装置的组成如图9-4所示，它由储液罐、清洗泵、输液管、喷嘴、清洗开关等组成。

储液罐由塑料制成，其内盛有用水、酒精或洗涤剂等配制的清洗液。有些储液罐上装有液面传感器，以便监视储液罐清洗液的多少。

清洗泵，俗称喷水电动机，其作用是将清洗液加压，通过输液管和喷嘴喷洒到风窗玻璃表面。它由一个永磁电动机和液压泵组成。

☞ 9.1.3　刮水及清洗装置控制电路

自动复位器能保证刮水器开关无论在何时断开，都能使刮水片自动停止在风窗玻璃的底部。自动复位器的组成和电路连接如图9-5所示，它由装在减速机构端盖上的内、外自动复位触片和嵌在减速蜗轮上的自动复位滑片组成。短滑片与壳体绝缘，而长滑片则直接搭铁。触

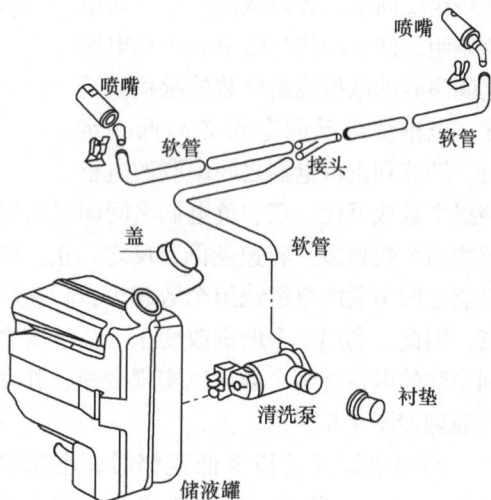

图9-4　风窗清洗装置的组成

片靠自身弹力保持与自动复位滑片接触。能与长滑片接触的自动复位触片，称为自动停位触点，它与刮水器开关连接，在开关置于断开位置（0档）时与电动机低速电刷接通。能与短滑片接触的自动复位触片，称为自动停位电源触点，它始终与电动机接电源的电刷接通。减速蜗轮运转时，两弹片触点与两组滑片处于时通时断的状态。

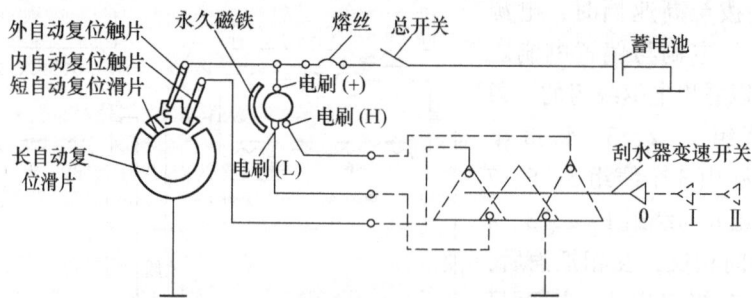

图9-5　自动复位器的组成和电路连接

工作过程：由图9-5可见，通过将刮水器开关置于不同的档位，可实现刮水器的低速运转、高速运转及停机复位等功能。

电源开关接通，当刮水器开关置于"Ⅰ"档时，电刷+、电刷L工作，电动机通电。因电刷+、电刷L间串联的电枢绕组较多，电枢在永久磁场作用下低速运转。电路如下：蓄电池正极→电源总开关→熔丝→电刷+→电枢绕组→电刷L→刮水器开关→搭铁→蓄电池负极。

当刮水器开关置于"Ⅱ"档时，电刷 +、电刷 H 工作，电动机通电。因电刷 +、电刷 H 间串联的电枢绕组减少，电枢在永久磁场作用下高速运转。电路如下：蓄电池正极→电源总开关→熔丝→电刷 +→电枢绕组→电刷 H→刮水器开关→搭铁→蓄电池负极。

当刮水器开关置于"0"档时，如果刮水片没有停到适当位置，则自动复位开关触片与长滑片接触，维持刮水器电动机电路接通，以低速运行。电路如下：蓄电池正极→电源总开关→熔丝→电刷 +→电枢绕组→电刷 L→刮水器开关→内触片→长滑片→搭铁→蓄电池负极。当刮水片摆到适当位置后，触片与滑片脱开，切断电动机的搭铁线，电动机断电当作发电机减速运行。为了使其尽快停止，通过短滑片将两触片短接，使电枢通过滑片、触片构成回路形成电流，产生制动作用，使刮水片停到适当位置。电路如下：电枢绕组"+"→电刷 +→外触片→短滑片→内触片→刮水器开关→电刷 L→电枢绕组"−"。

当汽车在毛毛细雨或浓雾天气行驶时，风窗玻璃表面形成的是不连续水滴，如果刮水器的刮片按一定速度连续刮拭，微量的水分和灰尘就会形成发粘的表面，不仅不能将风窗玻璃刮拭干净，相反使玻璃模糊不清，留下污斑，影响驾驶人的视线。为此有些汽车刮水器具有自动间歇刮水功能，在碰到上面提及的行驶条件时，只需将刮水开关拨至间歇工作档位，刮水器便在间歇继电器的控制下，按每停止 2～12s 刮水一次的规律自动停止和刮拭，使风窗洁净，驾驶人获得良好的视野。间歇继电器有机械式和电子式两大类，原理各不相同。

图 9-6 所示为采用机械式间歇继电器的一个实例。刮水器开关有 0、Ⅰ、Ⅱ、Ⅲ四个档位，其中 0 档为停止档、Ⅰ档为间歇档、Ⅱ档为低速档、Ⅲ档为高速档。间歇继电器由时间继电器、一对常开触点 A 和一对常闭触点 B 组成。

间歇工作原理如下：当刮水器开关拨至Ⅰ档时，刮水器间歇继电

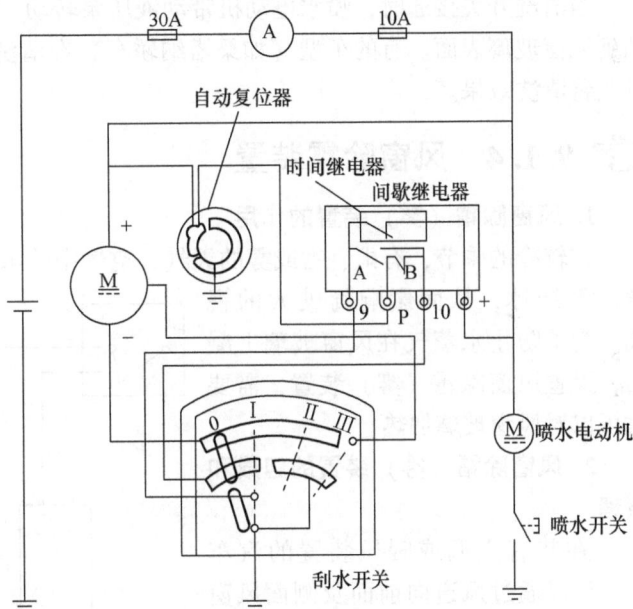

图 9-6 间歇刮水器

器中的时间继电器通电，电流流经蓄电池正极→总熔断器（60A）→电流表→熔断器（10A）→间歇继电器"+"接线柱→时间继电器线圈、触点→间歇继电器 9 接线柱→刮水器开关内部触点→搭铁→蓄电池负极。时间继电器线圈产生吸力，将常开触点 A 闭合，常闭触点 B 打开。此时电动机通过间歇继电器构成的回路为蓄电池正极→总熔断器（60A）→电流表→熔断器（10A）→刮水电动机电刷"+"→电枢绕组→电刷"−"→刮水器开关内部触点→间歇继电器 10 接线柱→常开触点 A→刮水器开关→搭铁→蓄电地负极。电动机低速运转，带动刮水片工作。

间歇继电器中的时间继电器线圈因通电发热变形，逐渐使触点张开而断电。在弹簧的作用下，常开触点 A 被打开，常闭触点 B 又闭合。如果此时自动复位触点处于自动复位器的

搭铁钢片上，电动机不因继电器线圈断电而停止工作，电路如下：蓄电池正极→总熔断器（60A）→电流表→熔断器（10A）→刮水电动机电刷"＋"→电枢绕组→电刷"－"→刮水器开关内部触点→间歇继电器10接线柱→常闭触点B→间歇继电器P接线柱→自动复位器搭铁片→搭铁→蓄电池负极。当电动机转到图示所在位置时（即自动复位器的电源触点和自动复位触点处在同一铜片上）时，间歇继电器P接线柱的搭铁电路断开，刮水电动机电路被切断，电动机便停止工作。但由于机械惯性，电动机瞬间还会转动，因而电动机以发电机运行而产生制动，迫使电动机立即停止转动，使刮水片正好处于玻璃下方。

几秒钟间歇后，时间继电器线圈因温度降低恢复变形，使触点又重新接通，刮水电动机又开始工作。如此反复循环，构成了刮水电动机的间歇工作。

当刮水器拨至Ⅱ、Ⅲ档时，电动机直接由刮水开关控制，刮水开关内部档的触点与搭铁断开。只有将刮水开关拨到0、Ⅰ档时，自动复位器才起作用。

风窗清洗装置电路比较简单，如图9-6所示，一般和电动刮水器共用一个熔丝。有的车清洗开关单独设置安装，有的则和刮水器开关组合在一起，便于操作。

当清洗开关接通时，喷水电动机带动液压泵转动，将清洗液加压，通过输液管和喷嘴喷洒到风窗玻璃表面。有的车型（如桑塔纳轿车）在清洗开关接通的同时使刮水器低速运行，以改善清洗效果。

9.1.4 风窗除霜装置

1. 风窗除霜（雾）装置的作用

在较冷的季节，有雨、雪或雾的天气，空气中的水分会在冷的风窗玻璃上结成细小的水滴甚至结冰，从而影响驾驶人的视线。为了防止水蒸气在风窗玻璃上凝结，设置风窗除霜（雾）装置，需要时可以对风窗玻璃加热。

2. 风窗除霜（雾）装置的组成和原理

在装有空调或暖风装置的汽车上，可以通过风道向前面及侧面风窗玻璃吹热风以加热玻璃，防止水分凝结。对后窗玻璃的除霜，常常是利用电热丝加热实现的。如图9-7所示，在风窗玻璃内表面均匀有间隔地镀着数条很窄的导电膜，形成电热丝，在

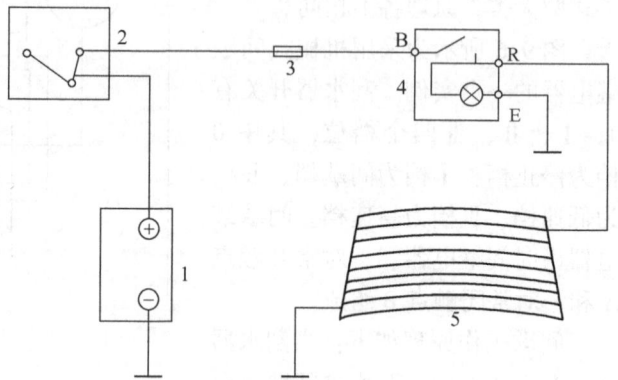

图9-7 风窗除霜（雾）装置

1—蓄电池 2—点火开关 3—熔断器 4—除霜（雾）装置开关及指示灯 5—除霜（雾）装置（电热丝）

需要时接通电路，即可对风窗进行加热。这种风窗除霜装置耗电量为50~100W，在轿车和面包车上应用很广。

9.1.5 风窗刮水、清洗和除霜装置的故障诊断与检修

1. 刮水器常见故障诊断与排除

刮水器常见故障：刮水器各档位都不工作、个别档位不工作、不能自动复位等。

（1）各档位都不工作

1）故障现象：接通点火开关后，刮水器开关置于各档位，刮水器均不工作。

2）主要原因：熔断器断路；刮水电动机或开关有故障；机械传动部分锈蚀或与电动机脱开；连接线路断路或插接件松脱。

3）诊断与排除：首先检查熔断器，应无断路，线路应无松脱；然后检查刮水器电动机及开关的电源线和搭铁线，应接触良好，没有断路；再检查开关各个接线柱在相应档位能否正常接通；最后检查电动机和机械连接情况。

（2）个别档位不工作

1）故障现象：接通点火开关后，刮水器个别档位（低速、高速或间歇档）不工作。

2）主要原因：刮水电动机或开关有故障；间歇继电器有故障；连接线路断路或插接件松脱。

3）诊断与排除：如果刮水器是高速档或低速档不工作，首先应检查刮水器电动机及开关对应故障档位的线路是否正常；然后检查开关接线柱在相应档位能否正常接通；最后检查电动机电刷是否个别接触不良。

如果刮水器在间歇档不工作，应顺序检查间歇开关（或刮水器开关的间歇档）、线路和间歇继电器。

（3）不能自动复位

1）故障现象：刮水器开关断开或在间歇档工作时，刮水器不能自动停止在设定的位置。

2）主要原因：刮水电动机自动复位机构损坏；刮水器开关损坏；刮水管调整不当；线路连接错误。

3）诊断与排除：首先检查刮水臂的安装及刮水器开关线路连接是否正确；再检查刮水器开关在相应档位的接线柱能否正常接通；最后检查电动机自动复位机构触点能否正常闭合和接触是否良好。

2. 风窗清洗装置常见故障诊断与排除

1）风窗清洗装置常见故障：所有喷嘴都不工作或个别喷嘴不工作。

2）主要故障原因：喷水电动机或开关损坏；线路断路；清洗液液面过低或连接管脱落；喷嘴堵塞。

3）诊断步骤：如果所有喷嘴都不工作，先检查清洗液液面和连接管是否正常，然后检查喷水电动机搭铁线和电源线有无断路、松脱，开关和电动机是否正常；如果个别喷嘴不工作，一般是喷嘴堵塞所致。

有些轿车还有前照灯清洗装置，原理和常见故障及诊断方法与风窗清洗装置相同。

3. 风窗除霜（雾）装置常见故障与排除

1）风窗除霜（雾）装置常见故障是不工作。

2）主要故障原因：熔断器或控制线路断路；加热丝或开关损坏。

3）诊断步骤：首先检查熔断器是否正常，然后将开关接通后检查加热丝相线端电压是否正常。如果电压为零，应检查开关和电源线路，否则检查电热丝是否断路。若电热丝断路，可用润滑脂清理加热丝端部，并用蜡或硅脱膜剂清理加热丝断头，再用专用修理剂进行修补，将断点处连接起来，保持适当时间后即可使用。

▶▶▶ 9.2 电动座椅

9.2.1 电动座椅的组成

电动座椅由电动座椅电动机、开关及传动装置等组成。电动座椅电动机多为双向永磁式，其数量取决于座椅调节功能的完善程度。只能前后移动的两向调整座椅装有一个双向电动机，如图9-8所示。在前后移动基础上还可升降的四向调整座椅通常装有两个双向电动机。除具有前后移动和上下升降功能外，座椅前端或后端还可分别升降的六向调整座椅，装有3个双向电动机。有的电动座椅甚至有4个或

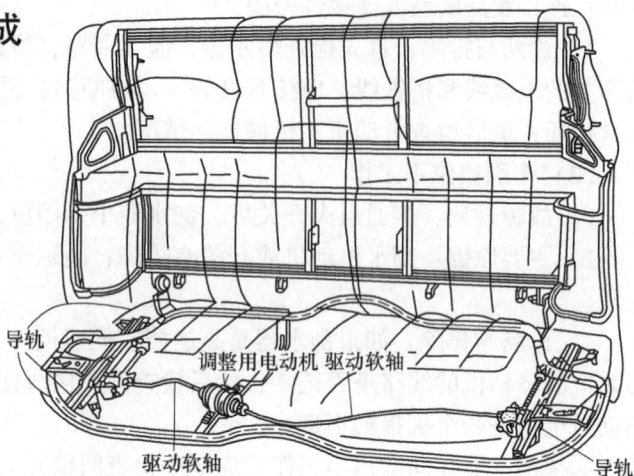

图9-8 双向电动座椅

4个以上双向电动机，除以上调整功能外，还能调整靠背的倾斜角度，调整头枕高度及倾斜度、座椅长度、扶手位置等项目。

9.2.2 电动座椅的控制电路

调整开关可控制电流流经电动机的方向，从而使电动机具有两个转动方向。图9-9所示为8向调整的电动座椅调整电路，驾驶人与乘员座椅各有4个电动机实现座椅前后移动、靠背倾斜角以及座椅前后升降等8个方向的调整。

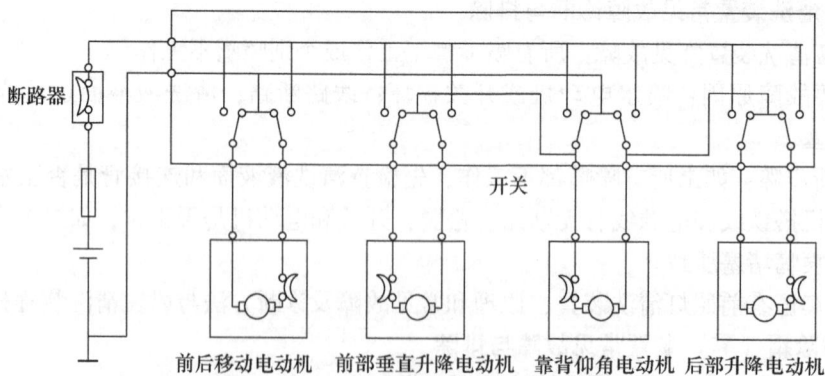

图9-9 8向调整的电动座椅调整电路

部分高级轿车的电动座椅带有电子控制系统，如图9-10所示。电子控制系统有一个存储器，只要按动所需调整项目的开关，即可以根据存储的各个座椅的位置要求调整座椅。每个座椅可进行8个方向的调整，所以每个座椅应有4个传感器向存储器输入座椅位置的电压信号。当座椅调定后，按下存储器按钮，电子控制装置就将传感器的电压信号存储起来，作

为以后调整座椅的基准。

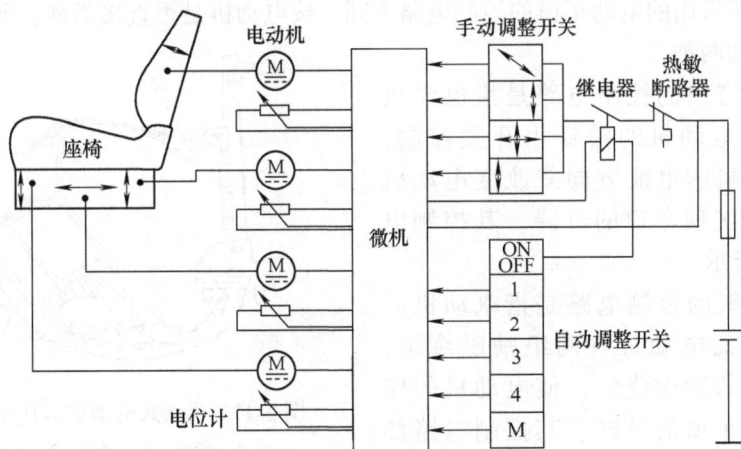

图 9-10　带有电子控制系统的电动座椅

▶▶▶ 9.3　电动车窗

☞ 9.3.1　电动车窗的作用及组成

1. 电动车窗的作用

为了方便驾驶人和乘客，减轻他们的劳动强度，许多汽车采用了电动车窗，又称为自动车窗，利用电动机来驱动升降器（又称为换向器）使车窗玻璃上下移动。

2. 电动车窗的组成

电动车窗主要由车窗升降器、电动机、开关等组成。常见的电动车窗玻璃升降器传动机构有交叉臂式和绳轮式两种，如图 9-11 所示。

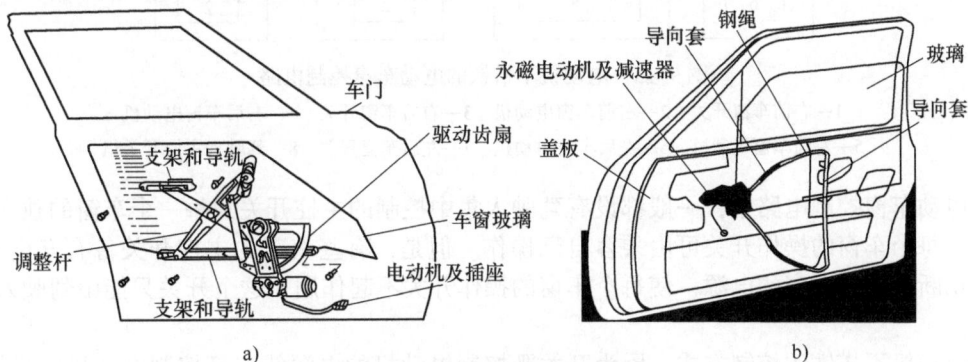

a)　　　　　　　　　　　　　　　　　　　　b)

图 9-11　电动车窗的基本结构

a）交叉臂式电动车窗　b）绳轮式电动车窗

另一种升降器是使用柔性齿条和小齿轮，车窗连在齿条的一端，电动机带动轴端的小齿轮转动，使齿条移动，以带动车窗升降。其结构如图 9-12 所示。

☞ 9.3.2 电动车窗的电路原理

不同汽车所采用的电动车窗的控制电路不同，按电动机是否直接搭铁，分为电动机不搭铁和电动机搭铁两种。

电动机不搭铁的控制电路是指电动机不直接搭铁，电动机的搭铁由开关控制，通过改变电动机的电流方向来改变电动机的转向，从而实现车窗的升降。其控制电路如图9-13所示。

电动机搭铁的控制电路是指电动机一端直接搭铁，而电动机有两组励磁绕组，通过接通不同的励磁绕组，使电动机的转向不同，实现车窗的升降。其控制电路如图9-14所示。

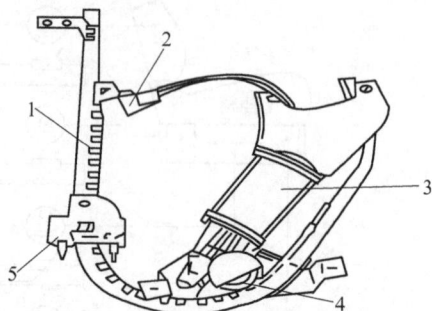

图 9-12　齿条式电动车窗升降器的结构

1—齿条　2—接头　3—电动机
4—小齿轮　5—定位架

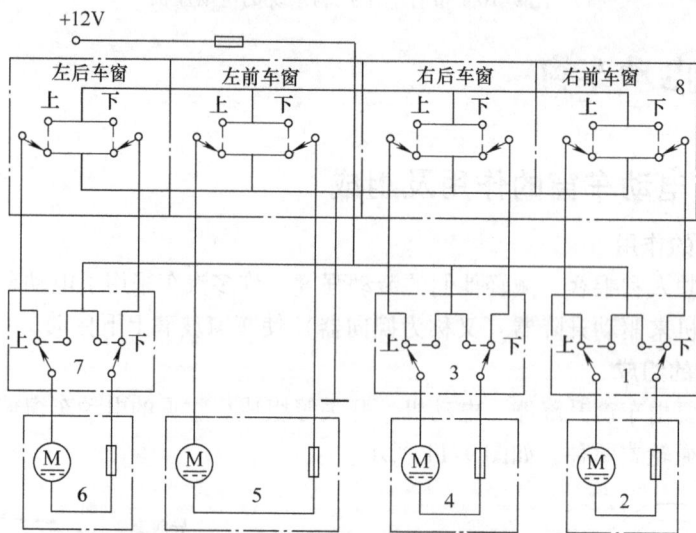

图 9-13　电动机不搭铁的电动车窗控制电路

1—右前车窗开关　2—右前车窗电动机　3—右后车窗开关　4—右后车窗电动机
5—左前车窗电动机　6—左后车窗电动机　7—左后车窗开关　8—驾驶人主控开关组

电动车窗控制电路中，一般都设有驾驶人集中控制的主控开关和每一个车窗的独立操作开关。每个车窗的操作开关可由乘客自己操作。但是，有些汽车的主控开关备有安全开关，可以切断其他各车窗的电源，使每个车窗的操作开关不起作用，这个开关只能由驾驶人一人操作。

电动机不搭铁的控制方式，因为开关既控制电动机的电源线，又控制电动机的搭铁线，所以开关结构和线路比较复杂，但是电动机结构简单，应用比较广泛。

桑塔纳2000型轿车采用的电动车窗装置由翘板按键开关、传动机构、升降器及电动机组成，其控制电路如图9-15所示。按键开关 E_{39}、E_{40}、E_{41}、E_{52} 和 E_{53} 被安置在中央通道面板上的开关盘上，其中，黄色按键开关 E_{39} 为安全开关，可以使后车窗开关 E_{53} 和 E_{55} 不起作

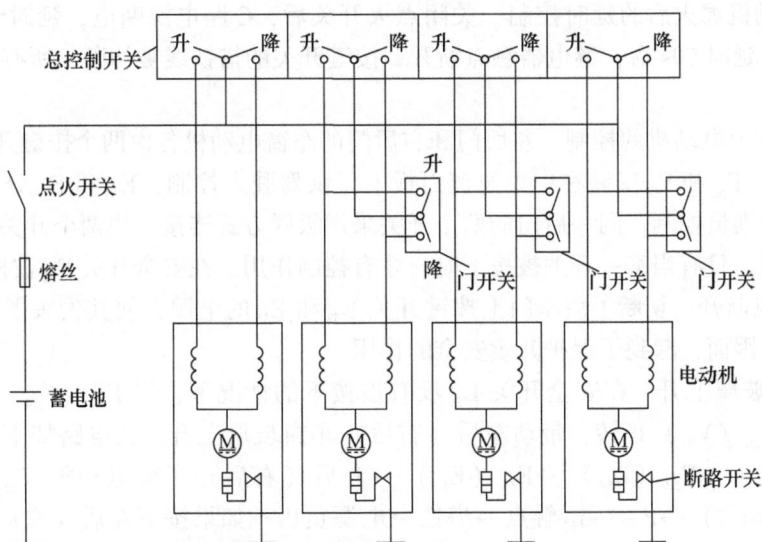

图 9-14　电动机搭铁的电动车窗控制电路

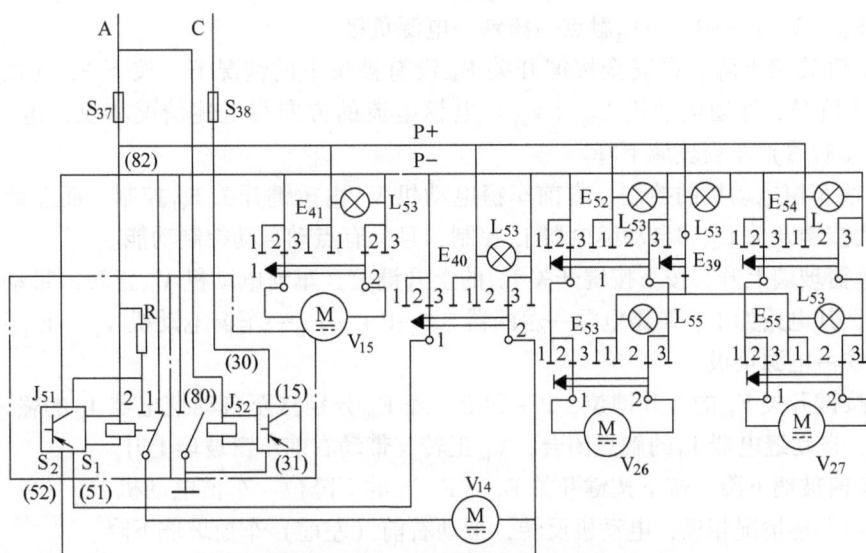

图 9-15　桑塔纳 2000 型轿车电动车窗控制电路

用。E_{40}、E_{41}、E_{52} 和 E_{54} 分别为左前、右前和左后、右后车窗玻璃升降开关。为使左后和右后车窗玻璃能独立升降，在两后门上分别设置了 E_{53} 和 E_{55} 两个按键开关。V_{14}、V_{15}、V_{26} 和 V_{27} 分别是左前、右前、左后、右后车窗电动机。电动机为永磁直流电动机，正常工作电流为 $4\sim15A$，电动机内带有过载断路保护器，以免电动机超载烧坏。延时继电器 J_{52} 是保证在点火开关断开后，使车窗电路延时约 $50s$ 后再断开，使用方便、安全。自动继电器 J_{51} 用于控制左前车窗电动机，实现点动控制。

接通点火开关后，延时继电器 J_{52} 与 C 路电源相通，其常开触点闭合，按键开关内的 P－通过该触点搭铁，而 P＋则通过熔断器 S_{37} 与 A 路电源相通，此时，按动按键开关便可使车窗电动机转动。

（1）**发动机熄火后的延时控制** 关闭点火开关后，C 路电源断电，延时继电器 J_{52} 由 A 路电源供电，延时 50s 后，继电器触点断开，按键开关的搭铁线被切断，所有按键开关失去控制作用。

（2）**后车窗电动机的控制** 左后门和右后门的车窗电动机各由两个按键开关 E_{52}、E_{53} 和 E_{54}、E_{55} 控制，E_{52} 和 E_{54} 安装在中央通道面板上，供驾驶人控制，E_{53} 和 E_{55} 分别安装在两后门上，供后座乘员控制。同一后门的两个开关采用级联方式连接，当两个开关被同时按下时没有控制作用，只有当某一开关被按下时，才有控制作用。在安全开关 E_{39} 被按下的情况下，E_{39} 的常闭触点断开，切断了后车门上按键开关 E_{53} 和 E_{55} 的电源，使其失去了对各自车窗电动机的控制。因而，起到了保护儿童安全的作用。

1）车窗玻璃上升。在安全开关 E_{39} 没有被按下的情况下，将 E_{52}（E_{54}）置于上升位，车窗电动机 V_{26}（V_{27}）正转，带动左后（右后）车窗玻璃上升。其电路如下：A 路电源→熔断器 S_{37}→P+→E_{52}（E_{54}）→E_{53}（E_{55}）→左后（右后）车窗电动机 V_{26}（V_{27}）→E_{53}（E_{55}）→E_{52}（E_{54}）→P-→J_{52} 触点→搭铁→电源负极。如果按下左后（右后）车门上 E_{53}（E_{55}）的上升键位，车窗电动机 V_{26}（V_{27}）同样可带动车窗玻璃上升，此时其电路如下：A 路电源→熔断器 S_{37}→P+→E_{39}→E_{53}（E_{55}）→左后（右后）车窗电动机 V_{26}（V_{27}）→E_{53}（E_{55}）→E_{52}（E_{54}）→P-→J_{52} 触点→搭铁→电源负极。

2）车窗玻璃下降。在安全按键开关 E_{39} 没有被按下的情况下，按下 E_{52}（E_{54}）或 E_{53}（E_{55}）的下降位，车窗电动机 V_{26}（V_{27}）电枢电流的方向与上述情况相反，电动机反转，带动左后（右后）车窗玻璃下降。

（3）**前车窗电动机的控制** 右前车窗电动机 V_{15} 由按键开关 E_{41} 控制，而左前车窗电动机 V_{14} 则由按键开关 E_{40} 和自动继电器 J_{51} 控制，且具有点动自动控制功能。

1）车窗玻璃上升。按下按键开关 E_{51} 的上升键位，车窗电动机 V_{15} 正转，带动右前车窗玻璃上升，其电路如下：A 路电源→熔断器 S_{37}→P+→E_{41}→车窗电动机 V_{15}→E_{41}→P-→J_{51} 触点→搭铁→电源负极。

按下按键开关 E_{40} 的上升键位，P+ 和 P- 经 E_{40} 分别接至自动继电器 J_{51} 的输入端 S_2 和 S_1，此时，自动继电器 J_{51} 的触点闭合，V_{14} 正转，带动右前车窗玻璃上升。

2）车窗玻璃下降。按下按键开关 E_{41}（E_{40}）的下降位，车窗电动机 V_{15}（V_{14}）电枢电流的方向与上述情况相反，电动机反转，带动右前（左前）车窗玻璃下降。

▷▷▷ 9.4 电动后视镜

☞ 9.4.1 电动后视镜的组成

后视镜又称为倒车镜，分布在汽车左/右两侧，供驾驶人观察汽车左/右两侧行人、车辆以及其他障碍物的情况，确保行车或倒车安全。电动后视镜有可折回和不可折回两种形式。若汽车装有电动控制的后视镜，驾驶人在车内即可调整后视镜的倾斜角度。当洗车和停车时，为避免不必要的刮伤，折回式后视镜可以方便折回。

电动后视镜是一个双后视镜电气控制系统，在每个后视镜的背后都有两个可逆永磁电动机，一个电动机控制垂直方向的倾斜运动，另一个电动机控制水平方向的倾斜运动，如图 9-16 所示。

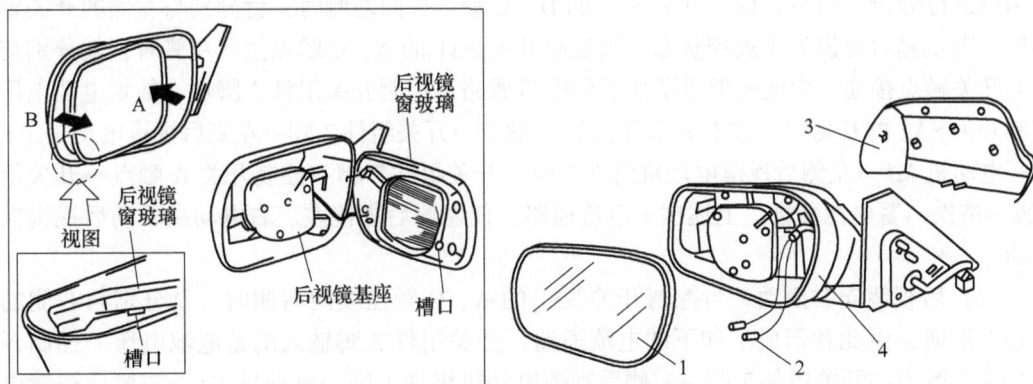

图 9-16 电动后视镜
1—后视镜玻璃 2—电动机插接器 3—罩盖 4—后视镜支架

电动后视镜控制电路主要由点火开关、熔断器、后视镜控制开关、左右调节开关、左侧与右侧后视镜电动机组成。

9.4.2 电动后视镜的工作原理

电动后视镜的电路如图 9-17 所示，电源通路为蓄电池正极→ALT 熔断器→AM1 熔断器→点火开关 SA3→RADIO No.2 熔断器→控制开关组件 3 脚。

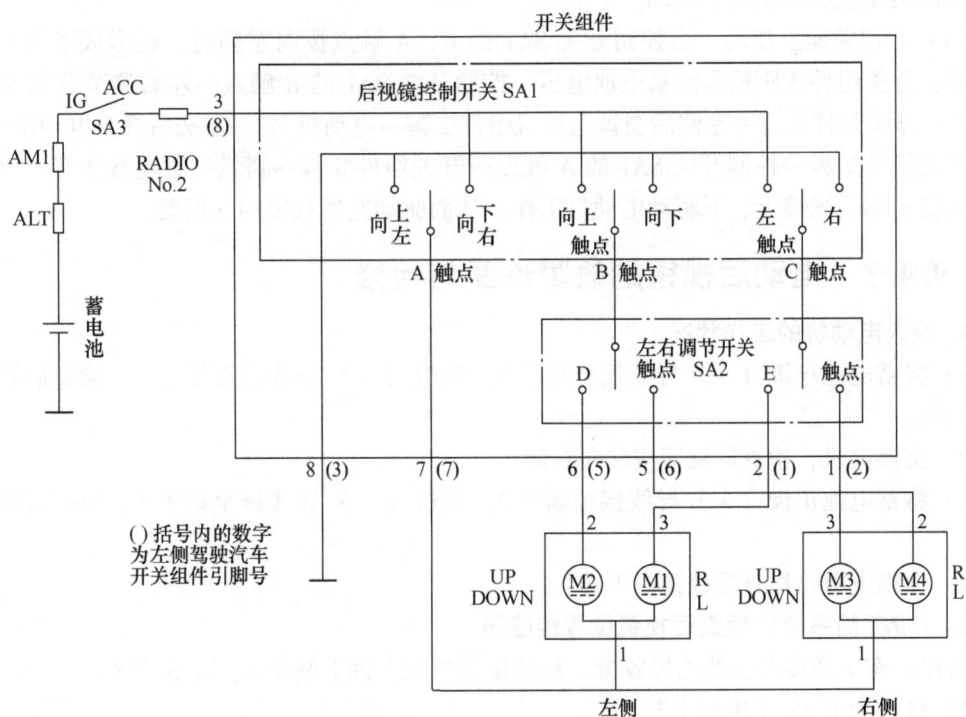

图 9-17 电动后视镜的电路

（1）**后视镜向左摆动**　汽车左、右两侧后视镜的工作原理基本相同，下面以左侧后视镜为例进行分析。当左右调节开关 SA2 的 D、E 触点拨向左侧时，就分别与左侧的开关触点接通，则左侧后视镜处于被控状态。当控制开关 SA1 的 A、C 触点拨向左侧时，就分别与左侧的开关触点接通，由此就形成了如下的电流通路：控制开关组件 3 脚输入的蓄电池电压→控制开关 SA1 的 C 触点→左右调节开关的 E 触点→开关组件 2 脚→左侧后视镜电动机组件 3 脚→电动机 M1→左侧后视镜电动机组件 1 脚→开关组件 7 脚→控制开关 A 触点→开关组件 8 脚→搭铁→蓄电池负极。上述这一电流通路，使左侧后视镜左、右电动机驱动后视镜向左摆动。

（2）**后视镜向右摆动**　当控制开关 SA1 的 A、C 触点拨向右侧时，就分别与右侧的开关触点接通，由此就形成了如下的电流通路：开关组件 3 脚输入的蓄电池电压→控制开关 SA1 的 A 触点→开关组件 7 脚→左侧后视镜电动机组件 1 脚→电动机 M1→左侧后视镜电动机组件 3 脚→开关组件 2 脚→左右调节开关 SA2 的 E 触点→控制开关 SA1 的 C 触点→开关组件 8 脚→搭铁→蓄电池负极。上述这一电流通路，使左侧后视镜左、右动作，电动机中有与上述相反的电流流过，从而驱动后视镜向右摆动。

（3）**后视镜向下摆动**　当控制开关 SA1 的 B、A 触点拨向右侧（此时 SA2 的 D、E 触点在左侧，以下同）时，就形成了如下的电流通路：开关组件 3 脚输入的蓄电池电压→控制开关 SA1 的 A 触点→开关组件 7 脚→左侧后视镜电动机组件 1 脚→电动机 M2→左侧后视镜电动机组件 2 脚→开关组件 6 脚→左右调节开关 SA2 的 D 触点→控制开关 SA1 的 B 触点→开关组件 8 脚→搭铁→蓄电池负极。上述这一电流通路，使左侧后视镜上、下驱动电动机工作，从而驱动左后视镜向下摆动。

（4）**后视镜向上摆动**　当控制开关 SA1 的 B、A 触点拨向左侧时，就形成了如下的电流通路：开关组件 3 脚输入的蓄电池电压→控制开关 SA1 的 B 触点→左右调节开关 SA2 的 D 触点→开关组件 6 脚→左侧后视镜电动机组件 2 脚→电动机 M2→左侧后视镜电动机组件 1 脚→开关组件 7 脚→控制开关 SA1 的 A 触点→开关组件 8 脚→搭铁→蓄电池负极。这一电流通路使左侧后视镜上、下驱动电动机工作，从而驱动左后视镜向上摆动。

9.4.3　电动后视镜的故障诊断与检修

1. 检查电动机的工作状况

1）将蓄电池正极（+）导线接至端子 3，负极（-）导线接至端子 1，检查后视镜应转向左侧。

2）交换电极，检查后视镜应转向右侧。

3）将蓄电池正极（+）导线接至端子 2，负极（-）导线接至端子 1，检查后视镜应上转。

4）交换电极，检查后视镜应下转。

2.（带存储系统）**检查后视镜位置传感器**

备注：剥下插接器上的乙烯胶带，从插接器外壳上拆下端子 2、3、5 和 8。

1）将 3 个 1.5V 干电池串联。

2）将干电池组的正极（+）导线接至端子 5，负极（-）导线接至端子 8。

3）将万用表电压档的正（+）端接至端子 6，负（-）端接至端子 8。

4）将蓄电池电压加在端子 1 与 2 之间，当后视镜在最高位置和最低位置之间移动时，检查电压应随之逐渐变化。

5）拆下电池组和万用表电压档的 4 根导线。

6）将万用表电压档的正（＋）端接至端子 7，负（－）端接至端子 8。

7）在端子 1 与 3 之间加上蓄电池电压，当后视镜在最左位置和最右位置之间移动时，检查电压应随之逐渐变化。

▶▶▶ 9.5　中央集控门锁

☞ 9.5.1　中央集控门锁的组成

汽车门锁是汽车防盗的第一步。采用中央门锁系统的车辆，当驾驶人锁住驾驶人车门时，其他几个车门（包括后车门及行李箱门等）能同时自动锁住；当打开驾驶人车门时，其他几个车门能同时打开，并且仍可用各车门的机械或弹簧锁开关车门。

1. 中央门锁控制系统的功能

中央门锁控制系统具有钥匙联动锁门和开门功能以及钥匙禁闭预防功能，具体如下：

1）两级开锁功能。在钥匙联动开锁功能中，一级开锁操作，只能以机械方法打开车门；两级开锁操作，则同时打开其他车门。

2）钥匙占用预防功能。防止钥匙插入点火开关时，没有钥匙而将车门锁住。

3）安全功能。当钥匙从点火开关中拔去而门已锁住时，无论用钥匙或不用钥匙锁门，门都不能用门锁控制开关打开。

4）电动车窗不用钥匙的动作功能。驾驶人和乘客的车门都关上，点火开关断开后，电动车窗仍可动作约 60s。

一般来说，所有车门均可以通过前右或前左侧门上的钥匙同时关闭和打开。若已执行了锁门操作，而一侧前门打开并且点火开关钥匙仍插在锁芯内，则所有的车门会自动打开，以防止点火开关钥匙遗忘在汽车内。

2. 汽车中控门锁的分类

汽车电子锁的分类方法有很多，既可以按照控制部分中主要元器件的异同进行分类，也可以按照编码方式的异同进行分类。通常将其分为以下五类：

1）按键式电子锁。

2）拨盘式电子锁。

3）电子钥匙式电子锁。

4）触摸式电子锁。

5）生物特征式电子锁。

3. 汽车中控门锁的结构

（1）汽车电子门锁的结构　汽车电子门锁由控制部分和执行机构两部分组成。

1）控制部分。控制部分包括编码器、输入器、存储器、鉴别器、驱动级、抗干扰电路、显示装置、保护装置和电源等部分。

2）执行机构。汽车电子门锁的执行机构一般采用电磁铁或微型电动机控制。

① 电磁铁式自动门锁。这种汽车电控门锁的开启和锁闭均由电磁铁驱动，其结构如图 9-18 所示。它内设两个线圈，分别用来开启、锁闭门锁。门锁集中操作按钮平时处于中间位置，用手按压即可开启或锁闭车门。

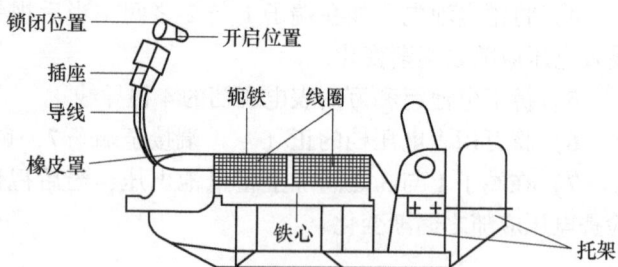

图 9-18 电磁铁结构

② 电动机式自动门锁。该锁由可逆式电动机、传动装置及锁体总成构成。其工作原理如下：由电动机带动齿轮、齿条副或螺杆、螺母副进而驱动锁体总成，驱动车门的锁闭或开启。其传动装置如图 9-19 所示。

(2) 汽车遥控门锁的组成 遥控门锁系统的作用是不使用钥匙，利用遥控器在一定距离内完成车门的打开及锁止。遥控门锁系统不但能控制驾驶人侧车门，还可控制其他车门和行李箱门。遥控门锁系统由发射器、接收器、门锁遥控控制组件（ECU）、门锁控制组件以及执行器等组成。汽车遥控门锁的结构如图 9-20 所示。

发射器又称为遥控器，其作用是利用发射开关发射规定代码的无线遥控信号，控制驾驶人侧车门、其他车门、行李箱门等的开启和锁闭，且具有寻车功能。发射器分为组合型（发射器与点火钥匙合二为一）和分开型两种，如图 9-21 所示。

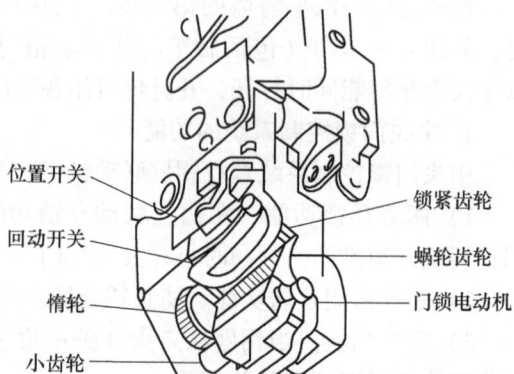

图 9-19 电动机式自动门锁的结构

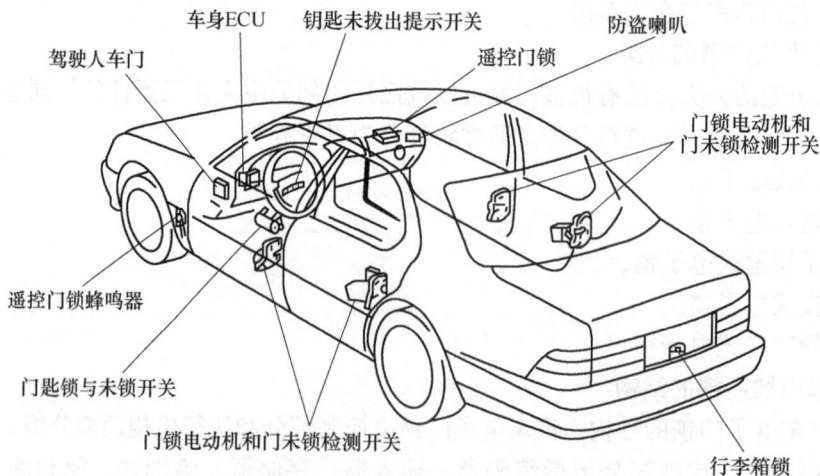

图 9-20 汽车遥控门锁的结构

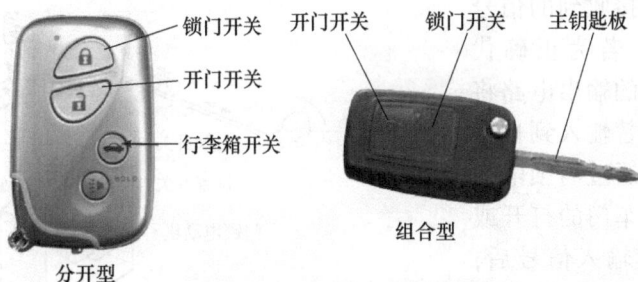

图 9-21　发射器（遥控器）

9.5.2　中央集控门锁的电路原理

电控门锁的作用是通过电磁铁机构或电动机式机构来打开及锁止车门，由门锁执行机构及联动机构、门锁控制开关、门锁控制继电器等主要部分组成。目前，高档车一般采用的是自动门锁，它是在手动控制车门开闭的基础上，还可以根据汽车车速自动锁死车门。

1. 电控门锁原理

电控门锁电路如图 9-22 所示。当门锁开关置于锁止（LOCK）位置时，门锁继电器线圈得电，触点闭合，门锁电磁铁中门锁线圈得电，电磁铁心杆缩回，操纵门锁，锁止车门；当门锁开关置于开启（UNLOCK）位置时，开启继电器线圈得电，触点闭合，门锁电磁铁中开启线圈得电，电磁铁心杆伸出，操纵门锁开启。在带自动门锁的汽车上，设有速度传感器和电子控制线路，当汽车车速达到设定数值时，电子控制电路使门锁继电器线圈得电，自动锁止车门。

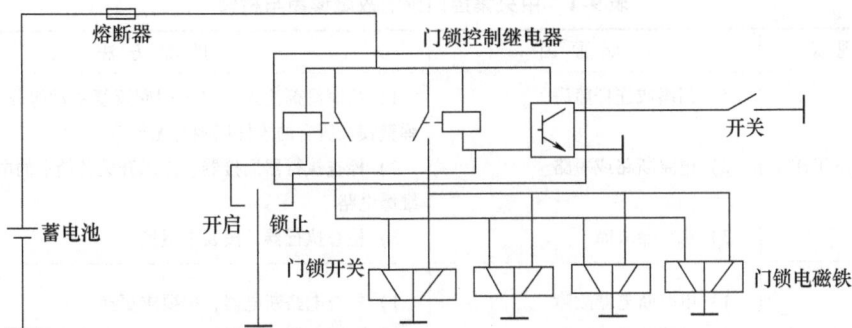

图 9-22　电控门锁电路

门锁操纵原理：在车门开启和锁止的操纵机构中，通常采用动力车门锁定装置。

电动门锁执行机构如图 9-23 所示。在门锁总成中，由锁杆控制转动，决定门锁开/闭状态。位置开关用于测定锁杆是否进行门锁开/闭。门锁开关则是用于检测锁止机构是否进行门锁的开/闭。此外，锁杆随着门锁电动机的通电，做正向/逆向旋转，或把钥匙插入锁孔中，用于操作；也可按车厢内的按钮进行多种操作。当门锁开关用于操作钥匙，使它向开启/关闭方向转动时才能输出信号。

2. 遥控车门系统工作原理

从发射器发出的红外线信号或电磁波信号，被接收并输送到门锁遥控控制组件中。门锁遥控组件对接收器接收到的信号进行比较、判别，若为正确代码，则通过其内部的输出电路将开门或锁门信号交替输入到自动门锁控制组件中，通过门锁电动机或电磁铁来完成车门的打开或锁止动作。若连续输入信号后，经过门锁遥控控制组件判别为不正确代码，门锁遥控控制组件会通过其内的限时锁定电路在一定时间内停止输入。

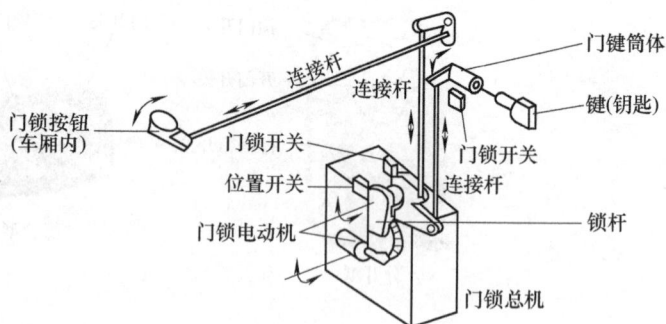

图 9-23 电动门锁执行机构

开关工况如下。

1）门钥匙（钥匙）开关：当锁门或开门时分别给出 ON 信号，其他时间一概为 OFF。

2）门锁开关：当门打开时为 ON，关闭时为 OFF。作为检测车门开闭的开关，有直接检测车门开闭的车门开关，但是门锁开关更具有可靠性，能检测锁止的离合状态。

3）位置开关：锁杆位于锁闭位置 OFF，在开启位置时为 ON。

4）钥匙插入开关：当钥匙插入时为 ON，如拔出则为 OFF。

5）门锁控制开关：在车厢内利用手操作的开关，与门钥匙开关具有相同的开关工况。

9.5.3 中央集控门锁的故障诊断与检修

对于中央集控门锁的故障，通常按表 9-1 进行故障诊断与检修。

表 9-1 中央集控门锁的故障诊断与检修

故 障 现 象	可 能 原 因	排 除 方 法
一个门锁不工作	1）门阀或连杆障碍 2）电路断路或短路 3）执行器故障	1）将润滑剂注入开启的门阀反复手动操作 10 次，检查弹簧锁及所有的连杆周围有无干涉 2）检查执行器插接器、操纵开关各档上的电压，按要求维修电路 3）检查执行器，按要求更换
所有门锁都不工作	1）电路断电器故障 2）电路断路或短路 3）继电器没有搭铁 4）开关故障 5）搭铁电路断路	1）检查电路断电器，按要求更换 2）检查电路断电器与门锁开关之间的导线和连接点，按要求维修 3）检查继电器和支架连接螺钉，按要求紧固 4）检测开关，按要求更换 5）检查左侧开关的搭铁电路，按要求维修
门锁只以一种方式工作	1）电路断路或短路 2）继电器故障 3）搭铁电路断路	1）检查断电器与门锁开关之间的导线和连接点，按要求维修 2）检查继电器，按要求更换 3）检查左侧开关的搭铁电路，按要求维修

(续)

故障现象	可能原因	排除方法
所有的门锁只按一个开关工作	1）电路断路或短路 2）开关故障	1）检查电路继电器与不工作开关之间的导线及插接器，按要求修理 2）检测开关，按要求更换
门锁间歇性工作	1）连接点松动 2）继电器搭铁不良 3）左手开关搭铁不良 4）开关故障	1）检查插接器，按要求紧固 2）检查继电器和支架连接螺钉，按要求紧固 3）检查左侧开关的搭铁电路，按要求维修 4）检测开关，按要求更换
门锁只在发动机运转时工作	1）蓄电池电压低 2）连接点松动或被腐蚀	1）检测蓄电池，按要求更换 2）检查导线和连接点，按要求维修
在冰冻天气时门锁不工作	1）锁阀或连杆障碍 2）锁阀或连杆冻住	1）将润滑剂注入开启的锁阀并反复手动操纵 10 次，检查弹簧锁及所有的连杆有无干涉 2）把车驶入采暖的车库，让门锁系统的冰雪融化后，再验证所有门锁是否工作

▶▶▶ 9.6 辅助电器故障案例分析

案例 1

（1）故障现象　一辆东方之子汽车，已行驶 6 万 km，左前门玻璃只能下降不能上升。

（2）故障诊断　首先用诊断仪检查故障码，系统正常，无故障码；检查左前门升降器开关，没发现问题，于是更换升降器开关，玻璃还是不能上升。为少走弯路，决定更换车身控制器（ISU）试一试，结果左前门升降开关烧毁，因此断定故障的原因可能出在线路上。检查玻璃升降开关 7 号端子到 ISU 上的 A 插座的 8 号端子的接线，发现 ISU 的 8 号端子根本没有接线，而 ISU 的 A7 号端子却与左前门玻璃升降开关 7 号端子导通；将 ISU 的 A7 号端子引线对调到 A8 号端子后打开点火开关，按动玻璃升降器开关，此时左前门玻璃能顺利上升。

ISU 的 A7 号端子是 ISU 与发动机控制系统之间的控制线，主要用于发动机防盗的控制，该型号东方之子车上没有具体的应用。ISU 的 A8 号端子是控制左前门玻璃手动上升的，该车 ISU A 插座的插接端子接触不良造成了这个故障。

（3）故障排除　更换 ISU A 插座的插接端子，故障排除。

案例 2

（1）故障现象　一辆奇瑞汽车，一打开点火开关刮水器就以间歇档工作，而且不受刮水器开关控制。

（2）故障诊断　检查系统熔丝，刮水器系统的两个熔丝完好无损；检查刮水器开关内部是否存在短路，刮水器开关性能正常，更换新的组合开关后故障依然存在；检查 ISU，将该车的 ISU 装到其他车上，打开点火开关，没有这种故障出现，证明故障原因与 ISU 无关；检查线路，首先检查线束是否存在短路，从熔丝→刮水器开关→ISU→刮水器电动机的线路，没有发现短路和线束破损的地方。根据电路图，测量 ISU C1 与 B27 号端子，发现根本不能导通，而 C1 端子与 B28 号端子却能连通，因此此处存在端子错位现象。如图 9-24 所示，正常情况下，ISU 的 B27 号端子是黑黄线，B28 号端子是棕白线，而该车却恰恰相反。ISU 的 B27 号端子是刮水器间歇档的控制端子，B28 号端子是安全带开关信号输入端子，二者错位造成上述故障的发生。

1														15
棕					棕白		蓝	绿白	绿白	棕黄	白			绿黑
	棕	绿	黄			白	浅			黑黄	棕白		白	
16														30

图 9-24　ISU 的 B 接线端子线束颜色

（3）故障排除　重新调整后故障排除。这是一起典型的 ISU 功能错乱故障，一般在早期生产的车辆上比较常见。

案例 3

（1）故障现象　一辆奥迪 A6 1.8L 汽车，打开点火开关后，危险警告灯闪烁，同时车门锁锁钮有自动跳动现象。

（2）故障诊断　接车后试车，发现脚垫处有水渍，掀开脚垫发现中央门锁控制单元被水浸泡，由此判断是由于水浸而造成中央门锁控制单元受损，发出错误信号从而导致上述故障的发生。脚垫下进水的原因是发动机盖开启拉索所经过的前围板上的孔密封不严，在下雨或洗车过程中，水由此进入驾驶室内。

（3）故障排除　晒干脚垫，更换中央门锁控制单元后，故障排除。

案例 4

（1）故障现象　一辆赛欧 SLX 汽车，所有的车门包括后行李箱均无法执行中控门锁程序。

（2）故障诊断　用试灯测量两前门的开锁和上锁信号输入，结果在中控锁模块的对应端子上检测到了正确的输入信号。再次用试灯检查中控锁模块上的电源输入和搭铁回路，电源和搭铁情况都良好。仔细拿出中控锁模块查看时，突然闻到一阵焦臭味，再仔细观察发现中控锁模块的接触端子都因为过热而发黑，显然是中控锁模块烧毁了。这样大的电流只有供能线路上的搭铁短路故障才能够产生。带着疑问用万用表检测了和供能线路相联系的电气线路，果然查到了后行李箱电控执行器处连接执行器电动机的两根接线的电阻值等于零，也就是说该电动机的绝缘线圈被击穿并随执行器外壳连接到车身上的搭铁。拆下后行李箱执行器检查，果然也闻到了一股焦味。

（3）故障排除　在更换了后行李箱的电控执行器和中控锁模块后，故障解决。

练习与思考题

1. 填空题

1）刮水器的作用是_____。

2）目前应用在汽车上的刮水电动机基本上都是_____。

3）刮水器常见的故障有_____、_____、_____等。

4）电动座椅由电动座椅_____、_____及_____等组成。

5）电动车窗主要由_____、_____、_____等组成。

2. 简答题

1) 简述永磁双速刮水器的工作原理。

2) 电动风窗清洗装置的主要组成零部件有哪些?

3) 汽车电子门锁控制部分由哪些零部件组成?

4) 汽车电子门锁执行机构由哪些零部件组成?

第10章
汽车电气设备线路

基本思路:

本章对前面所讲的汽车电气进行组合形成整车电气系统,前面提及的每个电气零部件都是"积木",根据电的流动路线把每个"积木"组成一台整车所配置的电气系统,这就是"以零凑整"。对本章的学习和研究要以点(积木)为基础,以线为纲要(电的流动路线),以回路为原则,那么面对最复杂的电气设备问题也都不难解决。

▷▷▷ 10.1 汽车电气设备电路图

☞ 10.1.1 汽车电气设备电路图分类

汽车电路图是用国家标准规定的线路符号,对汽车电器的构造组成、工作原理、工作过程及安装要求所作的图解说明,也包括图例及简单的结构示图。电路图中表示的是不同元器件相互之间的关系及彼此之间的连接。通过对电路图的识读,可以认识并确定电路图上所画元器件的名称、型号和规格,清楚地掌握汽车电气系统的组成、相互关系、工作原理和元器件安装位置,便于对汽车电路进行维修、检查、安装、配线等工作。

因为汽车电气元器件的外形和结构比较复杂,所以采用国家统一规定的图形符号和文字符号来表示元器件的不同种类、规格及安装方式。另外,根据汽车电路图的不同用途,可绘制成不同形式的电路图,主要有原理框图、电路原理图、敷线图和线束安装图。

☞ 10.1.2 各车系电路原理图的特点

1. 原理框图

汽车电路比较复杂,为概略表示汽车电气系统或分系统的基本组成及其相互关系和主要特征，常采用原理框图。所谓原理框图是指用符号或带注释的框，概略表示汽车电气系统基本组成、相互关系及其主要特征的一种简图。原理框图所描述的对象是系统或分系统的主要特征，它对内容的描述是概略的。原理框图是从总体上描述系统或分系统的，它是系统或分系统设计初期的产物，是依据系统或分系统按功能依次分解的层次绘制的。

2. 电路原理图

（1）**概述** 为了详细表示实际设备或成套装置电路的全部基本组成和连接关系，便于详细理解作用原理，需要绘制电路原理图，又称为电路图或电气线路图。

所谓电路图是根据国家颁布的有关技术标准，用图形符号、文字符号，以统一规定的方法，把电路画在图样上。它是电气技术中使用最广泛的一种重要的电路简图，具有电路清晰、简单明了、便于理解电路原理的特点。

汽车电路图是用电器图形符号，按工作顺序或功能布局绘制的，详细表示汽车电路的全部组成和连接关系，不考虑实际位置的简图。

电路图具有以下特点：

1）对全车电路有完整的概念。它既是一幅完整的全车电路图，又是一幅互相联系的局部电路图，重点、难点突出，繁简适当。

2）图上能建立起电位高低的概念。负极搭铁电位最低，用图中最下面一条导线表示。正极相线电位最高，用最上面的一条导线表示。电流方向基本是从上到下，电流流向从电源正极→开关→用电器→搭铁→电源负极，节省了迂回曲折走迷路的时间。

3）尽可能减少导线的曲折与交叉。调整位置，合理布局，图面简洁清晰，图形符号照顾到元器件外形和内部结构，便于联想分析，易读、易画。

4）电路系统的相互关联、关系清楚。发电机与蓄电池间、各电路系统之间连接点尽量保持原位，熔断器、开关、仪表的接法与原车电路图吻合。

汽车电路图的缺点是图形符号尚不完全规范，各行其道，不利于交流。

（2）**电路图的用途**

1）表达汽车电气的线路布置。

2）为检测、寻找故障，排除故障提供信息。

3）为绘制接线图提供依据。

由于电路图描述的连接关系仅仅是功能关系，而不是实际的连接导线，电路图不能代替敷线图。

（3）**电路图的绘制方法**

1）元器件的表示方法。电路图的一个重要特征是元器件采用国家标准所规定的图形符号来表示。绘图时国家标准中规定的图形符号均可选用。有些元器件没有国家标准对应的图形符号，可根据标准中给出的规则，使用一般符号、基本符号来派生所需要的新符号。对于不常用的符号，应增加文字注释，以便于理解。对于新研制的元器件，在尚无标准的图形符号之前，可采用其简化的外形图来表示，以便于反映该元器件的工作原理。

为了便于对电路进行分析和检查，在电路图中除了用图形符号表示元器件外，还应在图形符号旁标注项目代号，必要时还应在图形符号旁标注元器件的主要技术参数。

2）图形符号的布置。在电气系统中，有大量元器件的驱动部分和被驱动部分采用机械连接，如继电器、按钮开关、光耦合器等都属于这一类。其表示方法有 3 种：集中表示法、半集中表示法和分开表示法。不管采用何种表示方法，所给出的信息量都是相等的，在同一张图纸上可以根据需要使用一种或同时使用几种表示方法。

① 集中表示法。集中表示法是把元器件各组成部分的图形符号绘制在一起的方法，其特点是易于寻找项目的各个部分，元器件整体印象完整，但仅适用于较为简单的电路。

② 半集中表示法。半集中表示法是把一个元器件某些组成部分（不是全部）的图形符号在图上分开布置，它们之间的关系用机械连接线表示的方法。机械连接线用虚线表示，可以是直线，也可以折弯、分支和交叉。半集中表示法的特点是可减少电路连接线的往返和交叉，使图面清晰，便于识读。但是，它适用于一般电路，对于复杂电路，由于穿越图面的机械连接线过多，不宜采用这种方法。

③ 分开表示法。分开表示法是把一个元器件各组成部分的图形符号在图上分开布置，它们之间各部分的关系用项目代号表示的方法。显然，分开表示法既减少了电路连接线的往返和交叉，又不会出现穿越图面的机械连接线，所以在实际中得到广泛应用。但是，为了寻找被分开的各部分，需要采用插图或表格等检索手段。

在图上，把分解绘制在图中不同位置的同一项目不同部分的图形符号，集中绘制在一起并给出位置信息就成为插图，插图可以与该项目的驱动部分的图形符号对齐，也可以集中布置在图的空白处，甚至还可以绘制在另一张图纸上。当然，把插图直接绘制在紧靠驱动部分的图形符号旁，看图是最方便的。

在图上，把分散绘制在图中不同位置的同一项目不同部分的图形符号，集中在一张表格中，表格中的名称可以用图形符号来代替，表格应与驱动部分的图形符号对齐。在采用电路编号法表示图中元器件位置的图上，表格中的位置信息就是电路编号。

3）电路与导线的排列。电路的安排要求有清楚、一目了然的图示效果，各个电路的排列必须优先采用从左到右、从上到下的原则，尽可能用直线、无交叉点、不改变方向的标记方式。另外，作用方向应与电路图边沿平行，如果出现许多平行线重叠成堆的情况，那么可将其编组。通常是把三条线集中为一组，留出距离，再表示下一组线。

4）分界线与边框。电路的各部分用点画线或边框线限制，以此表明仪器、部件功能或结构上的属性。在汽车电气设备中，用点画线表示仪器和电器中不导电的边框，这种图示不总是与开关外壳相一致，也不用来表示仪器的地线。

5）区段识别。区段识别符号标注在电路图的下沿，有助于更方便地寻找电路部件。以往区段识别标记也称为电路，可能的标记方式有以下 3 种：

① 用连续数字以相同的距离从左到右标注。

如：1 2 3 4 5 6 7……

② 标明电路区段的内容，如：

电　　源	起动装置	点火装置……

③ 以上两种方法的结合，如：

1 2 3 4 5 6 7 8 9 10……电源	起动装置	点火装置……

6）标注。利用字母和数码可对设备、部件或电路图中图形符号作标注，标注位于图形

符号的左边或下边，如果设备的定义明确，标准内所规定的几种设备可不作标注。

3. 敷线图

（1）**概述**　从原理框图可概括了解汽车电气系统的基本组成及其相互关系和主要特征，从汽车电路图可以比较详细地了解元器件间的相互控制关系和工作原理，但它们都不能表达实际情况，为了便于汽车电气系统线路的布置、连接，常需要绘制敷线图。

所谓敷线图是指专门用来标记电气设备的安装位置、外形、线路走向等的指示图。它按照全车电气设备安装的实际方位绘制，部件与部件之间的连线按实际关系绘出，为了尽可能接近实际情况，图中的电器不用图形符号，而是用该电器的外形轮廓或特征表示，在图上还注意将线束中同路的导线尽量画在一起。这样，汽车敷线图就较明确地反映了汽车实际的线路情况，查线时导线中间的分支、接点很容易找到，为安装和检测汽车电路提供方便。但因其线条密集，纵横交错，给读图、查找、分析故障带来不便。

在绘制敷线图时，一般都应在图中示出以下内容：

1）电气设备项目的相对位置、项目代号。

2）端子间的连接关系、端子代号。

3）导线类型、截面积、导线号。

4）需补充说明的其他内容。

（2）**敷线图的表示方法**　敷线图中的元器件、部件、组件和设备等项目，应尽量采用其简化外形（如圆形、方形、矩形）来表示，为了便于识图，必要时也允许用图形符号表示。

为了进一步说明各个图形或符号所表示的项目，在每个图形或符号的近旁，应同时标出与电路图相应项目一致的项目代号。在敷线图中，项目只用种类代号表示。

在敷线图中，端子用端子代号表示。端子一般用图形符号"o"表示，同时在端子近旁标注端子代号。对于用图形符号表示的项目，端子可不画符号，只标出端子代号就可以了。

如果需要区分不可拆卸和可拆卸的端子，应分别用相关标准中的符号"o"和"φ"绘制或加注说明，端子代号必须与项目上的端子标记一致。

导线可用连续线或中断线表示。连续线是用连续的实线来表示端子之间实际存在的导线；中断线是用中断的实线来表示端子之间实际存在的导线，并在中断处标明去向。

4. 线束安装图

（1）**概述**　敷线图虽然反映了电气设备在汽车上的实际安装位置，但是图上导线纵横交错，增加了读图的难度。为了使电路图更接近于实际，常需要绘制线束安装图，线束安装图把敷线图中同路的导线相对集中，形成线束。

在汽车上，为了安装方便和保护导线，将同路的许多导线用棉纱编织物或聚氯乙烯塑料带包扎成束，称为线束。

线束图是根据电气设备在汽车上的实际安装部位绘制的全车电路图。在图上，部件与部件间的导线以线束形式出现，线束图与敷线图相似，但图面比敷线图简单明了，接近实际，对使用、维修人员适用性较强。

线束安装图不详细描述线束内部的导线走向，只将露在线束外面的线头与插接器详细编号，并用字母标定。配线记号的表示方法突出，便于配线，各接线端都用序号和颜色准确无误地标注出来。线束图与电路图、敷线图结合起来使用，具有很大的参考价值。因此，现代汽车维修手册中一般都给出电路图和线束安装图。

（2）**线束安装图的绘制**　由于线束安装图主要是以线束的形式出现的，图面的线条较少，各部件之间连接的表达就成为其主要的内容。为表达清楚导线的颜色，接头的端子代号，常需辅以线束分组和端子编号表及线束端子接线表。

1）线束的内容。

①　线束的组成。汽车线束图由多个线束组成，有主线束、分线束，在图上应表现出各线束的组成，每个线束上有几个分支，每个分支上有多少根线，导线的颜色及条纹是什么。

②　接线代号和接线标志。汽车上的电器数量多而复杂，为使连线正确，各个连接点都应标注接线代号和接线标志，以便于连接。

③　线束的长度。线束的长度包括线束的总长、每个分支的长度和两个线端间隔的长度。

④　插接器。由于线束有多条，线束与线束、分支与线束或分支与电器之间都是通过插接器进行连接的，应表示出每个插接器上有几条导线，每条导线位于插接器接线孔的什么位置，插接器的形状是什么样的，相邻的几个插接器是否容易混淆。

2）导线颜色。

①　名词术语。

单色导线：绝缘表面为一种颜色的导线。

双色导线：绝缘表面为两种颜色的导线。应优先选用单色，再选用双色。

主色：双色导线中面积比例大的颜色。

辅助色：双色导线中面积比例小的颜色。

②　导线的颜色和代号。

③　搭铁线。各种汽车电器的搭铁线应选用黑色导线，黑色导线除作搭铁外，没有其他用途。

④　导线颜色的标注。导线颜色的标注采用颜色代号表示，如单色导线，颜色为红色，标注为"R"。双色导线，第一色为主色，第二色为辅助色，如主色为红色，辅助色为白色，标注为"RW"。

3）导线截面积。导线的截面积应根据工作电流的大小来选取，对于一些电流特别小的电器，如指示灯电路，为了保证应有的强度，导线的截面积不得小于$0.5mm^2$。

导线的截面积标注在颜色代码前面，单位为平方毫米时不标注，如：1.25R 表示导线截面积为$1.25mm^2$的红色导线，1.0GY 表示导线截面积为$1.0mm^2$的双色导线，主色为绿色，辅助色为黄色。

☞ 10.1.3　识读汽车电路图的一般要领

由于各国汽车电路图的绘制方法、符号标注、文字标注、技术标准不同，各汽车生产厂家汽车电路图的画法有很大差异，甚至同一国家不同公司汽车电路图的表示方法也存在较大的差异，这就给读图带来许多麻烦。因此，掌握汽车电路图识读的基本方法显得十分重要。电路图的识读方法如下。

1）认真阅读图注。认真阅读图注，了解电路图的名称、技术规范，明确图形符号的含义，建立元器件和图形符号间一一对应的关系，这样才能快速准确地识图。

2）掌握回路的原则。在电学中，回路是一个最基本、最重要，同时也是最简单的概念，任何一个完整的电路都由电源、用电器、开关、导线等组成。一个用电器要想正常工作，总要得到电能。对于直流电路而言，电流总是要从电源的正极出发，通过导线，经熔断器、开关到达用电器，再经过导线（或搭铁）回到同一电源的负极，在这一过程中，只要有一个环节出现错误，此电路就不会正确、有效。例如：

① 从电源正极出发，经一个或多个用电器，最后又回到同一电源的正极。由于电源的电位差（电压）仅存在于电源的正负极之间，电源的同一电极是等电位的，没有电压，这种"从正到正"的途径是不会产生电流的。

② 在汽车电路中，发电机和蓄电池都是电源，在寻找回路时，不能混为一谈。不能从一个电源的正极出发，经过若干用电设备后，回到另一个电源的负极，这种做法，不会构成一个真正的通路，也不会产生电流。所以必须强调，回路是指从一个电源的正极出发，经过用电器，回到同一电源的负极。

3）熟悉开关作用。开关是控制电路通断的关键，电路中主要的开关往往汇集许多导线，如点火开关、车灯总开关。读图时应注意与开关有关的 5 个问题：

① 在开关的许多接线柱中，注意哪些是接直通电源的、哪些是接用电器的、接线柱旁是否有接线符号、这些符号是否常见。

② 开关共有几个档位？在每个档位中，哪些接线柱通电？哪些断电？

③ 蓄电池或发电机的电流是通过什么路径到达这个开关的？中间是否经过别的开关和熔断器？这个开关是手动的还是电控的？

④ 各个开关分别控制哪个用电器？被控用电器的作用和功能是什么？

⑤ 在被控的用电器中，哪些电器处于常通，哪些电路处于短暂接通？哪些应先接通，哪些应后接通，哪些电器允许同时接通？哪些应单独工作，哪些应同时工作？

4）了解汽车电路图的一般规律。

① 电源部分到各熔断器或开关的导线是电气设备的公共相线，在电路原理图中一般画在电路图的上部。

② 标准画法的电路图，开关的触点位于零位或静态，即开关处于断开状态或继电器线圈处于不通电状态，晶体管、晶闸管等具有开关特性的元件的导通与截止视具体情况而定。

③ 汽车电路是单线制，各电器相互并联，继电器和开关串联在电路中。

④ 大部分用电设备都经过熔断器，受熔断器的保护。

⑤ 把整车电路按功能及工作原理划分成若干独立的电路系统，这样可解决整车电路庞大复杂、分析起来困难的问题。现在汽车整车电路一般都按各个电路系统来绘制，如电源系统、起动系统、点火系统、照明系统、信号系统等，这些单元电路都有它们自身的特点。抓住特点把各个单元电路的结构、原理吃透了，理解整车电路也就容易了。

5）识图的一般方法。

① 先看全图，把一个个单独的系统框出来。一般来讲，各电气系统的电源和电源总开关是公共的，任何一个系统都应该是一个完整的电路，都应遵循回路原则。

② 分析各系统的工作过程、相互间的联系。在分析某个电气系统之前，要清楚该电气系统所包含各部件的功能、作用和技术参数等。在分析过程中应特别注意开关、继电器触点

的工作状态，大多数电气系统都是通过开关、继电器不同的工作状态来改变回路，实现不同功能的。

③ 通过对典型电路的分析，达到触类旁通。许多汽车电路原理图，很多部分都是类似或相近的。这样，通过一个具体的例子，举一反三，对照比较，触类旁通，可以掌握汽车的一些共同的规律，再以这些共性为指导，了解其他型号汽车的电路原理，又可以发现更多的共性以及各种车型之间的差异。

汽车电器的通用性和专业化生产使同一国家汽车的整车电路形式大致相同，如掌握了某种车型电路的特点，就可以大致了解相应车型或合资企业的汽车电路的特点。因此，抓住几个典型电路，掌握各系统的接线特点和原则，对于了解其他车型的电路大有好处。

▶▶▶ 10.2 汽车电气设备线路常用零部件

🖝 10.2.1 常用零部件简介

1. 点火开关

点火开关是汽车电路中最重要的开关，是各条电路分支的控制枢纽。其主要功能是：锁住转向盘转轴（LOCK），接通点火仪表指示等（ON 或 IG），起动（ST 或 START）档，附件档（ACC，主要是收音机专用），如果用于柴油车则增加预热（HEAT）档。其中起动、预热档因为工作电流很大，开关不易接通过久，所以这两档在操作时必须用手克服弹簧力，扳住钥匙，一松手就弹回点火档，不能自行定位，其他档均可自行定位。点火开关的结构和表示方法如图 10-1 所示。

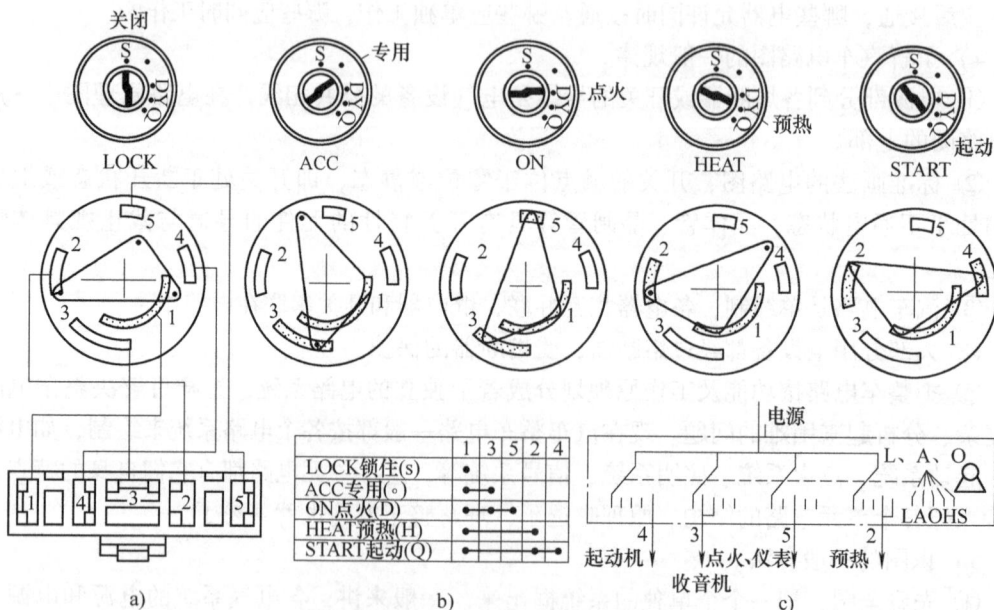

图 10-1 点火开关的结构和表示方法

a）结构示意图 b）表格表示法 c）图形符号表示法

2. 多功能组合开关

多功能组合开关将照明开关（前照灯开关、变光开关）、信号（转向、危险警告、超车）开关、刮水器/清洗器开关等组合为一体，安装在便于驾驶人操纵的转向柱上。图 10-2 所示为日产公爵王轿车组合开关的档位和接线。

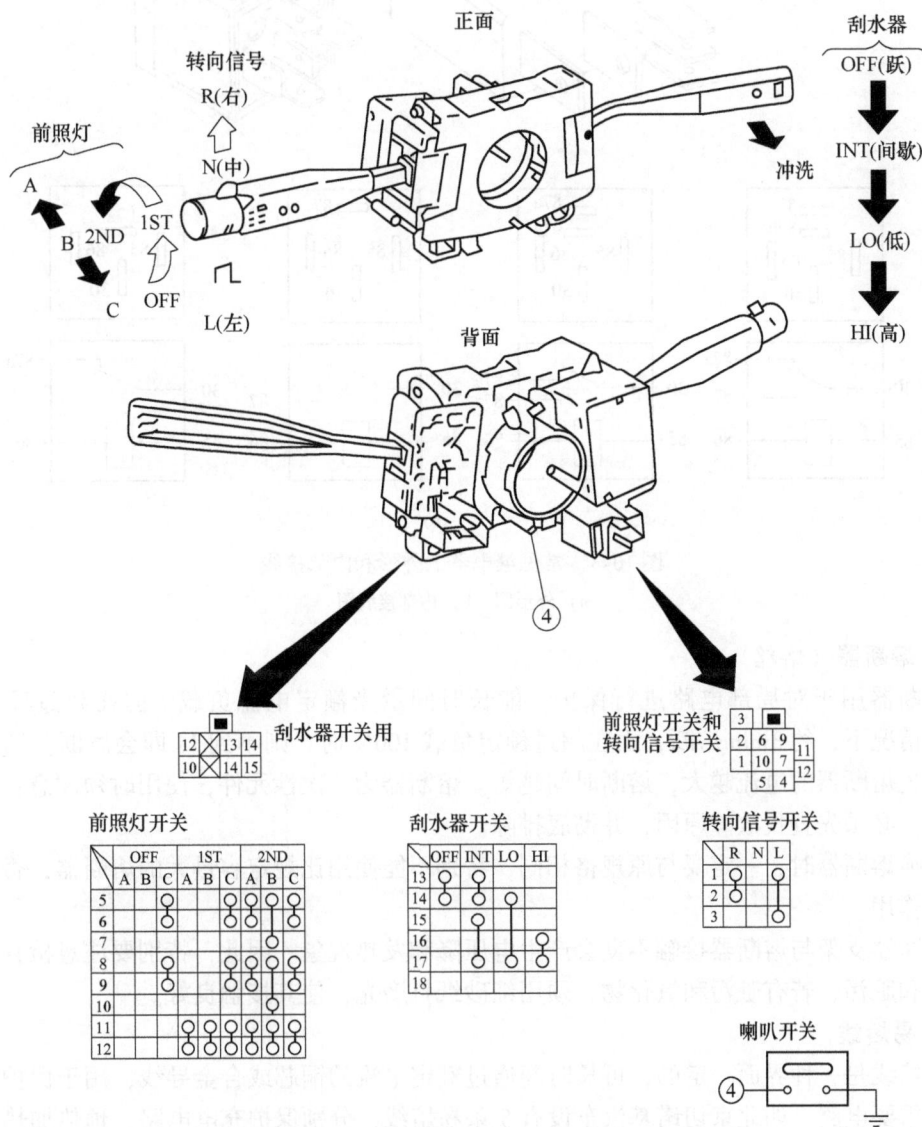

图 10-2　日产公爵王轿车组合开关的档位和接线图

3. 继电器

继电器利用电磁或其他方法（如热电或电子），实现自动接通或切断一对或多对触点，用小电流控制大电流以减小控制开关触点的电流负荷。如进气预热继电器、空调继电器、喇叭继电器、雾灯继电器、中间继电器、风窗刮水器/清洗器继电器、危险警告与转向闪光继电器等。

继电器通常分为常开继电器，常闭继电器和常开、常闭混合型继电器。其外形与内部接线如图 10-3 所示。

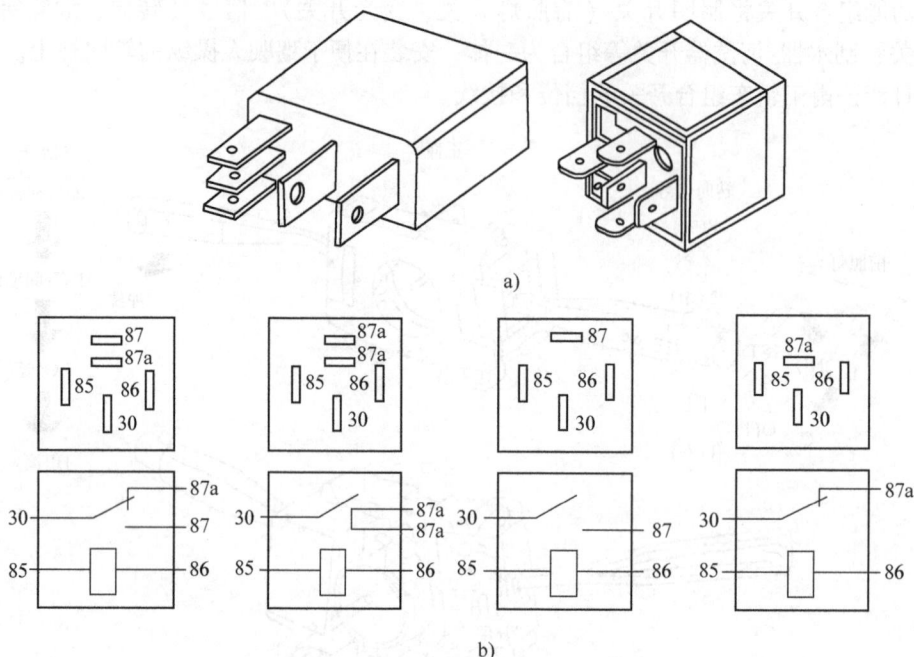

图 10-3 常见继电器的外形和内部接线

a) 外形图 b) 内部接线图

4. 熔断器（熔丝）

熔断器用于对局部电路进行保护，能长时间承受额定电流负载，但在超过额定负载 25% 的情况下，约 3min 熔断，而在超过额定负载 100% 时，则不到 1s 即会熔断。结构一定时，流过熔断器的电流越大，熔断时间越短。熔断器为一次性元件，使用时须注意：熔断器熔断后，必须先查找故障原因，并彻底排除。

更换熔断器时，一定要与原规格相同，特别不能使用比规定容量大的熔断器，否则将失去保护作用。

熔断器支架与熔断器接触不良会产生电压降和发热现象。因此，特别要注意检查有无氧化现象和脏污，若有脏污和氧化物，须用细砂纸打磨光，使其接触良好。

5. 易熔线

易熔线是一种界面一定的，可长时间通过额定电流的铜芯或合金导线，用于保护总体线路或较重要电路。如北京切诺基汽车设有 5 条易熔线，分别保护充电电路、预热加热器、雾灯、灯光及辅助电路。

6. 断路器

断路器用于正常工作时容易过载的电路中，其原理是利用双金属片受热变形使触点分离。断路器按作用形式分两类，如图 10-4 所示。

1）自动复位式：过载变形后自动切断，冷却后自动复位，如此往复直到电路不过载。

2）手动复位式：排除故障后，须按下按钮手动复位。

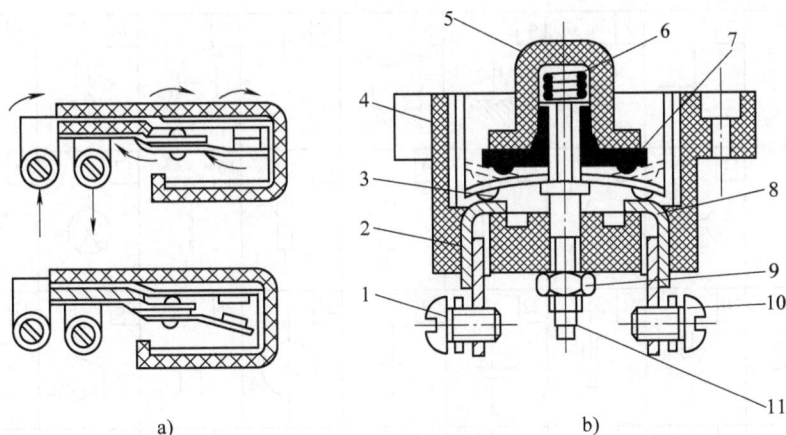

图 10-4　断路器的结构

a）自动复位式　b）手动复位式

1、10—接线柱　2、8—静触点　3—双金属片动触点　4—绝缘套　5—按钮
6—弹簧　7—复位垫圈　9—锁紧螺母　11—调整螺杆

7. 线束

（1）**导线**　导线分为低压导线和高压导线。其选线因素有绝缘、通过电流的大小和机械强度，且应用条件不同，三个因素各有侧重。例如：高压电路，根据耐上千至上万伏高压的绝缘要求，采用线芯截面积小，但绝缘包层很厚的电线。低压电路，根据工作电流大小和机械强度选择。随着汽车上使用的电器增多，导线数量增多，为便于安装和检修，采用双色线，主色为基础色，辅色为环布导线的条色带或螺旋色带，且标注时主色在前，辅色在后。

（2）**线束**　为使全车线路规整，安装方便及保护导线的绝缘，汽车上的全车线路除高压线、蓄电池电缆和起动机电缆外，一般将同区域的不同规格的导线用棉纱或薄聚氯乙烯带缠绕包扎成束，称为线束。

1）线束的包扎。电缆采用半叠包扎法，并涂绝缘漆，烘干，以增加电缆的强度和绝缘性能。新型线束在局部塑料包扎后放入侧切口的塑料波纹管内，使其强度更高，保护性能更好，查找线路故障更方便。

2）线束的安装。同一种车型的线束在制造厂里按车型设计制造好后，用卡簧或绊钉固定在车上的既定位置，其抽头恰好在各电气设备接线柱附近位置，安装时按线号装在其对应的接线柱上。各种车型的线束各不相同，同一车型线束按发动机、底盘和车身分多个线束。

10.2.2　汽车电路中的常用符号和代码

1. 电器装置与电路符号说明书

不同产地、不同生产厂家生产的汽车电路符号有所不同，在检修汽车时一定要仔细阅读电路符号说明书。富康轿车电气系统电路中各电器装置与电路的符号如图10-5所示。

2. 线路颜色代码

一般汽车电路图中用代码标明了各导线的颜色，导线的颜色代码见表10-1。

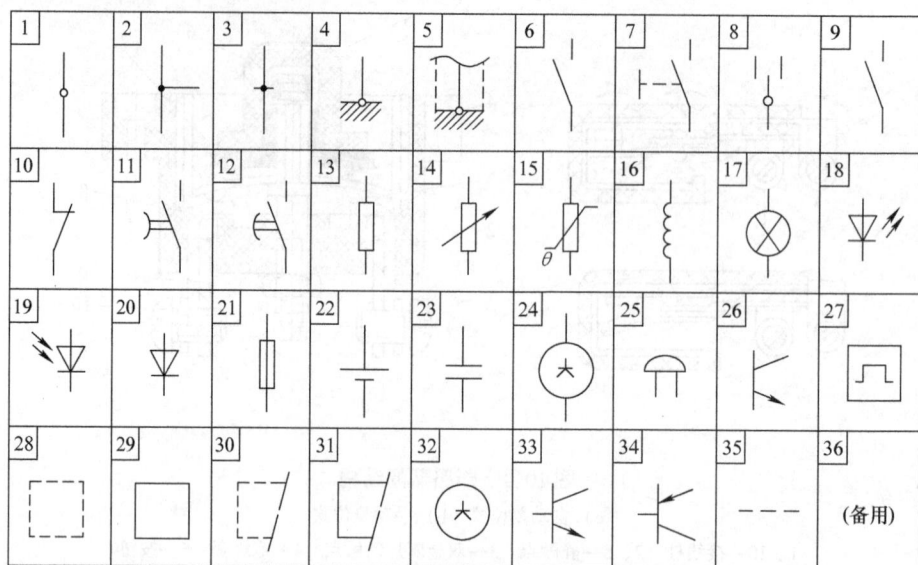

图 10-5 电器装置与电路的符号

1—线头焊片接点 2、3—不可拆接点 4—经线头焊片搭铁 5—经零件外壳搭铁 6—开关（无自动回位）
7—手动开关 8—转换开关 9—常开触点 10—常闭触点 11—延时断开的动合触点 12—延时闭合的动合触点
13—电阻 14—可变电阻 15—热敏电阻 16—线圈 17—照明灯 18—发光二极管 19—光敏二极管 20—二极管
21—熔断器 22—蓄电池单格 23—电容器 24—电机 25—电喇叭或扬声器 26—电子控制组件 27—继电器组件
28—零件框图（带原理图） 29—零件框图（无原理图） 30、31—零件部分框图 32—指示仪表 33—NPN 晶体管
34—PNP 晶体管 35—联动线 36—备用头

3. 插接器表示方法

富康轿车电气线路中的插接器有四种类型，在电路图中均用标有字母和数字的矩形线框表示插接器的类型和颜色、插接器的插脚数和该插脚的位置等，如图 10-6 所示。

表 10-1 导线的颜色代码

线　色	常用缩写	中　文	线　色	常用缩写	中　文
Black	BLK/B	黑色	Light Green	LT GRN	浅绿
Blue	BLU/BL	蓝色	Orange	ORG/O	橙色
Brown	BRN/BR	棕色	Pink	PNK/P	粉红
Clear	CLR/CL	透明	Purple	PPL/PP	紫色
Dark Blue	DK BLU	深蓝	Red	RED/R	红色
Dark Green	DK GRN	深绿	Tan	TAN/T	褐色
Green	GRN/G	绿色	Violet	VIO/V	粉紫
Gray	GRY/GR	灰色	White	WHT/W	白色
Light Blue	LT BLU	浅蓝	Yellow	YEL/Y	黄色

（1）单排插接器　此插接器仅有一排插脚或插孔。插接器及各插脚在电路图中的表示，说明如下：

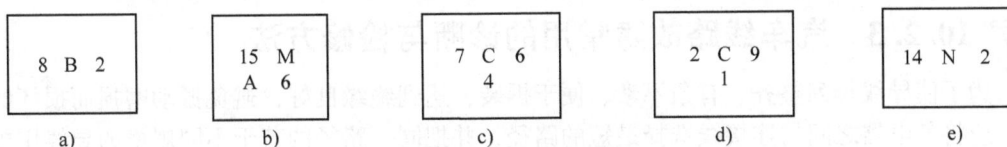

图 10-6　电路图中插接器的表示

a) 单排插接器　b) 双排插接器　c)、d) 前围板插接器　e) 14 脚圆插接器

左边的数字表示脚（孔）数，此例"8"表示该插接器有 8 脚（孔）。

中间的字母表示颜色，此例"B"表示该插接器为白色。

右边的数字表示第几号线，此例"2"表示是该插接器中的第 2 号线。

（2）**双排插接器**　此插接器有两排插脚或插孔。插接器及各插脚在电路图中的表示，说明如下：

上排数字表示脚（孔）数，此例"15"表示该插接器有 15 脚（孔）。

上排字母表示颜色，此例"M"表示该插接器为栗色。

下排字母表示列数，此例"A"表示是该插接器中的 A 列。

下排数字表示第几号线，此例"6"表示是 A 列的第 6 号线。

（3）**前围板插接器**　前围板插接器位于风窗玻璃左下侧的车身内，用于前部线束和仪表板线束的连接。它共有 62 个插孔（图 10-7），由 8 个 7 脚接线板和两个 2 脚接线板与之连接。前围板插接器及各插脚在电路图中的表示方法如图 10-6c 所示，说明如下：

上排左边数字表示脚（孔）数，此例"7"表示该插接器有 7 脚（孔）。

上排中间字母"C"表示是前围板插接器。

上排右边数字表示组数，此例"6"表示是第 6 组插接器。

下排数字表示第几号线，此例"4"表示是该插接器的第 4 号线。

图 10-6d 说明如下：

上排左边数字表示脚（孔）数，此例"2"表示该插接器有 2 脚（孔）。

上排中间字母"C"表示是前围板插接器。

上排右边数字表示组数，此例"9"表示是第 9 组插接器。

下排数字表示第几号线，此例"1"表示是该插接器的第 1 号线。

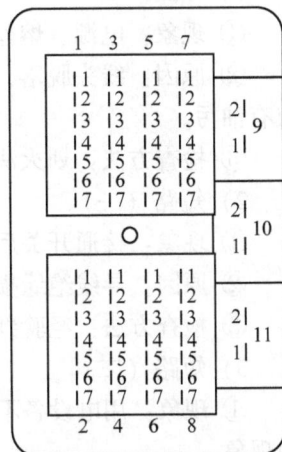

图 10-7　62 孔插接器排列

（4）**14 脚圆插接器**　该插接器位于发动机盖下左侧的熔断器盒内，用于前部 AV 线束与发动机 MT 线束的连接，呈黑色。插接器及各插脚在电路图中的表示方法如图 10-6e 所示，说明如下：

左边的数字 14 表示是 14 脚插接器。

中间的字母 N 表示插接器为黑色。

右边的数字表示第几号线，此例"2"表示是该插接器中的第 2 号线。

🖝 10.2.3 汽车线路故障常用的诊断与检修方法

为了使导线排列整齐、有条不紊、便于拆装，达到绝缘良好，避免振动磨损而损坏的目的，应将各电器之间的连接线选择最短的路径，并把同一路径的若干不同规格的导线用棉纱编织或用薄聚氯乙烯半叠缠绕包扎成线束。每辆汽车可以有主线束、底盘线束和驾驶室线束等。它们的特点如下：

1）线束图中每根导线标示出其线径和长度。

2）线束图中每根导线标示出颜色和线号。

3）线束中每根导线的端部，都焊接一个不同孔径或不同形式的接线头。

4）线束之间多采用单孔或多孔插头进行连接。

（1）线束的检查

1）固定状况。

2）清洁和接触状况。

3）导线绝缘和屏蔽状况。

4）接线状况。

5）熔丝状况。

6）操作状况。

（2）线束故障的检查方法

1）断路。

① 现象：电源、熔丝和用电设备良好，但接通该电路后，用电设备不工作。

② 原因：线头脱落，连接处接触不良，开关失灵，导线折断，搭铁不实，插头处松动或有油污。

③ 检查方法：划火法、直流试灯法或万用表。

2）短路（一）。

① 现象：接通开关后熔丝烧断或导线发热有烧焦味，甚至冒烟、烧毁。

② 原因：导线绝缘损坏或用电设备线头脱落搭铁造成。

③ 检查方法：经验判断，"看、闻、摸"判断大致部位，用直流试灯法判断具体部位。

3）短路（二）。

① 现象：用电设备不能正常工作，在电流较大电路中，接触不良处有发热、打火和烧蚀现象。

② 原因：线头连接不牢，焊接不好，接触点氧化、脏污，插头松动。

③ 检查方法：导线短接法。

（3）线束的安装注意事项

1）各个线头必须固定牢靠，以防线头接触不良或在行驶中脱落。

2）线束应用卡簧或绊钉固定，以免松动磨坏。

3）线束不可拉得过紧，在绕过锐角或穿过金属洞孔时，应用橡皮或套管保护。

4）连接电器时，应根据插接器的规格以及导线的颜色或接头处套管的颜色分别接在电器上。若不易判别导线的头尾，一般可用试灯区分。

练习与思考题

简答题

1）简述导线颜色的标注及识别方法。

2）如何读汽车电路图？

3）根据用途不同，汽车电路图分为哪些形式？各有何作用？

参 考 文 献

[1] 程言昌. 汽车电子辅助设备结构与检修[M]. 福州：福建科学技术出版社，2000.

[2] 徐向阳，张万奎. 汽车电器与电子控制技术[M]. 北京：机械工业出版社，1999.

[3] 何丹娅. 汽车电器与电子设备[M]. 北京：人民交通出版社，2004.

[4] 麻友良. 汽车电器与电子控制系统[M]. 北京：机械工业出版社，2003.

[5] 冀旺年，郭建明. 汽车车身电气设备系统及附属电气设备[M]. 2版. 北京：电子工业出版社，2008.

[6] 刘希恭. 德国大众系列轿车维修手册[M]. 沈阳：辽宁科学技术出版社，1998.

[7] 裘玉平. 汽车电气设备[M]. 北京：人民交通出版社，1999.

[8] 云皓，等. 丰田汽车维修手册. 车身电脑电气系统[M]. 长春：吉林科学技术出版社，1996.

[9] 古永棋. 汽车电器及电子设备[M]. 重庆：重庆大学出版社，1993.

[10] 刘仲国. 丰田凌志轿车故障诊断与维修手册[M]. 北京：机械工业出版社，2003.

[11] 李东江，等. 广州本田雅阁系列轿车维修手册[M]. 北京：北京理工大学出版社，2001.

[12] 杨智勇. 上海别克轿车电控与电气系统检修图解[M]. 北京：机械工业出版社，2002.